Stephen R. Covey
Die 7 Wege zur Effektivität

Stephen R. Covey

Die 7 Wege zur Effektivität

Prinzipien für persönlichen und beruflichen Erfolg

Aus dem Englischen von
Angela Roethe, Ingrid Proß-Gill
und Nikolas Bertheau

Limitierte und nummerierte
Sonderedition der 50. Auflage

GABAL FranklinCovey®

Die amerikanische Originalausgabe »The 7 Habits of Highly Effective People« erschien 2004 bei Free Press, New York, USA.

Bibliografische Information der Deutschen Nationalbibliothek

Die Deutsche Nationalbibliothek verzeichnet diese Publikation in der Deutschen Nationalbibliografie; detaillierte bibliografische Daten sind im Internet über http://dnb.d-nb.de abrufbar.

ISBN 978-3-86936-864-1

Lektorat: Claudia Franz | info@text-it.org
Umschlaggestaltung: Martin Zech Design, Bremen | www.martinzech.de
Satz und Layout: Das Herstellungsbüro, Hamburg | www.buch-herstellungsbuero.de
Druck und Bindung: Salzland Druck GmbH, Staßfurt

Limitierte und nummerierte Sonderedition der 50. Auflage 2018

www.gabal-verlag.de
www.franklincovey.de
www.franklincovey.ch
www.franklincovey.at
www.franklincovey.com

Inhalt

Die 7 Wege zur Effektivität

Vorwort zur Jubiläumsausgabe

Die 7 Wege zur Effektivität von Stephen R. Covey ist eines der Wirtschaftsbücher, das den Namen *Bestseller* wirklich verdient. In 42 Sprachen übersetzt und rund 30 Millionen Mal verkauft, erweist es sich heute fast 30 Jahre nach der Erstausgabe als so aktuell wie eh und je. Mit dieser Jubiläumsausgabe feiern wir gemeinsam mit dem GABAL Verlag die 50. Auflage im deutschsprachigen Markt. Der Erfolg des Buches verdeutlicht, dass die universellen Effektivitäts-Prinzipien der »7 Wege« einen Nerv treffen und zeitlose Gültigkeit haben.

Was aber macht das Meisterwerk *Die 7 Wege zur Effektivität* von Stephen R. Covey so erfolgreich und zugleich zeitlos? Für Covey lag der Schlüssel zur Effektivität in der grundlegenden Erkenntnis, dass man sich selbst ändern muss, um eine bestimmte Situation ändern zu können. Ausschlaggebend dafür ist, wie man sich selbst und die Welt wahrnimmt. Denn, so Covey mit Bezug auf Erkenntnisse der Wahrnehmungspsychologie: »Wir sehen die Welt nicht so, wie sie ist, sondern so, wie wir sind.« Covey formulierte daran anschließend in seinen 7 Wegen zur Effektivität eine Anleitung, Gewohnheiten zu entwickeln, die gleichzeitig Selbsterkenntnis fördern, Weitblick ermöglichen und Ziele vorgeben, um die wichtigen Dinge in Leben und Beruf erfolgreich tun zu können.

Eine nachhaltige Änderung von Verhaltensweisen und Gewohnheiten geschicht nicht über Nacht, sondern ist ein andauernder Prozess, der kontinuierlich verinnerlicht werden muss. Für Organisationen, Unternehmen und Privatpersonen bieten wir vom FranklinCovey Leadership Institut eine Reihe von Lernformaten für Verhaltensveränderung an: vom Buch über Lernvideos, Webinaren bis hin zu selbstgesteuertem Online-Lernen und Intensiv-Workshops – alles kontinuierlich begleitet durch unsere Berater, Coaches und Trainer. Entwickeln Sie anhand der »7 Wege« Ihre persönliche Mission, Ihr Teamziel oder Ihre Unternehmenskultur als Wettbewerbsvorteil! Wir begleiten Sie gerne.

Wir wünschen Ihnen viel Erfolg bei der Umsetzung Ihrer persönlichen und unternehmerischen Effektivität. Und denken Sie daran: Auch lange Wege beginnen mit dem ersten Schritt. Lassen Sie uns gerne wissen, wenn wir von FranklinCovey Sie dabei unterstützen können.

Hans-Dieter Lochmann
President und CEO
FranklinCovey Leadership Institut GmbH, Grünwald
Deutschland | Schweiz | Österreich

info@franklincovey.de
www.franklincovey.de
www.franklincovey.at
www.franklincovey.ch

Vorwort

Seit dem Erscheinen von *Die 7 Wege zur Effektivität* hat sich die Welt radikal verändert. Unser Leben ist wesentlich komplexer, anstrengender und stressiger geworden. Wir haben den Übergang vom Industriezeitalter zur Informations- und Wissensgesellschaft vollzogen – mit allen Konsequenzen. Ob im Privatleben oder im Beruf: Heute werden wir mit Herausforderungen und Problemen konfrontiert, die sich vor zehn Jahren noch niemand vorstellen konnte. Diese Herausforderungen haben nicht nur eine völlig neue Größenordnung, sondern sie sind von Grund auf anders.

Die schnellen, umfassenden Veränderungen in der Gesellschaft und in den digitalisierten globalen Märkten werfen eine sehr wichtige Frage auf, die mir oft gestellt wird: »Sind die 7 Wege zur Effektivität *heute* überhaupt noch von Bedeutung?« Und: »Werden sie auch in 10, 20, 50 oder 100 Jahren noch wichtig sein?« Meine Antwort lautet: Je radikaler die Veränderungen und je schwieriger die Herausforderungen, desto *größer* wird die Bedeutung der 7 Wege. Woran das liegt? Unser Leidensdruck und unsere Probleme nehmen immer weiter zu. Aber es gibt eine Lösung. Sie beruht auf allgemeingültigen, zeitlosen und offensichtlichen *Prinzipien*. Sie gelten schon seit Anbeginn der Geschichte für alle aufstrebenden Gesellschaften. Ich habe diese Prinzipien nicht erfunden. Mir steht dafür kein Dank oder Ruhm zu. Ich habe sie lediglich aufgedeckt und in einen klar aufeinander aufbauenden Rahmen gestellt.

Eine meiner wichtigsten Erkenntnisse lautet: Sie können Ihre größten Ziele erreichen und die schwersten Herausforderungen meistern. Doch dazu müssen Sie *das Prinzip oder Naturgesetz, von dem die angestrebten Ergebnisse abhängen, kennen und anwenden*. Wie wir ein

Prinzip anwenden, kann völlig unterschiedlich sein. Das hängt von unseren einzigartigen Stärken und Begabungen und von unserer Kreativität ab. Letztlich beruht aber jeder Erfolg darauf, dass wir im Einklang mit den Prinzipien, mit denen er verknüpft ist, handeln.

Vielen ist das jedoch gar nicht bewusst. Mehr noch: Auf *Prinzipien* beruhende Lösungen stehen in starkem Kontrast zu den in unserer Kultur verbreiteten Methoden und Denkweisen. Diesen Gegensatz möchte ich Ihnen an einigen der wichtigsten Herausforderungen unserer heutigen Zeit veranschaulichen.

Angst und Verunsicherung: Heute haben sehr viele Menschen Angst. Sie haben Angst vor der Zukunft. Oft haben Sie das Gefühl, im Beruf angreifbar zu sein. Sie fürchten sich davor, ihre Arbeit zu verlieren und nicht mehr für ihre Familie sorgen zu können. Diese Angst führt häufig zu Resignation. Ob im beruflichen oder im privaten Bereich: Die Leute ergeben sich in ein Leben ohne Risiken und in die Abhängigkeit von anderen. Gleichzeitig streben sie nach möglichst großer Unabhängigkeit. Ihr Credo lautet: »Ich werde mich jetzt nur noch auf mich selbst, meine Familie und meinen Besitz konzentrieren. Meine Arbeit werde ich machen, und zwar gut. Mein wahres Glück werde ich jedoch außerhalb des Berufs suchen.« Unabhängigkeit, also Independenz, gilt als wichtiger, ja unverzichtbarer Wert, als große Leistung. Das Problem dabei? Wir leben in einer *interdependenten* Welt. Hier sind viele Dinge miteinander vernetzt. Deshalb erfordern unsere wirklich wichtigen Leistungen Interdependenz-Fähigkeiten, über die wir noch nicht einmal annähernd verfügen.

»Ich will es jetzt haben!«: Die Leute wollen alles haben – und zwar sofort. »Ich will Geld! Ich will ein schönes, großes Haus, ein tolles Auto, den neusten und besten Fernseher! Ich will alles, und ich habe es auch verdient!« Natürlich macht die Kreditkarte es uns heute leicht, Dinge gleich zu kaufen und erst später zu bezahlen. Doch irgendwann kommt die Abrechnung. Dann werden wir – manchmal sehr unsanft – daran erinnert, dass unsere Käufe unsere Finanzkraft nicht übersteigen dürfen. Spätestens jetzt ist es vorbei mit den Illusionen. Die Rückzahlungsforderungen sind unerbittlich. Die Zinsen fressen uns auf. Auch harte Arbeit kann uns nicht mehr aus der Schuldenfalle retten.

Schnelle Veränderungen und harter Wettbewerb: Die Globalisierung der Märkte und der technologische Wandel führen zu extrem schnellen Veränderungen und einem extrem harten Wettbewerb. Hier hinken unser Wissen und unsere Kenntnisse immer nur hinterher. Wenn wir nicht bald zum alten Eisen gehören wollen, müssen wir uns ständig weiterbilden und uns immer wieder neu erfinden. Und: Wir müssen für die kontinuierliche Weiterentwicklung unserer Fähigkeiten sorgen. Im Beruf verlangen die Bosse Ergebnisse, und das aus gutem Grund. Der Wettbewerb ist unbarmherzig. Es geht ums nackte Überleben. Der Druck, *heute* Ergebnisse zu liefern, lässt sich nicht leugnen. Er steht für die Forderungen des Kapitals. Die wahre Erfolgsformel sind jedoch Nachhaltigkeit und Wachstum. Selbst wenn es Ihnen gelingt, Ihre Quartalszahlen zu erreichen, ist die wirklich entscheidende Frage: Investieren Sie ausreichend in die Zukunft? Tun Sie genügend dafür, damit Sie auch in einem Jahr, in fünf und in zehn Jahren noch erfolgreich sind? Achten Sie auf eine kontinuierliche Weiterentwicklung? Unsere Wirtschaft und die Wall Street fordern lautstark, dass wir *heute Resultate* vorweisen müssen. Doch zwischen der Erfüllung der Anforderungen von heute und den Investitionen für den Erfolg von morgen muss man *eine Balance schaffen*. Dieses Prinzip kann man nicht außer Kraft setzen. Es gilt übrigens auch für Ihre Gesundheit, Ihre Ehe und Ihre Beziehungen in der Familie oder im Freundeskreis.

Schuldzuweisungen und Opferrolle: Wenn wir auf ein Problem stoßen, reagieren wir häufig mit Schuldzuweisungen. Wir sind geradezu süchtig danach, das Opfer zu spielen: »Wenn mein Chef sich nicht in alles einmischen würde … Wenn meine Eltern nur nicht so arm gewesen wären … Wenn ich ein schöneres Haus hätte … Wenn ich doch nicht das hitzige Temperament von meinem Vater geerbt hätte … Wenn meine Kinder bloß nicht so aufsässig wären … Wenn die andere Abteilung sich auch mal an die Anweisungen halten würde … Wenn unsere Branche doch nur nicht so eingebrochen wäre … Wenn unsere Mitarbeiter bloß nicht so unmotiviert wären … Wenn meine Frau nur mehr Verständnis hätte …« Wenn bloß, wenn nur, wenn doch …: Alles und jeden für unsere Misere verantwortlich zu machen, das mag vielleicht kurzfristig Erleichterung bringen. Doch es kettet uns an unsere Probleme. Nennen Sie mir einen Menschen, der die *Verantwortung* für seine Situation übernimmt. Der Mut genug hat, die *Initiative* zu ergreifen und alles zu tun, um die Herausforderungen im Leben zu meistern. Dann werde ich Ihnen zeigen, wie groß die Kraft der Entscheidungsfreiheit ist!

Hoffnungslosigkeit und Resignation: Schuldzuweisungen führen zu Zynismus und Resignation. Wenn wir glauben, dass wir Opfer der Umstände sind und nicht selbst über unser Leben bestimmen können, verlieren wir die Hoffnung und den Antrieb. Wir denken: »Ich bin ja bloß ein Bauer auf dem Schachbrett, eine Marionette, ein winziges Rädchen im Getriebe. Daran kann ich nichts ändern. Sagen Sie mir einfach, was ich tun soll!« Viel zu viele intelligente, talentierte Menschen versinken in Mutlosigkeit und Depressionen. Andere begegnen ihnen dann oft mit Zynismus und meinen: »Sie müssen Ihre Erwartungen so weit herunterschrauben, dass Sie nichts und niemand mehr enttäuschen kann.« Das ist ein Irrglaube. Denn das Prinzip des Wachstums und der Hoffnung besagt schon seit Anbeginn der Geschichte, dass wir selbst die kreative Kraft in unserem Leben sind.

Keine Lebensbalance: In unserer Online-Gesellschaft wird das Leben immer komplexer, anspruchsvoller und anstrengender. Wir bemühen uns, noch mehr zu tun, noch mehr Zeit zu sparen und noch mehr Effizienz mithilfe der modernen Technik zu erreichen. Dabei bleiben unsere Gesundheit, unsere Familie, unsere Integrität und viele andere wichtige Dinge auf der Strecke. Alles wird dem Beruf geopfert. Doch nicht unsere Arbeit – die ja der Motor des Lebens ist – ist das Problem. Das Problem sind auch nicht die Komplexität und der Wandel. Das wahre Problem ist, dass wir uns einreden: »Geh früher hin! Bleib länger da! Sei effizienter! Lebe mit den Nachteilen, die das erfordert!« Das bringt weder Balance noch inneren Frieden. Beides finden nur diejenigen, die ihre obersten Prioritäten kennen und darauf fokussiert sind, mit ihnen im Einklang zu leben.

»Was habe ich davon?«: Viele denken: Wenn wir im Leben und im Beruf etwas erreichen wollen, müssen wir die Nummer eins sein. Unsere Kultur sagt: »Das Leben ist ein Spiel, ein Rennen, ein Wettkampf – und du musst gewinnen!« Schulkameraden, Arbeitskollegen, ja selbst Familienmitglieder werden als Konkurrenten betrachtet. Wir glauben: Je mehr die anderen gewinnen, desto weniger bleibt für uns. Dennoch bemühen wir uns, nach außen hin großzügig zu erscheinen. Wir gratulieren anderen zu ihren Erfolgen. Innerlich werden wir allerdings von Neid zerfressen. Natürlich stimmt es, dass viele bedeutende Dinge in der Geschichte unserer Zivilisation der Entschlusskraft und dem Mut einzelner zu verdanken sind. Inzwischen hat sich aber viel verändert. Im Wissens- und Informationszeitalter bleiben die größten Chancen und Leistungen jenen vorbehalten, die die Kunst des »Wir« beherrschen. Wahre Größe setzt eine Überfluss-Mentalität voraus. Gefragt ist uneigennütziges Denken – mit gegenseitigem Respekt, zum beiderseitigen Wohl.

Die Sehnsucht, verstanden zu werden: Eines unserer größten Bedürfnisse ist es, von anderen verstanden zu werden. Wir wollen gehört, geachtet und geschätzt werden. Und: Wir wünschen uns, Einfluss auf andere zu haben. Aber wie gewinnen wir Einfluss? Die meisten glauben, dass der Schlüssel dazu die Kommunikation ist. Sie sind überzeugt: Wer seinen Standpunkt klar und überzeugend darlegt, der verschafft sich Gehör! Das hat zur Folge, dass die meisten von uns ihren Gesprächspartnern nicht richtig zuhören. Im Gegenteil: Während der andere noch spricht, sind sie schon voll und ganz damit beschäftigt, sich ihre Antwort zurechtzulegen. Hier heißt es umdenken. Wenn Sie wirklich Einfluss gewinnen wollen, müssen Sie Ihren Gesprächspartnern aufrichtig zuhören. Sie müssen ihnen zeigen, dass Sie ehrliches Interesse an ihnen haben und offen für ihre Meinung sind. Leider sind die meisten von uns nicht in der Lage, ihre eigenen Ideen erst einmal zurückzustellen und sich ausschließlich auf das Zuhören und Verstehen zu konzentrieren. Unsere Kultur schreit nach Verstehen und Einfluss. Ja, sie fordert das sogar. Das Prinzip des Einflusses wird jedoch von einem gegenseitigen tiefen Verstehen bestimmt. Das setzt voraus, dass zumindest ein Gesprächspartner dazu bereit ist, dem anderen zunächst einmal aufrichtig und uneingeschränkt zuzuhören.

Konflikte und Unterschiede: Wir Menschen haben sehr viel gemeinsam. Gleichzeitig sind wir aber auch wunderbar verschieden. Beispielsweise denken wir unterschiedlich und haben unterschiedliche, manchmal widerstreitende Werte, Motive und Ziele. Das führt unweigerlich zu Konflikten. Und was machen wir dann? Wir versuchen, uns durchzusetzen und zu gewinnen. Kompromisse lehnen wir meist ab. Damit ist keine Partei so recht zufrieden. Tatsächlich ist es eine riesengroße Verschwendung, wenn man zulässt, dass die Unterschiede die Leute zu ihrem kleinsten gemeinsamen Nenner treiben! Viel besser ist es, auf das Prinzip der *kreativen Kooperation* zu setzen. So kann man Lösungen entwickeln, die weitaus besser sind als die ursprünglichen Vorstellungen beider Seiten!

Persönliche Stagnation: Jeder Mensch hat vier Dimensionen: Körper, Verstand, Herz und Geist. Hier gibt es große Unterschiede zwischen der allgemeinen, gesellschaftlichen Tendenz und den zeitlosen, allgemeingültigen Prinzipien. Die Unterschiede zwischen den beiden Ansätzen möchte ich nun kurz für Sie gegenüberstellen.

> **Körper:**
> *Tendenz:* den bisherigen Lebensstil beibehalten; gesundheitliche Probleme mit Medikamenten und Operationen behandeln.
> *Prinzip:* Krankheiten und Problemen vorbeugen, indem man seinen Lebensstil an bewährten, universellen und allgemein anerkannten Gesundheitsprinzipien ausrichtet.
>
> **Verstand:**
> *Tendenz:* im Internet surfen, fernsehen, sich ablenken und unterhalten lassen.
> *Prinzip:* intensive Weiterbildung und lebenslanger Ausbau des eigenen Wissens.

Herz:
Tendenz: die Beziehungen zu anderen nutzen, um seine eigenen Interessen ohne Rücksicht und voller Egoismus durchzusetzen.
Prinzip: die größte Erfüllung und Freude bringen aufrichtiges, respektvolles Zuhören und der Einsatz für andere und die Gemeinschaft.

Geist:
Tendenz: Spiritualität und Sinnsuche rücken immer weiter in den Hintergrund. Stattdessen machen sich Verweltlichung und ein immer größerer Zynismus breit.
Prinzip: sich intensiv mit unserem Grundbedürfnis nach einem Sinn und positiven Dingen im Leben beschäftigen. Erkennen, dass der Ursprung dafür die *Prinzipien* sind.

An diese universellen Herausforderungen und an Ihre eigenen einzigartigen Bedürfnisse sollten Sie immer denken. Dann werden Sie tragfähige Lösungen und eine ganz persönliche Richtung für Ihr Leben finden. Zudem werden Sie feststellen, dass der Unterschied zwischen der in unserer Gesellschaft üblichen Vorgehensweise und der auf uralten, zeitlosen Prinzipien beruhenden Vorgehensweise immer deutlicher hervor tritt.

Ich möchte jetzt noch eine Frage wiederholen, die ich bei meinen Vorträgen immer wieder stelle: Wie viele Menschen wünschen sich auf dem Sterbebett, dass sie mehr Zeit im Büro oder vor dem Fernseher verbracht hätten? Die Antwort kann nur lauten: kein Einziger! Sterbende denken an die Menschen, die sie lieben, an ihre Familien und an diejenigen, für die sie einen Beitrag geleistet haben.

Vielleicht kennen Sie die berühmte Bedürfnispyramide von Abraham Maslow? Ganz oben an der Spitze steht Selbstverwirklichung. Dennoch stellte der große Psychologe am Ende seines Lebens das Glück, die Erfüllung und die Beiträge seiner Nachkommen über seine eigene Selbstverwirklichung. Er bezeichnete das als Selbst-Transzendenz.

Dieser Ansicht möchte ich mich voll und ganz anschließen. Wissen Sie, worin sich für mich die größte und wertvollste Wirkung der Prinzipien aus den 7 Wegen zeigt? Im Leben meiner Kinder und Enkel!

Hier ein kleines Beispiel: Meine Enkelin Shannon engagiert sich für Waisenkinder in Rumänien. In einem Brief berichtete sie meiner Frau Sandra und mir von einem entscheidenden Wendepunkt in ihrem Leben. Als sie ein krankes Kind auf ihrem Schoß hatte, das sich voller Vertrauen in ihre Arme schmiegte, wusste Shannon plötzlich: »Ich will kein egoistisches Leben mehr führen. Ich will mein Leben damit verbringen, anderen zu helfen und einen Beitrag für sie zu leisten.«

Ein weiteres Beispiel: Alle unsere Kinder sind verheiratet und haben gemeinsam mit ihren Ehepartnern Leitbilder für ihr Leben entwickelt. Diese Leitbilder beruhen auf den Prinzipien aus den 7 Wegen. Im Mittelpunkt steht der Dienst an anderen. Dass unsere Kinder ihr Leben an diesen Leitbildern ausrichten, erfüllt meine Frau Sandra und mich mit großer Freude.

Wenn Sie jetzt beginnen, *Die 7 Wege zur Effektivität* zu lesen, erwartet Sie ein aufregendes Lernabenteuer. Lassen Sie die Menschen, die Sie lieben, daran *teilhaben.* Zeigen Sie ihnen, welche wichtigen Erkenntnisse Sie gewonnen haben. Und vor allem: Fangen Sie an, Ihr neues Wissen *anzuwenden*! Denken Sie daran: Positive Veränderungen in Ihrem Leben sind nur möglich, wenn Sie das Gelernte auch *umsetzen.* Etwas zu lernen und nicht entsprechend zu handeln, ist kein effektives Lernen!

Ich habe selbst erfahren, dass es eine ständige Herausforderung ist, den 7 Wegen in meinem Leben zu folgen. Es ist genau wie beim Skifahren, Golf, Tennis und allen anderen Sportarten: Je besser wir werden, desto größer werden die Herausforderungen. Gerne bin ich bei diesen Herausforderungen Ihr Gefährte. Lassen Sie uns das Abenteuer der 7 Wege beherzt angehen und die Prinzipien, auf denen sie basieren, gemeinsam umsetzen!

Stephen R. Covey

ERSTER TEIL

Paradigmen und Prinzipien

Von innen nach außen

Es gibt in dieser Welt keine wirklich herausragende Leistung, die nicht untrennbar mit der richtigen Lebensweise verbunden ist.
David Starr Jordan

In den unzähligen Jahren, in denen ich mit Menschen in Unternehmen, an der Universität oder in der Ehe- und Familientherapie gearbeitet habe, bin ich vielen Leuten begegnet, die unglaublich große Erfolge erreicht haben. Doch in ihrem Innersten kämpften sie mit einem ungestillten Hunger. Sie hatten ein tiefes Bedürfnis nach persönlicher Stimmigkeit, echter Effektivität und tiefen Beziehungen zu anderen Menschen.

Ich vermute, dass Ihnen einige der folgenden Herausforderungen sehr vertraut sind:

Ich habe meine Karriereziele erreicht und bin beruflich enorm erfolgreich. Aber das hat mich mein Privat- und Familienleben gekostet. Meine Frau und meine Kinder kenne ich gar nicht mehr. Ich bin mir nicht mal sicher, ob ich mich selbst kenne und weiß, was mir wirklich wichtig ist. Immer öfter frage ich mich, ob der Erfolg im Beruf das alles wirklich wert ist.

Ich habe eine neue Diät angefangen – die fünfte in diesem Jahr. Mir ist klar, dass ich übergewichtig bin. Das möchte ich unbedingt ändern. Ich lese alle Informationen über Diäten, die ich finden kann. Natürlich setze ich mir auch Ziele fürs Abnehmen. Zudem motiviere ich mich durch eine positive Haltung und sage mir, dass ich es diesmal ganz bestimmt packen werde. Aber ich schaffe es einfach nicht. Spätestens nach ein paar Wochen gebe ich auf. Ich bringe es einfach nicht fertig, meine Versprechen mir selbst gegenüber einzuhalten.

Ich habe schon an unzähligen Seminaren und Workshops über effektives Management teilgenommen. Ich erwarte von meinen Mitarbeitern eine Menge. Aber ich arbeite auch hart daran, freundlich zu ihnen zu sein und sie richtig zu motivieren und fair zu führen. Dennoch sind sie nicht loyal. Wenn ich einen Tag krank zu Hause bleiben müsste, würden sie die meiste Zeit im Internet surfen oder tratschend auf dem Gang stehen. Wieso gelingt es mir nicht, meine Mitarbeiter zu loyalem Verhalten, selbstständigem Arbeiten und verantwortungsbewusstem Handeln anzuleiten? Oder weshalb finde ich keine neuen Leute, die diese Eigenschaften mitbringen?

Mein minderjähriger Sohn ist extrem rebellisch. Außerdem nimmt er Drogen. Was ich auch versuche, er hört einfach nicht auf mich. Was kann ich nur tun?

Es gibt so viel zu tun. Und ich habe nie genug Zeit. Ich fühle mich dauernd unter Druck und gehetzt – und das rund um die Uhr, sieben Tage die Woche. Um Abhilfe zu schaffen, habe ich schon einige Seminare für Zeitmanagement besucht und ein halbes Dutzend Planungssysteme ausprobiert. Aber ich habe noch immer nicht das Gefühl, das glückliche, produktive und entspannte Leben zu führen, das ich mir so sehr wünsche.

Ich möchte, dass meine Kinder im Haushalt mitanpacken und so den Wert von Arbeit erkennen. Aber wenn ich sie dazu kriegen will, irgendwas zu tun, muss ich jeden Schritt überwachen … und mir ihre Vorwürfe gefallen lassen. Es ist so viel leichter, die Arbeit einfach selbst zu machen. Warum können Kinder ihre Aufgaben nicht mit Freude und ohne ständige Ermahnungen erledigen?

Ich bin sehr, sehr beschäftigt. Aber manchmal frage ich mich, ob das, was ich tue, auf lange Sicht irgendeine Rolle spielen wird. Ich würde wirklich gern glauben, dass mein Leben einen Sinn hat und dass durch mich die Welt ein bisschen besser wird.

Ich sehe, dass meine Freunde und Verwandten einen gewissen Erfolg haben und auch Anerkennung dafür bekommen. Natürlich tue ich so, als ob ich mich für sie freuen würde. Ich lächle und gratuliere ihnen zu ihren Erfolgen. Aber innerlich nagt der Neid an mir. Warum habe ich bloß solche negativen Gefühle?

Ich bin eine starke Persönlichkeit. Ich weiß, dass ich fast immer alles unter Kontrolle habe. Meist kann ich andere sogar so beeinflussen, dass sie zu der Lösung kommen, die ich will. Ich habe wirklich überzeugt, dass meine Lösungsvorschläge das Beste für alle sind. Trotzdem fühle ich mich irgendwie nicht gut dabei. Ich frage mich ständig, was die anderen tatsächlich von mir und meinen Ideen halten.

Aus meiner Ehe ist die Luft raus. Wir streiten uns nicht oder so. Aber wir lieben uns einfach nicht mehr. Bei der Beratung waren wir auch schon. Wir haben alles probiert. Trotzdem können wir das Gefühl, das wir einmal füreinander hatten, nicht wieder beleben.

Das alles sind tiefgreifende, schmerzvolle Probleme – Probleme, für die es keine Patentlösungen gibt.

Vor einigen Jahren haben meine Frau Sandra und ich auch mit einer ähnlichen, sehr schwierigen Situation zu kämpfen gehabt. Einer unserer Söhne machte eine wirklich schwere Zeit in der Schule durch. Seine Leistungen waren schwach. Bei den Tests verstand er nicht einmal die Fragen. Es war gar nicht daran zu denken, dass er die richtigen Lösungen finden und gute Noten mit nach Hause bringen würde. Zudem war er hinsichtlich seines Verhaltens sehr unreif, was seine Freunde oft in Verlegenheit brachte. Er war klein, dünn und unsportlich. Seine Bewegungen waren unkoordiniert. Beim Baseballspielen holte er schon zum Schlag aus, bevor der Ball überhaupt losgeflogen war. Das alles sah so komisch aus, dass die anderen Kinder ihn ständig auslachten.

Sandra und ich bemühten uns verzweifelt, ihm zu helfen. Wenn »Erfolg« in irgendeinem Bereich des Lebens wichtig sein sollte, dann hofften wir ihn besonders in unserer Rolle als Eltern zu finden. Also arbeiteten wir an unserer Einstellung und unserem Verhalten gegenüber unserem Sohn. Dadurch wollten wir auch sein Verhalten ändern.

Wir versuchten, unseren Sohn mit positiven Mentaltechniken aufzubauen: »Komm, Junge, du schaffst das! Wir wissen, dass du's kannst. Pack den Schläger ein bisschen weiter oben. Behalte den Ball im Auge. Hol nicht aus, bis er ganz nah ist.« Und wenn er es dann ein bisschen besser machte, bemühten wir uns eifrig, ihn noch mehr zu motivieren: »Gut, Sohnemann! Wunderbar! Mach weiter so!!!«

Wenn andere ihn auslachten, nahmen wir ihn in Schutz und ermahnten sie: »Lasst ihn doch in Ruhe. Er lernt es doch gerade erst.« Aber unser Sohn weinte und war fest davon überzeugt, dass er nie gut werden würde und Baseball ohnehin total doof sei. Nichts schien zu helfen. Deshalb machten wir uns ernsthafte Sorgen. Wir konnten hautnah miterleben, welche negativen Folgen das alles für sein Selbstwertgefühl hatte. Je schlimmer es wurde, desto mehr versuchten wir, uns motivierend, hilfreich und positiv zu verhalten. Doch nach unzähligen Fehlschlägen gaben wir auf. Meine Frau und ich beschlossen, uns die Situation einmal aus einer anderen Perspektive heraus anzusehen.

In dieser Zeit hatte ich beruflich mit der Förderung von Führungsqualitäten für verschiedene Kunden im ganzen Land zu tun. Unter anderem bereitete ich eine umfangreiche Seminarreihe für die Führungskräfte von IBM zum Thema »Kommunikation und Wahrnehmung« vor. Bei den Recherchen dazu stieß ich darauf, wie und wodurch unsere Wahrnehmung beeinflusst wird. Ich las Unmengen darüber, auf welche Weise unsere Wahrnehmung unsere Sicht der Dinge steuert, und wie unsere Sichtweise wiederum unser Verhalten bestimmt. Besonders angetan hatte es mir der sogenannte »Pygmalion-Effekt«. Hier geht es um die Theorie der Erwartungen und der sich selbst erfüllenden Prophezeiungen. Im Mittelpunkt steht unter anderem, in welchen Tiefen unsere Wahrnehmungen verankert sind. Plötzlich erkannte ich: Wir müssen immer auch die Brille betrachten, durch die wir die Welt sehen. Denn sie bestimmt, wie wir die Dinge um uns herum interpretieren.

Als Sandra und ich die Konzepte, die ich bei IBM lehrte, mit unserer eigenen Situation verglichen, bemerken wir: Unser *Verhalten* gegenüber unserem Sohn stand nicht in Einklang damit, wie wir ihn wirklich *sahen*. Nachdem wir uns intensiv mit unseren Gefühlen beschäftigt hatten, wurde uns klar: Wir hielten unseren Sohn für grundlegend unzulänglich, irgendwie »zurückgeblieben«.

Sandra und ich konnten noch so sehr an unseren Einstellungen und Verhaltensweisen gegenüber unserem Sohn arbeiten, unsere Bemühungen würden wirkungslos bleiben. Denn in Wahrheit vermittelten wir ihm: »Du bist unfähig. Du musst beschützt werden!«

Wir erkannten: Wenn wir die Situation ändern wollten, mussten wir zunächst unsere Wahrnehmungen ändern.

Die Persönlichkeits-Ethik und die Charakter-Ethik

Während ich mich mit den Forschungen über Wahrnehmung befasste, beschäftigte ich mich gleichzeitig mit einer anderen überaus spannenden Sache. Dabei ging es um eine ausführliche Untersuchung der Literatur zum Thema Erfolg, die seit 1776 in den USA erschienen war. Ich las hunderte von Büchern, Artikeln und Aufsätzen über Persönlichkeitsentwicklung, Populärpsychologie und Selbsthilfe. Die Summe und Substanz dessen, was einem freien, demokratischen Volk als Schlüssel zu einem erfolgreichen Leben galt, lag direkt vor mir.

Meine Studien führten mich durch 200 Jahre Erfolgsliteratur. Dabei fand ich heraus, dass viele Veröffentlichungen der letzten 50 Jahre extrem oberflächlich waren. Sie bezogen sich in erster Linie auf die Wahrnehmung des sozialen Images und boten irgendwelche Erfolgstechniken und Patentlösungen. Doch das waren nichts als soziale Pflaster und Aspirin für akute Probleme. Manchmal half das vielleicht vorübergehend. Aber die grundlegenden, chronischen Wunden konnten sie nicht heilen. Die schmerzten weiter und brachen immer wieder auf.

Im krassen Gegensatz dazu steht die Literatur aus den davor liegenden 150 Jahren. Darin gilt die *Charakter-Ethik* als Voraussetzung für Erfolg. Sie beruht auf Charaktereigenschaften wie Integrität, Demut, Treue, Mut, Gerechtigkeit, Geduld, Fleiß oder Einfachheit und Bescheidenheit. Die Charakter-Ethik lehrte, dass es grundlegende Prinzipien für ein effektives Leben gibt. Mehr noch: Sie ging davon aus, dass Menschen nur dann wahren Erfolg und anhaltendes Glück finden, wenn sie diese Prinzipien verinnerlichen und fest in ihrem Leben verankern.

Doch kurz nach dem Ersten Weltkrieg verlor die Charakter-Ethik zunehmend an Bedeutung. Nun stand etwas im Mittelpunkt, das man vielleicht Persönlichkeits-Ethik nennen könnte. Erfolg wurde mit der Außenwirkung gleichgesetzt. Es ging um das öffentliche Image, das öffentliche Ansehen und die sozialen Beziehungen. Im Wesentlichen konzentrierte sich die Persönlichkeits-Ethik auf zwei Bereiche: Sie bot Techniken für das soziale Miteinander und Anleitungen für eine positive mentale Einstellung. Ein Teil dieser Philosophie kam in verschiedensten Motivationssprüchen zum Ausdruck. Hier nur ein paar Beispiele:

- »Deine Einstellung bestimmt, wie weit du aufsteigst!«
- »Mit einem Lächeln gewinnt man mehr Freunde als mit einem langen Gesicht!«
- »Was auch immer der menschliche Geist sich ausdenken kann, das kann er auch erreichen«.

Viele Aspekte der Persönlichkeits-Ethik waren stark manipulativ, ja sogar betrügerisch. Menschen wurden dazu angehalten, die Zuneigung anderer durch bestimmte Techniken zu gewinnen – beispielsweise, indem sie Interesse an deren Hobbys heuchelten, Überlegenheit demonstrierten oder sich mit Einschüchterung den Weg durchs Leben bahnten. In manchen Büchern und Abhandlungen spielte auch der Charakter eine Rolle. Doch man erkannte nicht, dass er die entscheidende Voraussetzung für den Erfolg war. Im Gegenteil: Der Hinweis auf die Charakter-Ethik war meist nur ein Lippenbekenntnis. In der Regel begnügte man sich mit griffigen Patentrezepten zu Themen wie Einflussnahme, Macht, Kommunikation, Motivation und positives Denken.

Ich erkannte, dass diese Persönlichkeits-Ethik auch Sandra und mich beeinflusst hatte. Unbewusst hatten wir versucht, ihre Ansätze bei unserem Sohn anzuwenden. Als ich mich noch intensiver mit dem Unterschied zwischen Charakter- und Persönlichkeits-Ethik befasste, fiel mir etwas sehr Wichtiges auf: Sandra und ich hatten von Freunden, Verwandten und Bekannten viel Lob und Anerkennung für unsere anderen Kinder bekommen. Ob schulische Leistungen oder sportliche Erfolge: Im Vergleich zu seinen Geschwistern fiel unser einer Sohn in unseren Augen einfach ab. Woran das lag? Unser *Bild von uns selbst* und unserer Rolle als gute, fürsorgliche Eltern war noch tiefer in uns verankert als das *Bild unseres Sohnes*.

In langen Gesprächen wurde Sandra und mir schmerzlich bewusst: Unser eigener Charakter, unsere Motive und unsere Wahrnehmung des Jungen hatten maßgeblich zu seinem geringen Selbstwertgefühl beigetragen.

Natürlich wussten wir, dass unsere wahren Werte soziale Vergleiche ausschließen sollten. Sie waren kein Ausdruck bedingungsloser Liebe und schadeten zudem unserem Sohne. Also beschlossen wir, unsere Bemühungen von nun an auf uns selbst zu richten. Dabei konzentrierten wir uns jedoch nicht auf irgendwelche Motivations- und Kommunikationstechniken, sondern auf unsere innersten Motive und unsere Wahrnehmung des Jungen. Wir gaben unsere Bemühungen auf, ihn zu ändern. Stattdessen versuchten wir, Abstand zwischen »ihm« und »uns« zu schaffen. Das half uns, seine eigene Identität, seine Individualität und den Wert seiner Persönlichkeit zu erkennen.

Plötzlich *sahen* wir unseren Sohn in seiner Einzigartigkeit. Wir *sahen* sein einmaliges Potenzial. Und wir waren überzeugt, dass es sich auf seine ganz individuelle Weise und im für ihn richtigen Tempo entfalten würde. Deshalb beschlossen wir, loszulassen und unserem Sohn nicht weiter im Weg zu stehen. Wir wollten ihm die Zeit und den Freiraum geben, seine eigene Persönlichkeit zu entwickeln. Wir erkannten, dass es unsere natürliche Rolle als Eltern war, ihn zu akzeptieren, Freude an ihm zu haben und ihn zu schätzen. Außerdem hinterfragten wir unsere eigenen Motive. Ob Freunde, Verwandte oder Bekannte: Unser Selbstwertgefühl sollte nicht länger davon abhängen, was andere über unsere Kinder sagten oder dachten.

Als sich unsere Einstellung gegenüber unserem Sohn änderte, änderten sich gleichzeitig unsere Gefühle. Wir verglichen ihn nicht länger mit anderen und beurteilen ihn und seine Leistungen auch nicht mehr. Stattdessen begannen wir, uns an ihm zu erfreuen. Zudem hörten wir auf, ihn an unseren eigenen oder an den Erwartungen unseres sozialen Umfelds zu messen. Außerdem versuchten wir nicht weiter, ihn auf freundliche, positive Weise in eine annehmbare soziale Form zu pressen. Und: Wir waren felsenfest davon überzeugt, dass er sein Leben meistern würde. Deshalb hörten wir auch auf, ihn vor dem Spott anderer zu beschützen.

Unser Sohn war mit diesem Schutz groß geworden, sodass er zunächst regelrecht unter Entzugserscheinungen litt. Das brachte er immer wieder deutlich zum Ausdruck. Wir akzeptierten das, reagierten aber meist nicht darauf. Die unausgesprochene Botschaft lautete: »Wir brauchen dich nicht mehr zu beschützen. Du bist in Ordnung!«

Im Laufe der folgenden Wochen und Monate nahm sein Selbstvertrauen langsam zu. Er begann, sich auf seine Weise und in seinem eigenen Tempo zu entwickeln. In der Schule und im Sport wurde er überdurchschnittlich gut. Auch bei seinen Mitschülern und Freunden wurde er immer beliebter. Schon bald war er dem sogenannten natürlichen Entwicklungsprozess um einiges voraus. In den folgenden Jahren wurde er in die Schülermitverwaltung gewählt, feierte beachtliche Erfolge im Sport und brachte ein Zeugnis mit einem glatten Einserschnitt nach Hause. Was uns aber besonders freute: Er entwickelte eine offene, einnehmende Persönlichkeit, die ihm vertrauensvolle Beziehungen zu den unterschiedlichsten Menschen ermöglichte.

Sandra und ich sind der Ansicht, dass die »sozial beeindruckenden« Leistungen unseres Sohnes in erster Linie auf seinem neu gewonnenen Selbstvertrauen beruhten. Die Anerkennung, die er plötzlich von den anderen bekam, spielte am Ende nur eine untergeordnete Rolle. Das war für uns eine überraschende Erkenntnis. Die Erfahrung mit unserem Sohn machte uns den entscheidenden Unterschied zwischen der Persönlichkeits-Ethik und der Charakter-Ethik auf einer sehr persönlichen Ebene deutlich. Dafür sind wir sehr dankbar. Denn dadurch haben wir enorm viel für den Umgang mit unseren anderen Kindern und für andere Lebenssituationen gelernt.

Primäre und sekundäre Größe

Die Erfahrung mit meinem Sohn und meine Studien über Wahrnehmung und Erfolg verschafften mir eines dieser Aha-Erlebnisse, bei denen plötzlich alles an den richtigen Platz rückt. Auf einmal erkannte ich die beispiellosen Auswirkungen der Charakter-Ethik. Ich sah die Unterschiede zwischen dem, was ich persönlich als wahr anerkenne und den Patentlösungs-Philosophien, mit denen ich tagtäglich zu tun hatte. Auf einer tieferen Ebene verstand ich, was ich in all den Jahren während meiner Arbeit mit Menschen aus den verschiedensten Lebensbereichen festgestellt hatte: Alles, was ich über Effektivität lehrte, unterschied sich grundlegend von der allgemein verbreiteten Persönlichkeits-Ethik.

Ob Kommunikationstraining, Beeinflussungsstrategien oder positives Denken: Ich will nicht behaupten, dass die Elemente der Persönlichkeits-Ethik dem Erfolg nicht zuträglich sind. Ich glaube, das sind sie. Doch dabei handelt sich nicht um primäre, sondern um sekundäre Merkmale. Was ich damit sagen will? Ich kann bestimmte Techniken einsetzen, um andere Menschen zu etwas zu bewegen. Damit kann ich sie dazu bringen, besser zu arbeiten, motivierter zu sein oder mich zu mögen. Aber ich kann nicht auf lange Sicht erfolgreich sein, wenn mein Charakter grundsätzliche Defizite aufweist und ich es nicht ehrlich meine. Unaufrichtigkeit führt immer zu Misstrauen. Dann wird alles, was ich tue, für Manipulation gehalten. Wenn wenig oder kein Vertrauen besteht, gibt es kein Fundament für dauerhaften Erfolg. Nur wenn Erfolgs- und Persönlichkeitstechniken auf Wahrhaftigkeit beruhen, werden sie auch wirken. Sich allein auf die Techniken zu konzentrieren, ist dagegen wie Last-Minute-Pauken für die Schule. Man kommt damit durch. Manchmal gibt es vielleicht sogar gute Noten. Aber wenn man nicht Tag für Tag etwas für die Schule tut, wird man den Lernstoff nie wirklich beherrschen und schon gar nicht praktisch anwenden können.

Haben Sie schon einmal überlegt, wie unsinnig es wäre, das Last-Minute-Arbeiten auf einem Bauernhof auszuprobieren? Was wäre, wenn Sie im Frühjahr die Aussaat vergessen, den ganzen Sommer lang nichts tun und sich dann im Herbst mächtig ins Zeug legen, um die Ernte einzubringen? Die Landwirtschaft ist ein natürliches

System. Man kann immer nur das ernten, was man auch gesät hat. Hier gibt es keine Abkürzung.

Dieses Prinzip gilt genauso für unser Verhalten und unsere zwischenmenschlichen Beziehungen. Auch sie sind natürliche Systeme, die auf dem Gesetz der Aussaat und der Ernte beruhen. Kurzfristig hat man vielleicht Erfolg, wenn man Techniken lernt, um die von Menschen gemachten Regeln zu manipulieren und das Spiel zu spielen. Wenn die Interaktion mit anderen oberflächlich, kurzlebig oder einmalig ist, kann man mit der Persönlichkeits-Ethik durchkommen. Man macht einen guten Eindruck, weil man charmant ist und so tut, als würden einen die Hobbys des anderen interessieren. Es gibt schnelle, einfache Techniken, die leicht zu erlernen sind und manchmal auch funktionieren. Aber in langfristigen Beziehungen laufen diese Techniken schnell ins Leere. Wenn es an Integrität und Charakterstärke fehlt, werden die wahren Motive schon bald zum Vorschein kommen. Kurzfristiger Erfolg wird einem langfristigen Versagen in den Beziehungen zu anderen Menschen weichen.

Viele Leute mögen nach außen sekundäre Größe ausstrahlen und soziale Anerkennung für ihre Leistungen und Fähigkeiten bekommen. Dennoch fehlt es ihnen im Hinblick auf ihren Charakter an primärer Größe. Das zeigt sich früher oder später in all ihren Beziehungen – sei es im Geschäftsleben, in der Partnerschaft, im Freundeskreis oder im Umgang mit einem heranwachsenden Kind, das eine Identitätskrise durchmacht. Was sich letztlich immer klar mitteilt, ist der Charakter. Ralph Waldo Emerson hat das einmal so formuliert: »Meine Ohren sind so voll von dem, was du bist, dass ich nicht einmal hören kann, was du sagst.«

Natürlich kommt es auch vor, dass Menschen über Charakterstärke verfügen, ihnen aber die entsprechenden Kommunikationsfähigkeiten fehlen. Das beeinflusst zweifellos die Qualität von Beziehungen. Doch die Auswirkungen sind nicht so gravierend wie im umgekehrten Fall. Denn sie sind immer nur sekundär.

Letztlich vermitteln wir das, was wir *sind*, viel besser als das, was wir *sagen* oder *tun*. Es gibt Leute, denen wir absolut vertrauen, weil wir ihren Charakter kennen. Das hat nichts damit zu tun, ob sie redegewandt sind oder irgendwelche Techniken für zwischenmenschliche Beziehungen beherrschen. Wir trauen ihnen, und wir arbeiten erfolgreich mit ihnen. Oder um es mit den Worten von William George Jordan zu sagen: »In die Hände eines jeden Einzelnen ist eine wunderbare Kraft für Gutes oder Böses gelegt – der stille, unbewusste, unsichtbare Einfluss auf sein Leben. Dies ist die beständige Ausstrahlung dessen, was der Mensch wirklich ist, und nicht, was er zu sein vorgibt.«

Die Macht eines Paradigmas

Die 7 Wege stehen für die fundamentalen Prinzipien menschlicher Effektivität, auf denen anhaltendes Glück und nachhaltiger Erfolg beruhen. Sie sind grundlegend und primär.

Bevor wir die 7 Wege richtig begreifen können, müssen wir unsere eigenen »Paradigmen« verstehen. Und: Wir müssen lernen, wie man einen »Paradigmenwechsel« vollzieht.

Die Charakter-Ethik und die Persönlichkeits-Ethik sind Beispiele für soziale Paradigmen. Doch was bedeutet das Wort *Paradigma* genau? Es stammt aus dem Griechischen. Ursprünglich war es ein wissenschaftlicher Begriff. Heute wird dieser Begriff häufig verwendet, um ein Modell, eine Theorie, eine Annahme oder eine Wahrnehmung zu bezeichnen. Er bezieht sich allgemein auf die Art und Weise, wie wir die Welt »sehen«. Dabei geht es jedoch nicht um die visuelle Wahrnehmung, sondern um das Aufnehmen, Verstehen und Interpretieren von den Dingen, die um uns herum passieren.

Paradigmen kann man sehr gut mit Landkarten vergleichen. Wir alle wissen, dass die Landkarte nicht das Land ist. Sie ist einfach eine Erklärung gewisser territorialer Gegebenheiten. Genau das ist auch ein Paradigma. Es ist eine Theorie, eine Erklärung oder ein Modell von etwas anderem.

Stellen Sie sich vor, Sie wollen mit dem Auto zu einem bestimmten Punkt im Zentrum von Frankfurt fahren. Doch die Karte, die Ihnen Ihr Navigationsgerät anzeigt, ist falsch. Es handelt sich nicht um den Stadtplan von Frankfurt, sondern um den von Hannover. Können Sie sich vorstellen, wie frustriert Sie sich fühlen würden und wie wenig effektiv Ihre Bemühungen wären, an Ihr Ziel zu kommen?

Natürlich könnten Sie jetzt Ihr *Verhalten* ändern. Sie könnten sich noch mehr Mühe geben, noch fleißiger oder noch eiliger sein, um ans Ziel zu gelangen. Aber Ihre Bemühungen würden Sie nur noch schneller an den falschen Ort bringen.

Sie könnten auch Ihre *Einstellung* ändern und einfach positiver denken. Sie würden noch immer nicht ans richtige Ziel kommen. Aber vielleicht würde Ihnen das gar nichts mehr ausmachen. Ihre Einstellung wäre so positiv, dass Sie überall glücklich wären.

Leider sind Sie immer noch verloren. Denn das grundlegende Problem hat nichts mit Ihrem Verhalten oder Ihrer Einstellung zu tun. Das Problem ist deshalb entstanden, weil Sie einen falschen Stadtplan haben. Allein aus diesem Grund können Sie Ihr Ziel nicht erreichen.

Und was passiert, sobald Sie den richtigen Plan von Frankfurt haben? *Erst dann* wird Ihre Einstellung wichtig. Wenn Sie unterwegs auf Hindernisse treffen, *dann* kommt es auf Ihre Einstellung an. Aber die erste und wichtigste Voraussetzung, um ans Ziel zu kommen, ist die Genauigkeit des Stadtplans.

Jeder von uns hat viele verschiedene Landkarten im Kopf. Sie lassen sich in zwei Hauptkategorien unterteilen:

- Erstens: Karten, *wie die Dinge sind*, also von *Realitäten*
- Zweitens: Karten, *wie die Dinge sein sollten*, also von *Werten*

Wir interpretieren alles, was um uns herum geschieht, anhand dieser mentalen Landkarten. Ihre Genauigkeit stellen wir jedoch nur selten infrage. Meist ist uns nicht einmal bewusst, dass wir sie benutzen. Wir nehmen einfach an, dass die Art, wie wir die Dinge sehen, auch die Art ist, wie sie sind oder wie sie sein sollten.

Auf diesen Annahmen basieren unsere Einstellungen und unser Verhalten. Oder anders ausgedrückt: Auf der Art und Weise, wie wir die Dinge sehen, basiert unser gesamtes Denken und Handeln.

Bevor Sie weiterlesen, möchte ich Sie zu einem kleinen Experiment einladen: Bitte nehmen Sie sich einige Sekunden Zeit, um das Bild auf Seite 33 zu betrachten. Schauen Sie sich dann das Bild auf Seite 34 an und beschreiben Sie genau, was Sie sehen.

Erkennen Sie eine Frau? Wie alt würden Sie die Frau schätzen?

Wie sieht sie aus? Was hat sie an? In welchen Rollen sehen Sie die Frau?

Vermutlich werden Sie die Frau auf dem zweiten Bild für Anfang 20 halten – sehr schön, elegant, mit einer kleinen Nase und einer anmutigen Haltung. Wenn Sie ein Single-Mann wären, würden Sie vielleicht gerne mit ihr ausgehen. Wenn Sie in der Modebranche wären, würden Sie die Schönheit wahrscheinlich als Model buchen.

Aber was wäre, wenn Sie völlig falsch liegen? Wenn ich Ihnen sage, dass es sich um das Bild einer alten, unglücklichen Frau handelt? Sie sieht traurig aus, hat eine riesige Nase und ist ganz sicher kein Model. Wenn Sie die alte Frau auf der Straße treffen würden, würden Sie ihr womöglich über die Kreuzung helfen.

Wer hat Recht? Schauen Sie sich das Bild noch einmal an. Können Sie die alte Frau sehen? Wenn nicht, schauen Sie bitte genauer hin. Erkennen Sie ihre große Nase? Ihren Schal?

Wenn wir uns jetzt persönlich gegenübersäßen, könnten wir über das Bild sprechen. Sie könnten mir beschreiben, was Sie sehen. Ich könnte Ihnen sagen, was ich sehe. Wir könnten so lange miteinander diskutieren, bis wir beide die Sicht des anderen verstehen.

Das geht aber leider nicht. Deshalb schlagen Sie nun bitte Seite 55 auf. Schauen Sie sich das Bild dort genau an. Blättern Sie dann wieder zu dem Bild von eben zurück. Können Sie die alte Frau jetzt erkennen? Es ist wichtig, dass Sie sie sehen können, bevor Sie weiterlesen.

Ich habe diese Übung vor vielen Jahren an der Harvard Business School entdeckt. Damit hat ein Professor eindrucksvoll gezeigt, dass zwei Menschen dasselbe sehen, sich darüber komplett uneinig sein und am Ende doch beide Recht haben können. Das ist nicht logisch, das ist psychologisch!

Der Professor brachte einen Stapel großer Karten mit. Die eine Hälfte war mit dem Bild der jungen Frau und die andere mit dem der alten Frau bedruckt.

Die Karten wurden so verteilt, dass die Studenten auf der einen Seite des Hörsaals das Bild mit der jungen Frau bekamen und die auf der anderen das Bild mit der alten Frau. Wir sahen uns die Karten an, konzentrierten uns etwa zehn Sekunden darauf und gaben sie dann wieder zurück. Dann projizierte der Professor das Bild von

Seite 34 auf eine Leinwand. Dieses Bild zeigte eine Kombination aus den beiden anderen. Nun sollten die Studenten beschreiben, was sie sahen. Fast jeder, der erst die Karte mit der jungen Frau angeschaut hatte, sah sie nun auch auf der Leinwand. Umgekehrt war es genauso: Diejenigen, die die Karte mit der alten Frau bekommen hatten, sahen sie auch jetzt.

Schließlich bat der Professor einen Studenten von der »jungen« Seite, einem von der »alten« Seite zu erklären, was er sah. Die beiden Studenten diskutierten hin und her. Dabei kam es zu deutlichen Kommunikationsproblemen.

»Was heißt hier alt? Sie ist doch höchstens 20 oder 22!«

»Ach was! Du machst Witze. Sie ist mindestens 70, geht wahrscheinlich sogar auf die 80 zu!«

»Was ist eigentlich mit dir los? Bist du blind? Diese Frau ist jung und hübsch. Ich würde gern mal mit ihr ausgehen. Sie ist wunderschön.«

»Schön? Nein, sie ist eine alte Hexe!«

Die Argumente flogen nur so hin und her. Auch die anderen Studenten der jeweiligen Seite mischten sich nun ein. Alle verteidigten standhaft ihre Position. Und das, obwohl diese Studenten einen ungemein wichtigen Vorteil hatten: Sie wussten bereits, dass es tatsächlich verschiedene Sichtweisen geben kann. Dennoch versuchten zunächst nur sehr wenige, das Bild in einem anderen Bezugsrahmen zu betrachten.

Nach etlichen vergeblichen Verständigungsversuchen ging schließlich ein Student zur Leinwand. Er zeigte auf einen Strich in dem Bild und sagte: »Seht ihr, das da ist die Halskette der jungen Frau.« Sofort widersprach ein anderer: »Nein! Das ist der Mund der alten Frau.« Allmählich begannen sie, verschiedene Bezugspunkte ruhig und sachlich miteinander zu diskutieren. Schließlich erkannte ein Student nach dem anderen, wie die beiden Bilder ineinander gefügt waren. Durch eine respektvolle, genaue Kommunikation konnte am Ende jeder auch die andere Sichtweise annehmen. Doch wenn die Studenten kurz wegschauten und dann wieder auf das Bild blickten, passierte etwas wirklich Verblüffendes: Sie sahen sofort wieder das, worauf sie in den ersten zehn Sekunden konditioniert worden waren.

Ich setzte diese Übung sehr gerne in meiner Arbeit mit Menschen und Organisationen ein. Denn sie ermöglicht viele tiefe Einsichten in persönliche und zwischenmenschliche Effektivität. Sie zeigt, wie unglaublich stark unsere Konditionierung unsere Wahrnehmung und unsere Paradigmen beeinflusst. Wenn schon zehn Sekunden so enorme Auswirkungen auf unsere Sichtweise der Dinge haben, wie sieht es dann mit den lebenslangen Konditionierungen aus? Ob Familie, Freunde, Verein, Beruf oder Kollegen und natürlich auch soziale Paradigmen wie die Persönlichkeits-Ethik – sie alle haben eine stille, unbewusste Wirkung auf uns und tragen dazu bei, unsere Sicht der Dinge und unsere Landkarten zu formen.

Es gibt aber noch einen weiteren Grund, weshalb ich so gerne mit dieser Übung arbeite: Sie verdeutlicht sehr anschaulich, dass unsere Paradigmen der Ursprung für unsere Einstellungen und unser Verhalten sind. Nur innerhalb dieser Paradigmen können wir uns integer verhalten.

Es kann keine Integrität geben, wenn wir anders handeln als wir sehen. Gehören Sie zu den 90 Prozent, die nach der entsprechenden Konditionierung auch im zweiten Bild die junge Frau sehen? Dann fanden Sie die Vorstellung, ihr über die Straße zu helfen, bestimmt ziemlich merkwürdig. Warum? Ihre *Einstellung* zu der Frau und Ihr *Verhalten* ihr gegenüber mussten mit dem übereinstimmen, wie Sie sie *gesehen* haben.

Das führt uns zu einem grundsätzlichen Mangel der Persönlichkeits-Ethik: Wir können unsere äußeren Einstellungen und Verhaltensweisen nicht ändern, wenn wir dabei nicht die grundlegenden Paradigmen im Blick haben, auf denen sie beruhen.

Die Wahrnehmungsübung mit den beiden Frauenbildern zeigt außerdem, wie stark unsere Paradigmen unsere Interaktion mit anderen Menschen beeinflussen. Auch wenn wir glauben, dass wir die Dinge klar und objektiv sehen, erkennen wir: Andere beurteilen ein- und denselben Sachverhalt aus ihrer offenbar ebenso klaren und objektiven Sichtweise völlig anders. Um es auf den Punkt zu bringen: »Wo wir stehen, hängt davon ab, wo wir sitzen.«

Jeder von uns glaubt, die Dinge so zu sehen, wie sie tatsächlich sind. Wir alle denken, wir seien *objektiv*. Aber das stimmt nicht! Wir sehen die Welt nicht so, wie *sie ist*. Im Gegenteil: Wir sehen die Welt so, *wie wir sind.* Dabei ist unsere Konditionierung entscheidend. Man kann auch sagen: *Wir sehen das, worauf wir konditioniert sind.*

Wenn wir beschreiben, was wir sehen, beschreiben wir in Wahrheit uns selbst – unsere Wahrnehmungen und unsere Paradigmen. Falls jemand anderer Meinung ist, denken wir automatisch: Mit dem stimmt doch was nicht! Aber die Übung mit den Bildern der beiden Frauen zeigt: Auch rationale Menschen sehen die Dinge ganz unterschiedlich: Jeder schaut durch die einzigartige Brille seiner ganz persönlichen Erfahrungen.

Das heißt natürlich nicht, dass es keine Tatsachen gibt. Bei der Übung schauen sich zwei Menschen, die anfangs verschieden konditioniert wurden, das dritte Bild gemeinsam an. Sie sehen dieselben Tatsachen: schwarze Striche und weiße Flächen. Beide erkennen diese Tatsachen auch ganz klar an. Doch ihre jeweilige Interpretation beruht auf ihren früheren Erfahrungen. Außerhalb dieser Interpretation haben diese Tatsachen keine Bedeutung. Was das genau bedeutet? Es ist äußerst wichtig, dass wir uns unsere grundlegenden Paradigmen, Karten oder Annahmen bewusst machen. Je klarer wir uns darüber sind, wie sehr wir von unseren Erfahrungen beeinflusst worden sind, desto mehr Verantwortung können wir für unsere Paradigmen übernehmen. Wir können sie näher analysieren und mit der Realität abgleichen. Das hilft uns, offen für die Meinung anderer zu sein, zu einem breiteren Blickwinkel und einer objektiveren Sichtweise zu gelangen.

Die Macht eines Paradigmenwechsels

Die Wahrnehmungsübung bringt uns ein ganz besonderes Aha-Erlebnis: Sie zeigt uns, welche verblüffenden Auswirkungen ein Paradigmenwechsel haben kann: Plötzlich »sehen« wir das Bild völlig anders. Je stärker jemand in seiner ursprünglichen Wahrnehmung verhaftet ist, desto größer ist das Aha-Erlebnis. Auf einmal geht einem ein Licht auf. Es ist wie bei dem Mini-Paradigmenwechsel, den ich an einem Sonntagvormittag in der New Yorker U-Bahn hatte. Einige Fahrgäste lasen Zeitung oder hörten Musik, andere waren in Gedanken versunken, einige hatten die Augen geschlossen und ruhten sich aus. Alles war ganz ruhig und friedlich.

Doch dann stieg ein Mann mit seinen Kindern ein. Die Kleinen waren extrem laut und lebhaft. Die Stimmung änderte sich abrupt.

Der Mann setzte sich neben mich und schloss die Augen. Er nahm die Situation offenbar gar nicht wahr. Seine Kinder schrien, warfen mit Sachen um sich und zerrten sogar an den Zeitungen der anderen Fahrgäste. Aber der Mann neben mir tat nichts.

Ich konnte es nicht fassen, dass er so teilnahmslos war. Er ließ seine Kinder einfach lauthals herumtoben und tat rein gar nichts, um sie zu stoppen. Der Mann übernahm keinerlei Verantwortung. Es war offensichtlich, dass sich die anderen Fahrgäste auch über den Mann und die Kinder ärgerten. Deshalb sprach ich ihn schließlich sehr höflich und zurückhaltend an: »Ihre Kinder machen eine Menge Krach. Das stört wirklich sehr viele Leute hier. Könnten Sie bitte dafür sorgen, dass die Kleinen etwas ruhiger sind?«

Der Mann hob die Augenbrauen. Es schien, als ob er sich erst jetzt der Situation bewusst wurde. Dann sagte er ganz leise: »Oh, Sie haben recht. Ich sollte etwas dagegen tun. Wir kommen gerade aus dem Krankenhaus. Die Mutter der Kinder ist vor einer Stunde gestorben. Ich weiß gar nicht, was ich jetzt tun soll. Und die Kinder haben sicher auch keine Ahnung, wie sie mit dieser schrecklichen Situation umgehen sollen.«

Können Sie sich vorstellen, was in diesem Augenblick in mir vorging? Was für ein Paradigmenwechsel das war?! Plötzlich *sah* ich die Dinge völlig anders. Und weil ich anders *sah, dachte, fühlte und verhielt* ich mich auch anders. Mein Ärger war verflogen. Mein Herz war von dem Schmerz des Mannes erfüllt. Ich fühlte nur noch Mitgefühl und Sympathie. »Ihre Frau ist gerade gestorben? Oh, das tut mir unendlich Leid. Wollen Sie darüber sprechen? Kann ich Ihnen irgendwie helfen?« Alles veränderte sich in diesem einen kurzen Augenblick.

Viele Menschen erleben einen grundlegenden Paradigmenwechsel – beispielsweise, wenn sie sich in einer lebensbedrohlichen Krise befinden und sich ihre Prioritäten von Grund auf verändern. Ähnliches gilt auch, wenn wir in eine neue Rolle wechseln, Ehemann oder -frau werden, Eltern oder Großeltern, Manager oder Führungskraft.

Wir könnten Wochen, Monate oder sogar Jahre damit verbringen, im Rahmen der Persönlichkeits-Ethik an unseren Einstellungen und Verhaltensweisen zu arbeiten. Doch die Veränderungen, die wir so herbeiführen könnten, sind nichts im Vergleich zu denjenigen, die sich spontan ergeben, wenn wir gewisse Dinge anders sehen.

Kleine Veränderungen in unserem Leben können wir vielleicht erreichen, wenn wir uns auf unsere Einstellungen und Verhaltensweisen konzentrieren. Grundvoraussetzung für eine tiefgreifende, umfassende Veränderung ist jedoch, dass wir an unseren grundlegenden Paradigmen arbeiten. Oder um es mit den Worten von Henry Thoreau zu sagen: »Auf je tausend, die an den Blättern des Übels zupfen, kommt einer, der es an den Wurzeln packt.« Wir können nur dann große Fortschritte in unserem Leben erzielen, wenn wir aufhören, an den Blättern der Einstellungen und Verhaltensweisen zu zupfen. Was zählt ist, dass wir das Übel an der Wurzel packen. Dazu müssen wir an den Paradigmen ansetzen, auf denen diese Einstellungen und Verhaltensweisen basieren.

Sehen und Sein

Natürlich vollziehen sich nicht alle Paradigmenwechsel von einer Minute auf die nächste. Im Gegensatz zu meiner plötzlichen Einsicht in der U-Bahn war der Paradigmenwechsel, den Sandra und ich mit unserem Sohn hatten, ein langsamer, schwieriger und bewusster Prozess. Die Art, wie wir anfangs mit unserem Jungen umgegangen sind, war das Ergebnis jahrelanger Konditionierungen und Erfahrungen mit der Persönlichkeits-Ethik. Sie beruhte auf tief sitzenden Paradigmen über unseren Erfolg als Eltern und den Erfolg unserer Kinder. Erst nachdem wir diese grundlegenden Paradigmen verändert hatten und die Dinge in einem völlig neuen Licht sahen, konnten wir uns selbst und die Situation maßgeblich verändern.

Um unseren Sohn anders zu *sehen*, mussten Sandra und ich anders *sein*. Unser neues Paradigma entstand, als wir uns auf die Weiterentwicklung unseres eigenen Charakters konzentrierten.

Paradigmen sind nicht vom Charakter zu trennen. Für uns Menschen bedeutet *Sehen* zugleich *Sein*. Was wir *sehen*, steht in enger Wechselwirkung zu dem, was wir *sind*. Wir können unser Sehen nicht wirklich verändern, ohne gleichzeitig unser Sein zu verändern – und umgekehrt.

Selbst bei meinem scheinbar so spontanen Paradigmenwechsel in der U-Bahn war die Änderung meiner Sichtweise das Ergebnis meines Charakters. Ich bin sicher: Es gibt Leute, die auch nachdem sie die wahren Hintergründe der Situation begriffen hätten, nur einen kurzen Anflug von Bedauern verspürt hätten und weiter in peinlichem Schweigen neben dem trauernden, verwirrten Mann gesessen hätten. Andererseits bin ich genauso sicher, dass manche Menschen von Anfang an einfühlsamer gewesen wären. Sie hätten gleich erkannt, dass es um ein ernsthaftes Problem ging, und früher Hilfe angeboten als ich.

Paradigmen sind so mächtig, weil sie die Brille sind, durch die wir die Welt sehen. Ob ein Paradigmenwechsel sofort erfolgt oder ob er ein langsamer, bewusster Prozess ist: Die Macht eines Paradigmenwechsels ist immer die Macht entscheidender Veränderungen!

Paradigmen und Prinzipien

Die Charakter-Ethik beruht auf der grundlegenden Vorstellung, dass es Prinzipien gibt, die die Effektivität des Menschen bestimmen. Diese Prinzipien sind Naturgesetze. Sie wirken auf uns Menschen wie die Gesetze der Schwerkraft in der Physik.

Wie sich solche Prinzipien in unserem Alltag auswirken, beschreibt Frank Koch in der Zeitschrift des Marine-Instituts. Hier schildert er auf sehr anschauliche Weise einen Paradigmenwechsel:

Zwei Kriegsschiffe, die zum Ausbildungsgeschwader gehörten, übten seit Tagen bei schwerer See und schlechtem Wetter verschiedene Manöver. Ich fuhr auf dem Leitschiff. Gegen Abend hatte ich Dienst auf der Brücke. Dicke Nebelschwaden erschwerten die Sicht. Deshalb blieb auch der Kapitän auf der Brücke und überwachte alles.

Kurz nach Anbruch der Dunkelheit meldete der Ausguck: »Licht steuerbord voraus!«

»Bleibt es stehen oder bewegt es sich achteraus?«, rief der Kapitän. Der Ausguck antwortete: »Es bleibt stehen, Kapitän.« Das hieß, dass wir uns auf einem gefährlichen Kollisionskurs mit dem anderen Schiff befanden.

Da rief der Kapitän dem Matrosen, der für die Übermittlung von Nachrichten und Signalen zuständig war, zu: »Schicken Sie dem Schiff ein Signal: Wir sind auf Kollisionskurs, empfehlen 20 Grad Kursänderung.«

Zurück kam das Signal: »Empfehlen Ihnen, den Kurs um 20 Grad zu ändern.«

Der Kapitän sagte: »Melden Sie: Ich bin ein Kapitän, Kurs um 20 Grad ändern!«

»Ich bin ein Seemann zweiter Klasse«, lautete die Antwort. »Sie sollten Ihren Kurs besser um 20 Grad ändern.«

Inzwischen war der Kapitän ziemlich wütend. Er schimpfte: »Signalisieren Sie, dass ich ein Kriegsschiff bin. Er soll den Kurs um 20 Grad ändern!«

Prompt wurde die folgende Antwort zurückgeblinkt: »Ich bin ein Leuchtturm!«

Also, änderten wir unseren Kurs …

Der Paradigmenwechsel, den der Kapitän und auch Sie als Leser der Geschichte mit dem Leuchtturm vollzogen haben, verändert die Sache vollkommen. Die Realität, die wir sehen, ist durch unsere begrenzte Wahrnehmung bestimmt. Das gilt im täglichen Leben ebenso wie für den Kapitän im Nebel.

Prinzipien sind wie Leuchttürme. Sie sind Naturgesetze, die man nicht brechen kann. Oder wie Cecil DeMille in seinem Monumentalfilm *Die Zehn Gebote* sagte: »Wir können unmöglich das Gesetz brechen. Wir können nur am Gesetz zerbrechen.«

Natürlich kann der Einzelne sein Leben und seine Interaktionen mit anderen in Form von Paradigmen oder Landkarten betrachten, die auf seinen Erfahrungen beruhen. Doch diese Landkarten sind nicht das Territorium. Sie sind nur eine »subjektive Realität« – nicht mehr als ein Versuch, das Territorium zu beschreiben.

Die »objektive Realität« oder das Territorium selbst bestehen aus »Leuchtturm«-Prinzipien. Diese Prinzipien bestimmen das Wachstum und das Glück des Menschen. Sie sind natürliche Gesetze, ein fester Bestandteil jeder zivilisierten Gesellschaft in der Geschichte. Die Leuchtturm-Prinzipien bilden die Wurzeln jeder Familie und Institution, die wächst und gedeiht. Die Existenz dieses Territoriums hängt nicht davon ab, wie unsere geistigen Landkarten es beschreiben.

Die Existenz dieser Prinzipien oder Naturgesetzte wird jedem offensichtlich, der gründlich nachdenkt und die Zyklen der Sozialgeschichte näher analysiert. Sie treten immer und immer wieder zutage. Überleben und Stabilität oder Ausgrenzung und Zerstörung? Das hängt davon ab, wie sehr sich die Menschen in einer Gesellschaft an den Prinzipien orientieren und nach ihnen leben.

Die Prinzipien, von denen ich hier spreche, sind keine geheimnisvollen esoterischen oder religiösen Vorstellungen. Es gibt in diesem Buch kein einziges Prinzip, das typisch für irgendeine Religion oder Glaubensrichtung wäre. Diese Prinzipien sind Teil fast jeder größeren Religion oder Sozialphilosophie und jedes ethischen Systems. Sie sind offensichtlich und für jedermann leicht nachvollziehbar. Es ist beinahe so, als seien diese Prinzipien oder Naturgesetze Teil der Conditio Humana – des menschlichen Bewusstseins, des menschlichen Gewissens. Unabhängig von der sozialen Konditionierung scheinen sie in allen Menschen angelegt zu sein, auch wenn sie manchmal unterdrückt sein mögen.

Was ich genau damit meine? Nehmen wir beispielsweise das Prinzip der *Fairness*. Aus diesem Prinzip heraus hat sich unser ganzes Konzept von Gleichheit und Gerechtigkeit entwickelt. Selbst bei gegenläufigen Konditionierungen scheinen kleine Kinder ein angeborenes Gespür für Fairness zu haben. Natürlich gibt es riesengroße Unterschiede, wie Fairness definiert und erreicht wird. Aber die Vorstellung von Fairness an sich ist beinahe universell.

Weitere Beispiele sind *Integrität* und *Ehrlichkeit*. Sie schaffen die Vertrauensgrundlage für Kooperationen oder langfristiges persönliches und zwischenmenschliches Wachstum.

Auch das Prinzip des Respekts vor der *Würde des Menschen* gehört dazu. Dieser Wert oder dieses Gebot liegt der Unabhängigkeitserklärung der Vereinigten Staaten von Amerika zugrunde. Hier heißt es: »Wir halten diese Wahrheiten für offenbar und keines weiteren Beweises bedürftig: dass alle Menschen gleich sind von Geburt, dass sie von ihrem Schöpfer mit gewissen, unveräußerlichen Rechten ausgestattet sind, dass zu diesen Leben, Freiheit und das Streben nach Glück gehören.«

Ein weiteres Prinzip ist das *Dienen* oder der Gedanke, einen Beitrag zum Allgemeinwohl zu leisten. Weiterhin das Prinzip der *Qualität* oder der *Spitzenleistungen*.

Es gibt auch das Prinzip der *Entwicklungsmöglichkeiten*. Dabei geht es um die Vorstellung, wir könnten wachsen, uns weiterentwickeln und immer mehr Potenzial freisetzen, immer mehr Talente ausbilden. Nahe verwandt mit diesem Prinzip ist das des *Wachstums*. Damit geht die Notwendigkeit begleitender Prinzipien wie *Geduld, Sorgfalt* und *Ermutigung* einher.

Prinzipien sind keine *Praktiken*. Eine Praktik ist eine spezielle Aktivität oder Handlung. Praktiken, die unter bestimmten Bedingungen funktionieren, tun das nicht notwendigerweise immer und überall. Das können alle Eltern bestätigen, die versuchen, ihr zweites Kind genauso zu erziehen wie das erste.

Praktiken sind situationsspezifisch. Prinzipien dagegen beruhen auf tiefen, fundamentalen Wahrheiten mit universeller Anwendbarkeit. Sie gelten für den Einzelnen, für Ehen und Partnerschaften, Familien oder private und öffentliche Organisationen jeder Art. Wichtig ist, dass diese Wahrheiten so verinnerlicht werden, dass sie zu Prinzipien werden. Dann geben sie uns die Möglichkeit, ein breites Spektrum von Praktiken zu entwickeln, um mit den unterschiedlichsten Situationen umzugehen.

Prinzipien sind keine *Werte*. Eine Bande von Dieben kann zwar gemeinsame Werte haben. Doch diese verletzen die fundamentalen Prinzipien, über die wir hier sprechen. Prinzipien sind das Territorium. Werte sind Landkarten. Wenn wir uns an Prinzipien halten, erkennen wir die Wahrheit. Wir gewinnen ein tiefgreifendes Wissen um die Dinge, wie sie sind.

Prinzipien sind Richtlinien für das menschliche Verhalten. Es ist offensichtlich, dass sie fundamental und von dauerhaftem, beständigem Wert sind. Im Grunde kann man nicht gegen sie argumentieren, weil sie aus sich selbst heraus offensichtlich sind. Das kann man ganz schnell verstehen. Denken sie nur einmal darüber nach, wie absurd es wäre, ein erfülltes Leben führen zu wollen, das auf den Gegensätzen zu diesen Prinzipien beruht. Ich bezweifle, dass irgendjemand ernsthaft Ungerechtigkeit, Betrug, Niedertracht, Nutzlosigkeit, Mittelmäßigkeit oder Rückschritt als verlässliche Grundlage für anhaltendes Glück und Erfolg betrachten würde. Man kann sich zwar darüber streiten, wie diese Prinzipien definiert, manifestiert oder erreicht werden können. Dennoch scheint es ein angeborenes Bewusstsein zu geben, dass sie existieren.

Je besser unsere Landkarten und Paradigmen mit diesen Prinzipien oder Naturgesetzen übereinstimmen, desto genauer und hilfreicher sind sie. Korrekte Landkarten haben enorm positive Auswirkungen auf unsere persönliche und zwischenmenschliche Effektivität. Dagegen sind alle Bemühungen, unsere Einstellungen und Verhaltensweisen zu ändern, geradezu wirkungslos.

Die Prinzipien von Wachstum und Wandel

Weshalb hat die Persönlichkeits-Ethik eine so große Anziehungskraft? Sie scheint eine schnelle, simple Methode zu sein, um eine höhere Lebensqualität, eine größere persönliche Effektivität und bessere Beziehungen zu anderen Menschen zu erlangen. Besonders verlockend ist die Persönlichkeits-Ethik, weil sie uns vorgaukelt, dass man auf dem Weg zum Erfolg den natürlichen Prozess von Arbeit und Wachstum nicht durchlaufen muss. So verspricht sie »schnellen Reichtum« und »Wohlstand ohne Arbeit«. Und vielleicht gelingt das manchmal sogar – aber es bleibt bloße Augenwischerei.

Die Persönlichkeits-Ethik ist illusionär und trügerisch. Mit ihren Techniken und Patentlösungen qualitativ hochwertige Ergebnisse zu erzielen, ist nahezu unmöglich. Der Einsatz der Mittel und Methoden der Persönlichkeits-Ethik ist ungefähr genauso effektiv, wie sich mit dem Stadtplan von Hannover in Frankfurt zurechtfinden zu wollen. Erich Fromm, der sich sehr intensiv mit den Ursprüngen und den Auswirkungen der Persönlichkeits-Ethik beschäftigt hat, bringt es auf den Punkt:

Heute verhalten sich die Menschen wie Automaten, die sich selbst nicht kennen oder verstehen. Die einzige Person, die sie kennen, ist die Person, die sie sein sollen. Bei dieser Person ersetzt bedeutungsloses Plappern das kommunikative Sprechen, ein künstliches Lächeln tritt an die Stelle des echten Lachens und das Gefühl dumpfer Verzweiflung hat den Platz wahrer Empfindsamkeit eingenommen. Über diesen Menschen kann man zwei Dinge sagen: Einerseits leidet er unter einem unheilbaren Mangel an Spontaneität und Individualität. Zum anderen unterscheidet er sich nicht wesentlich von den Millionen anderer Menschen auf dieser Erde.

Das ganze Leben besteht aus aufeinander aufbauenden Stadien von Wachstum und Entwicklung. Ein Kind lernt erst, sich umzudrehen, dann sich hinzusetzen, anschließend zu krabbeln und schließlich zu laufen und zu rennen. Jeder Schritt ist wichtig, und jeder braucht seine Zeit. Man kann keinen Schritt überspringen.

Das gilt für alle Phasen des Lebens und der Weiterentwicklung – vom Klavierspielen bis zur effektive Kommunikation mit einem Geschäftspartner. Und es gilt für den Einzelnen ebenso wie für Ehen, Familien und Organisationen.

Wir kennen und akzeptieren das Prinzip des *Wachstums*, wenn es um Pflanzen oder andere Dinge geht. Wesentlich schwieriger ist es, dieses Prinzip auch im emotionalen Bereich, beispielsweise im Hinblick auf zwischenmenschliche Beziehungen oder den eigenen Charakter zu verstehen. Und selbst wenn wir es verstehen, ist es immer noch sehr schwer, es zu akzeptieren und im Einklang mit ihm zu leben. Daher suchen wir oft nach einer Abkürzung, die uns hilft, einige anstrengende, aber wichtige Schritte zu überspringen. Wir wollen Zeit und Mühe sparen und dennoch die gewünschten Ergebnisse erzielen.

Aber was passiert, wenn wir versuchen, den natürlichen Prozess in unserem Wachstum und unserer Entwicklung abzukürzen? Was geschieht, wenn Sie nur ein mittelmäßiger Tennisspieler sind, aber in einer höheren Klasse spielen wollen, um andere zu beeindrucken? Würde positives Denken allein ausreichen, um effektiv und erfolgreich gegen einen Profi zu spielen?

Was wäre, wenn Sie Ihren Freunden erzählen, Sie könnten konzertreif Klavier spielen, obwohl Sie noch ein blutiger Anfänger sind?

Die Antworten sind klar: Es ist unmöglich, diesen Entwicklungsprozess zu ignorieren oder abzukürzen. Das ist gegen die Natur. Deshalb führt die Suche nach einer Abkürzung zwangsläufig zu Enttäuschung und Frustration.

Wenn ich auf einer Zehn-Punkte-Skala auf Ebene zwei liege und zu Ebene fünf will, dann gibt es keine Abkürzung. Bevor ich auf Ebene fünf komme, muss ich erst den Schritt zu Ebene drei und dann den Schritt zu Ebene vier machen. Wie heißt es so schön: »Eine lange Reise beginnt mit dem ersten Schritt!« Und man kann immer nur einen Schritt nach dem anderen gehen.

Wenn Sie einem Lehrer, Trainer oder Coach nicht zeigen, auf welcher Wissensebene Sie sich aktuell befinden, werden Sie weder lernen noch wachsen. Sie können nicht lange nur so tun, als ob. Man wird Ihnen schnell auf die Schliche kommen. Das Erkennen unserer Unwissenheit ist oft der erste Schritt für unsere Weiterbildung. Oder um es mit den Worten von Henry David Thoreau zu sagen: »Wie können wir an unser Unwissen erinnern, das für unser Wachstum notwendig ist, wenn wir die ganze Zeit über unser Wissen benutzen?« Vor einiger Zeit kamen zwei junge Frauen weinend zu mir. Sie waren die Töchter eines Bekannten. Die beiden beklagten sich über ihren Vater. Er sei unglaublich streng und habe kein Verständnis. Deshalb konnten sie nicht offen und ehrlich zu ihren Eltern sein. Dennoch brauchten sie dringend ihre Liebe und Unterstützung. Also sprach ich mit dem Vater. Dabei stellte ich fest: Er wusste, was vor sich ging. Ja, er gab sogar zu, dass er äußerst launisch war. Dennoch lehnte er es ab, dafür die Verantwortung zu übernehmen. Er wollte einfach nicht wahrhaben, dass er an seiner emotionalen Weiterentwicklung arbeiten sollte. Sein Stolz verbot es ihm, den ersten Schritt in Richtung Veränderung zu machen.

Um effektive Beziehungen mit unserem Partner, den Kindern, Freunden oder Kollegen zu führen, müssen wir zuerst lernen, zuzuhören. Das erfordert emotionale Stärke. Um zuzuhören, brauchen wir Geduld, Offenheit und den ehrlichen Wunsch, unser Gegenüber zu verstehen. Das alles sind hervorragende Charaktereigenschaften. Dennoch ist es wesentlich leichter, von einer niedrigeren emotionalen Ebene aus zu handeln – und dem anderen dabei auch noch scheinbar hoch qualifizierte Ratschläge zu erteilen.

Beim Tennis oder beim Klavierspielen ist unser Entwicklungsstand offensichtlich. Jeder Täuschungsversuch fliegt sofort auf. Doch wenn es um unseren Charakter oder unsere emotionale Entwicklung geht, dann sieht es ganz anders aus. Da ist es ziemlich schwer zu erkennen, wo wir gerade stehen. Wir können den anderen etwas vormachen und so tun als ob. Das kann eine Zeitlang gutgehen – zumindest in der Öffentlichkeit. Wir können sogar uns selbst täuschen. Dennoch glaube ich: Die meisten von uns wissen, wer sie im Inneren wirklich sind. Und das gilt ganz bestimmt auch für viele der Menschen, die mit uns leben und arbeiten.

In der Geschäftswelt habe ich oft genug gesehen, welche Konsequenzen es hat, wenn man versucht, den natürlichen Wachstumsprozess abzukürzen. Viele Manager versuchen, eine neue Unternehmenskultur mit besserer Produktivität, höherer Qualität, größerer Moral und hervorragendem Service zu »kaufen«. Dabei setzen sie auf große Reden, ein künstliches Lächeln, taktische Interventionen oder auf Fusionen, Akquisitionen und freundliche oder feindliche Übernahmen. Aber sie übersehen, dass solche Manipulationen zu einem Klima des Misstrauens führen. Wenn ihre Methoden nicht greifen, nutzen sie andere Techniken der Persönlichkeits-Ethik. Dabei ignorieren und verletzen sie permanent die natürlichen Prinzipien und Prozesse, auf denen eine Unternehmenskultur mit einem hohen Maß an Vertrauen beruht.

Ich erinnere mich noch gut daran, wie ich vor vielen Jahren selbst das Gebot des Vertrauens verletzt habe – und das ausgerechnet in meiner Rolle als Vater. Ich kam nachmittags zum Kindergeburtstag meiner dreijährigen Tochter nach Hause. Sie hockte in einer Ecke des Wohnzimmers und umklammerte trotzig alle ihre Geschenke. Kein anderes Kind sollte damit spielen! Mir viel sofort auf, dass einige andere Eltern Zeugen dieses selbstsüchtigen Verhaltens waren. Das war mir peinlich. Ja, es war mir sogar doppelt peinlich, weil ich damals an der Universität Kurse über zwischenmenschliche Beziehungen gab.

Die Atmosphäre im Raum war wirklich aufgeladen. Die anderen Kinder drängten sich um meine Tochter. Sie streckten die Hände aus und wollten mit den Geschenken spielen, die sie ihr gerade gebracht hatten. Doch meine Tochter lehnte trotzig ab. Ich sagte zu mir selbst: »Ich sollte ihr unbedingt beibringen, zu teilen. Der Wert des Miteinander-Teilens ist schließlich eine unserer grundlegendsten Überzeugungen.« Also versuchte ich es zunächst mit einer freundlichen Bitte: »Schatz, würdest du bitte das Spielzeug, das deine Freunde dir mitgebracht haben, mit ihnen teilen?«

»Nein!« Die Antwort war klar und deutlich.

Nun appellierte ich an ihre Vernunft und sagte: »Du solltest lernen, dein Spielzeug zu teilen, wenn deine Freunde bei dir sind. Dann werden sie dich auch mit ihrem spielen lassen, wenn du bei ihnen bist.«

Wieder kam die Antwort sofort und sehr deutlich: »Nein!«

Meine Verlegenheit wurde immer größer. Es war offensichtlich, dass ich meine Tochter nicht dazu bewegen konnte, das Spielzeug zu teilen. Als Drittes probierte ich es mit Bestechung. Leise flüsterte ich: »Schätzchen, wenn du teilst, bekommst du eine ganz besondere Überraschung. Ich gebe dir Kaugummi.«

»Ich hasse Kaugummi!«, platzte es aus ihr heraus.

Jetzt war ich richtig wütend. Beim vierten Versuch griff ich zu Angst und Drohungen. »Wenn du nicht teilst, dann bekommst du mächtigen Ärger!«

»Das macht mir gar nichts!«, schrie meine Tochter. »Das sind meine Spielsachen. Ich muss sie mit niemandem teilen!«

Schließlich setzte ich Gewalt ein. Ich nahm einfach einen Teil der Spielsachen und verteilte sie: »Hier Kinder, spielt damit!«

Vielleicht musste meine Tochter die Erfahrung machen, was es heißt, Dinge zu besitzen und sie mit anderen zu teilen? Und sie brauchte einen Vater mit einer höheren emotionalen Reife, um ihr diese Werte zu vermitteln.

Allerdings war das für mich in diesem Moment reine Nebensache. Ich interessierte mich nur am Rande für die Entwicklung meines Kindes und unsere Beziehung. Für mich ging es vor allem darum, welche Meinung die anderen Eltern über mich hatten. Deshalb habe ich einfach ein Urteil gefällt: Ich war im Recht. Sie sollte teilen, und es war nicht richtig von ihr, das nicht zu tun. Vielleicht hatte ich einfach höhere Erwartungen an meine Tochter, weil ich mich auf meiner eigenen Skala auf einer niedrigeren Ebene befand. Ich war unfähig oder unwillig, *Geduld* und *Verständnis* aufzubringen. Deshalb erwartete ich von ihr, das Spielzeug wegzugeben. Ich versuchte meinen Mangel auszugleichen. Also *lieh ich mir Stärke* aus meiner Position und Autorität und zwang meine Tochter das zu tun, was ich von ihr wollte.

Aber Stärke zu leihen, baut Schwäche auf. Im Leihenden baut es Schwäche auf, weil es die Abhängigkeit von äußeren Faktoren verstärkt. Zudem baut es Schwäche in dem Menschen auf, der gezwungen ist, nachzugeben. Es behindert die Entwicklung von Vernunft, Wachstum und Disziplin. Darüber hinaus baut es auch Schwäche in der Beziehung auf. Kooperation wird durch Angst ersetzt. Alle Beteiligten werden rücksichtsloser und defensiver.

Ob mehr Körpergröße, größere Kraft oder die Position, Autorität, Statussymbole und das Auftreten: Was geschieht, wenn die Quelle der geliehenen Stärke sich verändert oder nicht mehr da ist?

Wäre ich damals reifer gewesen, hätte ich mich auf meine eigene innere Stärke, mein Verständnis von Teilen und Reife und meine Fähigkeit zu lieben verlassen können. Dann hätte ich meine Tochter frei entscheiden lassen, ob sie teilen wollte oder nicht. Vielleicht hätte ich nach meinem Versuch, sie mit Vernunft zu überzeugen, die Aufmerksamkeit der anderen Kinder auf ein interessantes Spiel lenken und meine Tochter so von diesem ganzen emotionalen Druck befreien können. Ich habe gelernt: Wenn Kinder erst einmal ein Gefühl von wahrem Besitz entwickelt haben, teilen sie ganz natürlich, frei und spontan.

Es gibt Zeiten zu belehren und Zeiten nicht zu belehren. Wenn die Beziehung gerade angespannt und die Luft voller Emotionen ist, wird der Versuch zu belehren oft als Ablehnung wahrgenommen. Deshalb ist es besser, wenn man mit dem Kind allein und in einem Moment, in dem die Beziehung gut ist, über bestimmte Werte spricht. Warum ich das damals nicht gemacht habe? Wahrscheinlich hat mir die emotionale Reife dazu gefehlt.

Vielleicht muss das Gefühl des Besitzens vor dem Gefühl des echten Teilens kommen. Viele geben nur mechanisch oder weigern sich, in ihren Beziehungen oder Familien zu geben und zu teilen. Diese

Menschen haben vielleicht nie ihre eigene Identität und ihr eigenes Selbstwertgefühl erfahren. Sie wissen nicht, was es heißt, sich selbst zu besitzen. Aber was können wir tun, um unseren Kindern dabei zu helfen, wirklich zu wachsen? Wir könnten sie mit viel Geduld ein Gefühl von Besitz erlangen lassen. Danach sollten wir ihnen den Wert des Gebens vermitteln und selbst mit gutem Beispiel vorangehen.

Unsere Art, das Problem zu sehen, ist das Problem

Wenn Menschen, Familien und Organisationen etwas Positives hervorbringen, das auf grundlegenden, allgemeingültigen Prinzipien basiert, sind wir fasziniert. Die anderen bewundern die große persönliche Stärke und Reife, den tollen Familienzusammenhalt, die gute Teamarbeit und die agilen, synergetischen Organisationskulturen.

Doch schon ihre erste Frage bringt ihr grundlegendes Paradigma zum Vorschein: »Wie hast du das gemacht? Bitte bring mir die Techniken bei, die dir geholfen haben!« Damit meinen sie in Wahrheit: »Gib mir eine Patentlösung oder einen Ratschlag, der mich ganz schnell und einfach von meinen Problemen befreit.«

Sie werden Leute finden, die ihnen diesen Wunsch erfüllen und ihnen neue Fähigkeiten und Techniken beibringen. Doch das wird nur kurzfristig funktionieren. Man kann das eine oder andere oberflächliche oder akute Problem mit sozialem Aspirin und Heftpflastern lindern. Aber die chronische Ursache, die die Probleme ausgelöst hat, bleibt. Deshalb werden immer wieder neue Symptome auftauchen. Je mehr die Leute auf schnelle Lösungen setzen und sich auf die akuten Probleme und Schmerzen konzentrieren, desto schlimmer wird die chronische Ursache.

Die Art, *wie* wir das Problem sehen, *ist* das Problem.

Schauen wir uns noch einmal einige der am Anfang dieses Kapitels genannten Probleme und die Auswirkungen einer auf der Persönlichkeits-Ethik beruhenden Denkweise an.

Ich habe schon an unzähligen Seminaren und Workshops über effektives Management teilgenommen. Ich erwarte von meinen Mitarbeitern eine Menge. Aber ich arbeite auch hart daran, freundlich zu ihnen zu sein und sie richtig zu motivieren und fair zu führen. Dennoch sind sie nicht loyal. Wenn ich einen Tag krank zu Hause bleiben müsste, würden sie die meiste Zeit im Internet surfen oder tratschend auf dem Gang stehen. Wieso gelingt es mir nicht, meine Mitarbeiter zu loyalem Verhalten, selbstständigem Arbeiten und verantwortungsbewusstem Handeln anzuleiten? Oder weshalb finde ich keine neuen Leute, die diese Eigenschaften mitbringen?

Die Persönlichkeits-Ethik sagt: Ich könnte richtig Wirbel machen oder Köpfe rollen lassen, um meine Angestellten auf Trab zu bringen. Sie sagt auch, dass ich ein Motivationsprogramm finden könnte, damit die Mitarbeiter sich besser mit ihren Aufgaben identifizieren. Ja, sie sagt sogar, dass ich neue Leute suchen könnte, die ihre Arbeit besser erledigen.

Aber könnte es nicht sein, dass hinter dem offenbar illoyalen Verhalten der Mitarbeiter die Frage steht, ob ich wirklich in ihrem besten Interesse handle? Vielleicht haben sie das Gefühl, ich würde sie wie Maschinen behandeln, die einfach nur funktionieren müssen. Könnte da was Wahres dran sein?

Ist das in Wahrheit meine Art, sie zu sehen? Kann es sein, dass die Art, wie ich meine Mitarbeiter sehe, ein Teil des Problems ist?

Es gibt so viel zu tun. Und ich habe nie genug Zeit. Ich fühle mich dauernd unter Druck und gehetzt – und das rund um die Uhr, sieben Tage die Woche. Um Abhilfe zu schaffen, habe ich schon einige Seminare für Zeitmanagement besucht und ein halbes Dutzend Planungssysteme ausprobiert. Aber ich habe noch immer nicht das Gefühl, das glückliche, produktive und entspannte Leben zu führen, das ich mir so sehr wünsche.

Die Persönlichkeits-Ethik sagt: Es muss irgendetwas geben, irgendein innovatives Planungssystem oder irgendein neues Seminar, das mir helfen wird, mit diesem ganzen Druck effizienter umzugehen.

Aber was ist, wenn *Effizienz* gar nicht die Lösung ist? Wird es mir wirklich etwas bringen, wenn ich lerne, noch mehr Dinge in noch weniger Zeit zu erledigen? Oder wird das nur das Tempo verschärfen, in dem ich auf die Menschen und Umstände reagiere, die mein Leben kontrollieren?

Könnte es vielleicht etwas Grundlegendes geben, das ich erkennen muss? Gibt es eventuell ein Paradigma in mir selbst, das meine Sicht auf meine Zeit, mein Leben und meinen Charakter beeinflusst?

Aus meiner Ehe ist die Luft raus. Wir streiten uns nicht oder so. Aber wir lieben uns einfach nicht mehr. Bei der Beratung waren wir auch schon. Wir haben alles probiert. Trotzdem können wir das Gefühl, das wir einmal füreinander hatten, nicht wieder beleben.

Die Persönlichkeits-Ethik sagt: Es muss irgendein neues Buch oder irgendein tolles Seminar geben, in dem Menschen all die Gefühle rauslassen, die meiner Frau helfen würden, mich besser zu verstehen. Oder vielleicht ist das ja auch alles sinnlos? Wahrscheinlich wird mir nur eine neue Beziehung die Liebe bringen, nach der ich mich so sehne.

Aber was ist, wenn meine Frau gar nicht das wahre Problem ist? Sehe ich nur noch die Schwächen meiner Frau? Behandle ich sie nicht fair, weil ich mit mir selbst unzufrieden bin?

Habe ich ein grundlegendes Paradigma über meine Frau, über die Ehe oder darüber, was Liebe wirklich ist. Kann es sein, dass dieses Paradigma die wahre Ursache für die Probleme in meiner Ehe ist?

Haben Sie bemerkt, wie sehr die Paradigmen der Persönlichkeits-Ethik uns beeinflussen? Ist Ihnen klargeworden, wie stark sich diese Paradigmen auf unsere Art, die Probleme zu sehen und zu klären, auswirken?

Immer mehr Menschen glauben nicht länger an die leeren Versprechungen der Persönlichkeits-Ethik. Während meiner Reisen und meiner Arbeit mit Organisationen sehe ich immer häufiger, dass langfristig denkende Manager nichts von »Motivations-Rednern« halten, die ihnen lediglich eine Mischung aus unterhaltsamen Geschichten und Plattitüden bieten. Im Gegenteil: Sie wollen Substanz und einen nachhaltigen Veränderungsprozess. Aspirin und Heftpflaster reichen ihnen nicht aus. Ihr Anliegen ist es, die chronischen, grundlegenden Probleme zu lösen und jenen Prinzipien zu folgen, die nachhaltige Ergebnisse bringen.

Eine neue Ebene des Denkens

»Probleme kann man niemals mit derselben Denkweise lösen, durch die sie entstanden sind!« Albert Einstein hat es auf den Punkt gebracht.

Wenn wir um uns herum- und in uns hineinschauen und die Probleme erkennen, die wir schaffen, wenn wir im Rahmen der Persönlichkeits-Ethik leben und handeln, erkennen wir, dass es sich dabei um grundlegende, tiefgreifende Probleme handelt. Diese Probleme können wir nicht auf der oberflächlichen Ebene lösen, auf der sie geschaffen wurden.

Um diese gravierenden Probleme zu meistern, brauchen wir eine neue, eine tiefere Ebene des Denkens. Gefragt ist ein Paradigma, das auf jenen Prinzipien beruht, die das Territorium des effektiven menschlichen Seins und Handelns genau beschreiben.

Um diese neue Ebene geht es bei den *7 Wegen zur Effektivität*. Sie eröffnen einen prinzipienorientierten Zugang zu persönlicher und zwischenmenschlicher Effektivität. Die *7 Wege* beruhen auf der Charakter-Ethik. Und: Sie führen »von innen nach außen«.

»Von innen nach außen« – was heißt das genau? Es bedeutet, dass Sie zunächst bei sich selbst beginnen. Oder noch grundlegender: Sie setzen beim *innersten* Teil Ihrer selbst an – bei Ihren Paradigmen, Ihrem Charakter, Ihren Werten und Motiven.

Wenn Sie eine glückliche Ehe *haben* wollen, dann *seien* Sie ein Mensch, der positive Energien weckt und negativen Stimmungen ausweicht. Wenn Sie einen respektvolleren, verständigeren Teenager *haben* wollen, dann *seien* Sie als Mutter oder Vater verständnisvoller, einfühlsamer, beständiger und liebevoller. Wenn Sie mehr Entscheidungsfreiheit, mehr Spielraum im Beruf *haben* wollen, dann *seien* Sie ein verantwortungsbewussterer, hilfsbereiterer, engagierterer Mitarbeiter. Wenn Sie Vertrauen *haben* wollen, dann *seien* Sie vertrauenswürdig. Wenn Sie die sekundäre Größe Ihrer Talente und Fähigkeiten *haben* wollen, dann *seien* sie achtsam und richten Sie Ihre Aufmerksamkeit zunächst auf die primäre Größe Ihres Charakters.

»Von innen nach außen« bedeutet auch, dass »private Erfolge« vor »öffentlichen Erfolgen« kommen. Es bringt nichts, das Image über den Charakter zu stellen. Bevor wir anderen Versprechen machen, müssen wir sie uns erst einmal selbst geben und halten. Und bevor wir unsere Beziehungen zu anderen verbessern wollen, müssen wir uns erst einmal selbst verbessern.

»Von innen nach außen« ist ein Prozess – ein fortlaufender Prozess der Erneuerung. Er beruht auf den Naturgesetzen, die das Wachstum und den Fortschritt des Menschen bestimmen. Er ist eine aufwärts gerichtete Spirale des Wachstums. Sie führt zu immer höheren Formen von verantwortungsbewusster Unabhängigkeit und effektiver wechselseitiger Abhängigkeit.

Ich hatte die Gelegenheit, mit vielen Menschen zu arbeiten – wunderbaren Menschen, talentierten Menschen. Menschen, die auf der Suche sind. Menschen, die leiden. Ich habe mit Führungskräften aus der Wirtschaft, Studenten, Gemeinde- und Verwaltungsgruppen, Familien und Ehepaaren gearbeitet. Und niemals habe ich langfristige Problemlösungen, dauerhaftes Glück und nachhaltige Erfolge gesehen, die von außen gekommen wären.

Was war das Ergebnis des Paradigmas »von außen nach innen«? Ich habe unglückliche Menschen gesehen, die sich als handlungsunfähige Opfer fühlen. Diese Menschen schauen auf die Schwächen der anderen. Sie machen die äußeren Umstände für ihre eigene, unbefriedigende Situation und den Stillstand in ihrem Leben verantwortlich. Ich habe unglückliche Ehen gesehen, in denen beide Partner wollten, dass der andere sich ändert. Ehen, in denen beide die »Sünden« des anderen auflisteten und den anderen nach ihren Vorstellungen formen wollten. Ich habe endlose Verhandlungen zwischen Betriebsrat und Geschäftsleitung gesehen. Hier wurden ungeheure Mengen von Zeit und Energie aufgewendet, um Regelungen zu schaffen, die die Menschen zwingen sollten, so zu tun, als gäbe es tatsächlich eine Vertrauensgrundlage.

Mitglieder unserer Familie haben in drei der krisenreichsten Gegenden der Welt gelebt – in Südafrika, Israel und Irland. Ich glaube, die Quelle der anhaltenden Probleme an diesen Orten ist im vorherrschenden sozialen Paradigma »von außen« zu suchen. Jede an den Konflikten beteiligte Gruppe ist felsenfest davon überzeugt, dass das Problem irgendwo »da draußen« liegt. Alle denken, man könnte eine Lösung finden, wenn »die da« sich aufrafften oder schlicht und einfach verschwinden würden.

»Von innen nach außen« ist für die meisten ein wirklich dramatischer Paradigmenwechsel. Woran das liegt? Einerseits an den starken Auswirkungen der Konditionierung und andererseits an dem allgegenwärtigen sozialen Paradigma der Persönlichkeits-Ethik.

Aufgrund meiner Erfahrung aus meinem privaten Umfeld, aus der Arbeit mit Tausenden von Unternehmen und aus dem intensiven Studium erfolgreicher Menschen und Gesellschaften bin ich zu folgender Überzeugung gelangt: Viele der Prinzipien, die den *7 Wegen* zugrunde liegen, sind fest in uns verwurzelt – in unserem Gewissen und in unserem gesunden Menschenverstand. Um diese Prinzipien zu erkennen, weiterzuentwickeln und unsere tiefsten Wünsche mit ihrer Hilfe zu verwirklichen, müssen wir von Grund auf umdenken. Es gilt, unsere Paradigmen zu einer neuen, tieferen »Von-innen-nach-außen«-Ebene zu verschieben.

Wenn wir ernsthaft versuchen, diese Prinzipien zu verstehen und sie fest in unserem Leben zu verankern, werden wir sicher die Wahrheit hinter T. S. Eliots Worten entdecken:

> *Wir dürfen in unseren Erforschungen nicht nachlassen und ihr Ergebnis wird sein, am Ausgangsort anzukommen und diesen zum ersten Mal richtig zu erkennen.*

Die sieben Wege – ein Überblick

Wir sind das, was wir wiederholt tun. Vorzüglichkeit ist daher keine Handlung, sondern eine Gewohnheit.
Aristoteles

Unser Charakter besteht im Wesentlichen aus unseren Gewohnheiten. Die entsprechende Lebensregel lautet: »Säe einen Gedanken und ernte eine Tat. Säe eine Tat und ernte eine Gewohnheit. Säe eine Gewohnheit und ernte einen Charakter. Säe einen Charakter und ernte ein Schicksal.«

Gewohnheiten sind machtvolle Faktoren in unserem Leben. Sie sind gleichbleibende, oft unbewusste Muster, die Stunde für Stunde, Tag für Tag unseren Charakter zum Ausdruck bringen. Und: Sie sind der Schlüssel für unsere Effizienz … oder Ineffizienz.

Der große Pädagoge und Bildungsreformer Horace Mann sagte einmal: »Gewohnheiten sind wie Kabel. Wir flechten jeden Tag einen Strang dazu, und bald können sie nicht mehr reißen.« Ich persönlich kann den letzten Teil dieser Aussage nicht bestätigen. Ich weiß, dass man Gewohnheiten zerreißen kann. Sie lassen sich lernen – und auch wieder verlernen. Aber ich weiß auch, dass es dafür keine Patentlösungen gibt. Um Gewohnheiten zu durchbrechen, ist ein langwieriger Prozess nötig, der großes Engagement erfordert. Diesen Prozess, mit dem man sich die entscheidenden Gewohnheiten für ein glückliches, erfolgreiches Leben zu eigen macht, beschreiben die *7 Wege zur Effektivität.*

Wer die Reise des Raumschiffs Apollo 11 mitverfolgt hat, konnte hautnah erleben, wie die ersten Menschen den Mond betraten, völlig unbekanntes Terrain entdeckten und dann wieder zur Erde zurückkehrten. Selbst Superlative wie »fantastisch« und »unglaublich« konnten diese ereignisreichen Tage nicht beschreiben. Aber um zum Mond zu gelangen, mussten die Astronauten zunächst die gewaltige Schwerkraft der Erde überwinden. Die ersten Startminuten und die ersten Kilometer der Reise brauchten weitaus mehr Energie als die restlichen 400 000 Kilometer in den folgenden Tagen.

Auch Gewohnheiten haben eine enorme Schwerkraft – mehr als die meisten Menschen erkennen oder zugeben würden. Ob Ungeduld, Kritiksucht, Rechthaberei, Egoismus oder Zaudern: Man braucht sehr viel Energie, um tief verwurzelte Gewohnheiten, die die grundlegenden Prinzipien der menschlichen Effektivität verletzen, hinter sich zu lassen. Dazu reichen ein bisschen Willenskraft und ein paar kleine Veränderungen im Leben längst nicht aus. »Das Abheben« verlangt enorme Anstrengungen. Aber wenn wir die Schwerkraft erst einmal überwunden haben, erreicht unsere Freiheit eine ganz neue Dimension.

Wie jede Naturkraft kann die Gravitation für oder gegen uns wirken. Vielleicht hindert uns die Schwerkraft unserer Gewohnheiten daran, dorthin zu gehen, wo wir wirklich hinwollen. Aber die Schwerkraft ist es auch, die unsere Welt zusammenhält. Sie sorgt dafür, dass die Planeten in ihren Umlaufbahnen und unser Universum im Gleichgewicht bleiben. Die Gravitation ist stark. Wenn wir sie effektiv nutzen, können wir die Schwerkraft der Gewohnheiten zu unserem Vorteil einsetzen. Sie hilft uns, die nötige Stabilität und Ordnung zu schaffen, um Effektivität in unser Leben zu bringen.

Was sind Gewohnheiten?

Aber was sind Gewohnheiten eigentlich? Ich definiere sie als die Schnittmenge zwischen *Wissen*, *Können* und *Wollen*.

Beim Wissen geht es um das *Was* und das *Warum*. Können ist das *Wie*. Und Wollen ist die Motivation, das »Ich will!«. Um uns etwas zur Gewohnheit zu machen, brauchen wir alle drei Komponenten – das Wissen, das Können und das Wollen!

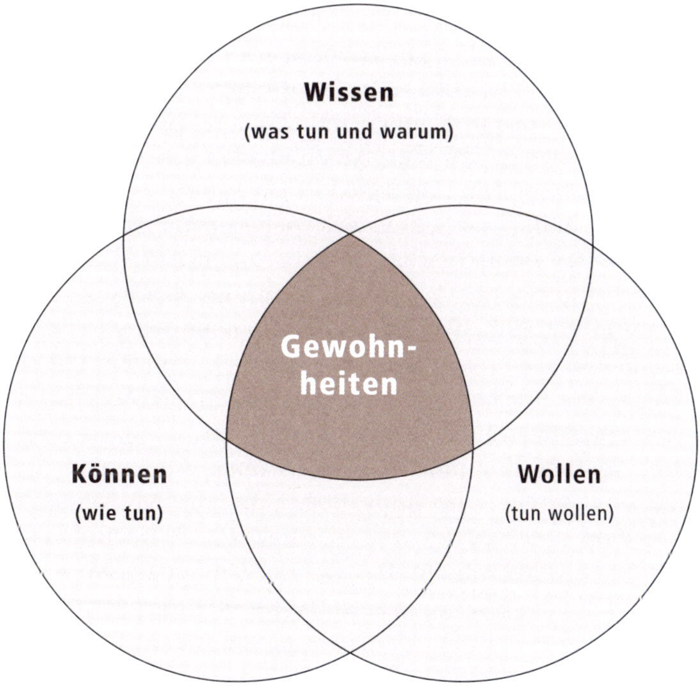

Effektive Gewohnheiten

Verinnerlichte Prinzipien und Verhaltensmuster

Weshalb ist das Zusammenwirken mit meinen Kollegen, meinem Partner oder meinen Kindern ineffektiv? Vielleicht liegt es ja daran, dass ich ihnen dauernd erzähle, was ich denke, ihnen aber nie richtig zuhöre. Mehr noch: Wenn ich die grundlegenden Prinzipien der menschlichen Interaktion nicht kenne, weiß ich vielleicht gar nicht, dass ich zuhören muss.

Und was ist, wenn ich weiß, dass ich anderen zuhören muss, um effektiv mit ihnen zu interagieren? Dann habe ich möglicherweise gar nicht die Fähigkeit dazu. Ich weiß überhaupt nicht, *wie* man einem anderen Menschen wirklich gut zuhört.

Aber zu wissen, dass ich zuhören muss und wie, genügt auch noch nicht. Solange ich nicht zuhören *will*, solange ich nicht den Wunsch danach habe, wird es nicht zu einer Fähigkeit in meinem Leben werden. Wissen, Können und Wollen: Sich etwas zur Gewohnheit zu machen, erfordert Arbeit in allen drei Bereichen.

Der Wechsel von Sein und Sehen ist ein aufwärts gerichteter Prozess: Das Sein ändert das Sehen, was wiederum das Sein ändert und immer so weiter. Damit bewegen wir uns in einer nach oben gerichteten Wachstumsspirale. Wenn wir an unserem Wissen, unserem Können und unserem Wollen arbeiten, können wir zu völlig neuen Ebenen von persönlicher und zwischenmenschlicher Effektivität vordringen. Wir brechen mit alten Paradigmen, die vielleicht jahrelang eine Quelle von Pseudo-Sicherheit waren.

Dieser Veränderungsprozess ist manchmal schmerzhaft und er verlangt eine extrem hohe Motivation. Man muss das, was man *jetzt* tun will, dem unterordnen, was man *später* will. Doch dieser Prozess führt zum Glücklichsein. Das ist »das Ziel und der Sinn unserer Existenz«. Und die Erfahrung zeigt: Glück erlangen wir oft, indem wir das, was wir *jetzt* wollen, dem opfern, was wir *letztendlich* wollen.

Das Reifekontinuum

Die 7 *Wege* sind keine Versatzstücke von irgendwelchen Formeln für Psycho-Fitness. Sie stehen im Einklang mit den natürlichen Gesetzen des Wachstums und eröffnen uns den Zugang zur Entwicklung von persönlicher und sozialer Effektivität. Die 7 *Wege* ermöglichen uns den Aufstieg im Reifekontinuum. Sie führen uns von der *Abhängigkeit* (Dependenz) zur *Unabhängigkeit* (Independenz) und schließlich zur *wechselseitigen Abhängigkeit* (Interdependenz).

Unser Leben beginnt als Säugling. In dieser Phase sind wir vollkommen *abhängig* von anderen. Wir werden getragen, gewickelt, gefüttert und umsorgt. Ohne die anderen würden wir nur ein paar Stunden oder höchstens ein paar Tage überleben.

Ob körperlich, geistig, emotional und finanziell: Im Laufe der nächsten Monate und Jahre werden wir immer *unabhängiger*. Irgendwann können wir dann für uns selbst sorgen und ein eigenständiges Leben führen.

Wenn wir weiter wachsen und reifen, wird uns immer mehr bewusst, dass die gesamte Natur aus einem Gewebe wechselseitiger Abhängigkeiten besteht. Uns wird klar, dass die Natur *interdependent* ist. Und je weiter wir uns entwickeln, desto klarer wird uns, dass auch das menschliche Leben interdependent ist.

Unser Heranwachsen vom Säugling zum Erwachsenen steht im Einklang mit den Naturgesetzen. Und Wachstum hat viele Dimensionen. Wenn wir die volle körperliche Reife erreichen, heißt das noch lange nicht, dass wir gleichzeitig die volle emotionale oder geistige Reife erlangen. Andererseits bedeutet die körperliche Abhängigkeit eines Menschen nicht unbedingt, dass er auch geistig oder emotional unreif ist.

Auf dem Reifekontinuum ist *Abhängigkeit* das Paradigma vom *Du: Du* sorgst für mich. *Du* bist bei mir angekommen. *Du* bist nicht bis zu mir durchgedrungen. *Du* bist schuld an den Ergebnissen.

Unabhängigkeit ist das Paradigma vom *Ich: Ich* kann es. *Ich* bin verantwortlich. *Ich* bin selbstständig. *Ich* habe die Wahl.

Interdependenz oder *wechselseitige Abhängigkeit* ist das Paradigma vom *Wir: Wir* schaffen das. *Wir* können kooperieren. *Wir* können unsere Talente und Fähigkeiten verbinden. *Wir* können gemeinsam etwas viel Größeres erreichen als es jeder Einzelne von uns je zustande gebracht hätte.

Abhängige Menschen brauchen andere, um zu bekommen, was sie wollen. Unabhängige Menschen können aus eigener Kraft das erreichen, was sie wollen. Interdependente Menschen tun sich mit anderen zusammen, um gemeinsam zu noch größerem Erfolg zu gelangen.

Wenn ich körperlich abhängig wäre, gelähmt, krank oder behindert, würde ich Ihre Hilfe brauchen. Wenn ich emotional abhängig wäre, würden mein Selbstwertgefühl und meine Selbstsicherheit auf Ihrer Meinung über mich beruhen. Wenn Sie mich nicht mögen, wäre das eine echte Katastrophe für mich. Wenn ich intellektuell abhängig wäre, würde ich mich darauf verlassen, dass Sie das Denken für mich übernehmen, die Fragen und Probleme meines Lebens für mich lösen

Wenn ich körperlich unabhängig wäre, käme ich ganz gut alleine zurecht. Wenn ich mental unabhängig wäre, könnte ich mir meine eigenen Gedanken machen und von einer Abstraktionsebene zur anderen wandern. Ich könnte kreativ und analytisch denken und meine Ideen klar und verständlich äußern. Wenn ich emotional unabhängig wäre, würde ich auf meine innere Stimme vertrauen. Und mein Selbstwertgefühl würde nicht davon abhängen, was andere über mich sagen oder denken, ob sie mich mögen oder wie sie mich behandeln.

Eins ist klar: Unabhängigkeit ist viel reifer als Abhängigkeit. Unabhängigkeit ist schon eine beachtliche Leistung. Aber sie ist noch nicht die höchste Ebene im Reifekontinuum.

Dennoch hebt unsere Gesellschaft die Unabhängigkeit auf einen Thron. Sie ist das erklärte Ziel vieler Menschen und ganzer sozialer Bewegungen. In den meisten Programmen zur Persönlichkeitsentwicklung wird Unabhängigkeit regelrecht glorifiziert. Daneben erscheinen Kommunikation, Teamarbeit und Kooperation völlig unbedeutend.

Allerdings ist die Überbetonung der Unabhängigkeit häufig eine Reaktion auf Abhängigkeit. Immer dann, wenn andere über uns bestimmen, uns kontrollieren, benutzen oder manipulieren, ist unser Streben nach Unabhängigkeit besonders groß.

Das Konzept der Interdependenz wird oft falsch verstanden. Viele verwechseln es mit Abhängigkeit. So gibt es Leute, die aus selbstsüchtigen Gründen aus ihren Ehen ausbrechen, ihre Kinder im Stich lassen und ihre soziale Verantwortung aufgeben – und das alles im Namen der Unabhängigkeit.

Aussagen wie »meine Fesseln ablegen«, »mich befreien«, »mich selbst verwirklichen« oder »mein eigenes Ding machen« sind oft ein Indiz für tiefgreifende Abhängigkeiten. Doch vor diesen Abhängigkeiten kann man nicht weglaufen. Woran das liegt? Sie sind nicht äußerlich, sondern innerlich. Beispielsweise lassen wir zu, dass die Schwächen anderer unser Leben zerstören. Oder wir fühlen uns als Opfer von Menschen und Ereignissen, die außerhalb unserer Kontrolle liegen.

Vielleicht müssen wir wirklich die Umstände ändern. Doch das Problem der Abhängigkeit ist eine Frage der persönlichen Reife. Diese hat nur wenig mit den Lebensumständen zu tun. Unreife und Abhängigkeit bleiben häufig auch unter besseren Bedingungen bestehen.

Die wahre Unabhängigkeit des Charakters gibt uns die Kraft, selbst zu machen, statt »gemacht« zu werden. Sie nimmt uns die Abhängigkeit von den Lebensumständen und ist ein wertvolles, befreiendes Ziel. Aber sie ist noch nicht das höchste Ziel in einem effektiven Leben. Unabhängige Menschen, die nicht die Reife haben, interdependent zu denken und zu handeln, können hervorragende Einzelleistungen vollbringen. Allerdings werden sie keine guten Führungspersönlichkeiten oder Teamspieler sein. Sie leben nicht mit dem Paradigma der Interdependenz. Doch genau das ist notwendig, um in einer Ehe, einer Familie oder einem Unternehmen wirklich erfolgreich zu sein.

Das Leben ist von Natur aus hochgradig interdependent. Deshalb läuft der Versuch, durch Unabhängigkeit maximale Effektivität zu erreichen, zwangsläufig ins Leere. Das ist, als ob man mit einem Tennisschläger Golf spielen wollte: Das Werkzeug passt nicht zur Wirklichkeit.

Interdependenz ist ein sehr viel reiferes Konzept als Unabhängigkeit. Wenn ich körperlich interdependent bin, bin ich selbstständig und weiß, dass ich alleine einiges leisten kann. Aber mir ist auch bewusst, dass ich gemeinsam mit anderen wesentlich mehr erreichen kann, als ich es jemals alleine könnte.

Wenn ich emotional interdependent bin, habe ich ein starkes Selbstwertgefühl. Ich erkenne aber auch mein Bedürfnis nach Liebe, möchte sie geben und von anderen bekommen. Und wenn ich intellektuell interdependent bin, erkenne ich mein Bedürfnis, die besten Gedanken anderer mit meinen eigenen zu verbinden.

Als interdependenter Mensch habe ich die Möglichkeit, mich selbst sinnvoll bei anderen einzubringen. Und: Ich habe Zugang zu den unermesslichen Ressourcen und Potenzialen anderer Menschen.

Für Interdependenz können sich nur unabhängige Menschen entscheiden. Abhängige können nicht beschließen, interdependent zu werden. Sie haben nicht die nötige Charakterstärke dafür und sie besitzen noch nicht genug von sich selbst.

Deswegen steht das eigene Ich im 1., 2. und 3. Weg im Mittelpunkt. Die ersten drei Wege führen von Abhängigkeit zu Unabhängigkeit. Das macht die »privaten Erfolge« aus. Sie sind die Essenz des Charakterwachstums. *Private Erfolge gehen öffentlichen Erfolgen voraus.* Dieser Prozess kommt von innen heraus. Er lässt sich ebenso wenig umkehren, wie man vor dem Säen ernten kann.

Wenn Sie wirklich unabhängig werden, haben Sie das Fundament für effektive Interdependenz gelegt. Ob Teamarbeit, Kooperation oder Kommunikation: Dann haben Sie die Charaktergrundlage, von der aus Sie effektiv an den »öffentlichen Erfolgen« des 4., 5. und 6. Weges arbeiten können. Das heißt nicht, dass Sie den 1., 2. und 3. Weg perfekt beherrschen müssen, bevor Sie am 4., 5. und 6. arbeiten. Wenn Sie die Abfolge verstehen, können Sie Ihr Wachstum und Ihre Weiterentwicklung besser lenken. Allerdings wollte ich nicht vorschlagen, dass Sie sich jahrelang in Isolation begeben, bis Sie den 1., 2. und 3. Weg vollkommen verinnerlicht haben.

Als Teil einer interdependenten Welt müssen Sie jeden Tag mit ihren aktuellen Herausforderungen umgehen. Aber diese akuten Probleme können leicht davon ablenken, dass ihre wahren, chronischen Ursachen im Charakter liegen. Alles, was Sie sind, wirkt sich auf das gesamte interdependente Miteinander aus. Wenn Sie das verstehen, wird Ihnen das helfen, Ihre Weiterentwicklung in der richtigen Reihenfolge und im Einklang mit den natürlichen Gesetzen des Wachstums, voranzubringen.

Beim 7. Weg dreht sich alles um die Erneuerung. Es geht um eine regelmäßige, ausgewogene Erneuerung der vier grundlegenden Dimensionen des Lebens. Sie umfasst alle anderen Wege. Der Weg der permanenten Erneuerung bildet eine aufwärts gerichtete Reifungsspirale. Mit jeder Umdrehung gewinnen Sie ein tieferes Verständnis für jeden einzelnen Weg. Und mit jeder Umdrehung nimmt Ihre Fähigkeit zu, den *7 Wegen* zu folgen.

Das Diagramm auf Seite 65 zeigt die Abfolge und die Interdependenz der *7 Wege*. Wir werden es in diesem Buch häufig nutzen, um die Zusammenhänge zwischen den verschiedenen Prinzipien, die den *7 Wegen* zugrunde liegen, zu veranschaulichen. So erkennen Sie auf den ersten Blick, wie sich die Prinzipien gegenseitig verstärken und so wertvolle Synergien schaffen.

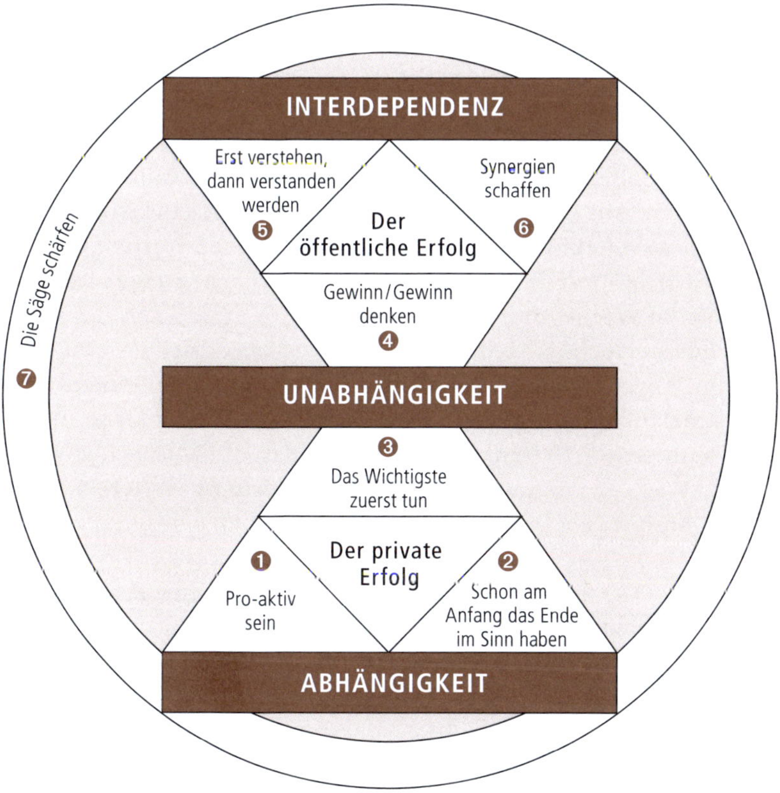

Das Paradigma der 7 Wege

Was ist Effektivität?

Die 7 *Wege* sind Wege der *Effektivität*. Da sie auf Prinzipien beruhen, bringen sie die bestmöglichen langfristigen Ergebnisse. Sie werden zur Charaktergrundlage eines Menschen. Zudem schaffen sie einen kraftspendenden Mittelpunkt auf zuverlässigen, realitätsgetreuen Landkarten. Aus diesem Mittelpunkt heraus kann jeder Mensch seine Probleme effektiv lösen, seine Erfolgsaussichten verbessern, kontinuierlich weiterlernen und immer höhere Ebenen einer aufwärts gerichteten Wachstumsspirale erreichen.

Es gibt noch einen weiteren Grund, weshalb es sich bei den 7 *Wegen* um Wege der *Effektivität* handelt: Sie beruhen auf einem Paradigma der Effektivität. Dieses Paradigma steht im Einklang mit einem Naturgesetz. Es ist das Gebot, das ich das »P/PK-Gleichgewicht« nenne. Was sich dahinter verbirgt? Das ist leicht zu verstehen, wenn wir an Aesops Fabel von der Gans und den goldenen Eiern zurückdenken.

Es ist die Geschichte eines armen Bauern, der eines Tages im Nest seiner Lieblingsgans ein glänzendes goldenes Ei entdeckt. Zunächst denkt er, es müsse sich um eine Täuschung handeln. Doch dann lässt er das Ei schätzen. Und siehe da: Es ist tatsächlich aus reinem Gold!

Der Bauer kann sein Glück kaum fassen. Am nächsten Tag legt die Gans wieder ein goldenes Ei. Der Bauer kommt aus dem Staunen gar nicht mehr heraus. Jeden Morgen läuft er sofort nach dem Aufstehen zum Nest der Gans. Und jeden Morgen findet er ein goldenes Ei. Der Bauer wird unfassbar reich. Alles scheint zu schön, um wahr zu sein.

Doch mit dem Reichtum wachsen auch die Gier und die Ungeduld des Bauern. Er will nicht mehr Tag für Tag auf das goldene Ei warten. Der Bauer will alle Eier auf einmal haben. Deshalb beschließt er, die Gans zu schlachten!

Aber als er die tote Gans aufschneidet, ist sie leer. Keine goldenen Eier – und auch keine Möglichkeit mehr, jemals wieder welche zu bekommen. Der Bauer hat die Gans geschlachtet, die ihm zum Reichtum verholfen hat.

Hinter dieser Fabel steckt meiner Meinung nach ein Naturgesetz, ein Gebot. Dabei handelt es sich um die grundlegende Definition von Effektivität. Die meisten Menschen halten sich an das Paradigma mit dem goldenen Ei. Deshalb verstehen sie Effektivität folgendermaßen: Je mehr man produziert, desto mehr leistet man, desto effektiver ist man. Aber die Geschichte zeigt, dass wahre Effektivität aus zwei Dingen besteht:

- dem, was produziert wird – den goldenen Eiern
- dem produzierenden Faktor oder der Produktionskapazität – der Gans

Was passiert, wenn Sie Ihr Leben nur auf die goldenen Eier ausrichten und die Gans vernachlässigen? Dann fehlt Ihnen bald der Faktor, der die goldenen Eier produziert. Und was ist, wenn Sie sich nur um die Gans kümmern und die Eier einfach ignorieren? In dem Fall werden Sie bald nichts mehr haben, um sich selbst oder die Gans zu ernähren. Echte Effektivität braucht Gleichgewicht. Ich nenne das P/PK-Gleichgewicht. *P* steht für *Produktion* der gewünschten Ergebnisse. In unserem Beispiel sind das die goldenen Eier. *PK* steht für *Produktionskapazität*. Dabei geht es um den Faktor, der die goldenen Eier produziert, also um die Gans.

Drei Vermögenswerte

Im Grunde gibt es drei verschiedene Arten von Vermögenswerten: physische, finanzielle und menschliche. Betrachten wir sie einmal der Reihe nach. Vor einigen Jahren habe ich einen *physischen Wert* erworben – einen elektrischen Rasenmäher. Ich habe ihn immer wieder benutzt, ohne mich um seine Wartung zu kümmern. Zwei Sommer lang arbeitete er fabelhaft. Aber dann funktionierte er plötzlich nicht mehr. Als ich den Rasenmäher reparieren und die Messer schleifen lassen wollte, sagte man mir, dass der Motor über die Hälfte seiner ursprünglichen Leistung verloren hatte. Er war wertlos geworden. Hätte ich in seine *Produktionskapazität* (PK) investiert, den Mäher gepflegt und gewartet, würde ich noch immer seine *Produktion* (P) genießen und könnte mich über einen perfekt gemähten Rasen freuen. Das Fazit? Es hat mich viel mehr Zeit und Geld gekostet, den Rasenmäher zu ersetzen, als ihn regelmäßig zu warten. Das war absolut nicht effektiv.

Auf unserer Suche nach kurzfristigen Gewinnen oder schnellen Erfolgen ruinieren wir oft den physischen Wert – das Auto, den Computer, die Waschmaschine oder den Trockner. Ja, wir machen nicht einmal vor unserem eigenen Körper oder der Umwelt Halt. Es lohnt sich also, P und PK im Gleichgewicht zu halten. Denn dann können wir die physischen Werte wesentlich effektiver nutzen.

Das P/PK-Gleichgewicht wirkt sich auch sehr stark auf den effektiven Einsatz von *finanziellen* Vermögenswerten aus. Viele Menschen verwechseln Kapitaleinsatz und Rendite. Haben Sie je Ihr Kapital angegriffen, um Ihren Lebensstandard zu erhöhen oder sich ein bisschen Luxus zu gönnen? Aber was passiert dann? Weniger Kapital bedeutet eine geringere Kapazität, um Rendite oder Einkommen zu erzielen. So nimmt das Kapital immer weiter ab. Und am Ende kann man sich nicht einmal mehr das Nötigste zum Leben leisten.

Unser wichtigster finanzieller Vermögenswert ist unsere Fähigkeit, Geld zu verdienen. Wenn wir nicht kontinuierlich in die Verbesserung unseres eigenen PK investieren, schränken wir unsere finanziellen Möglichkeiten ein. Dann sind wir in unserer derzeitigen Situation gefangen. Wir haben Angst, unseren Job zu verlieren, fürchten uns vor unserem Chef und sind wirtschaftlich abhängig. Auch das ist einfach nicht effektiv.

Im *menschlichen* Bereich ist das Gleichgewicht von P und PK sogar noch viel wichtiger. Denn Menschen bestimmen über ihre physischen und die finanziellen Vermögenswerte.

Was geschieht, wenn sich die Ehepartner mehr um die goldenen Eier, den gemeinsamen Vorteil, kümmern als um die Beziehung? Dann kommt es zu Rücksichtslosigkeit und fehlendem Einfühlungsvermögen. Sie vernachlässigen die kleinen Aufmerksamkeiten, die in einer tiefen Beziehung so wichtig sind. Sie versuchen, einander zu manipulieren, achten nur noch auf ihre individuellen Bedürfnisse, rechtfertigen ihre eigene Position und suchen nach Beweisen dafür, dass der andere etwas falsch macht. Die Liebe, die Achtsamkeit, die Zärtlichkeit und die Spontaneität schwinden. Die Gans krankt von Tag zu Tag mehr.

Und wie sieht es mit der Beziehung zwischen Eltern und Kindern aus? Wenn Kinder klein sind, sind sie sehr abhängig und verletzlich. Da passiert es schnell, dass Eltern ihre PK-Arbeit vernachlässigen. Sie kümmern sich nicht ausreichend um die Erziehung, die Kommunikation und das Zuhören. Man kann so leicht seine Machtposition ausnutzen oder seine Kinder manipulieren, um das zu bekommen, was man will und wie man es will – und zwar sofort! Die Eltern sind größer, stärker, und sie haben recht! Warum sollten sie ihren Kindern nicht einfach sagen, was sie zu tun oder zu lassen haben? Wenn nötig, beharren die Eltern auf ihrem Willen, schreien ihre Kinder an und schüchtern sie ein.

Oder sie verwöhnen die Kleinen. Sie stellen das goldene Ei des Beliebtseins über alles andere. Deshalb tun sie ihren Kindern jeden Gefallen und lassen ihnen immer ihren Willen. Doch so wachsen sie ohne jedes Gefühl für Regeln, Erwartungen, Verpflichtungen, Disziplin und Verantwortung auf.

In beiden Fällen sind die Eltern ausschließlich auf die goldenen Eier aus. Sie wollen ihren Willen durchsetzen oder beliebt sein. Aber was passiert dann mit der Gans? Wie werden das Verantwortungsgefühl und die Selbstdisziplin der Kinder später aussehen? Werden sie die Fähigkeit entwickeln, richtige Entscheidungen zu treffen und wichtige Ziele zu erreichen? Und was ist mit der Beziehung zu den Eltern? Haben die Kinder in den kritischen Teenager-Jahren die Erfahrung gemacht, dass man ihnen zuhört, ohne zu urteilen? Wird ihnen diese Erfahrung sagen, dass ihre Eltern sie wirklich gern haben, dass sie ihnen vertrauen können – ganz gleich, was auch kommt? Wird die Beziehung so stark sein, dass die Kinder die Meinung ihrer Eltern schätzen, sie um Rat fragen und auf sie hören?

Nehmen wir an, Sie wollen, dass Ihre Tochter ein ordentliches Zimmer hat. Dann ist das P, die Produktion, das goldene Ei. Und nehmen wir weiter an, Sie wollen, dass Ihre Tochter das Zimmer selbst aufräumt. Dann ist das PK, die Produktionskapazität. Ihre Tochter ist die Gans, der Faktor, der goldene Eier produziert. Wenn Sie P und PK im Gleichgewicht halten, wird sie ihr Zimmer gern aufräumen. Sie muss nicht daran erinnert werden, weil sie diszipliniert genug ist, sich einer Aufgabe zu widmen. Sie ist ein wertvoller Faktor, eine Gans, die goldene Eier legen kann.

Aber was ist, wenn Ihr Paradigma auf Produktion ausgerichtet ist? Wenn es Ihnen darum geht, das Zimmer aufgeräumt zu kriegen? Vielleicht fangen Sie an, herumzunörgeln und ermahnen Ihre Tochter, sie solle sich endlich darum kümmern. Oder Sie brüllen und drohen, um an Ihr goldenes Ei zu kommen. Doch so riskieren Sie die Gesundheit und das Wohlergehen der Gans.

Lassen Sie mich von einer interessanten PK-Erfahrung erzählen, die ich mit einer meiner Töchter hatte. Wir planten eine private Verabredung – Zeit zu zweit. Das mache ich regelmäßig mit jedem meiner Kinder. Und wir finden alle, dass die Vorfreude auf das Treffen ebenso schön ist wie die gemeinsame Zeit.

Also ging ich zu meiner Tochter und fragte: »Heute ist dein Abend, Schatz. Was möchtest du machen?«

»Ach, schlag einfach was vor, Papa«, meinte sie.

»Nein, wirklich«, sagte ich. »Was würdest du gern unternehmen?«

»Na ja«, antwortete sie schließlich, »auf das, was ich gern machen würde, hast du sicher keine Lust.«

»Wirklich, Schatz«, sagte ich ganz ernst, »ich will. Was auch immer es ist, du entscheidest!«

»Ich möchte gerne *Star Wars* sehen«, antwortete sie. »Aber ich weiß, dass du diesen Film nicht magst. Du bist schon mal dabei eingeschlafen. Du magst diese Fantasy-Filme nicht. Das ist schon okay, Papa.«

»Nein, Schatz. Wenn es das ist, was du willst, dann will ich das auch.«

»Mach dir deswegen keine Sorgen, Papa. Wir müssen unsere Verabredung ja nicht jedes Mal einhalten.« Und nach einer Pause fügte sie hinzu: »Aber weißt du, warum du *Star Wars* nicht magst? Es liegt daran, dass du die Philosophie und das Training eines Jedi-Ritters nicht verstehst.«

»Was?«

»Du weißt doch, was du alles lehrst. Das sind dieselben Sachen, die bei der Ausbildung eines Jedi-Ritters wichtig sind.«

»Wirklich? Ja dann, lass uns ins Kino gehen!«

Sie saß im Kino neben mir und gab mir ein völlig anderes Paradigma. Ich wurde ihr Schüler, lernte von ihr. Es war einfach faszinierend. Ich konnte aus einem neuen Paradigma heraus sehen, wie ein Jedi-Ritter seine Philosophie während der Ausbildung immer weiter verinnerlichte.

Das war keine geplante P-Erfahrung. Vielmehr war es die überraschende Frucht einer PK-Investition. Das machte unsere Verbindung stärker und war für uns beide ein sehr schönes Erlebnis. Aber wir kamen auch in den Genuss von goldenen Eiern, da die Gans – die Qualität unserer Beziehung – gefüttert wurde.

PK in Organisationen

Wissen Sie, was einer der wertvollsten Vorteile eines richtigen Prinzips ist? Es ist unter den unterschiedlichsten Bedingungen gültig und anwendbar. In diesem Buch möchte ich Ihnen einige der Aspekte vorstellen, unter denen diese Prinzipien für Organisationen, Familien und auch für jeden einzelnen Menschen gelten.

Wenn Mitarbeiter in Unternehmen bei der Nutzung der physischen Vermögenswerte nicht auf das P/PK-Gleichgewicht achten, schmälern sie deren Effektivität und hinterlassen anderen oft sterbende Gänse.

Beispielsweise könnte ein Mitarbeiter, der für eine Maschine verantwortlich ist, einen guten Eindruck auf seine Vorgesetzten machen wollen. Vielleicht befindet sich das Unternehmen in einer Phase schnellen Wachstums und es stehen Beförderungen an. Also produziert der Mitarbeiter an der obersten Grenze – keine Abschaltung, keine Wartung. Er lässt die Maschine Tag und Nacht laufen. Die Produktion ist phänomenal, die Kosten sind niedrig, die Profite schnellen in die Höhe – und der Mitarbeiter wird schon bald befördert. Goldene Eier!

Was aber, wenn Sie sein Nachfolger in seinem alten Job sind? In diesem Fall erben Sie eine sehr, sehr kranke Gans. Sie bekommen eine Maschine, die fast auseinanderfällt und Sie immer öfter im Stich lässt. Sie müssen große Summen in Reparaturen und Wartung investieren. Die Kosten schießen nach oben. Dagegen sinken die Profite rasant nach unten. Und wer wird für den Verlust der goldenen Eier verantwortlich gemacht? Sie! Ihr Vorgänger hat den Vermögenswert vernichtet. Aber das Bilanzierungssystem berichtet nur über die Produktion, die Kosten und den Gewinn.

Ob Mitarbeiter oder Kunden: Besonders wichtig ist das P/PK-Gleichgewicht im Zusammenhang mit den menschlichen Vermögenswerten von Organisationen.

Ich kenne ein Restaurant, in dem es eine fantastische Muschelsuppe gab. Es war jeden Mittag rappelvoll. Dann wurde der Betrieb verkauft. Der neue Besitzer war nur auf die goldenen Eier aus. Also gab er wesentlich weniger Muscheln in die Suppe. Einen Monat lang waren die Kosten niedriger, die Umsätze gleich und der Gewinn deutlich höher. Doch nach und nach blieben die Gäste aus. Das Vertrauen war dahin. Im Lokal herrschte Flaute. Der neue Besitzer versuchte verzweifelt, den Laden wieder in Schwung zu bringen. Aber er hatte die Gäste vernachlässigt und ihr Vertrauen missbraucht. Mit der Kundentreue war es vorbei. Die Plätze im Restaurant blieben leer. Es gab keine Gans mehr, die goldene Eier hätte legen können.

In manchen Unternehmen wird andauernd vom Kunden geredet. Doch die Mitarbeiter werden vernachlässigt. Dabei sind sie es, die Tag für Tag mit den Kunden zu tun haben. Dennoch spielen die Beschäftigten nur eine Nebenrolle. Hier ist ein Umdenken gefragt. Das entsprechende PK-Gebot lautet: *Behandeln Sie Ihre Mitarbeiter immer genau so, wie diese Ihre besten Kunden behandeln sollen.*

Man kann die Hand eines Menschen kaufen, aber nicht sein Herz. Doch in seinem Herzen liegen seine Begeisterungsfähigkeit, seine Motivation und seine Loyalität. Man kann seine Arbeitskraft kaufen, aber nicht seinen Verstand. Aber hier sitzen seine Kreativität, sein Einfallsreichtum und seine geistige Beweglichkeit.

PK-Arbeit bedeutet, dass man Mitarbeiter als Freiwillige behandelt, so wie man Kunden als Freiwillige behandelt. Denn genau das sind sie. Sie geben freiwillig ihr Bestes – Herz und Verstand!

Ich war einmal in einer Unternehmergruppe, in der jemand fragte: »Wie bringt man faule, inkompetente Mitarbeiter dazu, besser zu arbeiten?« Ein Mann antwortete: »Indem man Handgranaten wirft!« Auch mehrere andere plädierten für dieses Macho-Management. Sie sprachen sich für ein Vorgehen aus, das nur zwei Möglichkeiten kennt: Leistung bringen oder gefeuert werden.

Doch ein anderer aus der Gruppe fragte: »Und wer sammelt die Scherben auf?«

Die Antwort lautete: »Es gibt keine Scherben!«

»Warum tun Sie das dann nicht auch bei Ihren Kunden?«, entgegnete der andere. »Warum sagen Sie nicht: ›Hören Sie, wenn Sie nichts kaufen wollen, dann haben Sie hier auch nichts zu suchen!‹?«

Er sagte: »Mit den Kunden kann man das doch nicht machen!«

»Aber wieso kann man es dann mit den Mitarbeitern machen?«

»Ganz einfach: Weil ich der Boss bin!«

»Ich verstehe. Sind Ihre Leute Ihnen gegenüber loyal? Arbeiten sie hart? Bleiben sie lange in Ihrem Unternehmen?«

»Sie machen wohl Witze! Heutzutage findet man doch gar keine guten Mitarbeiter mehr. Es gibt viel zu viel Fluktuation, Fehlzeiten, Schwarzarbeit. Den Leuten ist doch alles egal.«

Diese Einstellung, dieses Paradigma – die Fokussierung auf die goldenen Eier – ist völlig ungeeignet, um die starken Kräfte des Herzens und des Verstandes anderer Menschen für sich zu gewinnen. Ja, kurzfristige Ergebnisse sind wichtig! Doch man darf ihnen nicht alles andere unterordnen.

Effektivität liegt im Gleichgewicht. Eine einseitige Fokussierung auf P führt zu gesundheitlichen Problemen, abgenutzten Maschinen, leeren Konten und zerbrochenen Beziehungen. Eine übermäßige Fokussierung auf PK dagegen ist mit jemandem vergleichbar, der jeden Tag drei bis vier Stunden mit Joggen verbringt. Er ist stolz darauf, dass er dadurch statistisch gesehen zehn zusätzliche Jahre gewinnt. Doch ihm ist gar nicht bewusst, dass er diese Jahre nur mit Laufen verbringt. Auch das Syndrom des ewigen Studenten ist ein Paradebeispiel für eine zu starke PK-Fokussierung. Der ewige Student geht immer nur zur Uni. Er produziert niemals etwas selbst, sondern lebt nur von den goldenen Eiern der anderen.

Die Balance zwischen dem goldenen Ei (Produktion) und der Gesundheit und dem Wohlergehen der Gans (Produktionskapazität) fliegt uns nicht einfach so zu. Im Gegenteil: Oft ist es sehr schwierig, das Gleichgewicht zwischen P und PK aufrechtzuerhalten. Doch meiner Ansicht nach ist gerade das der wesentliche Aspekt von Effektivität. Das P/PK-Gleichgewicht bringt das Kurzfristige und das Langfristige in Balance: das kurzfristige Hinarbeiten auf einen Abschluss und das langfristige Streben nach einer guten Ausbildung und Erziehung; den Wunsch, das Zimmer ordentlich zu sehen, und den Aufbau einer Beziehung, bei der das Kind sich innerlich darauf verpflichtet, aufzuräumen – fröhlich, bereitwillig und ohne Druck von außen. Dieses Prinzip bestätigt sich auch in Ihrem eigenen Leben: Wenn Sie Raubbau mit Ihrer Gesundheit treiben, um mehr goldene Eier zu bekommen, sind Sie irgendwann total erschöpft. Dann werden Sie krank und können gar nicht mehr produzieren. Wenn Sie sich dagegen richtig ausschlafen, sind Sie schon beim Aufwachen motiviert, den ganzen Tag über zu produzieren.

Wie wichtig und wertvoll das P/PK-Gleichgewicht ist, können Sie auch an Ihren Beziehungen sehen: Wenn Sie sich mit viel Druck gegenüber einem anderen durchsetzen, danach aber eine gewisse Leere in der Beziehung spüren. Oder wenn Sie sich wirklich Zeit nehmen, um in eine Beziehung zu investieren, und feststellen, dass der Wunsch und die Fähigkeit, zusammenzuarbeiten und miteinander zu kommunizieren, sehr stark zunehmen.

Das P/PK-Gleichgewicht ist der wesentliche Aspekt von Effektivität. Das zeigt sich in allen Lebensbereichen. Wir können mit ihm oder dagegen arbeiten. Doch das P/PK-Gleichgewicht ist da. Es ist nicht nur ein Leuchtturm, sondern auch die Definition der Effektivität – das Paradigma, das die Grundlage der *7 Wege* bildet.

Was Sie von diesem Buch erwarten können

Marilyn Ferguson hat Recht: »Niemand kann einen anderen überreden, sich zu ändern. Jeder von uns ist der Wächter eines Tors zur Veränderung, das sich nur von innen öffnen lässt. Das Tor eines anderen können wir weder durch sachliche Argumente noch durch einen Appell an seine Gefühle öffnen.«

Es liegt allein an Ihnen, sich dafür zu entscheiden, Ihr eigenes »Tor zur Veränderung« zu öffnen. Sie haben es in der Hand, die Prinzipien aus den 7 Wegen zu verstehen und nach ihnen zu leben. Dann werden mit Sicherheit mehrere positive Dinge geschehen.

Erstens wird Ihr Wachstum *evolutionär* sein, das Endergebnis aber *revolutionär*. Was wäre beispielsweise, wenn wir das Prinzip des Gleichgewichts zwischen P und PK voll ausleben würden? Sicher stimmen Sie mir zu, dass allein das die meisten Menschen und Unternehmen von Grund auf verändern würde.

Was ist das Endergebnis, wenn Sie das »Tor zur Veränderung« für die ersten drei Wege – die Gewohnheiten des privaten Erfolgs – öffnen? Dann werden Sie ein erheblich größeres Selbstvertrauen haben. Sie werden sich viel besser und genauer kennenlernen – Ihren Charakter, Ihre innersten Werte und Ihre einzigartige Fähigkeit, Beiträge zu leisten. Wenn Sie Ihre Werte, Ihre Identität und Ihre Integrität zum Leitbild in Ihrem Leben machen, werden Glück und Gelassenheit Sie erfüllen. Dann werden Sie nicht länger von der Meinung anderer oder dem Vergleich mit ihnen abhängig sein. Im Gegenteil: Sie werden sich aus sich selbst heraus definieren! »Falsch« und »richtig« werden nichts mehr damit zu tun haben, dass Sie sich von anderen irgendwie »ertappt« fühlen.

Wenn Ihnen nicht mehr so wichtig ist, was andere von Ihnen halten, werden Sie die Perspektive wechseln. Plötzlich wird Ihnen viel wichtiger, was andere über sich selbst, ihre Welt und die Beziehung zu Ihnen denken. Dann wird Ihr Gefühlsleben nicht mehr von den Schwächen anderer abhängen. Außerdem werden Sie es wesentlich einfacher und erstrebenswerter finden, sich zu ändern. Denn es gibt etwas, das nun immer mehr zu Tage tritt – der Wesenskern tief in Ihrem Innersten.

Und was ist, wenn Sie sich den nächsten drei Wegen – den Gewohnheiten des öffentlichen Erfolgs – öffnen? Dann werden Sie den Willen und die Ressourcen freisetzen, um wichtige Beziehungen, die schlechter geworden oder sogar zerbrochen sind, wieder aufzubauen. Gute Beziehungen werden sich noch verbessern und wesentlich tiefer, beständiger, bereichernder und kreativer werden.

Der 7. Weg wird, wenn Sie ihn verinnerlichen, die ersten sechs erneuern. Er wird Sie wirklich unabhängig machen und zu effektiver Interdependenz befähigen. Mithilfe des 7. Weges können Sie regenerieren, Kraft schöpfen und Ihre Batterien aufladen.

Ganz gleich, wie Ihre derzeitige Situation auch aussieht: Sie können alte, nicht zweckmäßige Verhaltensmuster durch neue Gewohnheiten ersetzen. Die *7 Wege* werden Ihnen dabei helfen, neue Gewohnheiten der Effektivität, des Glücks und der vertrauensvollen Beziehungen fest in Ihrem Leben zu verankern.

Von ganzem Herzen möchte ich Sie nun ermutigen, das Tor zur Veränderung und zum Wachstum zu öffnen. Beschäftigen Sie sich intensiv mit den 7 Wegen. Seien Sie geduldig mit sich selbst! Persönliche Weiterentwicklung ist ein zartes Pflänzchen. Doch eine bessere Investition gibt es nicht!

Für Wachstum und Weiterentwicklung existiert keine schnelle Patentlösung. Aber ich versichere Ihnen: Sie werden sofort Vorteile und Renditen sehen, die Ihnen Mut machen. Um mit Thomas Paine zu sprechen: »Das, was wir zu leicht erlangen, schätzen wir zu wenig. Nur was uns teuer ist, hat großen Wert. Der Himmel weiß, wie er seine Güter mit einem angemessenen Preis versehen kann.«

ZWEITER TEIL

Der private Erfolg

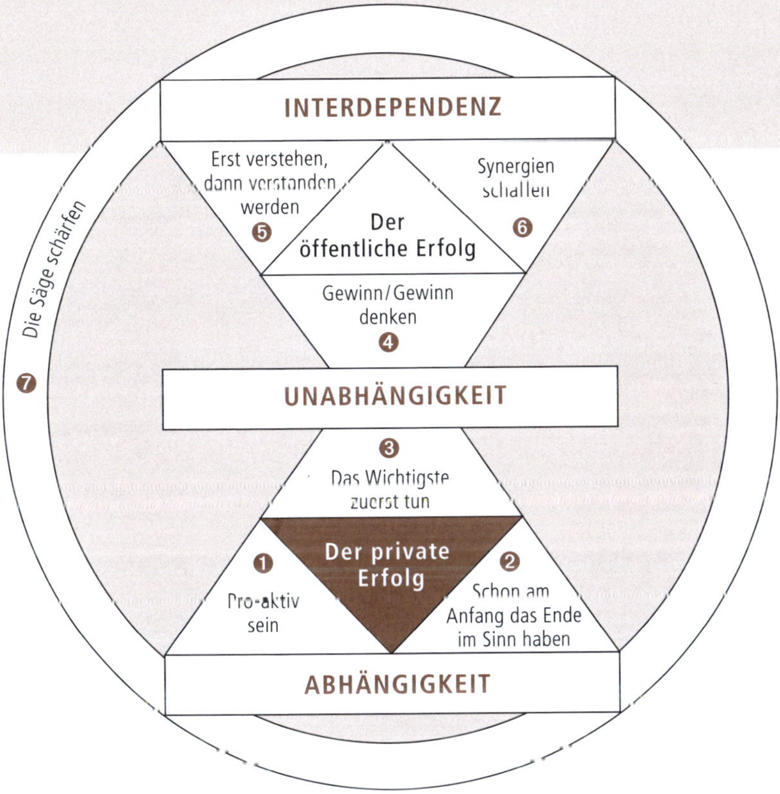

1. Weg

Pro-aktiv sein

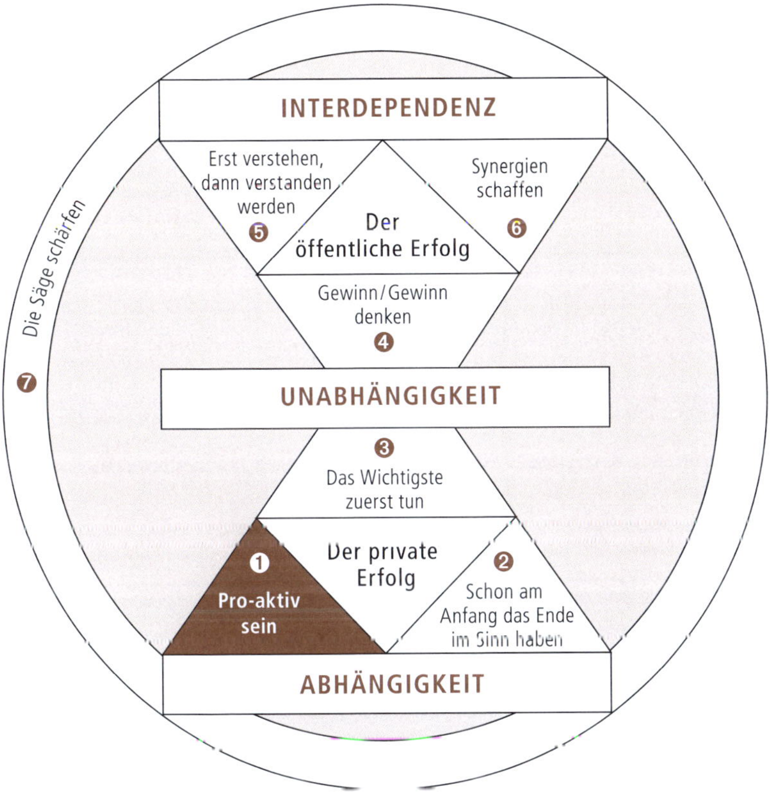

Prinzipien der persönlichen Vision

Ich kenne nichts Ermutigenderes als die unbestrittene Fähigkeit des Menschen, sein Leben durch bewusste Anstrengung weiterzuentwickeln.
HENRY DAVID THOREAU

Bitte gehen Sie beim Lesen dieses Buches zu sich selbst auf Distanz. Tun Sie so, als ob Sie sich vom obersten Winkel Ihres Zimmers aus beobachten würden. Sehen Sie sich selbst da unten sitzen und lesen? Ist es fast so, als wären Sie jemand anderes?

Nun versuchen Sie noch etwas: Denken Sie über die Stimmung nach, in der Sie gerade sind. Können Sie Ihre Stimmung benennen? Was fühlen Sie? Wie würden Sie Ihre derzeitige Gemütsverfassung beschreiben?

Denken Sie nun einen Moment darüber nach, wie Ihr Verstand arbeitet. Ist er schnell und wach? Fühlen Sie sich hin- und hergerissen? Machen Sie einerseits diese Übung und denken Sie andererseits darüber nach, was das Ganze eigentlich soll?

Die Fähigkeit, das zu tun, was Sie da eben gemacht haben, haben nur wir Menschen. Tiere verfügen nicht über diese Möglichkeit. Wir nennen sie »Selbstwahrnehmung«. Dabei geht es um die Fähigkeit, über den eigentlichen Gedankenvorgang nachzudenken. Sie ist der Grund dafür, dass der Mensch die Herrschaft über die Welt hat und in jeder Generation immer neue, bedeutsame Fortschritte erzielt.

Mithilfe der Selbstwahrnehmung können wir unsere Erfahrungen auswerten. Sie erlaubt uns sogar, nicht nur aus unseren eigenen, sondern auch aus den Erfahrungen anderer zu lernen. Darum können wir unsere Gewohnheiten auch selbst schaffen und verändern.

Wir sind nicht unsere Gefühle. Wir sind nicht unsere Stimmungen. Wir sind nicht einmal unsere Gedanken. Allein die Tatsache, dass wir über diese Dinge nachdenken können, trennt uns von ihnen. Selbstwahrnehmung ermöglicht es uns, beiseitezutreten und zu analysieren, wie wir uns selbst »sehen«. Sie hilft uns, unser Selbst-Paradigma, das grundlegende Paradigma der Effektivität, zu erkunden. Dieses Paradigma beeinflusst nicht nur unsere eigenen Einstellungen und Verhaltensweisen, sondern auch unsere Art, andere Menschen zu sehen. Es bildet unsere Landkarte von der grundlegenden Natur des Menschseins.

Nur wenn wir wissen, wie wir uns selbst und andere sehen, können wir verstehen, wie andere sich und ihre Welt empfinden. Fehlt uns dieses Wissen, projizieren wir unbewusst unsere Absichten auf das Verhalten der anderen – und bezeichnen uns dabei auch noch als objektiv. Das schränkt unsere Fähigkeit, Beziehungen aufzubauen, erheblich ein. Aber dank der einzigartigen menschlichen Fähigkeit der Selbstwahrnehmung können wir unsere Paradigmen hinterfragen. Wir können erkennen, ob sie auf der Wirklichkeit und auf Prinzipien oder nur auf Konditionierungen und den äußeren Umständen beruhen.

Der soziale Spiegel

Ob die gängigen sozialen Paradigmen oder die Meinungen, Wahrnehmungen und Paradigmen der Leute um uns herum: Was ist, wenn die einzige Sichtweise, die wir von uns selbst haben, unseren sozialen Spiegel wiedergibt? Dann ist der Blick auf uns selbst wie die Reflektion aus einem Spiegelkabinett.

»Nie bist du pünktlich.«

»Warum kannst du einfach keine Ordnung halten?«

»Du isst wie ein Ferkel!«

»Ich kann nicht glauben, dass du gewonnen hast!«

»Das ist so einfach. Wieso kannst du das nicht verstehen?«

Solche Sichtweisen sind zusammenhanglos. Sie stehen in keinem Verhältnis zu irgendetwas. Oft sind sie eher Projektionen als Reflektionen. Projektionen, die die Schwachpunkte der Leute zeigen, aber nicht das, was wir sind und was uns ausmacht. Das allgegenwärtige soziale Paradigma lautet: Wir sind in erster Linie von den äußeren Umständen und unseren Konditionierungen bestimmt. Natürlich haben Konditionierungen einen enorm großen Einfluss auf unser Leben. Doch zu sagen, wir seien von ihnen *bestimmt*, wir hätten keine Kontrolle über ihren Einfluss, schafft eine völlig andere Landkarte.

Im Grunde gibt es drei soziale Landkarten, drei Theorien der Determination. Sie dienen allein oder in Verbindung miteinander als Erklärung für das Wesen des Menschen. Der *genetische Determinismus* sagt etwa: Ihre Großeltern haben das alles angerichtet. An denen liegt es, dass Sie so stur sind. Ihre Großeltern waren schließlich auch total eigensinnig. Das liegt also in Ihrer DNA. Die Sturheit wird von einer Generation zur nächsten weitergereicht. Sie haben sie geerbt. Obendrein sind Sie Ire, und Iren sind nun mal stur.

Dagegen sucht der *psychische Determinismus* die Ursachen bei Ihren Eltern. Er geht davon aus, dass Ihre persönlichen Neigungen und Ihr Charakter in erster Linie von Ihrer Erziehung und Ihren Kindheitserfahrungen bestimmt wurden. Deswegen haben Sie Angst, vor einer Gruppe zu stehen. Das liegt daran, wie Ihre Eltern Sie erzogen haben. Sie fühlen sich furchtbar schuldig, wenn Sie einen Fehler machen. Denn tief in Ihrem Inneren »erinnern« Sie sich an die emotionalen Prägungen in der Zeit als Sie sehr verletzbar, schwach und abhängig waren. Sie »erinnern« sich an die emotionale Bestrafung,

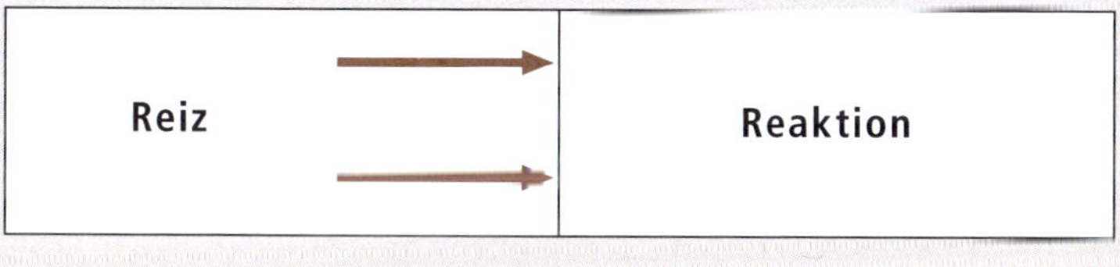

Reaktives Modell

an die Ablehnung, an den Vergleich mit anderen, wenn Sie nicht ganz so gut waren, wie es von Ihnen erwartet wurde.

Und der *Umwelt-Determinismus* sagt: Ihr Chef ist schuld – oder Ihr Partner oder dieser aufmüpfige Teenager oder Ihre finanzielle Lage oder die Politik. Irgendjemand oder irgendetwas in Ihrer Umwelt trägt die Verantwortung für Ihre Situation.

Jede dieser Landkarten beruht auf der Reiz-Reaktions-Theorie, an die wir meist im Zusammenhang mit den Pawlowschen Hunde-Experimenten denken. Die Reiz-Reaktions-Theorie geht von der folgenden Grundannahme aus: Wir sind darauf konditioniert, auf eine bestimmte Weise auf einen bestimmten Reiz zu reagieren.

Doch wie genau beschreiben diese deterministischen Landkarten das Territorium? Wie klar reflektieren diese Spiegel die wahre Natur des Menschen? Werden sie zu sich selbst erfüllenden Prophezeiungen? Beruhen sie auf Prinzipien, die wir in unserem Innersten für gültig erklären können?

Zwischen Reiz und Reaktion

Lassen Sie mich als Antwort auf diese Fragen die bewegende Geschichte von Viktor E. Frankl erzählen.

Frankl war Determinist, aufgewachsen in der Tradition der freudschen Psychologie. Sie postuliert, dass das, was einem als Kind widerfährt, den Charakter und die Persönlichkeit formt und das ganze Leben bestimmt. Konkret heißt das: Die Parameter in Ihrem Leben sind festgelegt. Im Grunde können Sie nicht viel daran ändern.

Frankl war außerdem Psychiater und Jude. Die Nazis sperrten ihn in Konzentrationslager. Dort erlebte er Dinge, die so weit jenseits jeglicher Menschenwürde liegen, dass ich sie hier nicht näher beschreiben möchte.

Seine Eltern, sein Bruder und seine Frau starben im Konzentrationslager oder wurden in die Gaskammern geschickt. Seine gesamte Familie kam um. Nur er und seine Schwester überlebten. Frankl selbst wurde gefoltert und musste unfassbare Erniedrigungen erleiden. Dabei wusste er nie, ob er in der Gaskammer enden oder ob er zu den »verschonten« gehören würde, die die toten Körper beseitigen oder die Asche der Unglückseligen wegschaufeln mussten.

Eines Tages, er war nackt und allein in einem kleinen Raum, wurde er sich dessen bewusst, was er später die »letzte Freiheit des Menschen« nannte. Diese Freiheit konnten ihm die Nazi-Schergen nicht nehmen. Sie konnten seine gesamte Umgebung kontrollieren, sie konnten mit seinem Körper machen, was sie wollten. Aber Viktor Frankl blieb ein sich selbst wahrnehmendes Wesen. Er konnte beobachten, was mit ihm geschah. Seine innerste Identität war unantastbar. *Er konnte selbst entscheiden, wie sich das alles auf ihn auswirken würde.* Zwischen dem, was ihm widerfuhr, dem Reiz, und seiner Reaktion darauf lag seine Freiheit, diese Reaktion zu bestimmen.

Inmitten seiner furchtbaren Erfahrungen ließ Frankl seine Gedanken zu den verschiedensten Orten und Situationen wandern. Dabei nutzte er die Kraft der Erinnerung und der Imagination. Beispielsweise stellte er sich vor, wie er nach seiner Befreiung aus dem Lager seine Studenten unterrichtete. Vor seinem inneren Auge erschien ein klares Bild: Er sah sich selbst im Hörsaal, wo er seinen Studenten die Lektionen vermittelte, die er während seiner Qualen im Konzentrationslager gelernt hatte.

Mit der Hilfe von mentalen, emotionalen und moralischen Übungen lebte Frankl seine Freiheit aus. Zunächst war sie winzig klein. Doch sie wuchs und wuchs. Schließlich besaß Frankl mehr Freiheit als seine Nazi-Aufseher. Sie hatten mehr *Freiheiten* und mehr Wahlmöglichkeiten in ihrer Umgebung. Aber Frankl verfügte über mehr *Freiheit* und mehr innere Kraft, seine Möglichkeiten auszuleben. Er wurde zu einer wichtigen Stütze und Quelle der Inspiration für seine Mitgefangenen und sogar für einige der KZ-Aufseher. Er half anderen, Sinn in ihrem Leiden und Würde in ihrem Gefangensein zu finden. Inmitten der entwürdigendsten Bedingungen nutzte Frankl die menschliche Gabe der Selbstwahrnehmung, um ein grundlegendes Prinzip zu entdecken: *Zwischen Reiz und Reaktion hat der Mensch die Freiheit zu wählen.*

In der Freiheit der Wahl liegen die Begabungen, die uns als Menschen einzigartig machen. Neben der *Selbstwahrnehmung* haben wir die *Imagination* – die Fantasie, uns etwas jenseits der aktuellen Wirklichkeit vor unserem geistigen Auge vorzustellen. Wir haben ein *Ge-*

wissen – eine tiefe innere Bewusstheit von Recht und Unrecht, von den Prinzipien, die unser Verhalten bestimmen. Und wir haben den *freien Willen* – die Fähigkeit, unabhängig von allen anderen Einflüssen auf der Grundlage unserer Selbstwahrnehmung zu handeln.

Was ist »Pro-Aktivität«?

Die Entdeckung der Freiheit der Wahl half Frankl dabei, eine genaue Landkarte seiner selbst zu erstellen. Diese Landkarte war sein Ausgangspunkt, um das erste, grundlegende Prinzip eines effektiven Menschen zu entwickeln. Dabei handelt es sich um das Prinzip der *Pro-Aktivität*. Dieses Prinzip gilt für jeden Menschen und an jedem Ort.

Mittlerweile taucht der Begriff *Pro-Aktivität* öfter in der Managementliteratur auf. Doch in den meisten Wörterbüchern wird man ihn vergeblich suchen. Pro-Aktivität bedeutet weit mehr, als einfach nur die Initiative zu ergreifen. Es geht darum, dass jeder Mensch selbst für sein Leben verantwortlich ist. Unser Verhalten hängt von unseren Entscheidungen ab und nicht von den äußeren Umständen. Es liegt an uns, unsere Gefühle unseren Werten unterzuordnen. Wir haben die Tatkraft, die Fähigkeit und den freien Willen, Dinge zu gestalten.

Reaktive Menschen werden von ihren Gefühlen, ihrem Umfeld und den äußeren Umständen getrieben. Wenn das Wetter gut ist, fühlen sie sich gut. Wenn es schlecht ist, fühlen sie sich schlecht. Pro-aktiven Menschen ist es völlig egal, ob es regnet oder ob die Sonne scheint. Ihr Antrieb sind ihre inneren Werte. Wenn es zu ihren Werten gehört, gute Arbeit zu leisten, spielt das Wetter keine Rolle.

Reaktive Menschen werden auch von ihren Mitmenschen, dem »sozialen Wetter«, beeinflusst. Behandeln andere sie gut, fühlen sie sich gut. Behandeln andere sie schlecht, fühlen sie sich schlecht. Dann ziehen sie sich in eine defensive Schutzhaltung zurück. Reaktive Menschen machen ihre Gefühlswelt vom Verhalten ihrer Mitmenschen abhängig. Um eine bessere Kontrolle über andere zu haben, betonen sie zudem häufig deren Schwächen.

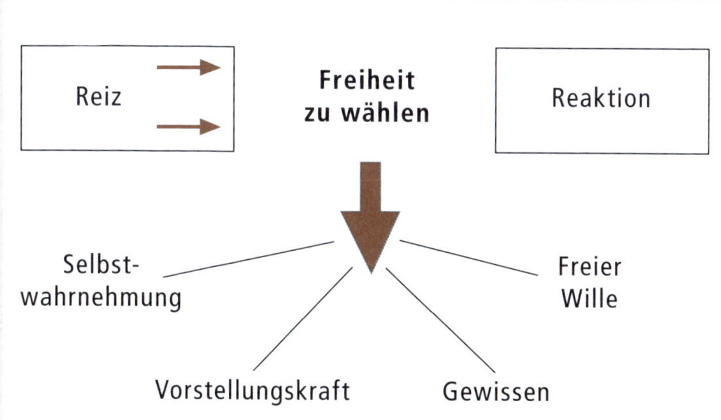

Pro-aktives Modell

Die Fähigkeit, einen Impuls einem Wert unterzuordnen, zeichnet pro-aktive Menschen aus. Sie werden durch ihre Werte geleitet. Diese Werte haben sie sorgfältig überdacht, gewissenhaft ausgewählt und stark verinnerlicht.

Natürlich werden auch pro-aktive Menschen von äußeren Reizen beeinflusst. Doch ihre Reaktion auf diese bewussten oder unbewussten Reize basiert nicht auf Gefühlen, sondern auf ihren Werten.

Eleanor Roosevelt hat einmal bemerkt, niemand könne einem ohne die eigene Zustimmung wehtun. Und Gandhi hat gesagt: »Sie können uns unseren Selbstrespekt nicht nehmen, wenn wir ihn nicht hergeben.«

Ich gebe zu, dass diese Einsicht nicht immer leicht anzunehmen ist. Das gilt besonders, wenn wir unser Unglück viele Jahre auf die äußeren Umstände oder das Verhalten eines anderen Menschen geschoben haben. Doch solange jemand nicht ehrlich und aus dem tiefsten Inneren heraus zugeben kann:

»Das, was ich heute bin, bin ich aufgrund meiner gestrigen Entscheidungen«, kann er auch nicht sagen: »Ich treffe jetzt eine andere Wahl!«

Bei einem meiner Vorträge über Pro-Aktivität stand plötzlich eine Zuhörerin auf. Sie war ziemlich aufgelöst und begann laut zu reden. Es waren viele Leute da. Einige drehten sich um und starrten die Frau an. Da wurde ihr plötzlich klar, was sie gerade tat. Verlegen setzte sie sich wieder hin. Aber es fiel ihr schwer, sich zurückzuhalten. Bald fing sie an, mit den Leuten neben sich zu sprechen. Sie schien sehr aufgeregt, aber auch sehr glücklich zu sein. Ich konnte es kaum abwarten, mehr über diese Frau herauszufinden. In der Pause ging ich sofort zu ihr. Ich fragte sie, ob sie bereit wäre, mich und die anderen Zuhörer an ihrer Erfahrung teilhaben zu lassen.

»Sie können sich einfach nicht vorstellen, was mit mir passiert ist!«, rief sie aus. »Ich arbeite als Pflegerin bei einem sehr unglücklichen, äußerst undankbaren Mann. Nichts ist ihm gut genug. Lob, Anerkennung oder ein Dankeschön gibt es bei ihm nicht. Dauernd kritisiert er an mir herum. Er hat an allem etwas auszusetzen. Dieser Mann macht mir das Leben schwer. Deshalb lasse ich meinen Frust oft an meiner Familie aus. Den anderen Pflegerinnen geht es genauso. Wir wünschen uns fast schon, dass er abtritt.

Dass Sie den Nerv hatten, sich da oben hinzustellen und zu behaupten, nichts könne mich verletzen. Niemand könne mir ohne meine Zustimmung wehtun und ich hätte dieses erbärmliche Gefühlsleben auch noch selbst gewählt, das konnte ich Ihnen einfach nicht glauben. Aber ich dachte intensiv darüber nach. Ich schaute tief in mich hinein und fragte mich: Habe ich tatsächlich die Macht, meine Reaktion selbst zu wählen? Schließlich erkannte ich, dass ich sehr wohl die Wahl habe. Ich habe die bittere Pille geschluckt und eingesehen, dass ich mich dafür entschieden hatte, unglücklich zu sein. Und da wurde mir klar: Ich kann mich auch dafür entscheiden, glücklich zu sein!

In dem Moment musste ich einfach aufstehen. Ich hatte das Gefühl, endlich aus dem Gefängnis freizukommen. Ich wollte es in die ganze Welt hinausschreien: Ich bin frei! Ich bin raus aus dem Gefängnis! Ich werde mich nie mehr davon abhängig machen, wie mich jemand anders behandelt.«

Nicht das, was uns geschieht, verletzt uns. Es ist die Art, wie wir darauf reagieren. Natürlich gibt es Dinge, die uns wehtun und uns

Kummer bereiten können. Aber das muss uns nicht im tiefsten Inneren verletzen. Im Gegenteil: Unsere leidvollsten Erfahrungen werden zu Schmelztiegeln. Sie formen unseren Charakter und verleihen uns eine große innere Stärke. In ihnen entsteht die Freiheit, künftig mit schwierigen Situationen fertig zu werden und andere zu ermutigen, es ebenso zu machen. Frankl ist einer von vielen, denen es gelungen ist, in schweren Zeiten persönliche Freiheit zu entwickeln und anderen zum Vorbild zu werden.

Vielleicht haben auch Sie schon einmal jemanden getroffen, der unter widrigsten Bedingungen lebt? Vielleicht ist er todkrank oder hat eine schwere körperliche Behinderung? Dennoch hat er sich eine großartige emotionale Stärke bewahrt. Wie inspirierend solche Menschen doch sind!

Zu den inspirierendsten Zeiten, die meine Frau Sandra und ich je erlebt haben, gehörten vier Jahre mit einer lieben Freundin namens Carla. Carla war eine von Sandras Brautjungfern, und die beiden waren seit über 25 Jahren engste Freundinnen. Doch dann erkrankte Carla unheilbar an Krebs.

Als Carla ins Endstadium der Krankheit kam, verbrachte Sandra sehr viel Zeit an ihrem Bett und half ihr, ihre persönliche Geschichte aufzuzeichnen. Von diesen langen, schwierigen Besuchen kam Sandra starr vor Bewunderung für den Mut ihrer Freundin zurück. Carla wollte ganz besondere Botschaften hinterlassen, die ihren Kindern in den unterschiedlichen Phasen ihres Lebens ausgehändigt werden sollten.

Um bei vollem Bewusstsein zu bleiben, nahm Carla so wenig Schmerzmittel wie nur möglich. Sie flüsterte ihre Botschaften auf ein Tonband oder diktierte sie Sandra direkt. Carla war so pro-aktiv, so tapfer und so voller Sorge um andere, dass sie für viele Menschen zu einer Quelle der Inspiration wurde.

Nie werde ich vergessen, wie ich Carla am Tag vor ihrem Tod besucht habe. Ich habe tief in ihre Augen geschaut. Obwohl sie am Ende ihrer körperlichen Kräfte war, konnte man ihre unglaubliche innere Stärke spüren. In ihren Augen konnte ich ein Leben voller Charakter, Leistung, Dienen, Liebe, Fürsorge und Wertschätzung sehen.

Im Lauf der Zeit habe ich unzählige Menschen gefragt, wie viele von ihnen die Erfahrung gemacht haben, bei einem Sterbenden zu sein, der eine wunderbare Einstellung hatte. Der bis zum Schluss Liebe und Mitgefühl ausgestrahlt und anderen auf unvergleichliche Weise gedient hat. Meist sind es etwa ein Viertel der Teilnehmer. Dann frage ich, wie viele von ihnen diesen Menschen niemals vergessen werden und wie viele von so viel Mut und Stärke dazu inspiriert wurden, anderen mit Mitgefühl zu begegnen und ihnen zu dienen. Diese beiden Fragen bejahen alle – fast unweigerlich.

Viktor Frankl meint, es gebe im Leben drei zentrale Werte:

- den der Erfahrung oder das, was uns geschieht;
- den der Kreativität oder das, was wir ins Leben rufen;
- den der Einstellung oder unsere Reaktionen auf schwierige Umstände, wie beispielsweise eine tödliche Krankheit.

Meine eigenen Erfahrungen bestätigen Frankls Aussage, dass der höchste der drei Werte unsere Einstellung ist. Oder um es auf den Punkt zu bringen: Es kommt am meisten darauf an, wie wir auf das *reagieren,* was uns im Leben widerfährt.

Schwierige Umstände führen oft zu einem grundlegenden Paradigmenwechsel. Sie schaffen völlig neue Bezugsrahmen, in denen Menschen sich selbst, die Welt und andere betrachten und sich fragen, was das Leben ihnen abverlangt. Dieser erweiterte Blickwinkel weist uns den Weg zu einer inneren Haltung, die uns alle inspiriert und ermutigt.

Die Initiative ergreifen

Es liegt in der Natur des Menschen, zu machen und nicht »gemacht« zu werden. Das gibt uns die Möglichkeit und die Kraft, unsere Reaktion auf bestimmte Umstände selbst zu wählen und die Rahmenbedingungen selbst zu gestalten. Die Initiative zu ergreifen, bedeutet allerdings nicht, drängend, unangenehm oder aggressiv zu sein. Es heißt vielmehr, Verantwortung für unser Leben zu übernehmen.

Im Laufe der Jahre bin ich vielen Menschen begegnet, die bessere Jobs wollten. Oft habe ich ihnen geraten, mehr Initiative zu zeigen: Eignungstests zu machen und sich eingehend mit der Branche und sogar mit den besonderen Problemen der Unternehmen, die sie ansprechen wollten, zu beschäftigen. Ich habe ihnen auch empfohlen, eine aussagekräftige Präsentation zu erstellen, um zu zeigen, wie sie durch ihre Fähigkeiten zur Lösung der Probleme beitragen konnten. Dieser »Verkauf von Lösungen« ist ein Schlüsselparadigma für den beruflichen Erfolg.

Die Reaktion auf meine Vorschläge ist gewöhnlich Zustimmung. Die meisten sehen ein, wie sehr das ihre Beschäftigungs- und Aufstiegschancen verbessern würde. Dennoch unterlassen es viele, die nötigen Schritte zu unternehmen, die Initiative zu ergreifen und dafür zu sorgen, dass endlich etwas geschieht.

»Ich weiß nicht, wo ich Eignungstests machen kann.«

»Wie soll ich mich denn mit der Branche und den Problemen der Unternehmen beschäftigen? Niemand will mir helfen.«

»Ich habe nicht die geringste Ahnung, wie ich eine aussagekräftige Präsentation erstellen könnte.«

Viele warten darauf, dass etwas passiert oder dass sich jemand um sie kümmert. Doch am Ende bekommen diejenigen die guten Jobs, die pro-aktiv sind. Sie sind nicht das Problem, sondern die Lösungen. Pro-aktive Menschen ergreifen die Initiative. Sie tun das, was nötig ist, um die Aufgabe zu erledigen – und zwar im Einklang mit grundlegenden Prinzipien.

Natürlich kommt es auch in unserer Familie vor, dass jemand eine Position der Nicht-Verantwortlichkeit einnimmt. Er wartet einfach nur darauf, dass ein anderer dafür sorgt, dass etwas passiert, oder eine Lösung liefert. Doch das lassen wir nicht zu. Selbst wenn es sich um eines unserer jüngeren Kinder handelt, erklären wir:

»Nutze dein E und I – deinen Einfallsreichtum und deine Initiative!« Oft geben unsere Kinder sich sogar selbst die richtige Antwort. Noch bevor wir es aussprechen können, sagen sie schon: »Ich weiß es ja. Ich soll mein E und I nutzen!«

Andere auf dem Kurs der Verantwortlichkeit zu halten, ist nicht erniedrigend. Im Gegenteil: Es ist ermutigend und bestärkend! Pro-Aktivität ist fest in uns Menschen verankert. Sicher, die pro-aktiven

Muskeln ruhen manchmal. Doch sie sind immer da. Wenn wir die pro-aktive Natur anderer respektieren, liefern wir ihnen *ein* klares, verzerrungsfreies Bild im sozialen Spiegel.

Natürlich muss man immer auch den Reifegrad des Betreffenden berücksichtigen. Von Menschen, die tief in emotionaler Abhängigkeit stecken, sollte man nicht allzu viel kreative Kooperation erwarten. Wir können diese Leute aber bestärken und eine Atmosphäre schaffen, in der sie Chancen immer selbstbewusster ergreifen und Probleme immer besser lösen können.

Pro-aktiv statt reaktiv

Wie groß ist der Unterschied zwischen Menschen, die selbst initiativ werden, und jenen, die das nicht tun? Meines Erachtens ist er so groß wie der Unterschied zwischen Tag und Nacht. Die Effektivitätsdifferenz liegt nicht etwa bei 25 bis 50 Prozent. Ich denke, die Differenz beläuft sich auf 5000 Prozent oder sogar noch mehr! Das gilt vor allem für diejenigen Leute die nicht nur initiativ, sondern auch klug und anderen gegenüber feinfühlig sind.

Das P/PK-Gleichgewicht der Effektivität in unserem Leben herzustellen und die 7 Wege umzusetzen, erfordert sehr viel Initiative. Der Erfolg hängt stark von der Entwicklung Ihrer pro-aktiven Muskeln ab. Jeder Weg legt Ihnen die Verantwortung auf, zu handeln. Wenn Sie darauf warten, dass andere handeln, werden Sie immer nur reagieren können. Ob Pro-Aktivität oder Reaktivität: Beides wirkt sich direkt auf Ihr Wachstum, Ihre Weiterentwicklung und Ihre Zukunftschancen aus.

Ich habe einmal mit einer Gruppe von Innenausstattern gearbeitet. Es handelte sich um Vertreter von 20 verschiedenen Unternehmen, die sich regelmäßig zu einem ungezwungenen Austausch über ihre Branche und ihre Probleme trafen.

Damals herrschte in den USA eine schwere Rezession. Die schlechte Wirtschaftslage traf die Innenausstatter besonders hart. Deshalb waren die Teilnehmer ziemlich deprimiert.

Am ersten Tag ging es bei unseren Diskussionen um die Frage: »Was passiert zurzeit mit uns? Was ist der Reiz?« Es passierten viele Dinge. Die äußeren Umstände waren eine echte Katastrophe. Die Arbeitslosigkeit war hoch. Viele Innenausstatter mussten sogar befreundete Mitarbeiter entlassen, um die Überlebensfähigkeit ihres Unternehmens zu sichern. Am Ende des Tages waren alle noch viel mutloser.

Am zweiten Tag befassten wir uns mit der Frage: »Was wird in der Zukunft passieren?« Wir beschäftigten uns mit der weiteren, äußerst ungünstigen Entwicklung der äußeren Umstände. Dabei gingen wir von der reaktiven Grundannahme aus, dass dieser Negativ-Trend die Zukunft der Inneneinrichter bestimmen würde. Am Abend waren wir völlig deprimiert. Alle wussten: Die Lage würde sich noch extrem verschlechtern, bevor sie dann irgendwann wieder besser werden würde.

Daher beschlossen wir, den Fokus am dritten Tag auf eine proaktive Frage zu legen: »Wie sieht *unser* Plan aus? Was werden *wir* tun? Wie können *wir* in dieser Situation die Initiative ergreifen?« Vormittags sprachen wir über das Management und die Reduzierung der Kosten. Nachmittags diskutierten wir dann über die Steigerung des Marktanteils. Wir führten zu beiden Bereichen ein Brainstorming durch. Anschließend konzentrierten wir uns auf einige ganz praktische, machbare Dinge. Am Ende dieser Gespräche herrschte ein neuer Geist der Hoffnung und des pro-aktiven Bewusstseins. Am Abend des dritten Tages fassten wir die Ergebnisse unseres Treffens zusammen. Dazu erstellten wir eine dreiteilige Antwort auf die Frage: »Wie sieht es mit dem Geschäft aus?«

- Erstens: Was mit uns passiert, ist nicht gut. Und die Trends deuten darauf hin, dass es noch schlechter wird, bevor es sich bessert.
- Zweitens: Was wir jetzt selbst in Gang bringen, ist sehr gut. Denn wir managen unsere Unternehmen besser, reduzieren die Kosten und steigern unseren Marktanteil.
- Drittens: Daher sieht es mit dem Geschäft besser aus denn je.

Was würde ein reaktiv denkender Mensch dazu sagen? »Ach komm. Sieh den Fakten ins Gesicht. Die Sache mit dem positiven Denken und der Selbstmotivation hat ihre Grenzen. Früher oder später muss man sich der Wirklichkeit stellen.«

Doch gerade das ist der Unterschied zwischen positivem Denken und Pro-Aktivität. Wir stellten uns ja der Wirklichkeit. Wir sahen der Realität, den aktuellen Umständen und den Aussichten für die Zukunft ins Gesicht. Aber wir machten uns auch bewusst, dass wir die Macht hatten, pro-aktiv mit diesen Umständen und Zukunftsaussichten umzugehen. Und was hätte es bedeutet, sich der Wirklichkeit nicht zu stellen? Dann hätten wir die Vorstellung akzeptiert, dass wir uns von dem bestimmen lassen müssen, was um uns herum geschieht. Unternehmen, Gruppen und Organisationen jeder Art – auch die Familien – können pro-aktiv sein. Sie können die Kreativität und den Einfallsreichtum pro-aktiver Individuen miteinander verbinden. So entsteht in der gesamten Organisation eine pro-aktive Kultur. Organisationen müssen sich den äußeren Umständen nicht auf Gedeih und Verderb ausliefern. Sie können selbst die Initiative ergreifen, um die gemeinsamen Werte und Ziele der Einzelpersonen, aus denen sie sich zusammensetzen, zu erreichen.

Was verrät unsere Sprache?

Ob jemand pro-aktiv oder reaktiv ist, kann man sehr gut an seiner Sprache erkennen. Reaktive Menschen bringen in ihrer Sprache zum Ausdruck, dass sie keine Verantwortung übernehmen wollen:

- »So bin ich einfach.« Das heißt in Wirklichkeit: *Ich werde bestimmt. Es gibt nichts, was ich daran ändern könnte.*
- »Er macht mich so wütend!« Das heißt in Wirklichkeit: *Ich bin nicht verantwortlich. Meine Emotionen werden von etwas gesteuert, das außerhalb meiner Kontrolle liegt.*
- »Das kann ich nicht machen. Ich habe einfach keine Zeit!« Das heißt in Wirklichkeit: *Etwas außerhalb von mir – begrenzte Zeit – hat die Kontrolle über mich.*

- »Wenn meine Frau doch nur etwas geduldiger wäre.« Das heißt in Wirklichkeit: *Die Umstände oder andere Menschen zwingen mich zu tun, was ich tue. Ich bin nicht frei, mein eigenes Handeln und Verhalten zu bestimmen.*

Reaktive Sprache	Pro-aktive Sprache
Es gibt nichts, was ich ändern könnte.	Ich werde eine Alternative finden.
So bin ich einfach.	Ich kann eine andere Herangehensweise wählen.
Er macht mich so wütend.	Ich kontrolliere meine Gefühle.
Sie werden das nicht erlauben.	Ich kann eine effektive Präsentation vorlegen.
Ich muss das tun.	Ich kann mich frei entscheiden.
Ich kann nicht.	Ich wähle.
Ich muss.	Ich ziehe vor.
Wenn …, dann …	Ich werde.

Eine reaktive Sprache ist die Folge eines grundlegenden Paradigmas der Fremdbestimmung. Charakteristisch für dieses Paradigma ist es, Verantwortung von sich zu weisen. Das Motto lautet: »Ich bin nicht verantwortlich, ich kann meine Antwort nicht frei wählen. «

Einer meiner Studenten fragte mich einmal: »Könnten Sie mich bitte für diese Unterrichtsstunde entschuldigen? Ich muss zu einem Tennisturnier.«

»Sie *müssen?* Oder Sie *wählen,* an dem Turnier teilzunehmen?«

»Ich *muss* wirklich«, erwiderte er.

»Was passiert, wenn Sie nicht teilnehmen?«

»Sie werden mich aus dem Team werfen.«

»Würde Ihnen diese Konsequenz gefallen?«

»Nein, natürlich nicht!«

»Mit anderen Worten: Sie *wählen,* am Turnier teilzunehmen, weil sie weiterhin im Team bleiben wollen. Und was passiert, wenn Sie meinen Unterricht verpassen?«

»Ich weiß nicht.«

»Überlegen Sie einmal genau. Was wäre die natürliche Konsequenz, wenn Sie nicht zum Unterricht kommen würden?«

»Sie würden mich vom Unterricht ausschließen, oder?«

»Das wäre eine soziale und damit eine künstliche Konsequenz. Wenn Sie nicht am Tennisturnier teilnehmen, spielen Sie nicht. Das ist die natürliche Konsequenz. Wenn Sie aber nicht zum Unterricht kommen, was wäre da die natürliche Konsequenz?«

»Ich vermute, ich würde das Lernen verpassen.«

»Das ist richtig. Also müssen Sie diese Konsequenz gegen die andere Konsequenz abwägen und eine Wahl treffen. Wenn ich Sie wäre, würde ich am Tennisturnier teilnehmen. Aber sagen Sie niemals, Sie *müssen* etwas tun.«

»Ich wähle, zum Tennisturnier zu gehen«, antwortete er kleinlaut. »Und verpassen meinen Unterricht?!«, spöttelte ich mit einem Augenzwinkern.

Reaktive Sprache ist ein ernsthaftes Problem. Denn sie wird zu einer sich selbst erfüllenden Prophezeiung. Die Menschen werden in dem Paradigma bestätigt, sie seien fremdbestimmt. Mehr noch: Sie liefern sich selbst Beweise, die diese Vorstellung untermauern. Sie fühlen sich immer mehr als Opfer, die keinerlei Kontrolle über ihr Leben und ihr Schicksal haben. Sie suchen die Schuld an ihrer Situation nicht bei sich selbst, sondern bei anderen Leuten, den äußeren Umständen oder sogar bei den Sternen.

Als ich in einem Seminar über das Konzept der Pro-Aktivität sprach, kam ein Mann zu mir und meinte: »Mir gefällt das, was du da sagst, Stephen. Aber jede Situation ist doch anders. Meine Ehe zum Beispiel. Ich mache mir wirklich Sorgen. Meine Frau und ich haben nicht mehr die gleichen Gefühle füreinander wie früher. Ich glaube, ich liebe sie einfach nicht mehr und sie mich auch nicht. Was kann ich tun?«

»Das Gefühl ist nicht mehr da?«, fragte ich.

»Richtig! Aber wir haben drei Kinder, um die wir uns sorgen. Was schlägst du vor?«

»Liebe deine Frau«, antwortete ich.

»Aber ich sage doch, das Gefühl ist einfach nicht mehr da.«

»Liebe deine Frau!«

»Du verstehst nicht. Das Gefühl der Liebe ist nicht mehr da.«

»Dann liebe deine Frau. Wenn das Gefühl nicht mehr da ist, dann ist das ein guter Grund, sie zu lieben.«

»Aber wie liebt man denn, wenn man nicht liebt?«

»Lieben ist ein Verb, mein Freund. Das Gefühl der Liebe ist eine Frucht des Tuns. Liebe entsteht durch lieben. Also liebe deine Frau. Diene ihr. Tue etwas für sie. Höre ihr zu. Fühle mit ihr. Bestätige sie. Schätze sie. Bist du dazu bereit?«

»Lieben« – dieses Verb gibt es in der Sprache aller fortschrittlichen Gesellschaften. Doch reaktive Menschen machen ein Gefühl daraus. Sie lassen sich von Emotionen leiten. Aber wie ist es möglich, dass unsere Gefühle unsere Handlungen kontrollieren? Es liegt daran, dass wir unsere Verantwortung abtreten und unseren Emotionen die Macht überlassen.

Pro-aktive Menschen verhalten sich ganz anders. Sie machen aus Liebe ein Verb. Liebe ist etwas, was man tut: die Opfer, die man bringt, das Geben. Wollen Sie etwas über die Liebe erfahren? Dann sollten Sie Menschen beobachten, die anderen Opfer bringen, auch wenn sie dafür keine Gegenliebe bekommen. Wenn Sie Eltern sind, sehen Sie sich die Liebe an, die Sie für Ihr Kind empfinden. Liebe ist ein Wert, der durch unser Tun verwirklicht wird. Pro-aktive Menschen ordnen ihre Gefühle ihren Werten unter. Sie wissen: Das Gefühl der Liebe kann man wiedergewinnen!

Interessen- und Einflussbereich

Wollen Sie wissen, wie groß Ihre eigene Pro-Aktivität ist? Dann sollten Sie sich einmal ansehen, wofür Sie die meiste Zeit und Energie aufwenden. Wir alle haben ein großes Spektrum von Interessen – unsere Gesundheit, unsere Kinder, Probleme bei der Arbeit, die Staatsverschuldung, Angst vor einem Atomkrieg … Alle diese Dinge liegen in unserem »Interessenbereich«.

Wenn wir uns die Dinge in unserem Interessenbereich ansehen, wird deutlich: Über manche haben wir keine wirkliche Kontrolle. Doch bei anderen können wir durchaus etwas bewirken. Letztere bilden unseren »Einflussbereich«.

Für welchen der beiden Bereiche wenden Sie den größten Teil Ihrer Zeit und Ihrer Energie auf? Pro-aktive Menschen konzentrieren sich auf ihren Einflussbereich. Sie arbeiten an den Dingen, bei denen sie etwas bewirken können. Ihre Energie ist positiv und verstärkend, sodass ihr Einflussbereich beständig wächst.

Pro-aktiver Fokus

(Durch positive Energie wird der Einflussbereich größer.)

Reaktive Menschen hingegen richten ihre Aufmerksamkeit auf ihren Interessenbereich. Sie konzentrieren sich auf die Schwächen anderer, die Probleme in ihrem Umfeld und äußere Umstände, über die sie keine Kontrolle haben. Das führt dazu, dass sie sich als Opfer fühlen, anderen die Schuld an ihrem Unglück geben und eine reaktive Sprache nutzen. Durch diese negative Energie und die Vernachlässigung der Dinge, bei denen sie etwas bewirken könnten, wird ihr Einflussbereich immer kleiner.

Reaktiver Fokus

(Durch negative Energie wird der Einflussbereich kleiner.)

Was passiert, wenn wir uns auf unseren Interessenbereich konzentrieren? Dann erlauben wir den Dingen, die sich darin befinden, uns zu kontrollieren. Und wir ergreifen nicht die nötige pro-aktive Initiative, um positive Veränderungen zu bewirken.

Ich habe Ihnen ja die Geschichte von unserem Sohn erzählt, der in der Schule so große Probleme hatte. Sandra und ich waren wegen seiner scheinbaren Schwächen und der Art, wie andere ihn behandelten, sehr besorgt. Doch diese Dinge lagen in unserem Interessenbereich. Solange wir uns darauf konzentrierten, konnten wir keine positive Veränderung erreichen. Im Gegenteil: Wir machten die Abhängigkeit unseres Jungen und unser Gefühl, dass wir hilflos und all dem nicht gewachsen waren, nur noch schlimmer.

Das änderte sich erst, als wir anfingen, in unserem Einflussbereich zu arbeiten. Indem wir uns auf unsere eigenen Paradigmen konzentrierten, konnten wir eine positive Energie schaffen. Sie veränderte uns und wirkte sich schließlich auch auf unseren Sohn aus. Wir machten uns nicht länger Sorgen wegen der Umstände. Stattdessen konzentrierten wir uns auf uns selbst. So konnten wir schließlich auch die Umstände positiv beeinflussen. Aufgrund seiner Position, seiner finanziellen Verhältnisse, seiner gesellschaftlichen Rolle oder seiner Beziehungen kann es vorkommen, dass der Einflussbereich eines Menschen größer ist als sein Interessenbereich.

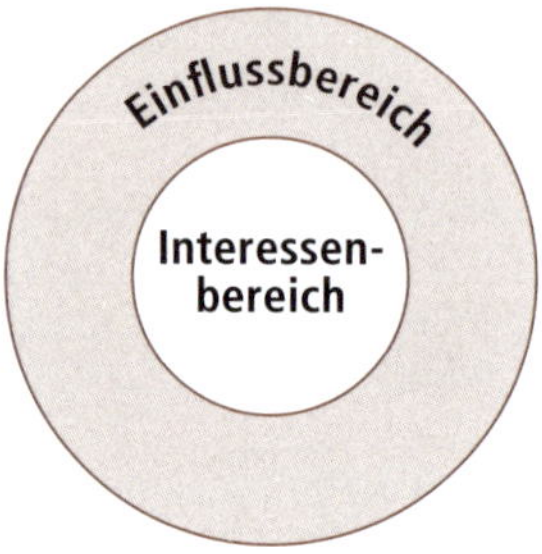

Dahinter verbirgt sich eine selbst verursachte emotionale Kurzsichtigkeit – ein selbstsüchtiger Lebensstil mit einer Fokussierung auf den Interessenbereich.

Auch pro-aktive Menschen müssen bei der Ausübung ihres Einflusses Prioritäten setzen. Dennoch ist ihr Interessenbereich mindestens so groß wie ihr Einflussbereich. Sie wissen, dass sie die Verantwortung dafür haben, ihren Einfluss effektiv einzusetzen.

Direkte, indirekte und keine Kontrolle

Die Probleme, vor denen wir stehen, fallen in eines von drei Gebieten:

- direkte Kontrolle – Probleme, die mit unserem eigenen Verhalten zu tun haben;
- indirekte Kontrolle – Probleme, die mit dem Verhalten anderer Menschen zu tun haben;
- keine Kontrolle – Probleme, an denen wir nichts ändern können.

Der pro-aktive Ansatz sucht als ersten Schritt die Lösung aller drei Arten von Problemen. Dabei konzentriert er sich auf unseren gegenwärtigen Einflussbereich und die Dinge, an denen wir etwas ändern können.

Probleme, über die wir *direkte Kontrolle* haben, lösen wir dadurch, dass wir an unseren Gewohnheiten arbeiten. Sie liegen in unserem Einflussbereich. Das sind die »privaten Erfolge« des 1., 2. und 3. Weges.

Probleme, über die wir *indirekte Kontrolle* haben, lösen wir dadurch, dass wir unsere Einflussmethoden ändern. Das sind die »öffentlichen Erfolge« des 4., 5. und 6. Weges. Ob Mitgefühl oder Konfrontation, Vorbild oder Überredung: Ich habe mehr als 30 höchst unterschiedliche Methoden entdeckt, um als Mensch Einfluss zu nehmen. Die meisten von uns haben nur drei oder vier im Repertoire. Häufig beginnen sie mit Argumenten. Wenn die nicht überzeugen, kämpfen oder fliehen sie. Dabei müssen wir uns gar nicht immer wieder auf alte, ineffiziente Methoden berufen, um jemand anderen »auf Vordermann zu bringen«. Wir können neue, wirksame Einflussmethoden erlernen. Ist das nicht ein wunderbar befreiendes Gefühl?

Und was ist mit den Problemen, über die wir *keine Kontrolle* haben? Sie erfordern, dass wir die Verantwortung für unseren Gesichtsausdruck übernehmen. Wir können lächeln und diese Probleme wirklich und ruhig akzeptieren. Auch wenn wir sie nicht mögen, können wir lernen, mit ihnen zu leben. So geben wir den Problemen nicht die Macht, die Kontrolle über uns zu haben. Wir können uns dem Gebet der Anonymen Alkoholiker anschließen: »Gott gebe mir die Gelassenheit, Dinge hinzunehmen, die ich nicht ändern kann, den Mut, Dinge zu ändern, die ich ändern kann, und die Weisheit, das eine vom anderen zu unterscheiden.«

Unabhängig davon, ob ein Problem direkt, indirekt oder gar nicht von uns zu beeinflussen ist, der erste Schritt zur Lösung liegt immer bei uns.

Den Einflussbereich erweitern

Ich habe mit einer Organisation zusammengearbeitet, die von einem sehr dynamischen Menschen geleitet wurde. Er konnte Trends erkennen. Zudem war er kreativ, begabt, fähig und brillant – und jeder wusste das. Aber sein Führungsstil war absolut diktatorisch. Seine Leute behandelte er wie Laufburschen. Er sprang mit ihnen um, als ob sie überhaupt keine eigene Urteilsfähigkeit hätten. Wenn er mit den Angestellten redete, klang das etwa so:

»Tu dies … tu das … jetzt mach's so … jetzt mach's anders – entscheiden tue ich!«

Das führte dazu, dass eine tiefe Kluft zwischen ihm und fast allen Führungskräften aufbrach. Die Führungskräfte trafen sich auf dem Flur und beschwerten sich über ihn. Ihre Diskussionen hörten sich so an, als ob sie die Situation wirklich verbessern wollten. Aber sie redeten nur und schoben die Schwächen ihres Vorstandsvorsitzenden vor, um sich für nichtverantwortlich zu erklären.

»Du kannst dir gar nicht vorstellen, was diesmal los war«, meinte einer.

»Neulich ist er in meine Abteilung geplatzt. Ich hatte ein wirklich durchdachtes Konzept entwickelt. Aber er kam rein und warf alles über den Haufen. Damit war die Arbeit von mehreren Monaten völlig nutzlos, einfach so. Ich weiß nicht, wie ich weiter für ihn arbeiten soll. Wann geht er eigentlich in Rente?«

»Er ist erst neunundfünfzig«, antwortete irgendjemand. »Meinst du, du kannst das noch mehrere Jahre aushalten?«

»Weiß ich nicht. Er ist wahrscheinlich eh der Typ, der sich überhaupt nie zur Ruhe setzt!«

Doch einer aus der Führungsmannschaft war pro-aktiv. Er wurde von Werten geleitet, nicht von Gefühlen. Er übernahm die Initiative, verhielt sich vorausschauend, interpretierte die Situation, entwickelte Empathie. Er war nicht blind für die Schwächen des Vorstandsvorsitzenden. Aber anstatt sie zu kritisieren, glich er sie aus. Wenn sein Vorgesetzter schwach war, versuchte er, Puffer für die Mitarbeiter aus seinem Team zu sein. Dadurch rückten die Schwächen immer mehr in den Hintergrund. Zudem nutzte er die Stärken des Vorstandsvorsitzenden – seinen Weitblick, sein Gespür für

Trends, sein Talent und seine Kreativität. Dieser Mann richtete seine Aufmerksamkeit ganz auf seinen persönlichen Einflussbereich. Zwar wurde auch er wie ein Laufbursche behandelt, dennoch tat er weit mehr, als von ihm erwartet wurde. Er fand heraus, was der Vorstandsvorsitzende wirklich brauchte und was tatsächlich hinter einer Aufgabe steckte. Wenn er dann Informationen präsentierte, lieferte er zusätzlich eine genaue Analyse und darauf beruhende Empfehlungen.

Als ich eines Tages in beratender Funktion mit diesem Vorstandsvorsitzenden zusammensaß, sagte er: »Stephen, ich kann es einfach nicht fassen, was dieser Mann geleistet hat. Er hat mir nicht nur alle wesentlichen Zahlen, Daten und Fakten geliefert, sondern auch noch jede Menge weitere Informationen – und zwar genau die, die wir brauchten. Außerdem hat er mir eine Analyse dazugelegt, die perfekt auf meine Ideen abgestimmt war. Und dann hat er auch noch eine Liste mit richtig guten Empfehlungen erstellt!

Die Empfehlungen stimmen mit der Analyse überein, und die Analyse deckt sich mit den Daten. Er ist einfach großartig! Es ist eine riesengroße Erleichterung für mich, dass ich mich nicht mehr selbst um diese Dinge kümmern muss.«

Bei der nächsten Sitzung hieß es wieder »tu dies« und »tu das«. Doch es gab eine Ausnahme. Der pro-aktive Mitarbeiter wurde gefragt: »Was hältst du davon?« Sein Einflussbereich war erheblich gewachsen. Doch das führte zu ziemlicher Unruhe im Unternehmen. Die reaktiven Geister in den Führungsetagen feuerten ihre rachsüchtige Munition auf diesen Mann ab.

Es liegt in der Natur reaktiver Leute, sich vor Verantwortung zu drücken. Es ist viel einfacher zu sagen: »Ich bin nicht verantwortlich!« Wenn ich sagen muss: »Ich bin verantwortlich«, dann muss ich vielleicht auch sagen: »Ich bin unverantwortlich.« Es ist nicht leicht, zuzugeben, dass man die Macht über die eigene Reaktion auf alles, was sich um einen herum abspielt, hat. Noch schwerer ist es, sich und anderen einzugestehen, dass die selbst gewählte Art der Reaktion negativ und destruktiv war. Das gilt natürlich besonders, wenn man jahrelang die Schwächen eines anderen als Ausrede benutzt hat, um die Verantwortung für die eigenen Ergebnisse von sich zu schieben.

Und was taten die Führungskräfte? Sie setzen alles daran, noch mehr Informationen, noch mehr Munition, noch mehr Beweise dafür zu finden, dass sie nicht verantwortlich waren.

Doch unser Mann war auch ihnen gegenüber pro-aktiv. Stück für Stück dehnte sich sein Einflussbereich auch auf die anderen Führungskräfte aus. Und er wuchs so lange weiter, bis schließlich keiner im Unternehmen mehr einen wichtigen Schritt ohne die Beteiligung und Billigung dieses Mannes unternahm. Das galt auch für den Vorstandsvorsitzenden. Doch der fühlte sich dadurch nicht bedroht. Im Gegenteil: Er erkannte, dass die Stärken dieses Mitarbeiters seine eigenen Stärken ergänzten und seine Schwächen ausglichen. So profitierte er von den unterschiedlichen Stärken von zwei Menschen und einem Team, das sich perfekt ergänzte.

Der Erfolg des Mannes hing nicht von den Umständen ab. Viele andere befanden sich in derselben Situation wie er. Die Ursache für seinen Erfolg lag darin, wie er mit den Bedingungen im Unternehmen umging. Er verhielt sich pro-aktiv und konzentrierte sich auf seinen persönlichen Einflussbereich.

Manche Leute glauben, pro-aktiv sein hieße, sich aufdringlich, aggressiv oder unsensibel zu verhalten. Doch das ist überhaupt nicht der Fall. Pro-aktive Menschen sind nicht aufdringlich. Sie sind klug, sie sind von Werten geleitet und sie können aus der Realität ablesen, was wirklich gebraucht wird.

Nehmen wir Gandhi. Seine Gegner saßen in den Büros der Legislative. Wegen der Unterdrückung des indischen Volkes übten sie heftige Kritik an Großbritannien. Und Gandhi warfen sie vor, dass er sich ihnen nicht anschließen wollte. Währenddessen war Gandhi draußen auf den Reisfeldern und steigerte langsam, leise und fast unmerklich seinen Einfluss bei den Arbeitern. Eine Welle von Unterstützung, Vertrauen und Zuversicht folgte ihm auf allen seinen Wegen. Ohne Amt oder politische Position zwang er England schließlich allein durch Mitgefühl, Mut, Moral, Schweigen und Fasten in die Knie. Indem er seinen Einflussbereich nach und nach erweiterte, befreite er 300 Millionen Menschen von der politischen Herrschaft Großbritanniens.

»Haben« und »Sein«

Wollen Sie herausfinden, ob Ihre Gedanken gerade mehr um den Interessen- oder den Einflussbereich kreisen? Dabei hilft Ihnen die Unterscheidung zwischen *Haben* und *Sein*. Der Interessenbereich dreht sich voll und ganz um das Haben:

»Wenn ich mein Haus abbezahlt *habe*, werde ich glücklich sein ...«

»Wenn ich einen Vorgesetzten *hätte*, der nicht ein solcher Tyrann ist ...«

»Wenn ich doch nur einen liebevolleren Mann *hätte* ...«

»Wenn ich bloß besser erzogene und folgsamere Kinder *hätte* ...«

»Wenn ich erst mein Diplom *habe* ...«

»Wenn ich einfach nur mehr Zeit für mich selbst *haben könnte* ...«

Dagegen ist der persönliche Einflussbereich erfüllt vom *Sein* – ich kann geduldig *sein*, klug *sein*, liebevoll *sein*. Hier geht es um die Fokussierung auf den Charakter.

Wann immer wir glauben, das Problem sei »da draußen«, ist dieser Gedanke das Problem. Wir geben den äußeren Umständen die Kontrolle über uns. Und das Paradigma der Veränderung? In diesem Fall lautet es »von außen nach innen«. Wir sind überzeugt: Erst muss sich das da draußen verändern, bevor wir uns verändern können.

Dagegen gehen pro-aktive Menschen Veränderungen »von innen nach außen« an. Sie wissen: Ich kann anders *sein* und dadurch positive Veränderungen »da draußen« bewirken. Ich kann einfallsreicher *sein*, ich kann sorgfältiger *sein*, ich kann kreativer *sein*, ich kann kooperativer *sein*.

Eine meiner Lieblingsgeschichten stammt aus dem Alten Testament. Es ist die Geschichte von Joseph, den seine Brüder im Alter von 17 Jahren in die Sklaverei verkauften. Sein neuer Herr war ein reicher Mann namens Potifar. Natürlich wäre es einfach für Joseph gewesen, in Selbstmitleid zu verfallen. Er hätte sich einfach auf die Schwächen seiner Brüder, seines neuen Herren und auf all das konzentrieren können, was er nicht hatte. Doch Joseph war pro-aktiv. Er arbeitete am *Sein* und gewann das Vertrauen von Potifar. Schon bald leitete er Potifars Haushalt und hatte die Verantwortung für alles, was sein neuer Herr besaß.

Dann kam der Tag, an dem Joseph unverschuldet in eine sehr schwierige Situation geriet. Dennoch weigerte er sich, seine Integrität aufzugeben. Deshalb musste er zu Unrecht für 13 Jahre ins Gefängnis. Doch auch jetzt war er wieder pro-aktiv. Joseph arbeitete an seinem persönlichen Einflussbereich. Er konzentrierte sich auf das *Sein* und nicht auf das *Haben*. Nach kurzer Zeit leitete er das Gefängnis. Am Ende wurde er sogar zum obersten Verwalter von Ägypten ernannt und war nur noch dem Pharao unterstellt.

Aus der Geschichte von Joseph können wir viel lernen – beispielsweise, wenn wir Probleme in unserer Ehe oder Partnerschaft haben. Was gewinne ich, wenn ich immer wieder meiner Frau die Schuld für unsere Probleme gebe? Mit meiner Aussage, ich sei nicht verantwortlich, stemple ich mich zu einem schwachen, willenlosen Opfer ab. Ich mache mich selbst in einer schwierigen Situation handlungsunfähig. Außerdem verringere ich meine Fähigkeit, positiv auf meine Frau einzuwirken. Meine nörgelnde, beschuldigende, kritische Haltung bestätigt ihr nur ihre eigene Schwäche. Meine Kritik ist schlimmer als das, was ich verbessern will. Meine Fähigkeit, einen guten Einfluss auf die Situation zu nehmen, nimmt immer weiter ab und schwindet schließlich ganz.

Aber was kann ich tun, um die Situation zu verbessern? Ganz einfach: Ich sollte an dem Punkt ansetzen, über den ich wirklich die Kontrolle habe. Und dieser Punkt bin *ich selbst*! Ich kann aufhören, meine Frau verändern zu wollen. Stattdessen kann ich an meinen eigenen Schwächen arbeiten. Ich kann versuchen, ein fabelhafter Partner zu sein, eine Quelle bedingungsloser Liebe und Unterstützung. Vielleicht wird meine Frau die Kraft des pro-aktiven Beispiels spüren und sich dann ähnlich verhalten. Doch ganz gleich, ob sie das tut oder nicht: Die Arbeit an mir selbst, an meinem *Sein*, bleibt die positivste Art, um Einfluss auf meine Situation zu nehmen.

Ein besserer Zuhörer *sein*, ein liebevollerer Partner *sein*, ein fleißigerer Student *sein* oder ein engagierterer Mitarbeiter *sein*: Es gibt so viele Möglichkeiten, in seinem persönlichen Einflussbereich zu wirken. Manchmal ist das Pro-Aktivste, was wir tun können, einfach glücklich zu *sein*, ein echtes Lächeln zu zeigen. Glücklichsein ist, genau wie Unglücklichsein, eine pro-aktive Wahl.

Das andere Ende des Stocks

Bevor wir unser Leben ganz auf den persönlichen Einflussbereich ausrichten, müssen wir zwei Punkte betrachten. Diese beiden Punkte liegen außerhalb unseres Einflussbereichs, aber in unserem Interessensbereich: *Folgen* und *Fehler*.

Wir haben zwar die Freiheit, über unser Handeln zu entscheiden, nicht aber über die Folgen. Sie werden von Naturgesetzen bestimmt und liegen im Interessensbereich, also außerhalb des persönlichen Einflussbereichs. Wir können uns dafür entscheiden, uns vor einem Schnellzug auf die Gleise zu werfen. Aber wir können nicht entscheiden, was geschehen wird, wenn der Zug uns überfährt. Wir können beschließen, bei unseren geschäftlichen Aktivitäten unehrlich zu sein. Die sozialen Konsequenzen dieser Entscheidung hängen davon ab, ob man uns auf die Schliche kommt oder nicht. Doch die Konsequenzen für unseren Charakter stehen fest.

Unser Verhalten wird von Prinzipien regiert. In Harmonie mit ihnen zu leben, hat positive Folgen; sie zu verletzen negative. Wir haben die Freiheit, unsere Reaktion in jeder Situation zu wählen. Aber damit wählen wir zugleich auch die dazugehörigen Folgen. Wie heißt es so schön: »Wenn wir ein Ende des Stocks aufheben, heben wir auch das andere auf.«

Jeder von uns kennt Zeiten im Leben, in denen man meint, man hätte den falschen Stock aufgehoben. Unsere Entscheidungen hatten Konsequenzen, auf die wir gut und gerne verzichtet hätten. Wenn wir uns nochmals entscheiden könnten, würden wir es anders machen. Solche Entscheidungen nennen wir Fehler. Sie sind der zweite Punkt, über den wir nachdenken sollten.

Viele Menschen stecken voller Reue. Für sie ist die wichtigste proaktive Übung vielleicht die, zu erkennen, dass unsere Fehler aus der Vergangenheit auch da draußen im Interessenbereich liegen. Wir können sie nicht ungeschehen machen und wir haben keine Kontrolle über ihre Folgen.

Einer meiner Söhne spielte an der Universität in der Abwehr der Footballmannschaft. Dort hatte er gelernt, jedes Mal, wenn er oder ein Mitspieler einen ernsthaften Fehler gemacht hatte, kurz sein Hosengummi »schnappen« zu lassen. Das diente dazu, die Sache »abzuhaken«, damit der vergangene Fehler nicht den weiteren Spielverlauf und das Ergebnis beeinflussen konnte.

Pro-aktive Menschen haben eine ganz besondere Art. Mit einem Fehler umzugehen: Sie erkennen ihn sofort an, korrigieren ihn und lernen aus ihm. Das macht buchstäblich aus jedem Fehler einen Erfolg. »Erfolg«, sagte der IBM-Gründer T.J. Watson, »beruht oft genug auf Fehlern.«

Aber was passiert, wenn wir einen Fehler nicht anerkennen, ihn nicht korrigieren und nicht aus ihm lernen? Dann machen wir nach dem ersten gleich noch einen zweiten Fehler! Er mündet in Selbsttäuschung und Selbstrechtfertigung. Häufig führt er auch dazu, dass wir uns selbst und andere belügen. So verleiht der zweite Fehler dem ersten eine enorme Macht. Er schenkt ihm eine unangemessen große Bedeutung und verursacht tiefe Verletzungen bei uns und unseren Mitmenschen.

Was verletzt uns am meisten? Es ist nicht das, was andere tun. Es sind auch nicht unsere eigenen Fehler. Es ist unsere Reaktion auf diese Dinge. Es bringt nichts, der Giftschlange hinterherzujagen, die uns gebissen hat. Im Gegenteil: Das treibt das Gift nur durch unseren gesamten Körper. Es ist viel besser, sofort Maßnahmen zur Entgiftung zu ergreifen.

Unsere Reaktion auf einen Fehler wirkt sich auf die Qualität des darauffolgenden Augenblicks aus. Deshalb ist es wichtig, dass wir unsere Fehler sofort eingestehen und korrigieren. Dann gewinnen nicht unsere Fehler, sondern wir die Macht über den nächsten Moment.

Verpflichtungen eingehen und erfüllen

Im Mittelpunkt unseres Einflussbereichs liegt unsere Fähigkeit, Verpflichtungen einzugehen und zu erfüllen und Versprechen zu geben und zu halten. Diese Fähigkeit macht den Kern unserer Pro-Aktivität aus. Zudem zeigt sich der Grad unserer Pro-Aktivität darin, inwieweit wir uns an unsere Verpflichtungen gegenüber uns selbst und anderen halten.

Unsere Verpflichtungen bilden die Essenz unseres Wachstums. Dank unserer *Selbstwahrnehmung* und unseres *Gewissens* erkennen wir, wo wir schwach sind und wo Verbesserungen nötig sind, welche Talente entwickelt werden könnten und was verändert oder aus unserem Leben verbannt werden sollte. Unsere *Vorstellungskraft* und unser *freier Wille* helfen uns, nach diesen Erkenntnissen zu handeln. Und wenn wir Versprechen geben, Ziele setzen und uns dann auch an sie halten, bauen wir die Charakterstärke auf, die alle anderen positiven Dinge in unserem Leben erst möglich macht.

Wir haben zwei Möglichkeiten, um sofort die Kontrolle über unser Leben zu übernehmen. Wir können *ein Versprechen geben* – und es halten. Oder wir können uns *ein Ziel setzen* – und es erreichen. Durch das Eingehen und Erfüllen von Verpflichtungen – selbst wenn es dabei nur um kleine Dinge geht – bauen wir unsere innere Integrität immer weiter aus. Dadurch wächst unser Bewusstsein, dass wir unser Leben selbst bestimmen können. Das gibt uns den Mut und die Kraft, mehr Verantwortung für unser eigenes Leben zu übernehmen. Oder anders ausgedrückt: Wenn wir uns selbst und anderen Versprechen geben und sie halten, gewinnt unsere Integrität allmählich die Oberhand über unsere Emotionen.

Die innere Stärke, uns selbst gegenüber Verpflichtungen einzugehen und sie zu erfüllen, ist enorm wichtig. Sie ist der entscheidende Faktor für die Entwicklung der grundlegenden Gewohnheiten der Effektivität. Wissen, Können und Wollen liegen alle innerhalb unserer Kontrolle. Wir können an jedem dieser drei Elemente arbeiten, um das Gleichgewicht zwischen ihnen zu verbessern. Je größer der Bereich wird, in dem sich Wissen, Können und Wollen überschneiden, desto mehr verinnerlichen wir die Prinzipien, auf denen die Gewohnheiten der Effektivität beruhen. Dadurch gewinnen wir die nötige Charakterstärke, um auf ausgewogene Weise zu größerer Effektivität in unserem Leben zu gelangen.

Pro-Aktivität: der 30-Tage-Test

Wir müssen nicht die schreckliche Erfahrung von Viktor Frankl im Konzentrationslager machen, um unsere Pro-Aktivität zu erkennen und weiterzuentwickeln. Unsere pro-aktive Fähigkeit, außergewöhnliche Herausforderungen zu meistern, können wir bei ganz alltäglichen Ereignissen unter Beweis stellen. Sie zeigt sich beispielsweise darin, wie wir Verpflichtungen eingehen und erfüllen, wie wir mit einem Verkehrsstau umgehen, wie wir einen zornigen Kunden oder ein trotziges Kind behandeln, wie wir unsere Probleme sehen, worauf wir unseren Fokus richten oder welche Sprache wir nutzen.

Ich möchte Sie dazu ermutigen, das Prinzip der Pro-Aktivität 30 Tage zu testen. Versuchen Sie es einfach und schauen Sie, was passiert. Arbeiten Sie 30 Tage lang nur an Ihrem persönlichen Einflussbereich. Gehen Sie kleine Verpflichtungen ein, die Sie auch erfüllen. Seien Sie ein Vorbild und kein Kritiker. Seien Sie Teil der Lösung, nicht Teil des Problems.

Versuchen Sie es in Ihrer Partnerschaft, in Ihrer Familie und in Ihrem Berufsleben. Berufen Sie sich nicht auf die Schwächen anderer. Verwenden Sie Ihre eigenen Schwächen nicht als Ausrede. Wenn Sie einen Fehler machen, geben Sie ihn zu, korrigieren Sie ihn und lernen Sie daraus – und zwar sofort. Verzichten Sie auf Schuldzuweisungen und Selbstvorwürfe. Konzentrieren Sie sich auf die Dinge, über die Sie die Kontrolle haben. Arbeiten Sie an sich selbst. Am *Sein*.

Betrachten Sie die Schwächen anderer mit Nachsicht. Denken Sie daran: Die Frage ist nicht, was die anderen tun oder tun sollten. Es geht allein um Ihre Reaktion auf die Situation und das, was Sie tun sollten. Sobald Sie denken, das Problem sei »da draußen«, außerhalb Ihres persönlichen Einflussbereichs, halten Sie inne. Denn genau dieser Gedanke ist das Problem.

Auch wenn Ihre Freiheit anfangs noch so klein sein mag: Wenn Sie sie jeden Tag ausüben, wird sie ganz allmählich wachsen. Was aber, wenn Sie das nicht tun? Dann wird Ihre Freiheit immer weiter schwinden. Am Ende leben Sie nicht, sondern Sie werden »gelebt«. Sie halten sich nur noch an das Drehbuch, das Ihnen Ihre Eltern, Ihre Kollegen und die Gesellschaft geschrieben haben.

Wir selbst tragen die Verantwortung für unsere Effektivität, für unser Glück und meistens auch für die Umstände.

Samuel Johnson hat dazu bemerkt: »Die Quelle der Zufriedenheit muss aus uns selbst kommen. Wer nur so wenig über die Natur des Menschen weiß, dass er Glück durch das Verändern von irgendetwas anderem als seinem eigenen Charakter sucht, der wird sein Leben mit vergeblichen Bemühungen verschwenden. Letztlich wird er den Kummer vervielfachen, den er ausmerzen will.«

Zu wissen, dass wir verantwortlich sind, ist für unsere Effektivität und für jedes der folgenden Prinzipien von fundamentaler Bedeutung.

Tipps zur praktischen Umsetzung

1. Achten Sie einen ganzen Tag lang auf Ihre Sprache und die Sprache der Menschen um Sie herum. »Wenn nur«, »ich kann nicht« oder »ich muss«: Wie oft nutzen und hören Sie reaktive Formulierungen?
2. Denken Sie an eine Situation, in die Sie demnächst geraten könnten und in der Sie sich aufgrund früherer Erfahrungen vermutlich reaktiv verhalten werden. Betrachten Sie die Situation noch einmal unter dem Blickwinkel Ihres Einflussbereichs. Wie könnten Sie pro-aktiv handeln? Nehmen Sie sich Zeit. Malen Sie sich bildhaft aus, wie Sie in dieser Situation pro-aktiv vorgehen. Denken Sie daran: Zwischen Reiz und Reaktion liegt die Freiheit zu wählen. Verpflichten Sie sich dazu, Ihre Freiheit der Wahl zu nutzen.
3. Denken Sie an ein frustrierendes Problem aus Ihrem Berufs- oder Privatleben. Haben Sie direkte, indirekte oder gar keine Kontrolle über dieses Problem? Finden Sie heraus, was der erste Schritt in Ihrem Einflussbereich ist, um es zu lösen. Und: Nehmen Sie diesen Schritt dann gleich in Angriff.
4. Machen Sie den 30-Tage-Test der Pro-Aktivität. Achten Sie darauf, wie diese 30 Tage Ihren Einflussbereich vergrößern werden.

2. Weg

Schon am Anfang das Ende im Sinn haben

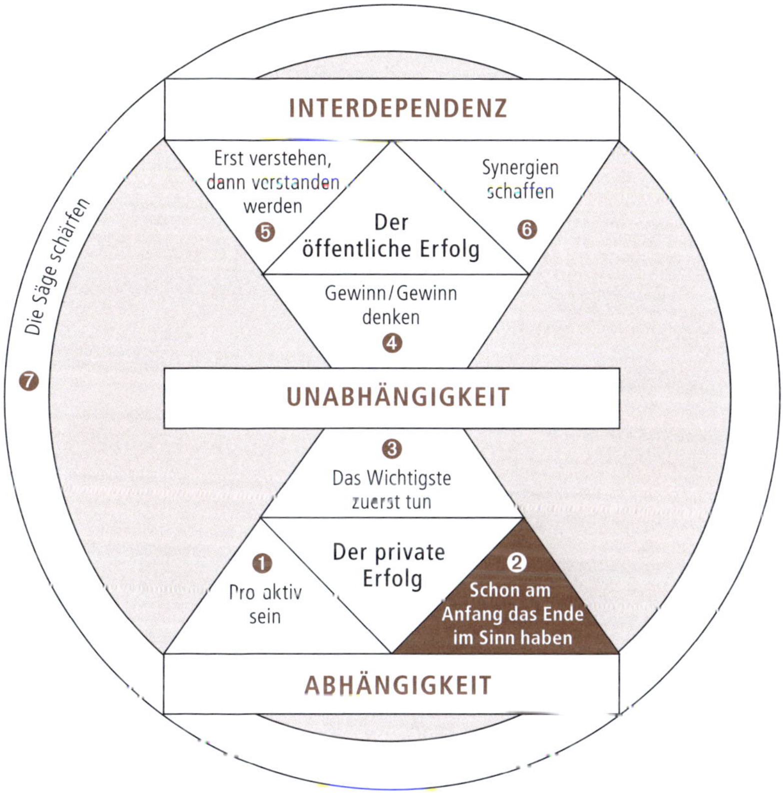

Prinzipien der persönlichen Führung

Was hinter uns liegt und was vor uns liegt,
sind Winzigkeiten im Vergleich zu dem, was in uns liegt.
Oliver Wendell Holmes

Bitte suchen Sie sich für die Lektüre der nächsten Seiten einen ruhigen Platz, an dem Sie ganz ungestört sind. Konzentrieren Sie sich nur auf das, was Sie lesen. Verbannen Sie alles andere aus Ihrem Kopf. Sorgen Sie sich nicht um Ihren Terminplan, Ihre Geschäfte, Ihre Familie oder Ihre Freunde.

Stellen Sie sich nun vor, dass Sie zur Beerdigung eines geliebten Menschen gehen. Sie fahren mit dem Auto zur Friedhofskapelle, parken und steigen aus. Sie betreten die Kapelle, sehen die Blumen und hören die sanfte Orgelmusik. Sie blicken in die Gesichter von Freunden und Angehörigen. Sie spüren die gemeinsame Trauer über den Verlust, aber auch das Glück darüber, diesen Menschen gekannt zu haben.

Als Sie nach vorne gehen und in den offenen Sarg blicken, sind Sie total überrascht. Denn Sie selbst liegen im Sarg. Dies ist Ihre Beerdigung. All die Menschen in der Kapelle sind gekommen, um Ihnen die letzte Ehre zu erweisen und Ihnen Liebe und Anerkennung für Ihr Leben auszusprechen.

Sie suchen sich einen Platz und warten auf den Beginn der Trauerfeier. Sie werfen einen Blick ins Programmheft. Es wird vier Redner geben. Der erste ist jemand aus Ihrer Familie – Kinder, Brüder, Schwestern, Nichten, Neffen, Tanten, Onkel, Kusinen, Vettern und Großeltern, die aus dem ganzen Land angereist sind, um dabei zu sein. Der zweite Sprecher ist einer Ihrer Freunde – jemand, der einen Eindruck davon vermitteln kann, wie Sie als Mensch waren. Der dritte Sprecher stammt aus Ihrem beruflichen Umfeld. Und der vierte kommt aus einer Organisation – beispielsweise aus dem Verein, für den Sie sich ehrenamtlich engagiert haben.

Nun denken Sie bitte gründlich nach. Was würden Sie von jedem der Redner gern über sich und Ihr Leben hören? Welche Art von Ehepartner, Vater oder Mutter soll beschrieben werden? Welche Art von Sohn, Tochter, Vetter oder Kusine? Welche Art von Freund? Welche Art von Kollege?

Über welchen Charakter sollen die Reden berichten? An welche Beiträge und Leistungen sollen sie erinnern? Schauen Sie sich die Anwesenden genau an. Was hätten Sie gern zu deren Leben beigetragen? Lesen Sie jetzt bitte nicht sofort weiter. Nehmen Sie sich zunächst Zeit, um Ihre Eindrücke zu notieren. Das wird Ihr persönliches Verständnis des 2. Weges erheblich verbessern.

Was bedeutet es, »schon am Anfang das Ende im Sinn zu haben«?

Haben Sie intensiv über die obigen Fragen nachgedacht? Dann haben Sie einen Augenblick lang einige Ihrer innersten und grundlegendsten Werte gespürt. Sie haben kurz Kontakt zu Ihrem inneren Führungssystem aufgenommen, das sich im Herzen Ihres Einflussbereichs befindet.

Der 2. Weg zeichnet sich dadurch aus, dass er mit dem Bild des Lebensendes beginnt. Dieses Bild ist das entscheidende Kriterium, an dem alles gemessen wird. Jeder Teil Ihres Lebens – Ihr Verhalten heute, morgen, übermorgen, nächste Woche und nächstes Jahr – lässt sich im Kontext des Ganzen betrachten. Wenn Sie immer das »Ende« im Sinn haben, wird nichts, was Sie im Laufe des Tages tun, die Kriterien verletzen, die Ihnen wichtig sind. Dann ist jeder einzelne Tag ein wichtiger Beitrag zur Verwirklichung der Vision, die Sie von Ihrem Leben haben.

Schon am Anfang das Ende im Sinn zu haben, bedeutet, mit einer klaren Zielvorstellung zu starten und genau zu wissen, wo Sie hinwollen. Nur so können Sie Ihre Schritte immer in die richtige Richtung lenken.

Man kann ganz leicht in die Aktivitätsfalle tappen. Dann ist man in der Geschäftigkeit des Alltags gefangen. Man arbeitet härter und härter, um die nächste Sprosse auf der Erfolgsleiter zu erklimmen. Doch am Ende stellt man fest, dass die Leiter an der falschen Mauer steht. Dieses Beispiel zeigt: Es ist möglich, sehr beschäftigt, aber nur wenig effektiv zu sein.

Unzählige Menschen erringen leere Siege. Um Erfolg zu haben, geben sie vieles auf. Doch dann merken sie, dass genau das ihnen wichtig war. Ob Ärzte, Akademiker, Politiker, Geschäftsleute, Sportler oder Installateure: Menschen aus allen Lebensbereichen mühen sich ab, um ein höheres Einkommen zu erzielen, mehr Anerkennung zu gewinnen oder ihre berufliche Qualifikation zu verbessern. Aber dann kommt die Ernüchterung. Irgendwann stellen sie fest: Ihr Drang, das Ziel zu erreichen, hat sie für die Dinge blind gemacht, die ihnen am Herzen lagen. Aber nun sind diese Dinge verschwunden.

Das kann Ihnen nicht passieren, wenn Sie wissen, was Ihnen tief in Ihrem Innersten wichtig ist. Dieses Bild sollten Sie immer vor Augen haben. Dann schaffen Sie es jeden Tag aufs Neue, das zu sein und das zu tun, worauf es wirklich ankommt.

Wenn die Leiter nicht an der richtigen Mauer lehnt, bringt uns jeder Schritt nur noch schneller an den falschen Ort. Dann sind wir sehr geschäftig. Ja, wir sind vielleicht sogar höchst *effizient*. Aber wirklich *effektiv* sind wir nur dann, wenn wir schon am Anfang das Ende im Sinn haben.

Es ist sehr hilfreich, dass Sie intensiv über das nachdenken, was Sie bei Ihrer Beerdigung gerne über sich hören würden. So werden Sie Ihre ganz persönliche *Definition* von Erfolg finden. Und die kann völlig anders ausfallen, als Sie zunächst dachten. Vielleicht sind Ihnen Anerkennung, Leistung, Geld oder einige andere der gemeinhin angestrebten Dinge gar nicht so wichtig. Es kann sogar sein, dass sie nicht einmal ein Teil der richtigen Mauer sind!

Wenn Sie schon am Anfang das Ende im Sinn haben, gewinnen Sie eine andere Perspektive. Ein Mann fragt einen anderen bei der Beerdigung eines gemeinsamen Freundes: »Wie viel hat er hinterlassen?« Antwortet der andere: »Er hat alles hinter sich gelassen!«

Alles wird zweimal geschaffen

»Schon am Anfang das Ende im Sinn haben«, beruht auf dem Prinzip, dass alles zweimal geschaffen wird. Das heißt: Es gibt bei allem eine erste, mentale Phase des Schaffens und eine zweite, physische Phase.

Nehmen wir zum Beispiel den Bau eines Hauses. Ehe Sie den ersten Nagel einschlagen, entsteht jedes Detail vor Ihrem geistigen Auge. Zunächst machen Sie sich eine klare Vorstellung davon, was für ein Haus Sie bauen wollen. Wenn Sie ein richtiges Familienhaus wollen, planen Sie das Wohnzimmer so, dass es zu einem Treffpunkt für die ganze Familie wird. Sie planen ein Spielzimmer für die Kinder und eine Grillecke im Garten. Sie arbeiten mit Ideen. Sie arbeiten mit dem Kopf, bis Sie ein konkretes Bild davon gewonnen haben, was Sie bauen wollen. Dieses Bild übertragen Sie dann auf einen Bauplan.

All das geschieht, bevor der erste Spatenstich erfolgt. Wenn nicht, müssen Sie in der zweiten Phase, in der des physischen Schaffens, teure Veränderungen vornehmen. Diese Nachbesserungen können den Preis für Ihr Haus leicht auf das Doppelte treiben.

Die Devise des Zimmermanns lautet: »Zweimal messen, einmal schneiden.« Sie müssen sicher sein, dass Ihre erste Schöpfung, der Bauplan, wirklich das ist, was Sie wollen. Erst nachdem Sie alles richtig durchdacht haben, setzen Sie es in Steine und Mörtel um. Sie studieren jeden Tag den Bauplan. So wissen Sie genau, was an diesem Tag zu tun ist. Sie haben schon am Anfang das Ende im Sinn.

Oder schauen wir uns eine Firma an: Wenn Sie ein erfolgreiches Unternehmen haben wollen, definieren Sie klar, was Sie erreichen möchten. Sie überdenken sorgfältig das Produkt oder die Dienstleistung, die Sie für Ihren Zielmarkt anbieten wollen. Ob Finanzen, Forschung und Entwicklung, Produktion, Marketing, Personal oder Gebäude und Maschinen: Dann organisieren Sie alles, was Sie brauchen, um Ihr Ziel zu erreichen. Je besser Sie planen, desto größer sind die Erfolgsaussichten für Ihr Unternehmen. Die meisten geschäftlichen Niederlagen beginnen bereits bei der Unternehmensgründung – beispielsweise durch eine mangelhafte Kapitaldeckung, eine falsche Einschätzung des Marktes oder das Fehlen eines Businessplans.

Auch als Eltern sollten Sie schon am Anfang das Ende im Sinn haben. Wenn Sie verantwortungsvolle, disziplinierte Kinder wollen, müssen Sie das bei der Erziehung jeden Tag vor Augen haben. Sie können sich Ihren Kindern gegenüber nicht so verhalten, dass Sie ihre Selbstdisziplin oder ihr Selbstwertgefühl untergraben.

Alles wird zweimal geschaffen: Dieses Gesetz wird in vielen verschiedenen Bereichen des Lebens angewendet. Bevor Sie eine Reise antreten, bestimmen Sie Ihr Ziel und arbeiten dann die beste Route aus. Bevor Sie einen Garten anlegen, machen Sie sich innerlich ein Bild oder zeichnen einen Plan. Bevor Sie eine Rede halten, bringen Sie Ihre Worte zu Papier. Und bevor Sie ein Kleid nähen, erstellen Sie ein Schnittmuster.

Das Gesetz der zwei Phasen des Schaffens wirkt sich direkt auf unseren Einflussbereich aus. Wenn wir dieses Gesetz als Prinzip begreifen und die Verantwortung für beide Phasen übernehmen, erweitern wir unseren Einflussbereich. Aber was ist, wenn wir nicht im Einklang mit diesem Prinzip handeln? Wenn wir keine Verantwortung für die erste Phase des Schaffens übernehmen? Dann verkleinern wir unseren Einflussbereich.

Absicht oder Zufall?

Alles wird zweimal geschaffen, aber nicht alles entsteht durch einen bewussten Entwurf. Wenn wir unsere eigene Selbstwahrnehmung nicht entwickeln und nicht die Verantwortung für die erste Phase des Schaffens übernehmen, hat das gravierende Folgen. Durch diese Unterlassung geben wir anderen Menschen und Umständen außerhalb unseres Einflussbereichs die Macht, große Teile unseres Lebens zu formen. Wir verhalten uns reaktiv und machen das, was uns Familie, Kollegen, fremde Terminkalender oder der Druck von außen vorgeben. Textbücher unserer frühen Jahre, unserer Erziehung, unserer Ausbildung oder unserer Konditionierungen übernehmen die Regie.

Andere geben uns vor, welchen Weg im Leben wir einschlagen. Unsere tiefe Verletzbarkeit, unsere starke Abhängigkeit von anderen und unser Bedürfnis nach Akzeptanz, Liebe, Zugehörigkeit und Anerkennung führen dazu, dass unser Leben von Menschen geprägt wird und nicht von Prinzipien.

Ob wir uns dessen bewusst sind oder nicht: Es gibt für jeden Teil unseres Lebens eine erste Phase des Schaffens. Wir sind entweder das Resultat unseres eigenen pro-aktiven Lebensentwurfs oder das Resultat fremder Terminkalender, äußerer Umstände oder früherer Erfahrungen.

Die einzigartigen menschlichen Fähigkeiten der Selbstwahrnehmung, der Vorstellungskraft und des Gewissens ermöglichen es uns, die Verantwortung für die erste Phase des Schaffens zu übernehmen und einen klaren Entwurf für unser Leben zu entwickeln.

Anders ausgedrückt besagt der 1. Weg: »Sie selbst sind der Gestalter.« Im 2. Weg geht es dann darum, die Verantwortung für die erste Phase des Schaffens zu übernehmen.

Führung und Management – die zwei Schaffensphasen

Der 2. Weg beruht auf den Prinzipien von persönlicher Führung. Das heißt: Führung ist Teil der ersten, mentalen Schaffensphase. Führung ist nicht Management. Management gehört zur zweiten Phase. Darüber werden Sie im Kapitel über den 3. Weg mehr erfahren. Aber an erster Stelle steht die Führung.

Management ist ausgerichtet auf die Ergebnisse unter dem Strich. Es arbeitet mit einem Bottom Line-Fokus. Im Mittelpunkt steht die Frage: Wie kann ich bestimmte Dinge am besten bewerkstelligen? Ganz anders ist es dagegen bei der Führung. Sie basiert auf einem Top Line-Fokus. Bevor man sich blindlings auf die Arbeit stürzt, überlegt man: Welche Dinge will ich überhaupt bewerkstelligen?

Oder um es mit den Worten von Peter Drucker und Warren Bennis zu sagen: »Management ist, wenn man die Dinge richtig macht; Führung ist, wenn man die richtigen Dinge macht.« Management steigert die Effizienz beim Erklimmen der Erfolgsleiter; Führung achtet darauf, dass die Leiter an der richtigen Wand steht.

Den Unterschied zwischen Management und Führung versteht man schnell, wenn man sich vorstellt, wie eine Gruppe von Leuten sich mit Macheten einen Weg durch den Dschungel bahnt. Die Machetenträger sind die Macher, die Problemlöser. Sie arbeiten sich durchs Unterholz, räumen den Weg frei. Die Manager sind hinter ihnen. Sie schärfen ihre Macheten, schreiben die Verfahrens- und Vorgehensweisen fest, decken Optimierungspotenziale auf, bringen technologische Verbesserungen ein, erstellen Arbeitspläne und Ausgleichsprogramme für die Machetenschwinger.

Die Führer sind diejenigen, die auf die höchsten Bäume klettern, die Situation von oben überblicken und den Leuten unten zurufen: »Wir sind im falschen Dschungel!«

Aber wie reagieren die meisten extrem beschäftigten und äußerst effizienten Machetenträger und Manager dann? Sie brüllen: »Halt die Klappe! Wir kommen sehr gut voran!«

Oft sind wir so sehr damit beschäftigt, uns durchs Unterholz zu kämpfen, dass wir nicht einmal merken, dass wir im falschen Dschungel sind. Doch die sich immer schneller wandelnden Lebensbedingungen machen effektive Führung notwendiger als je zuvor. Das gilt für alle Bereiche unseres unabhängigen und interdependenten Lebens.

Wir brauchen keine Straßenkarten, sondern eine Vision, einen Zielpunkt und einen Kompass. Wir wissen oft nichts über die Beschaffenheit des vor uns liegenden Geländes und haben keine Ahnung, was bei der Durchquerung alles auf uns zukommen wird. Doch ein innerer Kompass wird uns immer die Richtung weisen.

Effektivität – und oft sogar das Überleben – hängt nicht ausschließlich davon ab, wie viel Mühe wir aufwenden. Entscheidend ist, dass wir uns im richtigen Dschungel verausgaben. Der rasante Wandel in fast allen Branchen, Industriezweigen und Berufen verlangt in erster Linie nach Führung. Das Management kommt dann an zweiter Stelle.

In der Wirtschaft ändern sich die Märkte so schnell, dass viele Produkte und Dienstleistungen, die noch vor Kurzem großen Anklang fanden, heute vollkommen überholt sind. Deshalb muss pro-aktive, starke Führung die Veränderungen der Lebensbedingungen und der Kaufmotive der Kunden immer genau im Blick haben. Nur so kann man sich frühzeitig danach richten und erfolgreich am Markt bestehen.

Jemand hat einmal gesagt: »Effizientes Management ohne effektive Führung ist, wie die Liegestühle auf der Titanic in Reih und Glied aufzustellen«. Es gibt keinen Managementerfolg, der Führungsversagen wettmachen könnte. Aber Führung ist schwierig, da wir oft in einem Management-Paradigma gefangen sind.

Bei der Abschlusstagung eines einjährigen Trainingsprogramms für Führungskräfte kam der Vorstand einer großen Ölgesellschaft auf mich zu. Er sagte: »Als Sie gleich zu Beginn des Trainings auf den Unterschied zwischen Management und Führung hingewiesen haben, habe ich mir meine Rolle als Vorstand dieser Gesellschaft angeschaut. Dabei habe ich erkannt, dass ich überhaupt keine Führung geleistet habe. Ich war vollkommen mit Management beschäftigt und unter der erdrückenden Last und den unzähligen Details des Tagesgeschäfts Logistik begraben. Also beschloss ich mich vom Management zurückzuziehen. Das sollten andere für mich übernehmen. Ich wollte mein Unternehmen wirklich führen.

Aber das war extrem schwierig. Ich hatte regelrechte Entzugserscheinungen. Und ich war total frustriert, weil ich nichts mehr mit dringlichen Angelegenheiten zu tun hatte, die direkt vor mir lagen und mir auf die Schnelle das Gefühl von Leistung und Erfolg vermitteln konnten. Es war eine regelrechte Qual, mich mit der Zukunftsstrategie, der Unternehmenskultur, der Problemanalyse und dem Aufspüren neuer Märkte und Möglichkeiten herumzuschlagen. Auch andere litten unter Entzugserscheinungen. Es fiel ihnen schwer, die Komfortzone ihres bisherigen Arbeitsstils zu verlassen. Ihnen fehlte der schnelle, direkte Zugang zu mir. Sie konnten nicht verstehen, dass ich nicht mehr rund um die Uhr für sie da war, dass ich nicht mehr sofort reagierte und ihnen nicht mehr dabei half, jedes noch so kleine Problem zu lösen.

Aber ich gab nicht auf. Ich war absolut überzeugt, dass ich mich vom Management verabschieden und echte Führungsarbeit leisten musste. Und das tat ich auch.

Inzwischen sieht die Welt ganz anders aus. Jetzt weiß ich, wie Führung funktioniert. Das Geschäft läuft richtig gut. Den Anforderungen der Kunden werden wir viel besser gerecht. Wir haben unsere Erträge verdoppelt und unseren Gewinn vervierfacht.«

Ich bin davon überzeugt, dass auch Eltern in dem Management-Paradigma gefangen sind. Dann konzentrieren sie sich auf Kontrolle, Effizienz und Regeln statt auf Führung, Sinn und Familiengefühl.

In unserem Privatleben fehlt es uns besonders stark an Führung. Wir sind nur darauf aus, effizientes Management zu betreiben, uns Ziele zu setzen und sie zu erreichen. Doch dabei vergessen wir, dass wir noch nicht einmal unsere Werte geklärt haben.

Das Textbuch umschreiben und zum eigenen ersten Gestalter werden

Wie Sie bereits wissen, beruht Pro-Aktivität auf der einzigartigen Begabung des Menschen zur Selbstwahrnehmung. Es gibt jedoch noch zwei weitere Begabungen, die uns in die Lage versetzen, unsere Pro-Aktivität zu steigern und persönliche Führung in unserem Leben zu verankern. Dabei handelt es sich um unsere *Vorstellungskraft* und unser *Gewissen*.

Mit unserer Vorstellungskraft können wir ein klares Bild von unserer Zukunft entwickeln. Das Gewissen hilft uns, dieses Bild mit den allgemeingültigen Prinzipien, unseren Talenten und Beitragsmöglichkeiten in Einklang zu bringen. Zusammen mit der Selbstwahrnehmung geben uns die Vorstellungskraft und das Gewissen die Möglichkeit, unser eigenes Textbuch zu schreiben.

Wir alle leben bereits mit vielen Textbüchern, die man uns mitgegeben hat. Deshalb geht es beim Schreiben des eigenen Lebenstextes eher um das »Umschreiben« oder um einen Paradigmenwechsel. Wenn wir die nicht korrekten oder unvollständigen Paradigmen in uns erkennen, können wir das Textbuch unseres Lebens pro-aktiv umschreiben.

Einer der inspirierendsten Berichte über dieses Umschreiben findet sich in der Autobiografie von Anwar El-Sadat. Der ehemalige Präsident von Ägypten war in einem Umfeld des Hasses auf Israel erzogen und geprägt worden. Er sagte im Fernsehen Dinge wie: »Solange Israel auch nur einen Zentimeter arabischen Bodens besetzt hält, werde ich nie die Hand eines Israelis schütteln. Nie, nie, nie!« Und riesige Menschenmengen im ganzen Land jubelten ihm zu und wiederholten seine Worte: »Nie, nie, nie!«

Das Textbuch von Anwar El-Sadat stellte Unabhängigkeit und Nationalismus in den Mittelpunkt und weckte bei den Menschen tiefe Emotionen. Aber es ignorierte, dass es den Hass und die Wut der Menschen schürte. Sadat erkannte das.

Also schrieb er ein neues Textbuch. Diesen Prozess hatte er als junger Mann in der Gefängniszelle 54, einer Einzelzelle im Kairoer Zentralgefängnis, erlernt. Dort musste er eine Haftstrafe wegen seiner Beteiligung an einer Verschwörung gegen König Faruk verbüßen. In der Einzelhaft lernte er, sich so weit von seinen eigenen Vorstellungen und Ideen zu lösen, dass er erkennen konnte, ob seine Gedanken wirklich angemessen und klug waren. Er lernte, wie man den eigenen Geist durch einen tiefen persönlichen Meditationsprozess frei macht und sein Textbuch umschreibt. Später berichtete El-Sadat, dass es ihm fast widerstrebt habe, seine Gefängniszelle zu verlassen. Denn dort war ihm klar geworden, was wirklicher Erfolg ist. Wirklicher Erfolg bedeutet nicht, Dinge zu besitzen, sondern die Meisterschaft, den Sieg über sein eigenes Selbst zu erlangen.

Während der Regierungszeit von Nasser wurde Sadat auf eine relativ unbedeutende Stellung verbannt. Alle meinten, er sei gebrochen. Aber das war ein Trugschluss. Im Gegenteil: Er wusste, dass seine Zeit noch kommen würde!

Und seine Zeit kam. Er wurde ägyptischer Präsident. Doch jetzt musste er sich den politischen Wirklichkeiten stellen. Deshalb schrieb er ein neues Textbuch für seine Haltung zu Israel. Er besuchte die Knesset in Tel Aviv und leitete eine der vorbildhaftesten Friedensbewegungen in der Geschichte ein. Es war eine sehr mutige Initiative, die schließlich zu den Vereinbarungen von Camp David führte.

El-Sadat war in der Lage, seine Selbstwahrnehmung, seine Vorstellungskraft und sein Gewissen zur Ausübung von persönlicher Führung einzusetzen. So konnte er ein grundlegendes Paradigma umschreiben und seine Sichtweise der Situation komplett verändern. Sein neues Textbuch und sein Paradigmenwechsel hatten weitreichende Auswirkungen. Sie führten zu Veränderungen in den Einstellungen und Verhaltensweisen, die das Leben vieler Millionen Menschen beeinflussten.

Viele von uns erkennen bei der Entwicklung ihrer eigenen Selbstwahrnehmung, dass sie von ineffektiven Textbüchern geleitet werden. Oft handelt es sich um tief verwurzelte Gewohnheiten, die ihrer gar nicht würdig sind und überhaupt nicht zu den Dingen passen, die sie im Leben wirklich schätzen. Der 2. Weg besagt, dass wir nicht mit solchen Textbüchern leben müssen. Wir haben die Verantwortung, unsere Vorstellungskraft und unsere Kreativität dazu zu nutzen, neue Textbücher zu schreiben. Textbücher, die effektiver sind, die sich im Einklang mit unseren innersten Werten und den richtigen Prinzipien befinden.

Nehmen wir zum Beispiel an, dass ich sehr aufbrausend auf meine Kinder reagiere. Wann immer sie etwas tun, das ich für unpassend halte, steigt Wut in mir auf. Ich bin bereit zum Kampf. Ich kümmere mich nicht um langfristige Reife und gegenseitiges Verständnis, sondern um das kurzfristige Verhalten. Ich versuche die Schlacht zu gewinnen, nicht den Krieg.

Ich hole meine Waffen hervor. Ich führe meine überlegene Größe, meine Stärke und meine Autorität ins Feld. Ich brülle oder schüchtere meine Kinder ein, drohe oder strafe. Und ich gewinne. Da stehe ich. Siegreich – mitten in den Scherben einer zerstörten Beziehung. Meine Kinder sind äußerlich gefügig und innerlich voller Rebellion. Sie unterdrücken Gefühle, die sich später auf sehr unschöne Weise äußern werden.

Wenn eines meiner Kinder bei meinem Begräbnis das Wort ergreifen würde, würde ich mir wünschen, dass es sein Leben als Bereicherung durch Lehren, Übung und liebevolle Disziplin darstellen würde. Ich würde mir wünschen, dass sein Herz und sein Geist voller schöner Erinnerungen an die wichtige gemeinsame Zeit wären. Ich würde mir wünschen, dass es mich als liebenden Vater in Erinnerung behält, der die Freude und den Schmerz des Erwachsenwerdens mit ihm geteilt hat. Ich würde mir wünschen, dass es sich an die Momente erinnert, in denen es mit seinen Problemen und Fragen zu mir kam, in denen ich zugehört, ihm Liebe geschenkt und geholfen habe. Ich würde mir wünschen, dass es weiß, dass ich nicht vollkommen war, aber dass ich alles gegeben habe, was ich konnte. Und dass ich es, vielleicht mehr als sonst irgendjemanden auf der Welt, geliebt habe.

Ich wünsche mir solche Dinge, weil ich meine Kinder in meinem tiefsten Inneren schätze. Ich liebe sie, ich möchte ihnen helfen. Ich mag meine Rolle als ihr Vater.

Aber ich sehe diese Werte nicht immer. Ich verzettele mich. Das Allerwichtigste wird unter Bergen von drängenden Problemen, dringenden Aufgaben und oberflächlichen Verhaltensweisen verschüttet. Ich werde reaktiv. Und die Art, wie ich tagtäglich mit meinen Kindern umgehe, hat oft nur wenig mit dem zu tun, was ich tief in meinem Inneren für sie empfinde.

Da ich mich selbst wahrnehmen kann, da ich meine Vorstellungskraft und mein Gewissen habe, kann ich meinen innersten Werten auf den Grund gehen. Ich kann erkennen, dass das Skript, nach dem ich lebe, nicht in Harmonie mit diesen Werten ist. Ich sehe, dass mein Leben nicht das Ergebnis meines eigenen pro-aktiven Entwurfs ist. Vielmehr ist es das Produkt der ersten Phase des Schaffens, die ich den äußeren Umständen und anderen Menschen überlassen habe. Doch ich kann mich verändern. Es liegt an mir, meine Vorstellungskraft zu nutzen, statt meinen Erinnerungen nachzuhängen. Ich kann mich auf mein grenzenloses Potenzial konzentrieren und meine begrenzende Vergangenheit hinter mir lassen. Ich kann mein eigener erster Gestalter werden. Schon am Anfang das Ende im Sinn zu haben, heißt, die Elternrolle und auch vieles andere im Leben nach klaren Werten und Richtungsvorstellungen zu gestalten. Es heißt, die Verantwortung für die erste Phase des Schaffens in mir zu übernehmen und mein Textbuch so umzuschreiben, dass die Paradigmen, auf denen meine Verhaltensweisen und Einstellungen beruhen, mit meinen tiefsten Werten und den richtigen Prinzipien übereinstimmen.

Schon am Anfang das Ende im Sinn zu haben, bedeutet aber auch, meine Werte jeden Tag im Blick zu haben. Dann kann ich meine Entscheidungen aufgrund dieser Werte treffen. Und nur so kann ich integer handeln, wenn ich auf Schwierigkeiten und Herausforderungen stoße. Ich muss nicht auf Emotionen oder auf Umstände reagieren. Ich kann wahrhaft pro-aktiv und werteorientiert handeln, weil ich mir über meine Werte im Klaren bin.

Ein Leitbild formulieren

Wissen Sie, was die effektivste Art ist, schon am Anfang das Ende im Sinn zu haben? Ganz einfach: Entwickeln Sie ein *persönliches Leitbild*, eine eigene Philosophie oder ein Glaubensbekenntnis. Ihr Leitbild definiert, was Sie sein wollen (Charakter), was Sie tun wollen (Beiträge und Leistungen) und auf welchen Werten oder Prinzipien Ihr Sein und Ihr Tun beruhen sollen.

Da jeder Mensch einzigartig ist, wird das persönliche Leitbild diese Einzigartigkeit widerspiegeln. Die Form und der Inhalt sind bei jedem von uns völlig verschieden: Mein Freund Rolfe Kerr hat sein persönliches »Glaubensbekenntnis« so ausgedrückt:

Zuerst im privaten Bereich und in der Familie Erfolg haben.
Göttlichen Beistand suchen und verdienen.
Bei der Ehrlichkeit nie Kompromisse eingehen.
Die Bedürfnisse meiner Mitmenschen im Blick haben.
Alle Seiten anhören, bevor ich mir ein Urteil bilde.
Mir Rat von anderen holen.
Jene, die nicht da sind, verteidigen.
Aufrichtig, aber doch entschlossen sein.
Jedes Jahr eine neue Fähigkeit entwickeln.
Heute die Arbeit von morgen planen.
Etwas Sinnvolles tun, während ich warte.
Eine positive Einstellung bewahren.

Nie den Humor verlieren.
Ordentlich sein.
Keine Angst vor Fehlern haben – nur vor dem Ausbleiben kreativer, konstruktiver und korrektiver Reaktionen auf diese Fehler.
Anderen den Erfolg erleichtern.
Zweimal so oft zuhören, wie ich selbst rede.
Alle meine Fähigkeiten und Kräfte auf die aktuelle Aufgabe konzentrieren und mir keine Gedanken wegen des nächsten Jobs oder einer Beförderung machen.

Das persönliche Leitbild einer Frau, die ihre Werte für ihre Familie und ihre Arbeit ins Gleichgewicht bringen will, sieht ganz anders aus:

Ich will mich bemühen, ein möglichst gutes Gleichgewicht zwischen meinem Beruf und meiner Familie herzustellen. Denn beides ist mir wichtig.

Mein Zuhause wird ein Ort sein, an dem meine Familie und ich, meine Freunde und Gäste Geborgenheit, Freude, Ruhe und Glück finden. Ich werde weiter versuchen für Sauberkeit und Ordnung zu sorgen. Doch man soll sich in unserem Haus auch wohlfühlen können. Im Hinblick auf das, was wir zu Hause essen, lesen, sehen und machen, will ich klug, verantwortungsbewusst und wählerisch sein. Vor allem aber will ich meine Kinder lehren, zu lieben, zu lernen und zu lachen – und zu arbeiten und ihre einzigartigen Talente zu entwickeln.

Ich schätze die Rechte, Freiheiten und Werte unserer demokratischen Gesellschaft. Ich werde eine interessierte, gut informierte Bürgerin sein und mich aktiv am politischen Geschehen beteiligen, um sicherzustellen, dass meine Stimme gehört und bei Wahlen mitgezählt wird.

Ich will ein Mensch sein, der die Initiative ergreift, um seine Lebensziele zu erreichen. Statt nur zu reagieren, werde ich aktiv an die Dinge herangehen und meine Chancen nutzen.

Ich werde immer versuchen, mich von Suchtverhalten und anderen selbstzerstörerischen Gewohnheiten fernzuhalten.

Ich werde Gewohnheiten entwickeln, durch die ich ausgetretene Pfade verlassen, Grenzen überwinden und meine Fähigkeiten und Entscheidungsmöglichkeiten vergrößern kann.

Geld wird mein Diener sein, nicht mein Herr. Ich werde nach finanzieller Unabhängigkeit streben. Abgesehen von langfristigen Darlehen für das Haus und das Auto werde ich keine Kredite aufnehmen. Ich werde weniger ausgeben, als ich verdiene. Einen Teil meines Einkommens werde ich sparen und achtsam anlegen. Außerdem werde ich mein Geld und meine Talente dafür einsetzen, anderen zu dienen und ihnen das Leben zu erleichtern und zu verschönern.

Ein Leitbild kann man gut mit der Verfassung eines Staates vergleichen. Es ist sozusagen Ihre ganz persönliche Verfassung. Wenn Ihr Leitbild auf korrekten Prinzipien basiert, ist es die Grundlage für Ihre wichtigsten, lebensbestimmenden Entscheidungen. Es hilft Ihnen aber auch bei Ihren ganz alltäglichen Entscheidungen. Trotz all der Hektik, der Umstände und Emotionen, die auf Ihr Leben einwirken, gibt es Ihnen eine klare Richtung vor. Inmitten des Wandels gibt es Ihnen eine zeitlose, beständige Kraft.

Menschen können nicht mit dem Wandel leben, wenn es in ihrem Inneren keinen festen Kern gibt. Der Schlüssel zur Veränderungsfähigkeit liegt in einem sichern Gefühl dafür, wer wir sind, warum es uns gibt und was uns wirklich wichtig ist.

Wenn wir ein Leitbild haben, können wir mit dem Wandel fließen. Dann müssen wir uns nicht an Vorurteile oder Voreingenommenheiten klammern. Wir brauchen nicht alles und jeden in Stereotypen und Kategorien einzuordnen, um unser Leben in den Griff zu bekommen.

Der Wandel um uns herum vollzieht sich immer schneller. Die rasanten Veränderungen machen vielen Menschen Angst. Sie haben das Gefühl, sie könnten nicht mit dem hohen Tempo Schritt halten. Zudem befürchten sie, dass sie nicht mit den ganzen Neuerungen zurechtkommen. Deshalb werden sie reaktiv und geben auf. Sie hoffen nur noch, dass das, was ihnen widerfährt, nicht allzu schlimm wird.

Doch jeder von uns kann sich dafür entscheiden, pro aktiv statt reaktiv zu sein. Als Viktor Frankl im Konzentrationslager auf das Gebot der Pro-Aktivität stieß, lernte er auch, wie wichtig Sinn und Bedeutung im Leben sind. Nach seiner Zeit im KZ entwickelte er die

»Logotherapie«. Dabei handelt es sich um eine sinnzentrierte Psychotherapie. Sie besagt, dass viele sogenannte psychische Erkrankungen in Wirklichkeit Symptome eines Gefühls von Sinnlosigkeit und Leere im Leben sind. Die Logotherapie ermöglicht es den Menschen, diese Leere zu überwinden. Der Schlüssel dazu ist, dass sie ihnen hilft, ihre einzigartige Bedeutung, ihre wahre Berufung zu finden und ihrem Leben wieder einen tieferen Sinn zu geben.

Wenn Sie dieses Gefühl von Sinn und Berufung entdeckt haben, haben Sie die Grundlage für Ihre eigene Pro-Aktivität geschaffen. Sie haben die Vision und die Werte gefunden, die Ihr Leben leiten. Sie haben die Grundrichtung festgelegt, die Ihre kurz- und langfristigen Ziele bestimmt. Sie haben ein auf korrekten Prinzipien beruhendes Leitbild. Anhand dieses Leitbilds können Sie genau erkennen, ob Sie Ihre Zeit, Ihre Talente und Ihre Energien wirklich effektiv einsetzen.

Im Zentrum

Um ein persönliches Leitbild zu schreiben, müssen wir im Zentrum unseres Einflussbereichs ansetzen. Dieses Zentrum besteht aus unseren grundlegenden Paradigmen, den Brillengläsern, durch die wir die Welt sehen.

Was auch immer im Zentrum unseres Lebens ist, es wird die Quelle unserer Sicherheit, Orientierung, Weisheit und Kraft sein.

Sicherheit repräsentiert Ihr Selbstwertgefühl, Ihre Identität, Ihren emotionalen Anker, Ihre Selbstachtung, Ihre grundlegende persönliche Stärke.

Orientierung ist der Kompass für Ihre Ausrichtung im Leben, Ihre Landkarte, Ihr innerer Bezugsrahmen. Er interpretiert das für Sie, was da draußen vor sich geht, und leitet Sie bei Ihren aktuellen Entscheidungen und Taten.

Weisheit ist Ihre Perspektive im Leben, Ihr Gefühl von Ausgewogenheit, Ihr Verständnis davon, wie die verschiedenen Prinzipien in Beziehung zueinander stehen und anwendbar sind. Sie umfasst Urteilsvermögen, Unterscheidungsfähigkeit und Verständnis. Weisheit ist eine Einheit, ein integriertes Ganzes.

Kraft ist die Fähigkeit zu handeln, die Stärke, etwas zu leisten. Es ist die Energie, die wir brauchen, um Entscheidungen zu treffen und aus verschiedenen Möglichkeiten zu wählen. Kraft schließt außerdem die Fähigkeit ein, tief im Innern verwurzelte Eigenschaften zu überwinden und bessere, effektivere, auf Prinzipien beruhende Eigenschaften zu entwickeln.

Sicherheit, Orientierung, Weisheit und Kraft: Diese vier Faktoren sind interdependent. Sicherheit und klare Orientierung führen zu wahrer Weisheit, und Weisheit wird zu dem Funken, der Kraft freisetzt und lenkt. Wenn alle vier Faktoren miteinander im Einklang stehen und sich gegenseitig ergänzen, bilden sie die große Stärke einer edlen Persönlichkeit, eines ausgewogenen Charakters, eines wunderbar ganzheitlichen Menschen.

Alternative Zentren

Jeder von uns hat ein Zentrum, auch wenn wir es manchmal gar nicht erkennen. Oft ist uns auch nicht bewusst, welche Auswirkungen dieses Zentrum auf sämtliche Aspekte unseres Lebens hat.

Lassen Sie uns nun kurz einige typische Zentren oder Kernparadigmen betrachten. So können Sie besser verstehen, was sie für unsere Sicherheit, Orientierung, Weisheit und Kraft und letztendlich für unser gesamtes Leben bedeuten.

Partnerzentriertheit: Eine Ehe oder Partnerschaft kann die innigste, befriedigendste, dauerhafteste und zum größten Wachstum führende aller menschlichen Beziehungen sein. Es könnte also natürlich und angemessen erscheinen, auf seine Frau oder seinen Mann zentriert zu sein.

Doch die Erfahrung zeigt, dass es oft nicht so ist. Im Laufe der Jahre habe ich mit vielen Paaren gearbeitet, die in ein schwieriges Fahrwasser geraten waren. Dabei habe ich erkannt, dass sich durch fast alle partnerzentrierten Beziehungen der gleiche rote Faden zieht: eine starke emotionale Abhängigkeit.

Wenn wir unser Selbstwertgefühl in erster Linie aus unserer Partnerschaft gewinnen, werden wir sehr stark von dieser Beziehung abhängig. Wir werden durch die Stimmungen und Gefühle unseres Partners, sein Verhalten und die Art, wie er uns behandelt, verwundbar. Und auch alle äußeren Ereignisse, die sich auf die Beziehung auswirken können, bringen uns schnell aus dem emotionalen Gleichgewicht – beispielsweise ein neues Baby, die Schwiegereltern, finanzielle Rückschläge oder berufliche Erfolge.

Wenn die Verantwortung zunimmt und mehr Stress die Partnerschaft belastet, neigen wir dazu, auf jene Textbücher zurückzugreifen, die wir als Heranwachsende geschrieben haben. Unser Partner tut das auch. Doch gewöhnlich unterscheiden sich unsere Skripte. Unterschiedliche Herangehensweisen bei finanziellen Problemen, Schwierigkeiten bei der Erziehung der Kinder oder Unstimmigkeiten mit den Schwiegereltern treten zutage. Kommt dazu noch emotionale Abhängigkeit in der Ehe, zeigt sich die ganze Verwundbarkeit der partnerzentrierten Beziehung.

Wenn wir von der Person abhängig sind, mit der wir Konflikte haben, macht das die Sache nur noch schlimmer. Sowohl die Abhängigkeit als auch die Konflikte nehmen immer weiter zu. Überreaktionen zwischen Liebe und Hass, Rückzug, Aggressivität, Bitterkeit, Groll und harte Konkurrenzkämpfe sind nur einige der typischen Resultate. Oft fallen wir in alte Gewohnheiten zurück und versuchen, unser eigenes Verhalten zu rechtfertigen und zu verteidigen und das unseres Partners anzugreifen.

Es lässt sich gar nicht vermeiden: Jedes Mal, wenn wir zu verwundbar sind, verspüren wir das Bedürfnis, uns vor weiteren Verletzungen zu schützen. Also suchen wir Zuflucht in Sarkasmus, Hohn, Nörgelei und allem, was verhindert, dass unsere innere Verwundbarkeit sichtbar wird. Meist warten dann beide Partner darauf, dass der andere die Initiative für die Liebe ergreift. Oft werden sie aber enttäuscht – und darin bestätigt, dass ihre Anschuldigungen zutreffend sind.

Wenn in einer partnerzentrierten Beziehung alles gut zu laufen scheint, ist das nur eine trügerische Sicherheit. Die Orientierung hängt immer nur von der Emotion des Augenblicks ab. Weisheit und Kraft gehen in den negativen Interaktionen verloren.

Familienzentriertheit: Ein anderes häufiges Zentrum ist die Familie. Auch das könnte man für natürlich und angemessen halten. Die Familie bietet große Chancen für innige Beziehungen, Liebe, Gemeinsamkeit und vieles, was das Leben lohnenswert macht. Als Zentrum zerstört sie jedoch ausgerechnet die Elemente, die für ihren Erfolg nötig sind.

Ihr Gefühl der Sicherheit und des persönlichen Werts beziehen familienzentrierte Menschen aus der Tradition, der Kultur oder dem Ruf ihrer Familie. Daher werden sie durch alle Veränderungen und Einflüsse, die diese Tradition, diese Kultur und diesen Ruf betreffen, verwundbar.

Familienzentrierten Eltern fehlt die emotionale Freiheit und die Kraft, bei der Erziehung ihrer Kinder deren dauerhaftes Wohlergehen im Sinn zu haben. Da ihre eigene Sicherheit von der Familie abhängt, kann ihnen ihr Bedürfnis nach Beliebtheit bei ihren Kindern wichtiger sein als die Investitionen in deren Wachstum und Weiterentwicklung. Sie können aber auch darauf fokussiert sein, dass ihre Kinder sich immer angemessen und korrekt verhalten. Jedes Verhalten, das in ihren Augen unpassend ist, bedroht ihre Sicherheit. Dann regen sie sich auf, lassen sich von den Emotionen des Augenblicks leiten und reagieren spontan auf die Situation, anstatt das langfristige Wachstum und die Weiterentwicklung im Blick zu haben. Vielleicht schreien und brüllen sie oder es kommt zu einer Überreaktion und sie bestrafen das Kind aus ihrer Wut heraus. Sie neigen dazu, ihre Kinder nur bedingt zu lieben. Das führt dazu, dass die Kinder oft emotional abhängig oder aufsässig sind.

Geldzentriertheit: Ein weiteres Lebenszentrum, das uns auf den ersten Blick logisch erscheint, ist das Geld. Finanzielle Sicherheit ist Voraussetzung für vieles, was wir in unserem Leben tun können. In der Bedürfnishierarchie kommen das physische Überleben und die finanzielle Sicherheit zuerst. Diese beiden Grundbedürfnisse müssen wenigstens minimal abgedeckt sein. Erst danach melden sich andere Bedürfnisse zu Wort. Die meisten von uns haben finanzielle Sorgen. Auf unsere wirtschaftliche Situation können viele Kräfte von außen einwirken. Und das tun sie auch. Das bereitet uns oft große Sorgen und schlaflose Nächte.

Manchmal werden scheinbar edle Gründe für das Geldverdienen genannt – zum Beispiel der Wunsch, gut für seine Familie sorgen zu können. Zugegeben, diese Dinge sind wichtig. Doch die Fokussierung auf das Geldverdienen als Zentrum ist von vornherein zum Scheitern verurteilt.

Betrachten Sie noch einmal die vier lebenswichtigen Faktoren – Sicherheit, Orientierung, Weisheit und Kraft. Nehmen wir an, ich beziehe einen großen Teil meiner Sicherheit aus meiner Arbeit, meinem Einkommen und meinem Marktwert. Diese wirtschaftlichen Grundlagen hängen von vielen Faktoren ab. Deshalb reagiere ich besorgt und unruhig, abwehrend und defensiv gegenüber allem, was sich auf sie auswirken kann. Wenn mein Selbstwert durch meinen Marktwert bestimmt wird, bin ich durch alles verwundbar, was diesen Marktwert beeinflusst. Per se bringen Arbeit und Geld aber keine Weisheit und keine Orientierung. Auch Kraft und Sicherheit geben sie uns nur in sehr geringem Maße. Die Grenzen der Geldzentriertheit werden mir aufgezeigt, sobald es in meinem Leben oder im Leben eines geliebten Menschen zu einer Krise kommt.

Geldzentrierte Menschen schieben ihre Familie und andere Prioritäten oft beiseite. Sie gehen davon aus, dass jeder verstehen wird, dass die wirtschaftlichen Anforderungen Vorrang haben. Ich kenne einen Vater, der einen Telefonanruf von seinem Chef erhielt, als er gerade mit seinen Kindern zu einem lange versprochenen Zirkusbesuch aufbrechen wollte. Der Chef sagte, er solle sofort in die Firma kommen und arbeiten. Doch er lehnte ab. Als seine Frau sagte, er hätte vielleicht doch lieber arbeiten gehen sollen, meinte er: »Die Arbeit wird wiederkommen, die Kindheit aber nicht.« Seine Kinder erinnerten sich ihr ganzes Leben lang an diesen kleinen Akt der Prioritätensetzung – nicht nur als Lektion in ihrem Verstand, sondern auch als Ausdruck der Liebe in ihrem Herzen.

Arbeitszentriertheit: Arbeitszentrierte Menschen können Workaholics werden. Häufig treiben sie sich selbst dazu, ihre Gesundheit, ihre Beziehungen und andere wichtige Bereiche ihres Lebens ihrer Arbeit zu opfern. Sie definieren sich vor allem über ihren Beruf: »Ich bin Arzt …«, »Ich bin Schriftsteller …«, »Ich bin Schauspieler …«.

Nicht nur die Identität, sondern auch das Selbstwertgefühl dieser Menschen beruhen auf ihrer Arbeit. Deshalb wird ihre Sicherheit durch alles gefährdet, was sie daran hindert, sich ihrer Arbeit zu widmen. Ihre Orientierung hängt von den Anforderungen ihres Berufs ab. Ihre Weisheit und ihre Kraft beschränken sich auf ihre Arbeit, sodass sie in den anderen Lebensbereichen ineffektiv sind.

Besitzzentriertheit: Bei vielen Menschen gehört Besitz zu den allergrößten Antriebskräften. Dabei geht es nicht nur um materielle Dinge wie ein Haus, ein Auto, ein Boot, Schmuck oder schicke Kleidung. Auch immaterielle Dinge wie Ruhm, Bekanntheit oder gesellschaftliche Anerkennung spielen hier eine große Rolle. Den meisten von uns ist aus eigener Erfahrung bewusst, dass ein solches Zentrum extrem brüchig ist. Es wird von so vielen äußeren Umständen beeinflusst, dass es sich sehr schnell in Luft auflösen kann.

Wenn mein Sicherheitsgefühl sich auf meinem Besitz oder meinem gesellschaftlichen Ansehen gründet, schwebt über meinem Leben ständig ein Damoklesschwert. Ich werde mir permanent Sorgen darüber machen, dass ich meine Besitztümer verlieren könnte, dass man sie mir stehlen wird oder dass sie wertlos werden könnten. In Gegenwart von Menschen mit einem größeren Marktwert, mehr Bekanntheit oder einem höheren Status fühle ich mich minderwertig. Mein Selbstwertgefühl schwankt fortwährend. Ich habe kein Gefühl von Kontinuität und Beständigkeit. Ich versuche immer nur, meine Besitztümer, meine Position oder meinen Ruf zu schützen. Bestimmt haben Sie schon von Menschen gehört, die sich das Leben genommen haben, nachdem sie ihr Vermögen durch einen Börsencrash oder ihre Bekanntheit durch einen politischen Erdrutsch verloren hatten.

Vergnügungszentriertheit: Ein anderes, weitverbreitetes Zentrum ist eng mit dem Besitz verbunden. Dabei handelt es sich um Spaß und Vergnügen. In der heutigen Zeit können wir uns viele Wünsche sofort erfüllen und werden auch dazu ermutigt. Fernsehen und Kino gehören zu den großen Einflüssen, die die Erwartungen der Leute immer weiter steigern. Sie zeigen in bunten Bildern, was andere in einem von Spaß und Vergnügen bestimmten Leben alles haben und tun können.

Ja, die Glitzerwelt vergnügungszentrierter Lebensstile wird uns in den schillerndsten Farben vor Augen geführt. Doch das Ergebnis solcher Lebensstile – die Auswirkungen auf die Persönlichkeit, die Produktivität und die Beziehungen – wird nur selten wahrheitsgetreu gezeigt.

In Maßen können Spaß und Vergnügen uns Entspannung für Körper und Geist bieten. Das kann auch die Beziehungen innerhalb der Familie und im Freundeskreis stärken. An sich bringen Spaß und Vergnügen aber keine tiefes, dauerhaftes Gefühl der Erfüllung. Vergnügungszentrierte Menschen sind bald gelangweilt. Deshalb rufen sie ständig nach immer mehr. Also muss das nächste Vergnügen größer, besser und aufregender sein als das letzte und einen intensiveren Gefühls- und Glücksrausch bieten. Jemand, der derart vergnügungssüchtig ist, wird fast völlig narzisstisch. Sein ganzes Leben dreht sich nur noch um das Vergnügen, das er sich im Hier und Jetzt verschafft.

Zu viele Urlaubsreisen, zu viel Kino, zu viel Fernsehen, zu viele Video- und Computerspiele – zu viel undisziplinierte Freizeit, in der man ständig den Kurs des geringsten Widerstands nimmt, führt allmählich zur Verschwendung des eignen Lebens. Die Fähigkeiten der vergnügungszentrierten Menschen schlummern weiter vor sich hin, ihre Talente werden nicht entwickelt, Verstand und Geist werden lethargisch und das Herz bleibt leer und unerfüllt. Wo sind da die Sicherheit, die Orientierung, die Weisheit und die Kraft? Am unteren Ende des Reifekontinuums, im Vergnügen eines flüchtigen Augenblicks.

Freundschafts- und Feindschaftszentriertheit: Vor allem junge Leute neigen zur Freundschaftszentriertheit. Akzeptiert zu werden und zu einer Gruppe Gleichaltriger zu gehören, kann so wichtig werden, dass sonst fast nichts mehr zählt. Der verzerrte, sich ständig verändernde soziale Spiegel wird die Quelle von Sicherheit, Orientierung, Weisheit und Kraft. So entsteht eine starke Abhängigkeit von den schwankenden Stimmungen, Gefühlen, Einstellungen und Verhaltensweisen anderer.

Manchmal richtet Freundschaftszentriertheit sich ausschließlich auf eine einzige Person. Teilweise nimmt das die Dimensionen einer Partnerschaft oder Ehe an. Dann ist die Gefahr groß, dass aus der Freundschaftszentriertheit dieselben negativen Folgen wie aus der Partnerzentriertheit erwachsen. Nicht selten kommt es zu einer emotionalen Abhängigkeit von nur einem Menschen, einer eskalierenden Spirale der Bedürfnisse und Konflikte und vielfältigen negativen Interaktionen.

Man kann nicht nur einen Freund, sondern auch einen *Feind* ins Zentrum seines Lebens stellen. Den meisten Leuten würde das gar nicht in den Sinn kommen. Bewusst würde es wohl auch niemand machen. Trotzdem ist Feindschaftszentriertheit sehr verbreitet. Das gilt vor allem dann, wenn Leute, die sich in einem heftigen Konflikt befinden, häufig miteinander zu tun haben. Zur Feindschaftszentriertheit kommt es besonders dann, wenn jemand das Gefühl hat, von einer Person, die ihm emotional oder sozial nahesteht, ungerecht behandelt worden zu sein. Dann kreisen seine Gedanken oft ständig um diese Person und er macht den anderen mehr und mehr zum Zentrum seines Lebens. Statt pro-aktiv ihr eigenes Leben zu führen, machen sich feindschaftszentrierte Menschen abhängig vom Verhalten und den Einstellungen einer Person, die sie als Feind begreifen.

So ging es einem meiner Freunde. Er war Dozent an der Universität. Die Unzulänglichkeiten eines Beamten aus der Universitätsverwaltung brachten ihn völlig aus dem Gleichgewicht. Er hatte eine äußerst negative Beziehung zu diesem Mann. Dennoch dachte er ständig über ihn nach. Schließlich wurde das zur Besessenheit. Seine Feindschaftszentriertheit nahm ihn so sehr gefangen, dass die Qualität seiner Beziehungen zu seiner Familie, seinen Freunden und seinen Kollegen darunter litt. Am Ende sah er keinen anderen Ausweg und kam zu dem Schluss, dass er die Universität verlassen und sich woanders eine Lehrtätigkeit suchen musste.

»Hand aufs Herz. Würdest du denn nicht lieber an dieser Uni bleiben, wenn dieser Mann nicht dort wäre?«, fragte ich ihn.

»Ja, natürlich!«, antwortete er. »Doch da er nun mal da ist, kann ich nicht bleiben. Das würde mein Leben zu sehr beeinträchtigen. Also muss ich gehen!«

»Weshalb hast du diesen Mann zum Zentrum deines Lebens gemacht?«

Diese Frage schockierte ihn. Er stritt es ab. Dennoch wies ich ihn darauf hin, dass er es einem einzigen Menschen und seinen Schwächen erlaubte, die gesamte Landkarte seines Lebens zu verzerren und die Qualität seiner Beziehungen zu den Menschen, die er liebte, zu untergraben.

Schließlich gab er zu, dass dieser Mann eine extrem negative Wirkung auf ihn hatte. Die Verantwortung für die unglückliche Situation schrieb er allerdings dem Beamten zu. Er selbst, so erklärte er, sei nicht dafür verantwortlich.

Im weiteren Verlauf unseres Gesprächs erkannte er allmählich, dass er sehr wohl verantwortlich war. Ihm wurde auch klar, dass er sich verantwortungslos verhielt, weil er nicht gut mit seiner Verantwortung für die Situation umging.

Menschen, die geschieden sind, verfallen oft in ein ähnliches Muster. Sie sind noch immer voller Wut, Bitterkeit und Selbstrechtfertigung im Hinblick auf ihren Ex-Partner. Wenn man es negativ betrachtet, sind sie im Geiste weiter verheiratet: Jeder braucht die Schwächen des früheren Partners, um von den eigenen Schattenseiten abzulenken und dem anderen die Schuld für das Scheitern der Ehe in die Schuhe zu schieben.

Viele »ältere« Kinder hassen ihre Eltern ihr ganzes Leben lang. Manche tun das insgeheim andere ganz offen. Sie werfen ihnen vor, sie hätten sie früher schlecht behandelt, vernachlässigt oder ihre Geschwister mehr geliebt. Diesen Hass stellen sie als Erwachsene in den Mittelpunkt ihres Lebens. So setzen sie ihr reaktives, auf Rechtfertigung ausgerichtetes Drehbuch um.

Freundschafts- und feindschaftszentrierte Menschen haben keine innere Sicherheit. Ihr Selbstwertgefühl ist unbeständig. Es hängt von der emotionalen Verfassung oder dem Verhalten anderer ab. Ihr Handeln richten sie danach aus, wie die anderen ihrer Ansicht nach darauf reagieren werden. Der Blick ist durch die soziale Brille oder eine feindschaftszentrierte Paranoia eingeschränkt. Sie selbst haben keine Kontrolle über ihr Leben – die Fäden ziehen andere.

Kirchenzentriertheit: Fast jeder, der ernsthaft mit einer Kirche verbunden ist, weiß: Der Kirchgang ist nicht gleichbedeutend mit persönlicher Spiritualität. Manche Leute lassen sich von den Veranstaltungen und Projekten ihrer Kirche so in Anspruch nehmen, dass sie die drängende Not um sie herum gar nicht mehr wahrnehmen. Doch dadurch verstoßen sie gegen die Dinge, an die sie angeblich so fest glauben. Andere dagegen gehen nicht oft oder gar nicht zum Gottesdienst. Aber ihre Einstellung und ihr Verhalten spiegeln ihre tiefe Verbundenheit mit den grundlegenden Prinzipien der jüdisch-christlichen Ethik.

Ich selbst habe mich mein ganzes Leben lang in Kirchen- und Gemeindegruppen engagiert. Dabei habe ich festgestellt: Man kann in der Kirche aktiv, im Glauben aber inaktiv sein. Der regelmäßige Gang zum Gottesdienst bedeutet noch lange nicht, dass die Leute die dort gelehrten Prinzipien auch in ihrem Leben umsetzen.

Bei kirchenzentrierten Menschen kann das soziale Ansehen oder der äußere Anschein zum vorherrschenden Interesse werden. Das führt zu Heuchelei. Denn echte innere Orientierung kommt aus einem sozialen Gewissen. Kirchenzentrierte Menschen neigen jedoch dazu, andere in künstliche Schubladen wie »aktiv«, »inaktiv«, »liberal«, »orthodox« oder »konservativ« zu stecken.

Die Kirche ist eine formelle Organisation. Sie setzt sich aus Programmen, Taktiken, Praktiken und Menschen zusammen. Deshalb kann sie niemandem tiefe, dauerhafte persönliche Stabilität und innere Werteorientierung geben. Ein Leben nach den Prinzipien, die die Kirche lehrt, kann das. Doch die Institution Kirche allein vermag das nicht.

Auch ein konstantes Orientierungsgefühl kann die Kirche niemandem schenken. Kirchenzentrierte Menschen führen häufig ein »geteiltes« Leben: An Sonntagen handeln, denken und fühlen sie ganz anders als unter der Woche. Dieser Mangel an Ganzheit, Einheit oder Integrität ist eine weitere Bedrohung der persönlichen Stabilität. Das führt zu noch mehr Schubladendenken und Selbstrechtfertigung.

Viele sehen die Kirche als Zweck und nicht als Mittel zum Zweck. Das untergräbt die eigene Weisheit und die innere Stabilität. Die Kirche sagt, dass es bei ihrer Lehre um die Quelle der Kraft ginge.

Doch sie behauptet nicht, selbst diese Kraft zu sein. Sie betrachtet sich lediglich als ein Werkzeug von vielen, das den Menschen die göttliche Kraft näher bringt.

Ichzentriertheit: Das häufigste Zentrum ist heutzutage wahrscheinlich das eigene Ich. Hier zeigt sich die offensichtlichste Form der *Selbstsucht*. Ichzentriertheit verstößt zwar gegen die Werte der meisten Menschen. Aber wenn wir uns die gängigsten Methoden für persönliches Wachstum und Selbstverwirklichung einmal genauer ansehen, stoßen wir im Kern oft auf Ichzentriertheit.

Im beschränkten Zentrum des Ichs findet sich nur wenig Sicherheit, Orientierung, Weisheit und Kraft. Es ist wie das Tote Meer in Israel: Es nimmt, gibt aber nie. Hier herrscht nichts als Stillstand und Stagnation.

Wer die Entwicklung des Ichs dagegen aus einer größeren Perspektive betrachtet – im Hinblick auf die Verbesserung seiner Fähigkeit, anderen zu dienen, Werte zu schaffen und wichtige Beiträge zu leisten –, erstellt die Basis für ein enormes Anwachsen der vier lebenswichtigen Faktoren.

Das sind einige der häufigsten Zentren im Leben von vielen Menschen. Oft ist es viel leichter, das Zentrum einer anderen Person zu erkennen, als das eigene. Wahrscheinlich kennen auch Sie jemanden, der das Geldverdienen über alles andere stellt. Und jemanden, der seine ganze Energie darauf richtet, seine eigene Position in einer für beide Seiten negativen Beziehung zu rechtfertigen. Wenn man hinschaut, kann man manchmal durch das Verhalten hindurch in das Zentrum sehen, das es verursacht.

Das eigene Zentrum erkennen

Wo stehen Sie selbst? Was bildet das Zentrum Ihres Lebens? Manchmal kann man das gar nicht so leicht sagen.

Die folgende Übersicht zeigt verschiedene typische Zentren oder Kernparadigmen. Ihre eigene Mitte können Sie am besten erkennen,

Zentrum	Sicherheit	Orientierung	Weisheit	Kraft
Wenn Sie partnerzentriert sind	• Ihre Gefühle von Sicherheit hängen davon ab, wie Ihr Partner Sie behandelt. • Die Gefühle und Launen Ihres Partners können Sie sehr verletzen. • Wenn Ihr Partner nicht mit Ihnen einig ist oder Ihre Erwartungen nicht erfüllt, sind Sie sehr enttäuscht, was zu Rückzug oder Konflikten führt. • Alles, was in die Beziehung eindringen könnte, wird als Bedrohung wahrgenommen.	• Ihre Richtung hängt von Ihren eigenen Wünschen und Bedürfnissen und denen Ihres Partners ab. • Ihre Kriterien und Entscheidungen sind auf das beschränkt, was Sie für das Beste für Ihre Partnerschaft halten, oder auf die Meinungen und Vorlieben Ihres Partners.	• Ihre Lebensperspektive kreist um Dinge, die Ihren Partner oder Ihre Beziehung positiv oder negativ beeinflussen könnten.	• Ihre Handlungskraft ist durch eigene Schwächen und die Ihres Partners begrenzt.
Wenn Sie familienzentriert sind	• Ihre Sicherheit beruht auf Akzeptanz durch die Familie und der Erfüllung der familiären Erwartungen. • Ihr Gefühl von persönlicher Sicherheit hängt von der Familie ab. • Ihre Selbstwertgefühle beruhen auf dem Ruf der Familie	• Die Familien-Skripte sind Ihre Quelle für richtige Einstellungen und Verhaltensweisen. • Ihr Entscheidungskriterium ist das, was für die Familie gut ist oder was die Familienmitglieder wollen.	• Sie interpretieren das ganze Leben in Bezug auf Ihre Familie und schaffen reduziertes Verständnis und Familiennarzissmus.	• Ihre Handlungen sind durch Familienmodelle und Traditionen beschränkt.

Zentrum	Sicherheit	Orientierung	Weisheit	Kraft
Wenn Sie geldzentriert sind	• Ihr persönlicher Wert wird von Ihrem Marktwert bestimmt. • Sie sind überall dort verletzbar, wo Ihre ökonomische Sicherheit bedroht ist.	• Ihr Entscheidungskriterium ist Gewinn.	• Geld zu machen ist die Brille, durch die Sie das Leben sehen und verstehen, was zu unausgewogenen und einseitigen Urteilen führt.	• Sie sind auf das beschränkt, was Sie mit Ihrem Geld und Ihrer begrenzten Sicht erreichen können.
Wenn Sie arbeitszentriert sind	• Sie neigen dazu, sich durch Ihre Berufsrolle zu definieren. • Sie fühlen sich nur wohl, wenn Sie arbeiten.	• Sie richten Ihre Entscheidungen nach den Bedürfnissen und Erwartungen Ihrer Arbeit.	• Sie neigen dazu, auf Ihre Arbeitsrolle beschränkt zu sein. • Sie betrachten Ihre Arbeit als Ihr Leben.	• Ihre Handlungen sind durch Rollenmodelle bei der Arbeit, berufliche Möglichkeiten, betriebliche Einschränkungen, die Wahrnehmung Ihres Chefs und Ihre mögliche Unfähigkeit, diese Arbeit an einem bestimmten Punkt Ihres Lebens leisten zu können, begrenzt.
Wenn Sie besitzzentriert sind	• Ihre Sicherheit beruht auf Ihrem Ruf, Ihrem sozialen Status oder Ihren greifbaren Besitztümern. • Sie neigen zu Vergleichen zwischen dem, was Sie selbst, und dem, was andere haben.	• Sie richten Ihre Entscheidungen danach aus, wie Sie Ihren Besitz schützen, vermehren und besser zur Geltung bringen können.	• Sie sehen die Welt in Form von ökonomischen und sozialen Beziehungen.	• Sie wirken innerhalb der Grenzen dessen, was Sie kaufen, oder der sozialen Bedeutung, die Sie erlangen können.
Wenn Sie vergnügungszentriert sind	• Sie fühlen sich nur dann sicher, wenn Sie in einem »Vergnügungs-Hoch« sind. • Ihre Sicherheit ist kurzlebig, betäubend und von Ihrer Umwelt abhängig.	• Sie richten Ihre Entscheidungen nach dem für Sie größten Vergnügen aus.	• Sie betrachten die Welt unter dem Aspekt, was für Sie an Vergnügen zu gewinnen ist.	• Ihre Kraft geht gegen Null.

Zentrum	Sicherheit	Orientierung	Weisheit	Kraft
Wenn Sie freundschaftszentriert sind	• Ihre Sicherheit ist eine Funktion des sozialen Spiegels. • Sie sind sehr stark von den Meinungen anderer abhängig.	• Ihr Entscheidungskriterium lautet: »Was werden die anderen denken?« • Sie werden leicht verlegen.	• Sie sehen die Welt durch Ihre soziale Brille.	• Sie werden von Ihrer Zone des sozialen Wohlbefindens eingeschränkt. • Ihre Handlungen sind so wechselhaft wie Ihre Meinungen.
Wenn Sie feindschaftszentriert sind	• Ihre Sicherheit ist flüchtig, beruht auf den Bewegungen Ihres Feindes. • Sie fragen sich dauernd, was er wohl vorhat. • Sie suchen Selbstrechtfertigung und Bestätigung von Gleichgesinnten.	• Sie werden in Gegenabhängigkeit von den Handlungen Ihres Feindes geleitet. • Sie treffen Ihre Entscheidungen auf der Grundlage dessen, was Ihren Feind treffen wird.	• Ihre Urteilskraft ist eng und verzerrt. • Sie sind defensiv, überreaktiv und paranoid.	• Das kleine bisschen Kraft, über das Sie verfügen, entstammt Wut, Neid, Ablehnung und Rache – negative Energie, die schrumpft und zerstört und wenig Energie für anderes lässt.
Wenn Sie kirchenzentriert sind	• Ihre Sicherheit beruht auf Aktivitäten für die Kirche und der Achtung, die Sie bei einflussreichen Kirchenmitgliedern genießen. • Sie finden Identität und Sicherheit in kirchlichen Auszeichnungen und Vergleichen.	• Sie werden davon geleitet, wie andere im Rahmen Ihrer Kirche über Ihre Handlungen urteilen werden.	• Sie sehen die Welt in Form von »Gläubigen« und »Ungläubigen«, »Dazugehörigen« und »Andersartigen«.	• Die wahrgenommene Kraft entstammt Ihrer Stellung oder Rolle in der Kirche.
Wenn Sie ichzentriert sind	• Ihre Sicherheit verändert und verschiebt sich ständig.	• Ihre Urteilskriterien heißen: »Wenn es sich gut anfühlt ...« »Was ich will.« »Was ich brauche.« »Was steckt für mich drin?«	• Sie sehen die Welt anhand dessen, wie Entscheidungen, Ereignisse oder Umstände Sie betreffen werden.	• Ihre Fähigkeit zu handeln ist auf Ihre eigenen Ressourcen beschränkt; die Vorteile der Interdependenz sind unzugänglich.

indem Sie sich die Tabelle ganz genau ansehen. Identifizieren Sie sich mit einer oder mehreren der Beschreibungen? Dann können Sie diese zu dem Zentrum zurückverfolgen, aus dem sie fließt. Das ist äußerst hilfreich, denn vielleicht schränkt genau dieses Zentrum Ihre persönliche Effektivität ein.

Den Mittelpunkt des Lebens eines Menschen bildet häufig eine Kombination aus einem oder mehreren Zentren. Das liegt daran, dass die meisten Leute ein Spielball der verschiedenen Einflüsse in ihrem Leben sind. Je nach den äußeren oder inneren Umständen wird ein bestimmtes Zentrum aktiviert. Sind die ihm zugrundeliegenden Bedürfnisse erfüllt, wird ein anderes Zentrum zur treibenden Kraft.

So von einem Zentrum zum nächsten zu driften, ist wie eine Achterbahnfahrt durchs Leben. In einem Moment ist man hoch oben, im nächsten ganz unten. Man versucht, die eine Schwäche zu kompensieren, indem man eine Anleihe von einer anderen Stärke aufnimmt. Es gibt keine klare Richtung, keine anhaltende Weisheit, keine beständige Kraft und kein eindeutiges Gefühl von persönlichem inneren Wert oder der eigenen Identität.

Das Ideal wäre natürlich ein stabiles Zentrum. Ein Zentrum, aus dem Sie beständig ein hohes Maß an Sicherheit, Orientierung, Weisheit und Kraft beziehen, das Ihre Pro-Aktivität stärkt und jedem Bereich Ihres Lebens Ausgeglichenheit und Harmonie verleiht.

Prinzipien im Zentrum

Dadurch, dass wir unser Leben um korrekte Prinzipien zentrieren, schaffen wir ein solides Fundament für die Entwicklung der vier lebenswichtigen Faktoren.

Unsere **Sicherheit** entstammt einer grundlegenden Erkenntnis: Zentren, die auf Menschen oder Dingen beruhen, sind häufigen Veränderungen unterworfen. Dagegen sind allgemein anerkannte Prinzipien beständig. Wir wissen, dass wir uns auf sie verlassen können.

Prinzipien reagieren auf nichts und niemanden. Sie werden nicht wütend und behandeln uns nicht aus heiterem Himmel völlig anders als bisher. Sie lassen sich nicht scheiden und brennen auch nicht mit unserer besten Freundin durch. Sie sind nicht hinter uns her. Sie pflastern unseren Weg nicht mit Abkürzungen und Patentlösungen. Sie hängen nicht vom Verhalten anderer, unserer Umgebung oder irgendwelchen Modeerscheinungen ab. Sie sterben nicht. Sie sind nicht an einem Tag da und am nächsten einfach weg. Sie verschwinden nicht durch Feuer, Erdbeben oder Diebstahl.

Prinzipien sind tiefe, fundamentale, klassische Wahrheiten, allgemeine gemeinsame Nenner. Es sind fest gesponnene Fäden, die sich mit Genauigkeit, Beständigkeit, Schönheit und Stärke durchs Gewebe des Lebens ziehen.

Selbst inmitten einer Welt, die diese Prinzipien zu ignorieren scheint, können wir uns fest auf eins verlassen: Prinzipien sind größer als Menschen oder Umstände. In tausenden von Jahren haben sie immer und immer wieder gesiegt. Noch wichtiger ist, dass wir sicher wissen, dass wir sie in unserem eigenen Leben, in unseren eigenen Erfahrungen bestätigen können.

Zugegeben, wir sind nicht allwissend. Mehr noch: Unser Wissen und Verständnis von allgemeingültigen Prinzipien ist eingeschränkt. Unser fehlendes Bewusstsein über unseren wahren Charakter und die Welt um uns herum verstellen uns den Blick. Und auch die Flut von modischen Philosophien und Theorien, die nicht im Einklang mit den Prinzipien stehen, schränken unsere Sicht ein. Doch diese Dinge werden nur eine kurze Blüte erleben. Viele werden schon bald wieder verwelken, weil sie auf den falschen Fundamenten aufgebaut sind.

Wir sind beschränkt, aber wir können unseren Horizont und unsere Grenzen erweitern. Es gilt, das Prinzip unseres eigenen Wachstums zu verstehen. Dann werden wir die fundamentalen Prinzipien erkennen, die unser Leben prägen. Und je mehr wir lernen, desto schärfer wird die Brille, durch die wir die Welt sehen. Oder anders ausgedrückt: Nicht die Prinzipien ändern sich, sondern unser Verständnis von ihnen.

Die **Weisheit** und **Orientierung**, die mit einem Leben nach diesen Prinzipien einhergehen, entstammen wahrheitsgetreuen Landkarten. Diese Landkarten beruhen darauf, wie die Dinge wirklich sind, waren und immer sein werden. Wahrheitsgetreue Karten ermögli-

Zentrum	Sicherheit	Orientierung	Weisheit	Kraft
Wenn Sie prinzipien-zentriert sind	• Ihre Sicherheit beruht auf korrekten Prinzipien, die sicht nicht ändern, unabhängig von äußeren Bedingungen oder Umständen. • Sie wissen, dass wahre Prinzipien in Ihrem Leben wiederholt durch Ihre eigenen Erfahrungen bestätigt werden können. • Korrekte Prinzipien wirken mit Genauigkeit, Beständigkeit, Schönheit und Stärke als Maßstab für Selbstverbesserung. • Korrekte Prinzipien helfen Ihnen, Ihre eigene Entwicklung zu verstehen, und geben Ihnen das Vertrauen, mehr zu lernen und dadurch Ihr Wissen und Verständnis zu mehren. • Ihre Quelle von Sicherheit versorgt Sie mit einem unbeweglichen, unveränderlichen, unfehlbaren Kern, der Sie Wandel als aufregendes Abenteuer und Möglichkeit sehen lässt, wesentliche Beiträge zu leisten.	• Sie werden von einem Kompass geleitet, der Sie erkennen lässt, wo Sie hinwollen und wie Sie dorthin gelangen können. • Sie benutzen genaue Daten, die Ihre Entscheidungen umsetzbar und sinnvoll machen. • Sie stehen abseits von Situationen, Emotionen und Umständen des Lebens und betrachten das ausgewogene Ganze. Ihre Entscheidungen und Handlungen spiegeln sowohl kurz- wie langfristige Überlegungen und Auswirkungen. • Sie bestimmen in jeder Situation bewusst und pro-aktiv die beste Alternative. Ihre Entscheidungen beruhen auf einem von Prinzipien geschulten Gewissen.	• Ihre Urteile schließen ein breites Spektrum von langfristigen Konsequenzen ein und reflektieren weise Ausgewogenheit und stille Versprechen. • Sie sehen die Dinge anders und denken und handeln daher auch anders als die größtenteils reaktive Welt. • Sie sehen die Welt durch ein fundamentales Paradigma für effektives, vorausschauendes Leben. • Sie betrachten die Welt in Bezug auf das, was Sie für die Welt und ihre Menschen tun können. • Sie nehmen einen pro-aktiven Lebensstil an, versuchen anderen zu dienen und sie aufzubauen. • Sie interpretieren alle Lebenserfahrungen als Möglichkeiten, zu lernen und Ihren Beitrag zu leisten.	• Ihre Kraft ist nur durch Ihr eigenes Verstehen und Beachten der Naturgesetze und korrekten Prinzipien und deren natürliche Konsequenzen eingeschränkt. • Sie werden ein selbstbewusstes, wissendes, pro-aktives Individuum, das weitgehend unbehindert von den Einstellungen, Verhaltensweisen und Handlungen anderer ist. • Ihre Fähigkeit zu handeln reicht viel weiter als Ihre eigenen Ressourcen und fördert hoch entwickelte Ebenen von Interdependenz. • Ihre Entscheidungen und Handlungen sind nicht von Ihren derzeitigen finanziellen oder umstandsbedingten Einschränkungen bestimmt. Sie erfahren interdependente Freiheit.

chen es uns, klar zu sehen, wo wir hinwollen und wie wir dorthin kommen. Wir können unsere Entscheidungen auf der Basis zuverlässiger Daten treffen. So wird ihre Umsetzung möglich und sinnvoll.

Die persönliche **Kraft**, die aus einem solchen Leben erwächst, ist die Kraft eines sich selbst wahrnehmenden, pro-aktiven, wissenden Individuums. Es ist nicht von den Einstellungen, Verhaltensweisen und Handlungen anderer oder den Umständen und Umwelteinflüssen eingeschränkt. Dieses Individuum ist nicht durch die Grenzen, die andere Menschen ihm setzen, eingeengt.

Die einzige wirkliche Beschränkung der Kraft erfolgt durch die natürlichen Konsequenzen der Prinzipien selbst. Was das genau heißt? Wir haben die Freiheit, aufgrund unseres Wissens um allgemeingültige Prinzipien unsere Handlungen zu wählen. Aber wir haben nicht die Freiheit, die Konsequenzen dieser Handlungen zu bestimmen. Wie schon erwähnt: »Wenn man ein Ende des Stocks aufhebt, hebt man zwangsläufig auch das andere.«

Prinzipien gehen immer mit natürlichen Konsequenzen einher. Wenn wir in Harmonie mit den Prinzipien leben, hat das positive Konsequenzen. Wenn wir sie ignorieren, negative. Doch diese Beschränkung ist universell. Ob uns das bewusst ist oder nicht: Die Prinzipien gelten für jeden von uns. Und je mehr wir über die allgemeingültigen Prinzipien wissen, desto größer ist unsere persönliche Freiheit, klug zu handeln. Wenn wir zeitlose, unveränderliche Prinzipien zum Zentrum unseres Denkens und Handelns machen, schaffen wir ein fundamentales Paradigma eines effektiven Lebens. Diese Prinzipien sind das Zentrum, das allem anderen Sinn und Richtung gibt.

Wollen Sie herausfinden, welchen Unterschied es macht, wo sich Ihr Zentrum befindet? Lassen Sie uns dazu ein konkretes Problem aus dem Blickwinkel unterschiedlicher Paradigmen betrachten. Setzen Sie dabei jede der einzelnen Brillen auf. Dann können Sie die Reaktionen, die die einzelnen Zentren auslösen, sehr gut nachvollziehen.

Stellen Sie sich bitte Folgendes vor: Sie haben Ihre Frau für heute Abend ins Konzert eingeladen. Die Karten haben Sie schon. Sie freut sich sehr darauf. Es ist 16.30 Uhr nachmittags. Sie wollen sich gerade auf den Nachhauseweg machen. Da ruft Ihr Chef an. Er sagt, dass er heute Abend dringend Ihre Hilfe braucht, um sich auf eine wichtige Sitzung morgen früh um neun vorzubereiten.

Wenn Sie durch die **partner-** oder **familienorientierte** Brille sehen, wird Ihre Hauptsorge Ihrer Frau gelten. Deshalb sagen Sie Ihrem Chef, dass Sie nicht länger arbeiten können. In dem Bemühen, Ihrer Frau eine Freude zu machen, gehen Sie mit ihr ins Konzert. Es kann aber auch sein, dass Sie im Büro bleiben, um Ihren Arbeitsplatz nicht zu gefährden. Das tun Sie allerdings widerwillig. Zudem machen Sie sich Sorgen, wie Ihre Frau wohl darauf reagieren wird, dass der Konzertbesuch ausfallen muss. Also rechtfertigen Sie Ihre Entscheidung in Gedanken und versuchen, sich gegen den Ärger oder die Enttäuschung Ihrer Frau zu wappnen.

Wenn Sie durch die **geldorientierte** Brille sehen, denken Sie vor allem an den zusätzlichen Lohn für die Überstunden und die Aussicht auf eine Gehaltserhöhung wegen Ihres außergewöhnlichen Engagements. Also rufen Sie Ihre Frau an und sagen ihr einfach, dass Sie im Büro bleiben und den Konzertbesuch absagen müssen. Sie gehen davon aus, dass sie verstehen wird, dass wirtschaftliche Fragen vorrangig sind.

Wenn Sie **arbeitsorientiert** sind, denken Sie an die mit den Überstunden verbundenen Möglichkeiten. Sie können mehr über Ihren Job lernen, beim Chef Punkte sammeln und Ihre Karriere vorantreiben. Anerkennend loben Sie sich selbst, weil Sie weit mehr Stunden einlegen als nötig. Es macht Ihnen Spaß zu beweisen, was für eine fleißige Arbeitskraft Sie sind. Ihre Frau sollte stolz auf Sie sein!

Wenn Sie **besitzorientiert** sind, denken Sie an all die Dinge, die Sie sich dank der bezahlten Überstunden kaufen könnten. Oder Sie überlegen, wie gut es Ihrem Ruf im Unternehmen tun würde, wenn Sie länger bleiben würden. Morgen würde jeder erfahren, wie selbstlos und aufopfernd Sie sind.

Wenn Sie **vergnügungsorientiert** sind, werden Sie die Arbeit einfach liegen lassen. Sie gehen ins Konzert, auch wenn sich Ihre Frau über den Zuschuss in der Haushaltskasse durch die Überstunden sehr freuen würde. Schließlich haben Sie es sich verdient, mal wieder so richtig schick auszugehen!

Wenn Sie **freundschaftsorientiert** sind, hängt Ihre Entscheidung von zwei Punkten ab. Einerseits geht es darum, ob Sie noch Freunde mit ins Konzert eingeladen haben. Dann werden Sie keine Überstunden machen. Völlig anders sieht es aus, wenn Ihre Freunde auch länger im Büro bleiben. In diesem Fall werden Sie das Konzert absagen und gemeinsam mit Ihren Freunden eine Extraschicht einlegen.

Wenn Sie **feindschaftsorientiert** sind, bleiben Sie ganz besonders lang. Schließlich wissen Sie, dass Ihnen das einen ungeheuren Vorteil gegenüber dem ungeliebten Kollegen verschafft. Sie werden allen beweisen, dass nicht er, sondern Sie ein großer Gewinn für die Firma sind. Während er sich amüsiert, werden Sie sich abrackern. Neben Ihrer eigenen Arbeit werden Sie auch noch seine Aufgaben erledigen. Denn im Gegensatz zu ihm opfern Sie das Wohl der Firma nicht leichtherzig für das persönliche Vergnügen.

Wenn Sie **selbstorientiert** sind, werden Sie das tun, was am besten für Sie ist. Wäre es besser für Sie, abends mit Ihrer Frau auszugehen? Oder wäre es besser für Sie, beim Chef ein paar Pluspunkte zu sam-

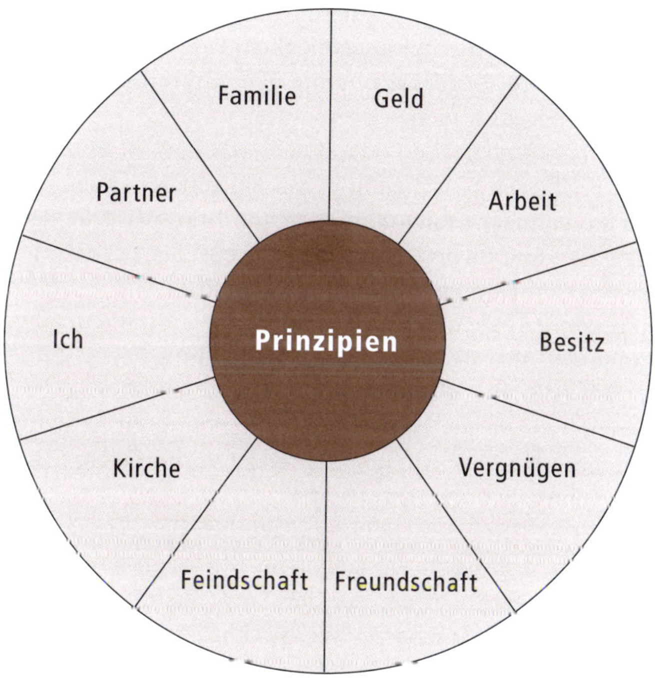

meln? Ihr Hauptaugenmerk liegt darauf, welche Folgen die beiden Optionen für Sie haben werden.

Es gibt so viele verschiedene Arten, ein Ereignis zu betrachten. Da ist es nicht verwunderlich, dass wir Wahrnehmungsprobleme à la »alte Frau oder junge Frau« haben. Sehen Sie, wie sehr unsere Zentren uns beeinflussen? Das geht von unserer Motivation über unsere täglichen Entscheidungen, Handlungen und *Reaktionen*) bis hin zu unseren Interpretationen von Ereignissen. Darum ist es so wichtig, dass wir unser Zentrum kennen und verstehen. Was aber, wenn dieses Zentrum Ihnen nicht die Kraft gibt, ein pro-aktiver Mensch zu sein? Dann wird es im Sinne Ihrer persönlichen Effektivität notwendig sein, einige Paradigmenwechsel vorzunehmen, um ein kraftgebendes Zentrum zu schaffen.

Als **prinzipienorientierter** Mensch blenden Sie die Emotionalität der Situation und alle anderen Dinge aus, die Sie beeinflussen könnten. Stattdessen bewerten Sie die verschiedenen Optionen objektiv. Sie betrachten das große Ganze – beispielsweise die Erfordernisse der Arbeit oder der Familie. Zudem spielen Sie die Auswirkungen der verschiedenen Entscheidungsmöglichkeiten vor Ihrem geistigen Auge durch. Unter Berücksichtigung aller Faktoren versuchen Sie, die beste Lösung zu finden.

Ob Sie ins Konzert gehen oder länger arbeiten, ist nur ein kleiner Teil einer effektiven Entscheidung. Mit einigen der anderen Zentren würden Sie wahrscheinlich zum gleichen Ergebnis gelangen. Dennoch gibt es wesentliche Unterschiede, wenn Sie aus einem prinzipienorientierten Paradigma heraus entscheiden.

Erstens werden Sie nicht von den äußeren Umständen oder anderen Leuten gelenkt. Sie treffen Ihre Entscheidung bewusst und wählen pro-aktiv das, was Sie persönlich für die beste Alternative halten.

Zweitens wissen Sie, dass Ihre Entscheidung die effektivste ist. Denn sie beruht auf Prinzipien, die Ihnen vorhersagbare und langfristige Ergebnisse einbringen werden.

Drittens trägt Ihre Entscheidung dazu bei, dass Sie Ihre Ziele im Leben erreichen. Bleiben Sie länger im Büro, um jemand anderen in der Firma zu ärgern? Oder machen Sie Überstunden, weil Sie die Effektivität Ihres Chefs schätzen und wirklich zum Wohlergehen der Firma beitragen wollen? Je nachdem, was Ihre Beweggründe sind, wird dieser Abend eine vollkommen andere Bedeutung haben. Oder anders ausgedrückt: Die Erfahrungen, die Sie bei der Umsetzung Ihrer Entscheidungen machen, haben Qualität und Bedeutung für Ihr gesamtes Leben.

Viertens können Sie die starken Netzwerke nutzen, die Sie in Ihren interdependenten Beziehungen aufgebaut haben. Mehr noch: Da Sie unabhängig sind, können Sie effektiv interdependent sein. Vielleicht entscheiden Sie sich, anderen möglichst viele Aufgaben zu übertragen. Dann können Sie am Tag nach dem Konzert ganz früh ins Büro kommen und den Rest selbst erledigen.

Und schließlich werden Sie sich mit Ihrer Entscheidung wohlfühlen. Was auch immer Sie tun: Sie können sich darauf konzentrieren und es genießen.

Als prinzipienorientierter Mensch sehen Sie die Dinge anders. Und weil Sie die Dinge anders sehen, denken und handeln Sie auch anders. Sie haben ein hohes Maß an Sicherheit, Orientierung, Weisheit und Kraft. All das beruht auf einem soliden, unveränderlichen Zentrum. Dadurch haben Sie das Fundament für ein äußerst proaktives und effektives Leben.

Ein Leitbild formulieren und sein Leben danach ausrichten

Es ist wichtig, tief in unser Inneres zu schauen, unsere grundlegenden Paradigmen zu verstehen und sie in Übereinstimmung mit den richtigen Prinzipien zu bringen. Einerseits schaffen wir dadurch ein effektives Zentrum, das uns stärkt und uns viel Kraft schenkt. Andererseits bekommen wir so eine klare Brille, durch die wir die Welt sehen können. Dann können wir unseren Blick darauf ausrichten, wie wir unser Leben als einzigartige Individuen in dieser Welt gestalten wollen.

Viktor Frankl sagt, wir würden die Berufung in unserem Leben eher *entdecken* als *erfinden*. Mir gefällt dieser Gedanke. Ich glaube, jeder von uns hat ein inneres Gespür, ein *Gewissen*. Es verschafft uns Klarheit über unsere Einzigartigkeit und die besonderen Beiträge, die wir leisten können. Mit Frankls Worten: »Jeder hat im Leben seine eigene, ganz spezielle Mission oder Berufung … Diese Mission kann nur er erfüllen. Weder ist er hier zu ersetzen, noch lässt sich sein Leben wiederholen. Die Aufgabe eines jeden ist so einzigartig wie seine persönlichen Fähigkeiten, sie zu erfüllen.«

Unser Sinn, die Bedeutung, die wir als Individuum haben, kommt von innen. Dazu noch einmal Frankl: »Letzten Endes sollte der Mensch nicht fragen, was der Sinn seines Lebens ist. Vielmehr sollte er erkennen, dass er vom Leben befragt wird. Er kann nur dadurch antworten, dass er für sein eigenes Leben spricht und Verantwortung übernimmt.«

Als pro-aktive Menschen können wir uns klarmachen, was wir in unserem Leben sein und tun wollen. Wir können ein persönliches Leitbild entwickeln.

Ein Leitbild ist nichts, was man einfach so über Nacht niederschreiben kann. Bis die endgültige Version gefunden ist, sind tiefe Einsicht, sorgfältige Analyse und oft auch viele Fassungen nötig. Es kann mehrere Wochen oder sogar Monate dauern, bis Sie sich mit Ihrem Leitbild wirklich wohlfühlen, bis Sie spüren, dass Sie einen vollständigen, stimmigen Ausdruck Ihrer innersten Werte gefunden haben. Und selbst dann werden Sie Ihr Leitbild immer wieder anschauen und verändern. Denn im Laufe der Jahre gewinnen Sie neue Einsichten und auch die Lebensumstände ändern sich immer wieder.

Grundsätzlich wird Ihr Leitbild jedoch zu Ihrer eigenen Verfassung. Es ist ein grundlegender Ausdruck Ihrer Lebensvision und Ihrer Werte. Das macht es zum entscheidenden Kriterium, an dem Sie alles andere in Ihrem Leben messen können.

Auch ich überarbeite mein Leitbild regelmäßig. Bei meiner letzten Überarbeitung saß ich nach einer kleinen Fahrradtour ganz allein an einem wunderschönen Strand. Ich nahm meinen Organizer und überdachte mein Leitbild. Es dauerte mehrere Stunden. Mich überkam das Gefühl einer großen Klarheit, Organisiertheit und Verbindlichkeit. Ich fühlte mich unendlich heiter und frei.

Wenn es um das persönliche Leitbild geht, ist der Prozess meiner Meinung nach genauso wichtig wie das Ergebnis. Ihr Leitbild zu formulieren oder zu überarbeiten, wird Sie verändern. Es zwingt Sie dazu, Ihre Prioritäten sorgfältig zu überdenken und Ihr Verhalten in Einklang mit Ihren Überzeugungen zu bringen. Sobald Sie das tun, spüren auch andere Menschen, dass Sie nicht einfach von dem getrieben werden, was Ihnen widerfährt. Und Sie selbst sehen in dem, was Sie in Zukunft tun wollen, eine Berufung, die Ihnen tief in Ihrem Inneren große Freude bereitet.

Das ganze Gehirn nutzen

Unsere Selbstwahrnehmung gibt uns die Chance, unseren Gedanken auf den Grund zu gehen. Das ist bei der Erstellung eines persönlichen Leitbildes besonders hilfreich. Wie Sie ja bereits gelesen haben, ermöglichen es uns unsere Vorstellungskraft und unser Gewissen, den 2. Weg umzusetzen. Diese beiden menschlichen Eigenschaften sind in erster Linie Funktionen der rechten Gehirnhälfte. Wenn wir wissen, wie wir die Kapazität unserer rechten Gehirnhälfte freisetzen können, eröffnet uns das wesentlich bessere Möglichkeiten während der ersten Phase des Schaffens.

Seit Jahrzehnten wird eine Menge Forschungsarbeit auf dem Gebiet der Gehirn-Dominanz-Theorie betrieben. Die Ergebnisse zeigen: Die linke und die rechte Hemisphäre des Gehirns tendieren dazu, sich auf unterschiedliche Funktionen zu spezialisieren, unterschiedliche Arten von Informationen zu verarbeiten und unterschiedliche Arten von Problemen zu lösen.

Die linke Hemisphäre arbeitet mehr logisch und verbal. Die rechte mehr intuitiv und kreativ. Die linke Hirnhälfte bevorzugt Wörter, die rechte Bilder. Die linke achtet auf Details, die rechte auf das große Ganze und die Beziehung der Teile untereinander. Die linke Hemisphäre beschäftigt sich mit der Analyse und der Zerlegung der Teile; die rechte mit der Synthese und dem Zusammenfügen der Teile. Die linke dient dem sequenziellen Denken; die rechte dem simultanen und holistischen. Die linke Hirnhälfte ist an die Zeit gebunden; die rechte ist von der Zeit unabhängig.

Jeder Mensch nutzt immer beide Seiten des Gehirns. Dennoch tendiert eine Hirnhälfte dazu, dominant zu sein. Ideal wäre es natürlich, den Austausch der beiden Hemisphären zu fördern und beide Seiten gleichermaßen einzusetzen. Dann könnte man zunächst erspüren, was die Situation erfordert, und daraufhin das angemessene Werkzeug einsetzen. Doch wir Menschen neigen dazu, in der »Komfortzone« unserer dominanten Hemisphäre zu bleiben. Deshalb verarbeiten wir jede Situation gemäß unserer eigenen Vorliebe für links oder rechts.

Oder um es mit den Worten von Abraham Maslow zu sagen: »Wer geschickt mit einem Hammer umgehen kann, hält alles für einen Nagel.« Alte oder junge Frau: Genau das ist ein weiterer, entscheidender Faktor, der den Wahrnehmungsunterschied »alte« oder »junge« Frau beeinflusst.

Rechts oder links? Wie wir die Dinge um uns herum betrachten, hängt maßgeblich davon ab, welche Hirnhälfte bei uns den Ton angibt.

Wir leben in einer primär linkshemisphärisch dominierten Welt. Hier dreht sich alles um Wörter, Zahlen, Daten, Fakten und Logik. Die kreativen, intuitiven, fühlenden und künstlerischen Aspekte unseres Wesens spielen dagegen eine untergeordnete Rolle. Da ist es kein Wunder, dass es vielen von uns schwerfällt, die Kapazitäten der rechten Gehirnhälfte zu nutzen.

Zugegeben, die Beschreibung der beiden Hemisphären ist stark vereinfacht. Zudem werden künftige Forschungen sicher noch mehr Licht auf die Funktionsweisen des Gehirns werfen. Aber mit kommt es hier vor allem auf eines an: Ich möchte Ihnen zeigen, dass wir unser Potenzial nicht annähernd ausnutzen. Wenn wir uns über die verschiedenen Fähigkeiten der beiden Hirnhälften klar werden, können wir unser Gehirn wesentlich effektiver einsetzen und den verschiedensten Situationen viel besser gerecht werden.

Zwei Wege, um das Potenzial der rechten Gehirnhälfte besser auszuschöpfen

Die Gehirn-Dominanz-Theorie zeigt: Die Qualität während der ersten Phase des Schaffens hängt stark davon ab, wie gut wir unsere rechte, kreative Gehirnhälfte nutzen können. Je besser wir ihr Potenzial ausschöpfen können, desto besser können wir visualisieren, in die Zukunft blicken und ein glasklares Bild davon entwickeln, was wir im Leben sein und tun wollen.

Den Horizont erweitern

Manchmal katapultiert uns ein unerwartetes Ereignis aus den Denkmustern unserer linken Gehirnhälfte in die rechte. Der Tod eines geliebten Menschen, eine ernste Krankheit, eine schwere finanzielle Krise oder großes Unglück können uns veranlassen, einen Schritt zurückzutreten, unser Leben zu betrachten und uns selbst ein paar deutliche Fragen zu stellen: »Was ist wirklich wichtig? Warum tue ich, was ich tue?«

Aber wenn Sie pro-aktiv sind, brauchen Sie nicht darauf zu warten, dass andere Menschen oder die äußeren Umstände Sie dazu zwingen, Ihren Blickwinkel zu erweitern. Sie können das ganz bewusst selbst machen. Wie das geht? Dazu gibt es viele Möglichkeiten. Nutzen Sie die Kraft Ihres Vorstellungsvermögens. Visualisieren Sie, wie wir es am Anfang dieses Kapitels getan haben, Ihre eigene Beerdigung. Verfassen Sie Ihren eigenen Nachruf. Schwarz auf weiß auf Papier. Seien Sie dabei sehr genau und achten Sie auf jedes noch so kleine Detail.

Sie können auch Ihren 25. und dann Ihren 50. Hochzeitstag visualisieren. Bitten Sie Ihre Frau oder Ihren Mann, das gemeinsam mit Ihnen zu tun. Schreiben Sie auf, wie die Familie sein soll, die Sie beide durch Ihren tagtäglichen Einsatz geschaffen haben.

Sie können visualisieren, dass Sie Ihren Job aufgeben, um in den Ruhestand zu gehen. Welche Beiträge, welche Leistungen wollen Sie bis dahin in Ihrem Beruf erbracht haben? Welche Pläne haben Sie für die Zeit danach? Möchten Sie noch mal so richtig durchstarten und eine zweite Karriere anstreben?

Erweitern Sie Ihren Horizont. Visualisieren Sie alles möglichst detailgetreu. Lassen Sie dabei möglichst viele Emotionen zu und nutzen Sie möglichst viele Sinne.

Ich habe ähnliche Visualisierungsübungen mit den Teilnehmern meiner Hochschulseminare gemacht. »Nehmen Sie an, Sie hätten nur noch dieses eine Semester zu leben«, sage ich den Studenten. »Während dieses Semesters sollen Sie als guter Student an der Uni bleiben. Visualisieren Sie, wie Sie dieses Semester verbringen würden.« Plötzlich erschienen die Dinge in einer völlig anderen Perspektive. Auf einmal tauchten Werte auf, die vorher überhaupt keine Rolle gespielt haben.

Ich habe die Studenten außerdem gebeten, eine Woche lang mit dieser neuen, erweiterten Perspektive zu leben und Tagebuch über ihre Erfahrungen zu führen.

Die Ergebnisse waren wirklich aufschlussreich. Viele schrieben ihren Eltern, wie sehr sie sie lieben und schätzen. Einige versöhnten sich mit Geschwistern oder Freunden, zu denen sie keine gute Beziehung mehr hatten.

Plötzlich drehte sich alles um ein zentrales Thema, um ein grundlegendes Prinzip: die Liebe! Wie sinnlos Lästereien, Vorwürfe und schlechte Gedanken über andere sind, wird sehr offensichtlich, wenn man daran denkt, dass man nur noch kurz zu leben hat. Auf einmal werden Prinzipien und Werte viel klarer und deutlicher.

Es gibt eine Reihe von Techniken, mit denen Sie Ihr Vorstellungsvermögen so einsetzen können, dass Sie die Verbindung zu Ihren Werten finden. Bei allen von mir eingesetzten Methoden war das Ergebnis jedoch immer dasselbe: Wenn Menschen ernsthaft versuchen herauszufinden, worauf es in ihrem Leben wirklich ankommt, wer sie sein und was sie tun wollen, werden sie sehr demütig. Das Heute und Morgen sind nicht mehr wichtig. Sie denken in viel größeren Dimensionen.

Visualisierung und Affirmation

Persönliche Führung ist keine einmalige Erfahrung. Sie beginnt und endet nicht mit dem Aufschreiben eines persönlichen Leitbildes. Vielmehr ist sie ein fortlaufender Prozess. Bei diesem Prozess geht es darum, dass Sie Ihre Werte und Ihre Vision vor Augen haben und Ihr Leben so ausrichten, dass es weitgehend damit übereinstimmt. Dabei kann Ihnen Ihre rechte Gehirnhälfte wertvolle Dienste leisten. Sie hilft Ihnen, Ihr persönliches Leitbild erfolgreich in Ihrem Leben umzusetzen. Denn auch hier ist es wichtig, dass Sie »schon am Anfang das Ende im Sinn haben«.

Kehren wir nochmals zu einem früheren Beispiel zurück. Nehmen wir an, ich sei ein Vater, der seine Kinder innig liebt. Nehmen wir zudem an, ich hätte das als einen meiner grundlegenden Werte in meinem persönlichen Leitbild festgehalten. Aber nehmen wir auch an, ich hätte im Alltag Probleme damit, dass ich überreagiere.

Ich kann die Visualisierungskraft meiner rechten Gehirnhälfte nutzen, um eine »Affirmation« zu formulieren. Diese Bestätigung wird mir helfen, mehr Übereinstimmung mit meinen innersten Werten im Alltag zu erlangen.

Eine gute Affirmation zeichnet sich durch fünf wesentliche Bestandteile aus: Sie ist *persönlich, positiv* und *im Präsens formuliert*, sie ist *visuell* und *emotional*. Ich könnte also beispielsweise schreiben: »Es ist für mich (persönlich) zutiefst befriedigend (emotional), dass ich mit Weisheit, Liebe und Selbstkontrolle (positiv) reagiere (Präsens), wenn meine Kinder sich danebenbenehmen.«

Diese Affirmation kann ich dann immer wieder visualisieren. Jeden Tag kann ich Körper und Geist einige Minuten vollkommen entspannen. Ich kann mir Situationen ausmalen, in denen sich meine Kinder danebenbenehmen. Bis ins kleinste Detail. Ich kann den Bezug des Sessels, auf dem ich gerade sitze, den Boden unter meinen Füßen und die angenehme Flauschigkeit meines Pullovers spüren. Ich kann den Gesichtsausdruck und das Kleid meiner Tochter sehen. Je deutlicher und lebhafter ich mir die Details vorstellen kann, desto intensiver werde ich die Situation erleben, desto weniger werde ich Zuschauer sein.

Und dann sehe ich, wie meine Kinder etwas tun, was normalerweise mein Herz schneller schlagen und meine Wut aufsteigen lässt. Aber anstelle meiner üblichen Reaktion kann ich mir ausmalen, wie ich die Situation mit all der Weisheit, Liebe und Selbstkontrolle meistere, die ich in meiner Affirmation dargestellt habe. Ich kann mir mein eigenes Programm, mein eigenes Skript schreiben, dass im Einklang mit meinen Werten und mit meinem Leitbild steht.

Wenn ich das tue, wird mein Verhalten sich jeden Tag ein wenig ändern. Ich muss mich nicht an die Drehbücher halten, die mir meine Eltern, die Gesellschaft, meine Gene oder meine Umwelt geschrieben haben. Vielmehr werde ich nach dem Skript leben, das ich aus meinem selbst gewählten Wertesystem heraus geschrieben habe.

Dr. Charles Garfield hat umfassende Studien über Spitzenleistungen im Sport sowie im Geschäftsleben erstellt. Eines der wesentlichen Ergebnisse lautet: Fast alle Weltklassesportler und Menschen, die Spitzenleistung vollbringen, sind wahre Meister der Visualisierung. Bevor sie etwas tun, sehen, fühlen und erfahren sie es. Sie haben bereits am Anfang das Ende im Sinn. Das können Sie auch – und zwar in allen Lebensbereichen. Ob eine wichtige Rede, eine entscheidende Verkaufspräsentation, ein schwierige Diskussion oder die tägliche Herausforderung, ein Ziel zu erreichen: Sie können jede Situation immer wieder bildlich, klar und lebhaft vor sich sehen. Dadurch schaffen Sie sich eine innere »Komfortzone«. Wenn Sie die Situation dann erleben, ist sie Ihnen nicht fremd. Sie kann Sie nicht mehr erschrecken.

Ihre kreative, visuelle rechte Gehirnhälfte ist einer Ihrer wichtigsten Aktivposten, wenn es darum geht, Ihr Leitbild zu erstellen und dieses fest in Ihrem Leben zu verankern.

Rollen und Ziele identifizieren

Wenn Sie versuchen, die Bilder, Gefühle und Vorstellungen der rechten Gehirnhälfte zu einem schriftlichen Leitbild zusammenzufassen, wird auch die logisch-verbale linke Gehirnhälfte wichtig. So, wie Atemübungen dazu beitragen, Körper und Geist zu harmonisieren, erleichtert es das Schreiben, eine Verbindung vom Unbewussten zum Bewussten herzustellen. Schreiben destilliert, kristallisiert und klärt die Gedanken.

Wir alle haben in unserem Leben viele verschiedene Rollen, in denen wir Verantwortung tragen. Meine Rollen könnten beispielsweise sein: Ehemann, Vater, Lehrer, Vereinsmitglied und Geschäftsmann. Jede dieser Rollen ist wichtig.

Wenn Leute daran arbeiten, effektiver im Leben zu werden, dann gibt es immer wieder ein grundlegendes Problem: Viele denken zu einseitig. Sie verlieren das Gefühl für die natürliche Ausgewogenheit, die für ein effektives Leben unabdingbar ist. Stattdessen ordnen sie alles der Arbeit unter und vernachlässigen ihre Gesundheit. Im Namen des beruflichen Erfolgs bleiben die kostbarsten persönlichen Beziehungen oft auf der Strecke.

Aber was können Sie tun, damit Ihr Leben ausgewogener wird? Unterteilen Sie Ihr Leitbild nach Ihren verschiedenen Rollen. Überlegen Sie, welche Ziele Sie auf jedem Gebiet erreichen wollen. Betrachten Sie Ihre Rolle im Beruf. Vielleicht sind Sie Verkäufer, Manager oder Produktentwickler? Worum geht es hier für Sie? Von welchen Werten wollen Sie sich leiten lassen? Denken Sie an Ihre persönlichen Rollen: Ehemann, Ehefrau, Vater, Mutter, Nachbar oder Freund. Was sind Sie in diesen Rollen? Was ist Ihnen daran wichtig? Denken Sie an Ihre gesellschaftlichen Rollen: in der Politik, bei karitativen oder anderen freiwilligen Organisationen.

Eine Führungskraft hat die Idee der Rollen und Ziele genutzt, um folgendes Leitbild zu entwerfen:

Meine Berufung ist, integer zu leben und im Leben anderer wichtig und wertvoll zu sein.

Um diese Berufung zu erfüllen:

- **Übe ich mich in Nächstenliebe:** Ich gehe auf jeden zu und bringe ihm Wertschätzung entgegen – und zwar unabhängig von seiner Situation.
- **Bringe ich Opfer:** Ich widme meine Zeit, meine Talente und meine Fähigkeiten meiner Berufung.
- **Inspiriere ich andere:** Ich lehre, dass jeder die Kraft hat, wie David einen Goliath zu überwinden
- **Habe ich Einfluss:** Das, was ich tue, ändert etwas im Leben anderer Menschen.

Diese Rollen haben bei der Erfüllen meiner Berufung Vorrang:

- **Ehemann** – Meine Frau ist der wichtigste Mensch in meinem Leben. Gemeinsam streben wir nach Harmonie, Fleiß, Nächstenliebe und Sparsamkeit.
- **Vater** – Ich helfe meinen Kindern, immer mehr Freude in ihrem Leben zu erfahren.
- **Sohn/Bruder** – Ich bin jederzeit »da«, um Liebe, Fürsorge und Unterstützung zu geben.
- **Nachbar** – Mein Umgang mit anderen macht meine Werte und Prinzipien sichtbar.
- **Berater** – Ich bin Triebfeder für die Entwicklung von Spitzenleistungen in großen Organisationen.
- **Lernender** – Ich lerne jeden Tag wichtige neue Dinge.

Wenn Sie Ihre Lebensgrundsätze anhand der wichtigen Rollen in Ihrem Leben niederschreiben, gibt Ihnen das Ausgewogenheit und Harmonie. Jede Rolle ist deutlich sichtbar. So können Sie regelmäßig überprüfen, ob alle Rollen im Gleichgewicht sind. Dadurch stellen Sie sicher, dass Sie sich nicht völlig von einer Rolle vereinnahmen lassen und die anderen, die in Ihrem Leben ebenso wichtig oder sogar noch bedeutender sind, vernachlässigen.

Sobald Sie Klarheit über Ihre verschiedenen Rollen gewonnen haben, folgt der nächste Schritt: Jetzt können Sie über die langfristigen Ziele nachdenken, die Sie in den einzelnen Rollen erreichen wollen. Hier nutzen wir wieder die rechte Gehirnhälfte – unser Vorstellungsvermögen, unsere Kreativität, unser Gewissen und unsere Inspiration. Diese Ziele werden völlig anders sein als diejenigen, die sich die meisten Leute stecken. Denn sie sind die Weiterführung eines auf allgemeingültigen Prinzipien, eines auf Naturgesetzen beruhenden Leitbilds. Und sie stehen in Harmonie mit diesen Prinzipien. Das verschafft Ihnen wesentlich bessere Chancen, diese Ziele zu erreichen. Es sind nicht die Ziele eines anderen, die Sie einfach so übernommen haben. Es sind *Ihre* Ziele. Sie spiegeln Ihre innersten

Werte, Ihr einzigartiges Talent, Ihre persönliche Berufung. Zudem erwachsen diese Ziele aus den Rollen, die Sie für Ihr Leben gewählt haben.

Rollen und Ziele geben Ihrem Leitbild Struktur und eine klare Richtung. Wenn Sie noch kein Leitbild formuliert haben, ist dies ein guter Ausgangspunkt. Definieren Sie einfach die verschiedenen Rollen Ihres Lebens. Halten Sie die zwei oder drei wichtigen Resultate fest, die Sie auf diesen Gebieten erreichen wollen. Das gibt Ihrem Leben eine umfassende Perspektive und eine eindeutige Orientierung.

Wenn wir uns mit dem 3. Weg beschäftigen, werden wir uns verstärkt Ihren kurzfristigen Zielen widmen. Zuvor ist es jedoch wichtig, dass Sie Ihr persönliches Leitbild erstellen und Klarheit über Ihre Rollen und Ihre langfristigen Ziele gewinnen. So schaffen Sie die Grundlage für ein effektives Vorgehen, wenn wir im Zusammenhang mit dem 3. Weg zum tagtäglichen Management Ihres Lebens und Ihrer Zeit kommen.

Familien-Leitbild

Der 2. Weg beruht auf allgemeingültigen Prinzipien. Daher findet er ein breites Anwendungsfeld. Neben Einzelpersonen werden auch Familien, Gruppen und Organisationen aller Art wesentlich effektiver, wenn sie schon am Anfang das Ende im Sinn haben.

Der Kern jeder Familie ist das, was unveränderlich ist, was immer da sein wird – die gemeinsamen Visionen und Werte. Diesen kommen Sie auf die Spur, wenn Sie ein Familien-Leitbild formulieren. Auch hier gilt: Der Prozess ist genauso wichtig wie das Produkt.

Gemeinsam ein Leitbild zu verfassen und immer weiter auszufeilen, ist ein wichtiger Schlüssel zur Verbesserung des Familienlebens. Gehen Sie dabei folgendermaßen vor: Sammeln Sie die Beiträge jedes einzelnen Familienmitglieds. Erstellen Sie einen ersten Leitbildentwurf. Berücksichtigen Sie anschließend das Feedback aller Familienmitglieder und schreiben Sie Ihr Leitbild entsprechend um. Berücksichtigen Sie dabei auch die unterschiedlichen Ausdrucksweisen der verschiedenen Familienmitglieder. So fängt die Familie an, miteinander zu reden. Alle sprechen über die Dinge, auf die es wirklich ankommt. Die besten Leitbilder entstehen, wenn alle Familienmitglieder respektvoll und fair über ihre unterschiedlichen Ansichten diskutieren. Dann können sie gemeinsam etwas schaffen, das viel größer und viel besser ist, als es ein Einzelner jemals bewerkstelligen könnte.

Wichtig ist auch, dass Sie Ihr Familien-Leitbild regelmäßig überprüfen. Erweitern Sie die Perspektiven Ihrer Familie. Aktualisieren Sie gemeinsam Ihr Leitbild. Ändern Sie einzelne Dinge, tauschen Sie überholte Punkte aus oder geben Sie Ihnen eine neue Bedeutung. Nur so bleibt Ihre Familie an gemeinsame Werte gebunden.

Ob gegenseitige Zuneigung und Unterstützung, Förderung der Talente, Ordnung oder die Bereitschaft, sich für andere einzusetzen: Ihr Leitbild hilft Ihnen zu erkennen, wie Sie bei den Belangen abschneiden, die Ihnen als Familie am wichtigsten sind.

Unternehmens-Leitbild

Unternehmens-Leitbilder sind auch für erfolgreiche Organisationen von großer Bedeutung. Eine der wichtigsten Aufgaben bei meiner Arbeit mit Organisationen ist, ihnen dabei zu helfen, effektive Unternehmens-Leitbilder zu entwickeln. Um wirklich effektiv zu sein, muss das Leitbild aus dem Innersten der Organisation stammen. Jeder sollte daran beteiligt sein – nicht nur die oberste Führungsriege. Mehr noch: Die Beteiligung aller Mitarbeiter ist die Grundvoraussetzung dafür, dass das Leitbild später im Unternehmen auch umgesetzt und gelebt wird.

Ich bin immer wieder aufs Neue fasziniert, wenn ich zu IBM komme und die Aus- und Weiterbildungsprozesse dort beobachte. Unzählige Male habe ich erlebt, wie die Geschäftsleitung in eine Gruppe kam und sagte, IBM steht für drei Dinge: Achtung vor den Mitarbeitern, Spitzenleistungen und Dienst am Kunden.

Diese drei Dinge bilden das Glaubenssystem von IBM. Alles andere wird sich ändern, aber diese drei Dinge nicht. Dieses Glaubenssystem ist fest in der gesamten Organisation verankert. Es gibt allen

Mitarbeitern eine zuverlässige Grundlage von gemeinsamen Werten und persönlicher Sicherheit.

Ich habe einmal in New York eine Gruppe von IBM-Mitarbeitern trainiert. Es war eine kleine Gruppe, etwa zwanzig Personen. Einer der Teilnehmer wurde krank. Er rief seine Frau in Kalifornien an. Sie machte sich große Sorgen, weil er eine ganz spezielle Behandlung brauchte. Die für das Training verantwortlichen IBM-Leute setzen alle Hebel in Bewegung, damit er umgehend einen Platz in einer erstklassigen Klinik bekam. Hier arbeitete ein Arzt, der ein anerkannter Spezialist für seine Krankheit war. Doch sie spürten, dass seine Frau unsicher war. Sie hätte ihren Mann lieber zu Hause gehabt. Denn hier gab es einen Hausarzt, der bestens mit der Erkrankung ihres Mannes vertraut war.

Also beschlossen sie, ihren kranken Kollegen nach Kalifornien zu bringen. Allerdings hatten sie Angst, dass es zu lange dauern könnte, ihn zum Flughafen zu fahren und dort auf eine Linienmaschine zu warten. Deshalb besorgten sie einen Hubschrauber und flogen ihn direkt von der Klinik zum Flughafen. Dort mieteten sie einen Privatjet, um den Mann auf dem schnellsten Weg nach Hause zu schaffen.

Ich weiß nicht, was das alles gekostet hat. Wahrscheinlich waren es einige tausend Dollar. Aber IBM achtet die Würde jedes einzelnen Mitarbeiters. Das ist ein zentraler Firmengrundsatz. Für die anderen Teilnehmer des Trainings spiegelte der Einsatz für den erkrankten Kollegen den IBM-Geist. Deshalb waren sie nicht sonderlich überrascht. Doch ich war zutiefst beeindruckt.

Ein andermal sollte ich 175 Manager von Einkaufszentren in einem Hotel trainieren. Ich war erstaunt, wie gut der Service dort funktionierte. Hier gab es keine aufgesetzte Freundlichkeit. Alles wirkte herzlich, spontan und ungezwungen.

Ich kam ziemlich spät an, checkte ein und fragte, ob es einen Zimmerservice gäbe. Der Mann am Empfang sagte: »Nein, Mister Covey. Aber wenn Sie mögen, kann ich Ihnen einen Salat, ein Sandwich oder etwas anderes aus der Küche holen.« Er zeigte deutlich, dass ihm meine Zufriedenheit und mein Wohlbefinden am Herzen lagen: »Würden Sie gern Ihren Seminarraum sehen? Haben Sie alles, was Sie brauchen? Was kann ich für Sie tun? Ich bin gerne für Sie da.«

Zu dieser späten Stunde waren kein Vorgesetzter und auch keine Aufsichtsperson in der Nähe. Der Mann verhielt sich ganz ehrlich und aufrichtig.

Am nächsten Tag bemerkte ich mitten in meiner Präsentation, dass ich nicht genügend Filzstifte hatte. Während einer kurzen Pause ging ich in die Halle. Hier traf ich einen Pagen. Er war sehr in Eile, weil er zu einer anderen Seminargruppe musste. »Ich habe ein Problem«, sagte ich. »Ich trainiere hier eine Gruppe von Managern und habe nur eine kurze Pause. Ich brauche noch mehr bunte Filzstifte.«

Er schnellte herum. Ja, er ging sogar fast in Hab-Acht-Stellung. Nach einem kurzen Blick auf mein Namensschild meinte er: »Ich kümmere mich sofort darum, Mister Covey.«

Er sagte nicht: »Ich weiß nicht, wo ich auf die Schnelle bunte Filzstifte bekomme« oder »Dann fragen Sie doch mal am Empfang«. Er kümmerte sich einfach darum. Und gab mir das Gefühl, es sei ihm eine Ehre.

Am meisten hat mich aber Folgendes beeindruckt: Ein Angestellter berichtete seinem Chef von sich aus von einem Fehler. Wir hatten Snacks und heiße Schokolade auf unser Zimmer bestellt. Auf dem Weg dorthin verschüttete die Servicekraft die heiße Schokolade. Es dauerte etwas, um zurückzugehen, neue Schokolade zu holen und die Tücher auf dem Servierwagen auszuwechseln. Also kam unsere Bestellung etwa fünfzehn Minuten verspätet bei uns im Zimmer an. Doch das war wirklich nicht wichtig für uns.

Dennoch rief uns am nächsten Morgen der Servicemanager an. Er lud uns zum Frühstück ein, das wir entweder am Buffet oder auf dem Zimmer haben konnten. Damit wollte er sich für die Unannehmlichkeiten entschuldigen, die wir wegen der verschütteten Schokolade hatten.

Wie viel sagt es über die Unternehmenskultur aus, wenn ein Mitarbeiter von sich aus gegenüber seinem Vorgesetzten einen Fehler zugibt, damit der Kunde zuvorkommend behandelt werden kann?!

Später ging ich zum Hotelmanager: »Ich helfe Organisationen dabei, einen starken Teamcharakter, eine Teamkultur zu entwickeln. Und ich bin total überrascht, wie gut das hier bei Ihnen läuft.«

»Wollen Sie wissen, was der Schlüssel dazu ist?«, fragte er. Dann holte er das Unternehmens-Leitbild der Hotelkette hervor.

Als ich es gelesen hatte, meinte ich: »Das sind wirklich beeindruckende Aussagen. Aber ich kenne viele Unternehmen, die eindrucksvolle Leitbilder haben.«

»Möchten Sie das Leitbild von diesem Hotel sehen?«, fragte er.

»Sie meinen, Sie haben ein Leitbild eigens für dieses Hotel entwickelt?«

»Ja.«

»Ist es anders als das der Hotelkette?«

»Ja. Es steht im Einklang mit dem anderen Leitbild. Aber es bezieht sich auf unsere Situation, unsere Mitarbeiter und unsere Gäste.« Er gab mir ein weiteres Blatt.

»Wer hat dieses Leitbild entwickelt?«, fragte ich.

»Alle, die hier im Hotel arbeiten. Wollen Sie das Leitbild der Leute sehen, die Sie am Empfang getroffen haben?« Er zog einen der Texte hervor, den ein Empfangsmitarbeiter verfasst hatte und der dann in das Leitbild des Hotels mit eingeflossen war. Jeder einzelne Mitarbeiter war an diesem Prozess beteiligt.

Wie bereits erwähnt, kenne ich etliche Unternehmen mit äußerst beeindruckenden Leitbildern. Aber in Sachen Effektivität gibt es klare Unterschiede. Es liegen Welten zwischen den Unternehmens-Leitbildern, die gemeinsam von allen Mitarbeitern entwickelt wurden, und denen, die sich ein paar Führungskräfte an ihren Designerschreibtischen ausgedacht haben.

Hier zeigt sich eines der Grundprobleme von Organisationen – auch von Familien! Es lautet: Menschen betrachten Entscheidungen, die andere für ihr Leben getroffen haben, nicht als Verpflichtung. Deshalb setzen sie sich auch nicht mit voller Kraft dafür ein.

Wenn ich mit Organisationen arbeite, treffe ich oft auf Leute, die ganz andere Ziele haben als das Unternehmen. Woran das liegt? Meistens stimmen die Bonussysteme nicht mit den Wertesystemen überein.

Zu Beginn meiner Arbeit mit Unternehmen, die bereits irgendein Leitbild entwickelt haben, frage ich gewöhnlich: »Wie viele Ihrer Mitarbeiter wissen, dass es ein Unternehmens-Leitbild gibt? Wie viele wissen, wie es aussieht? Wie viele waren an seiner Entstehung beteiligt? Wie viele haben sich ihm wirklich verschrieben und *nutzen* es als Orientierung bei der Entscheidungsfindung?«

Ohne Beteiligung fühlen sich die Mitarbeiter dem Unternehmens-Leitbild nicht verpflichtet. Schreiben Sie es an den Rand dieser Seite, kreuzen Sie es an, unterstreichen Sie es: *Keine Beteiligung, keine Verbindlichkeit.*

In den frühen Stadien – wenn jemand neu in der Organisation oder ein Kind in der Familie noch klein ist – kann man anderen durchaus ein Ziel vorgeben. Das werden sie einem dann auch »abkaufen« – besonders wenn die Beziehung und die gegenseitige Unterstützung gut sind. Aber sobald die Leute reifer werden und ihr Leben einen eigenständigen Sinn gewinnt, wollen sie einbezogen werden. Sie wollen sich aktiv an der Zielsetzung beteiligen. Sonst werden sie sich den Zielen nicht verschreiben. Und dann hat man ein ernstes Motivationsproblem.

Deshalb sind viel Zeit, Geduld, Engagement, Fingerspitzengefühl und Einfühlungsvermögen erforderlich, um ein Unternehmens-Leitbild zu erstellen. Das kann man nicht einfach übers Knie brechen. Man muss auch den Mut und die Integrität haben, Systeme, Strukturen und den Managementstil auf die gemeinsame Vision und Werte abzustimmen. Aber wenn das Leitbild auf allgemeingültigen Prinzipien beruht, wird es funktionieren.

Es gilt, ein Unternehmens-Leitbild zu entwickeln, das die gemeinsame Vision und die Werte aller Menschen in der Organisation spiegelt. Nur so schafft es eine starke Einheit und eine hohe Verbindlichkeit. Es bildet den Bezugsrahmen oder die Richtlinien für Herz und Verstand, mit deren Hilfe die Leute sich selbst führen können. Sie brauchen niemanden, der sie kommandiert, kontrolliert oder kritisiert. Denn sie wissen genau, worum es in ihrem Unternehmen im Grunde wirklich geht.

Tipps zur praktischen Umsetzung

1. Nehmen Sie sich Zeit. Halten Sie die Eindrücke fest, die Sie bei der Visualisierung Ihrer Beerdigung am Anfang dieses Kapitels hatten. Nutzen Sie die unten stehende Tabelle, um Ihre Gedanken zu ordnen.

2. Schreiben Sie auf, wie Sie Ihre Rollen jetzt sehen. Sind Sie mit diesem Spiegelbild Ihres Lebens zufrieden?
3. Schaffen Sie Auszeiten, die völlig frei von Ihren täglichen Aktivitäten sind. Beginnen Sie, an Ihrem persönlichen Leitbild zu arbeiten.

Aktivitätsgebiet	**Charakter**	**Beiträge**	**Leistungen**
Familie			
Freunde			
Arbeit			
Verein / Gemeinde etc.			

4. Kreuzen Sie in der Tabelle auf den Seiten 141 bis 143 alle Zentren an, mit denen Sie sich identifizieren. Wie wirken sich diese Zentren auf Ihr Verhalten aus? Erkennen Sie gewisse Muster? Fühlen Sie sich wohl damit?
5. Sammeln Sie Notizen, Zitate und Ideen, die Ihnen beim Schreiben Ihres persönlichen Leitbilds helfen könnten.
6. Denken Sie an ein Projekt, das demnächst auf Sie zukommen wird. Wenden Sie dann das Prinzip der ersten Phase des Schaffens an. Schreiben Sie auf, welche Ergebnisse Sie sich bei diesem Projekt wünschen und welche Schritte Sie dorthin führen werden.
7. Erzählen Sie Ihrer Familie oder Ihrer Arbeitsgruppe von den Prinzipien des 2. Weges. Schlagen Sie vor, gemeinsam Familien- oder Gruppen-Leitbilder zu erstellen.

3. Weg

Das Wichtigste zuerst tun

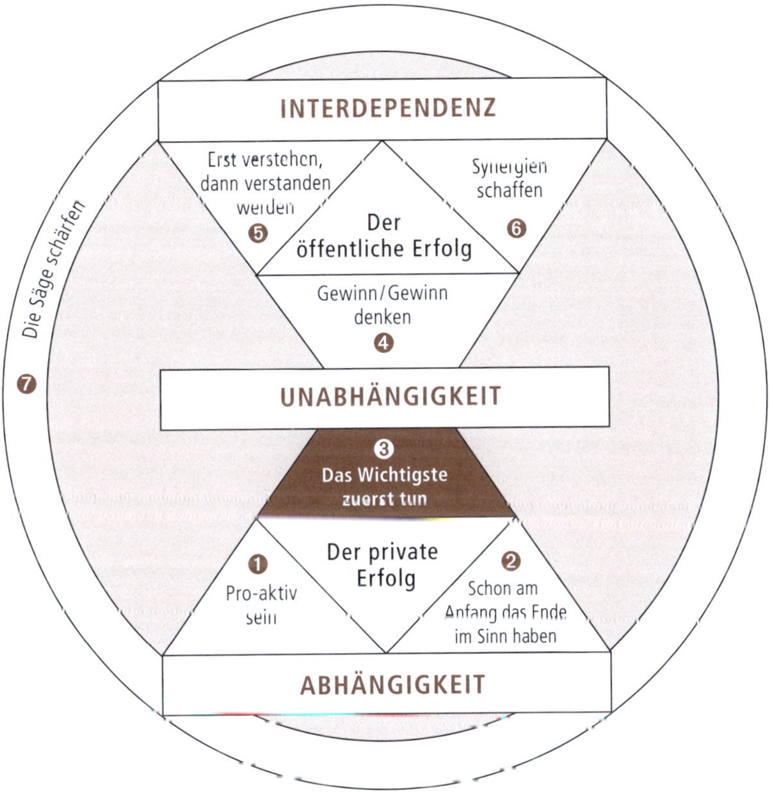

Prinzipien des persönlichen Managements

> *Wichtige Dinge dürfen nie den unwichtigen untergeordnet werden.*
> UNBEKANNT

Nehmen Sie sich bitte kurz Zeit, um die beiden folgenden Fragen zu beantworten. Diese Antworten werden wichtig sein, wenn Sie mit der Arbeit am 3. Weg beginnen.

1. **Frage:** Nehmen wir an, es gäbe eine einzige Sache, die Sie regelmäßig tun könnten und die einen riesengroßen positiven Unterschied in Ihrem Privatleben bewirken würde. Welche eine Sache wäre das?
2. **Frage:** Welche eine Sache in Ihrem Berufs- oder Arbeitsleben würde zu ähnlich positiven Ergebnissen führen?

Wir kommen später auf Ihre Antworten zurück. Lassen Sie uns aber zunächst den 3. Weg näher betrachten.

Der 3. Weg ist gleichsam die praktische Umsetzung des 1. und 2. Weges.

Der 1. Weg besagt: »Sie sind der Gestalter Ihres Lebens. Sie haben das Sagen.« Er beruht auf vier Fähigkeiten, die nur wir Menschen haben: dem *Gewissen*, dem *freien Willen*, dem *Vorstellungsvermögen* und – ganz besonders – der *Selbstwahrnehmung*. Der 1. Weg gibt Ihnen die Kraft zu sagen: »Das ist ein ungesundes Programm, das ich von meiner Kindheit oder von meinem sozialen Umfeld mitbekommen habe. Dieses ineffektive Skript mag ich nicht. Ich kann mich ändern.«

Der 2. Weg bezieht sich auf die erste oder die mentale Phase des Schaffens. Diese Phase beruht auf unserem *Vorstellungsvermögen.* Hier geht es um die Fähigkeit, Visionen zu erschaffen und das zu visualisieren, was wir noch nicht mit unseren eigenen Augen sehen können. Zudem gibt es beim 2. Weg noch einen weiteren, entscheidenden Faktor – unser *Gewissen.* Das ist die Fähigkeit, unsere Einzigartigkeit und unsere ganz persönlichen, ethischen und moralischen Richtlinien zu entdecken. Der 2. Weg bringt uns in engen Kontakt mit unseren grundlegenden Paradigmen und Werten. Und er eröffnet uns die Vision dessen, was aus uns werden kann.

Der 3. Weg umfasst dann die zweite, die physische Phase des Schaffens. Sie ist die Erfüllung, die praktische Umsetzung des 1. und des 2. Weges. In dieser Phase steht die Ausübung unseres *freien Willens* im Mittelpunkt. Es geht darum, prinzipienorientiert zu handeln – und das jeden Tag aufs Neue.

Der 1. und der 2. Weg sind unabdingbare Voraussetzungen für den 3. Weg. Sie können nur prinzipienorientiert werden, wenn Sie lernen, pro-aktiv zu denken und zu handeln. Sie können nur prinzipienorientiert werden, wenn Sie Ihre Paradigmen erkennen und wissen, wie Sie diese ändern und in Übereinstimmung mit den allgemeingültigen Prinzipien bringen können. Und Sie können nur prinzipienorientiert werden, wenn Sie eine klare Vision von dem einzigartigen Beitrag haben, den Sie in Ihrem Leben leisten können.

Das sind die Grundlagen. Sobald Sie die gelegt haben, *können* Sie den Prinzipien näher kommen. Dazu müssen Sie den 3. Weg Tag für Tag, Stunde für Stunde leben, indem Sie effektives Selbstmanagement betreiben.

Die Fähigkeit, gut zu managen, ist nicht besonders wichtig, wenn Sie im »falschen Dschungel« sind. Wenn Sie aber im richtigen sind, ist sie der Schlüssel zum Erfolg. Sie entscheidet über die Qualität und sogar über die Verwirklichung der zweiten Phase des Schaffens. Selbstmanagement ist das Zergliedern, die Analyse, die Definition und Planung der Abläufe. Dazu ist unsere linke Gehirnhälfte geradezu prädestiniert. Deshalb lautet meine Maxime für persönliche Effektivität: *Manage von links; führe von rechts.*

Die Kraft des freien Willens

Natürlich sind unsere Selbstwahrnehmung, unser Vorstellungsvermögen und unser Gewissen wichtig für effektives Selbstmanagement. Doch es ist die vierte Gabe, der *freie Wille*, der es erst richtig möglich macht. Es ist die Fähigkeit, Entscheidungen zu treffen, zu wählen und auch entsprechend zu handeln. Es ist die Fähigkeit, selbst zu leben, statt »gelebt« zu werden. Es ist die Fähigkeit, proaktiv das Skript, das Leitbild umzusetzen, das wir mit unseren anderen drei Gaben entwickelt haben.

Effektives Management heißt: Das *Wichtige zuerst zu tun*. Die Führung entscheidet, was »wichtig« ist. Danach kümmert sich das Management um die Umsetzung und tut das Wichtige. Man kann auch sagen: Management ist Disziplin und Umsetzung.

Bei effektiven Selbstmanagern kommt die Disziplin von innen. Sie wird vom freien Willen bestimmt. Solche Menschen sind überzeugte Anhänger ihrer eigenen innersten Werte. Und sie haben den Willen und die Integrität, ihre Emotionen diesen Werten unterzuordnen.

Eine meiner Lieblingslektüren ist eine Abhandlung von E. M. Gray mit dem Titel »Der gemeinsame Nenner des Erfolgs«. Gray war ein Leben lang auf der Suche nach dem einen gemeinsamen Nenner aller erfolgreichen Menschen. Dabei fand er heraus, dass nicht harte Arbeit, glückliche Zufälle oder kluges Netzwerken entscheidend für den Erfolg waren. Diese Dinge spielten zwar eine Rolle. Doch der eine Erfolgsfaktor, der über allen anderen stand, verkörperte die Essenz des 3. Weges. Er lautete: *Das Wichtigste zuerst tun*.

»Erfolgreiche Menschen haben die Eigenschaft, die Dinge zu tun, die Versager nicht gerne tun«, bemerkte Gray. »Die Erfolgreichen tun diese Dinge auch nicht unbedingt gerne. Aber sie überwinden ihre Abneigung. Sie wissen, dass sie etwas Sinnvolles tun.«

Um die Abneigung zu überwinden, sind ein tieferer Sinn, ein Leitbild und ein Wertesystem nötig. Es erfordert ein brennendes »Ja« im Inneren, das es möglich macht, »Nein« zu anderen Dingen zu sagen. Außerdem braucht man den freien Willen und die Kraft, auch dann etwas zu tun, wenn es unbequem ist. Diese Kraft hilft uns, die eigenen Werte über die eigenen Bedürfnisse und Impulse zu stellen. Es ist die Kraft, die erste oder die mentale Phase des Schaffens pro-aktiv in die Tat umzusetzen.

Die vier Generationen des Zeitmanagements

Beim 3. Weg haben wir es mit vielen Fragen rund um unser Lebens- und Zeitmanagement zu tun. Mit diesem faszinierenden Thema beschäftige ich mich schon sehr lange. Deshalb bin ich überzeugt, dass sich die besten Gedanken zum Zeitmanagement in einem einzigen Satz zusammenfassen lassen. Er lautet: *Man muss seine Prioritäten planen und umsetzen*. Es gibt unzählige Ansätze und Materialien, wie man das am besten macht. Denn dieser Satz spiegelt die Evolution von drei Zeitmanagement-Generationen.

Die erste Welle oder Generation des Zeitmanagements ist durch Notizen und Checklisten geprägt. Sie ist Ausdruck des Bemühens, die vielen Aufgaben und Ansprüche, die Tag für Tag an uns herangetragen werden, zu ordnen und zu organisieren.

Die zweite Generation ist durch Kalender und Terminplaner gekennzeichnet. Diese Welle spiegelt den Versuch, Termine und Aufgaben vorausschauend zu planen.

Die dritte Generation entspricht dem derzeitigen Stand des Zeitmanagements. Sie ergänzt die zurückliegenden Generationen um die wichtige Vorstellung, dass man Prioritäten setzen und seine Werte klären muss, um seine Zeit möglichst sinnvoll zu nutzen. Zudem sieht sie vor, lang-, mittel- und kurzfristige Ziele festzulegen, die in Übereinstimmung mit den Prioritäten und Werten stehen. Ein weiterer Schwerpunkt ist das Konzept der täglichen Planung. So soll verhindert werden, dass die eigenen Ziele, Prioritäten und Werte in der Hektik des Alltags untergehen.

Die dritte Generation hat das Zeitmanagement wesentlich weiterentwickelt. Allerdings haben viele Menschen erkannt, dass »effiziente« Terminplanung und Zeiteinteilung oft kontraproduktiv sind. Die alleinige Ausrichtung auf Effizienz führte häufig dazu, dass zwischenmenschliche Beziehungen, die eigenen Bedürfnisse und spontane Momente zu kurz kamen.

Immer mehr Leute hatten genug von Zeitmanagementprogrammen und Tagesplanern. Sie fühlten sich dadurch extrem eingeengt. Um sich ihre Beziehungen, ihre Spontaneität und ihre Lebensqualität zu bewahren, griffen sie wieder auf die Techniken der ersten oder zweiten Generation zurück.

Doch nun taucht eine vierte Generation auf, die völlig anders ist. Sie erkennt, dass schon der Begriff »Zeitmanagement« überhaupt keinen Sinn ergibt. Denn die wahre Herausforderung liegt nicht darin, die Zeit zu managen, sondern uns selbst. Daher konzentriert sich die vierte Generation auf den persönlichen Einflussbereich. *Dinge* und *Zeit* treten in den Hintergrund. Was wirklich zählt, ist, *Beziehungen* zu erhalten und zu vertiefen und *Ergebnisse* zu erzielen. Im Grunde geht es hier also um die Erhaltung des P/PK-Gleichgewichts.

Quadrant II

Die vierte Generation kann man sehr gut in der auf Seite 176 abgebildeten Zeitmanagement-Matrix zusammenfassen. Im Grunde verbringen wir unsere Zeit immer in einem der vier Quadranten.

Wie Sie sehen, können wir alle Aufgaben und Tätigkeiten in zwei Kategorien unterteilen: *dringend* und *wichtig*.

Dringend heißt, etwas verlangt nach sofortiger Aufmerksamkeit: jetzt! Ein klingelndes Telefon oder Handy ist dringend. Die meisten Menschen halten nicht einmal den Gedanken aus, es einfach klingeln zu lassen. Sie können stundenlang an Unterlagen für eine Präsentation arbeiten, anschließend zu jemandem ins Büro fahren und mit ihm über ein neues Projekt sprechen. Doch dann klingelt bei Ihrem Gesprächspartner plötzlich das Telefon. Auf einmal scheint ihm dieser Anruf viel dringender als Ihre lange und gut vorbereitete persönliche Anwesenheit.

Es gibt kaum Leute, die einem Anrufer sagen: »Bleib bitte fünfzehn Minuten dran, dann können wir sprechen.« Die meisten haben aber kaum ein Problem damit, einen im Büro mindestens so lange warten zu lassen, während sie ein Telefonat mit jemand anderem führen.

Die Zeitmanagement-Matrix

	Dringend	Nicht dringend
Wichtig	I **Tätigkeiten:** Krisen Dringliche Probleme Projekte mit anstehendem Abgabetermin	II **Tätigkeiten:** Vorbeugung, PK-Tätigkeiten Beziehungsarbeit Neue Möglichkeiten erkennen Planung, Erholung
Nicht wichtig	III **Tätigkeiten:** Unterbrechungen, einige Anrufe Manche Post, einige Berichte Einige Konferenzen Unmittelbare, dringliche Angelegenheiten Beliebige Tätigkeiten	IV **Tätigkeiten:** Triviales, Geschäftigkeiten Manche Post Einige Anrufe Zeitverschwender Angenehme Tätigkeiten

Dringende Dinge sind meist nicht zu übersehen. Sie liegen genau vor uns. Sie bedrängen uns. Sie fordern uns auf, sofort zu handeln. Sie machen uns bei anderen beliebt. Und häufig sind sie angenehm zu erledigen, gehen uns leicht von der Hand und machen auch noch Spaß. Das Problem dabei? Dringende Aufgaben sind in der Regel völlig unwichtig!

Wichtigkeit hat dagegen etwas mit Ergebnissen zu tun. Wenn etwas wichtig ist, trägt es zur Umsetzung Ihres Leitbilds, Ihrer Werte und Ihrer obersten Prioritäten bei.

Wir *reagieren* meist sofort und ohne langes Nachdenken auf dringende Dinge. Ganz anders sieht es dagegen bei wichtigen Aufgaben aus, die nicht dringend sind. Sie erfordern mehr Initiative, mehr Pro-Aktivität. Hier müssen wir *agieren,* um unsere Chancen zu ergreifen und etwas in Gang zu setzen. Deshalb ist es so wichtig, dass wir uns an den 2. Weg halten und eine klare Vorstellung davon haben, was wichtig ist, und welche Ziele und Ergebnisse wir in unserem Leben erreichen wollen. Nur so können wir verhindern, dass wir uns ablenken lassen und nur auf das Dringende reagieren.

Sehen wir uns die vier Quadranten in der Zeitmanagement-Matrix einmal näher an. *Quadrant I* ist sowohl dringend als auch wichtig. Hier ist sofortiges Handeln gefragt. Bei den Aktivitäten in Quadrant I geht es meist um »Krisenmanagement« oder »Problembewältigung«. Wir alle haben einige Quadrant-I-Aktivitäten in unserem Leben. Doch Quadrant I frisst viele von uns auf. Sie sind hektische Krisenmanager und termingehetzte Problemlöser.

Wenn Sie sich auf Quadrant I konzentrieren, wird er immer größer. Irgendwann beherrscht er Sie schließlich ganz. Er ist wie eine tosende Brandung. Da kommt ein riesiges Problem auf Sie zugerauscht und zieht Ihnen den Boden unter den Füßen weg. Sie rappeln sich wieder hoch und lösen es. Doch da kommt schon das nächste und wirft Sie wieder zu Boden.

Manche Menschen werden Tag für Tag mit Problemen und Krisen überschüttet. Um zwischendurch etwas Atem zu holen, flüchten sie zu den unwichtigen, nicht dringenden Tätigkeiten in Quadrant IV. Wenn man ihre Gesamtmatrix betrachtet, verbringen sie 90 Prozent ihrer Zeit in Quadrant I und knapp zehn Prozent in Quadrant IV. Quadrant II und III kommen viel zu kurz. So leben Menschen, die permanentes Krisenmanagement betreiben.

I **Ergebnisse** • Stress • Ausgebranntsein • Krisenmanagement • Immer am Feuerlöscher	II
III	IV

In *Quadrant III* geht es um Dinge, die dringend, aber nicht wichtig sind. Manche Leute verbringen viel Zeit in Quadrant III und meinen, sie seien in Quadrant I. Konkret heißt das: Sie sind damit beschäftigt, auf dringende Dinge zu reagieren, von denen sie annehmen, dass sie auch noch wichtig sind. Doch das ist ein Trugschluss. Und auch die Dringlichkeit dieser Angelegenheit beruht oft nur auf den Prioritäten und Erwartungen anderer.

I	II
III Ergebnisse • Kurzfristige Orientierung • Krisenmanagement • Chamäleon-Charakter • Hält Pläne und Ziele für wertlos • Fühlt sich als Opfer, ohne Kontrolle • Oberflächliche oder zerbrochene Beziehungen	IV

Menschen, die ihre Zeit fast ausschließlich in *Quadrant III* und *IV* verbringen, führen im Grunde ein unverantwortliches Leben.

I		II
III Ergebnisse	IV	
• Völlige Verantwortungslosigkeit • Wird gekündigt • Von anderen Menschen oder Institutionen abhängig		

Ob dringend oder nicht: Effektive Menschen wenden kaum Energie für Aktivitäten aus Quadrant III und IV auf. Sie wissen: Diese Dinge sind einfach nicht wichtig. Zudem lassen sie Quadrant I schrumpfen, indem sie weitaus mehr Zeit in Quadrant II verbringen.

Quadrant II ist das Herzstück des effektiven Selbstmanagement. Hier stehen die Dinge im Mittelpunkt, die nicht dringend, aber wichtig sind. Beziehungen aufbauen, ein persönliches Leitbild verfassen, langfristige Pläne schmieden, etwas für seine Weiterbildung tun oder auf die Gesundheit achten und Sport treiben: In Quadrant II finden sich all die Dinge, von denen wir wissen, dass sie wichtig für uns sind. Weil sie jedoch nicht dringend sind, schieben wir sie oft auf die lange Bank.

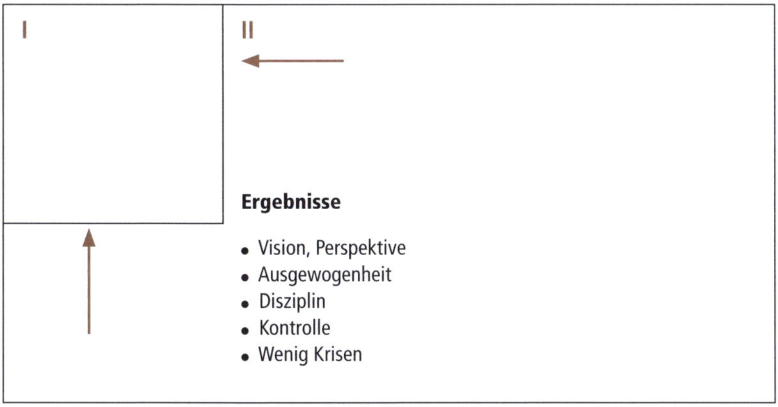

Frei nach Peter F. Drucker sind effektive Menschen nicht *problem*orientiert, sondern *möglichkeits*orientiert. Sie denken in Möglichkeiten und nicht in Problemen. Sie denken vorausschauend und präventiv. Natürlich haben auch sie mit Krisen und Notfällen, wie wir sie im Quadranten I finden, zu kämpfen. Doch deren Zahl ist vergleichsweise niedrig. Effektive Menschen halten P und PK im Gleichgewicht, indem sie sich auf die wichtigen, aber nicht dringenden, erfolgsentscheidenden und zukunftsweisenden Tätigkeiten in Quadrant II konzentrieren.

Überdenken Sie nun vor dem Hintergrund der Zeitmanagement-Matrix Ihre Antworten auf die beiden Fragen am Anfang dieses Kapitels. In welchen Quadranten gehören diese Dinge? Sind sie wichtig? Sind sie dringend?

Ich vermute, dass sie wahrscheinlich in Quadrant II gehören. Sie sind offensichtlich wichtig, sogar sehr wichtig, aber nicht dringend. Und da sie nicht dringend sind, lassen Sie diese Dinge links liegen.

Und nun sehen wir uns die Quintessenz der beiden Fragen noch mal näher an: Welche eine Sache wird, wenn Sie sich regelmäßig Zeit dafür nehmen, in Ihrem Leben einen *riesigen positiven Unterschied bewirken?* Die Tätigkeiten in Quadrant II machen genau diesen Unterschied aus. Mehr noch: Unsere Effektivität vollführt wahre Quantensprünge, wenn wir uns auf Quadrant II konzentrieren.

Vor einiger Zeit habe ich einigen Managern von Einkaufszentren eine ähnliche Frage gestellt. »Nehmen wir an, Sie könnten eine Sache tun, von der Sie wüssten, dass sie enorm positive Auswirkungen auf ihre Arbeitsergebnisse haben würde. Was wäre das?« Die einstimmige Antwort lautete: »Gute persönliche Beziehungen zu unseren Mietern im Einkaufszentrum aufbauen!« Das ist eine Quadrant-II-Aktivität.

Wir haben analysiert, wie viel Zeit die Manager bisher für die Pflege der Beziehungen zu den Mietern aufgebracht haben. Es waren weniger als fünf Prozent. Dafür gab es gute Gründe. Sie waren dauernd mit Krisen und Notfällen beschäftigt. Ein Problem jagte das nächste. Sie mussten Berichte schreiben, an Meetings teilnehmen, E-Mails beantworten, Telefonate führen ... Ständig gab es irgendwelche Unterbrechungen. Quadrant I hatte sie verschlungen. Deshalb hatten sie nur sehr wenig Zeit für die Mieter der Läden. Und wenn sie ihnen dann doch einmal einen Besuch abstatteten, ging es meist nur um negative Themen. Es galt, Vertragsklauseln durchzusetzen, Geld einzutreiben oder über die Werbung des Ladens zu sprechen, die nicht den Richtlinien des Zentrums entsprach.

Die meisten Mieter kämpften ums Überleben. Von Wohlstand konnte keine Rede sein. Viele hatten keine kaufmännische Ausbildung. Manche waren einigermaßen gute Verkäufer, aber sie brauchten Hilfe. Ob Personal, Kosten oder Warenlager: Sie hatten jede Menge Probleme. Deshalb wollten sie die Manager des Einkaufszentrums nicht einmal sehen. Denn für sie waren sie nur ein weiteres Problem, mit dem sie sich herumschlagen mussten.

Also wurden die Manager pro-aktiv. Zuerst legten sie ihre Ziele, ihre Werte und ihre Prioritäten fest. Dann wollten sie das alles in die Tat umsetzen. Deshalb beschlossen Sie, in Zukunft ungefähr ein Drittel ihrer Zeit für die »Beziehungsarbeit« zu den Mietern aufzuwenden.

Ich habe etwa anderthalb Jahre mit den Managern der Einkaufszentren gearbeitet. In dieser Zeit habe ich den Anstieg der »Beziehungsarbeit« von den ursprünglichen fünf auf etwa 20 Prozent miterlebt. Unterm Strich bedeutete das eine Steigerung der für die Mieter aufgewendeten Zeit auf das Vierfache. Außerdem änderte sich die Rolle der Manager. Sie wurden Zuhörer, Trainer und Berater für die Mieter. Und dieser Austausch war voller positiver Energie.

Die Auswirkungen waren enorm. Durch die Konzentration auf die Beziehungen und die Ergebnisse stiegen die Umsatzzahlen. Die Manager waren nicht länger ungeliebte Hilfspolizisten oder drohende Aufseher, sondern gern gesehene Problemlöser und Helfer. Die Mieter waren von der guten Beratung und den neuen Ideen der Manager begeistert. Und die Manager der Einkaufszentren waren wesentlich effektiver und zufriedener. Denn durch die steigenden Umsätze, erhöhten sich auch die Miteinnahmen. Zudem wurde die Liste mit potenziellen Mietern immer länger.

Ob Student, Fließbandarbeiter, Hausfrau, Modedesignerin oder Vorstandsmitglied einer großen Gesellschaft: Ich bin überzeugt, dass auch Sie wesentlich bessere Ergebnisse erzielen werden, wenn Sie sich fragen, welche Aufgaben in Quadrant II liegen, und die Pro-Aktivität entwickeln, sich darauf zu konzentrieren. Ihre Effektivität wird dramatisch zunehmen. Ihre Probleme und Notfälle werden auf eine handhabbare Größenordnung schrumpfen. Denn Sie denken voraus und treffen Präventivmaßnahmen, die von vornherein verhindern, dass eine Situation sich zu einer Krise entwickelt. In der Sprache des Zeitmanagements nennt man das »Pareto-Prinzip«: 80 Prozent der Ergebnisse entstammen 20 Prozent der Tätigkeiten.

»Nein« sagen lernen

Wie gewinnt man Zeit für Quadrant II? Die kann man sich nur aus Quadrant III und IV holen. Die dringenden und wichtigen Tätigkeiten aus Quadrant I können Sie nicht ignorieren. Natürlich werden diese Tätigkeiten abnehmen, wenn Sie mehr Zeit in Quadrant II investieren und besser auf Vorbeugung und Vorbereitung achten. Doch zunächst muss die Zeit für Quadrant II aus den Quadranten III und IV kommen.

Wie bereits erwähnt, müssen Sie pro-aktiv sein, um an Quadrant II zu arbeiten. Denn die Aufgaben aus den Quadranten I und III prasseln ständig auf Sie ein. Um »Ja« zu den wichtigen Prioritäten in Quadrant II sagen zu können, müssen Sie »Nein« zu anderen Aktivitäten sagen, die oft sehr dringend scheinen. Die gute Nachricht? Das Neinsagen kann man lernen!

Vor einiger Zeit wurde meine Frau gebeten, den Vorsitz in einem Ausschuss in unserer Gemeinde zu übernehmen. Sandra arbeitete damals an verschiedenen anderen wichtigen Projekten. Deshalb wollte sie es eigentlich nicht machen. Allerdings fühlte sie sich dazu gedrängt. Also willigte sie letztlich doch ein.

Sie rief eine ihrer besten Freundinnen an und bat sie, ebenfalls in diesem Ausschuss mitzuarbeiten. Ihre Freundin hörte ihr aufmerksam zu und sagte schließlich: »Sandra, das ist sicher ein wundervolles Projekt, eine Sache, die sich wirklich lohnt. Ich weiß es zu schätzen, dass du mich zum Mitmachen einlädst. Ja, ich fühle mich dadurch geehrt. Aus den verschiedensten Gründen kann ich leider nicht mitmachen. Du sollst aber wissen, dass ich mich sehr über deine Einladung freue.«

Sandra hatte mit allem gerechnet, aber nicht mit einem freundlichen »Nein«. Sie drehte sich zu mir um und seufzte: »Warum habe ich nicht auch »Nein« gesagt?«

Natürlich soll das keinesfalls heißen, dass Sie nicht an Projekten Ihrer Gemeinde mitarbeiten sollen. Natürlich ist das auch wichtig. Sie müssen aber entscheiden, was oberste Priorität für Sie hat. Und dann müssen Sie den Mut haben, zu den anderen Dingen »Nein« zu sagen – freundlich, lächelnd und ganz selbstverständlich. Das schaffen Sie, wenn in Ihrem Inneren ein noch größeres »Ja« lodert.

Denken Sie daran, dass wir immer zu irgendetwas »Nein« sagen müssen. Deshalb sollte sich Ihr »Nein« auf die scheinbar dringenden Tätigkeiten beziehen. Ansonsten müssen Sie »Nein« zu den grundlegenden, ganz wichtigen Dingen sagen. Und das hält Sie dann davon ab, den einzigartigen Beitrag in Ihrem Leben zu leisten, den nur Sie erbringen können.

Als ich an einer großen Universität für die Kooperationen mit anderen Hochschulen zuständig war, stellte ich einen Mann ein, der ein sehr talentierter, pro-aktiver und kreativer Schreiber war. Weil ich sehr unter Druck stand, bat ich ihn, mich bei einigen dringenden Angelegenheiten zu unterstützen.

Er sagte: »Stephen, natürlich werde ich alles tun, was Sie von mir verlangen. Ich möchte Ihnen nur kurz meine Situation schildern.«

Dann führte er mich zu einer Wandtafel. Hier hatte er über zwei Dutzend Projekte aufgelistet, an denen er derzeit arbeitete. Auch alle Leistungskriterien und Fristen, die vorher vereinbart worden waren, hatte er feinsäuberlich auf der Tafel festgehalten. Er war wirklich sehr diszipliniert. Genau deshalb war ich zu ihm gegangen. Wenn man will, dass etwas erledigt wird, sollte man es ja einem sehr beschäftigten Menschen übertragen.

Er zeigte auf die Tafel und meinte: »Stephen, wenn ich die Sachen, die ich für Sie übernehmen soll, richtig mache, werde ich dafür mehrere Tage brauchen. Welches dieser Projekte soll ich denn dafür nach hinten schieben oder streichen?«

Na ja, dafür wollte ich nicht die Verantwortung übernehmen. Ich wollte einem meiner produktivsten Leute keinen Sand ins Getriebe streuen, nur weil ich mich gerade im Krisenmodus befand. Die Sachen, die ich erledigt haben wollte, waren zwar dringend, aber nicht wichtig. Also suchte ich mir einen anderen Krisenmanager und übertrug ihm diese Aufgaben.

Wir sagen jeden Tag zu irgendwelchen Dingen »Ja« oder »Nein«. Gewöhnlich tun wir das sogar mehrmals. Wir müssen uns also entscheiden. Deshalb ist es wichtig, dass wir ein Zentrum aus allgemeingültigen Prinzipien haben und uns auf unser persönliches Leitbild fokussieren. So gewinnen wir die nötige Weisheit, um diese Entscheidungen effektiv zu treffen.

Bei meiner Arbeit mit den verschiedensten Gruppen erkläre ich immer, dass die Quintessenz eines effektiven Zeit- und Lebensmanagements darin besteht, klare Prioritäten zu setzen und diese auch in der Hektik des Alltags nicht aus dem Blick zu verlieren. Dann frage ich: »Mit welchem der folgenden drei Bereiche sind Sie unzufrieden? Mit Ihrem Vermögen, *Prioritäten zu setzen*? Mit Ihrer Fähigkeit, sich und Ihre Zeit auf Basis dieser Prioritäten zu *organisieren*? Oder mit Ihrer *Disziplin*, diesen Prioritäten den Vorrang vor allen anderen Aufgaben und Tätigkeiten zu geben?«

Die meisten glauben, ihr Hauptfehler sei ein Mangel an Disziplin. Ich halte das jedoch für falsch. Das Grundproblem liegt darin, dass ihre Prioritäten noch nicht tief genug in ihrem Hirn und in ihrem Herz verwurzelt sind. Sie haben den 2. Weg nicht verinnerlicht.

Es gibt viele Leute, die um den Wert von Quadrant-II-Tätigkeiten in ihrem Leben wissen. Sie versuchen, diesen Aktivitäten höchste Priorität zu geben und sie mit großer Disziplin in ihrem Leben zu verankern. Doch meist gelingt ihnen das nicht besonders gut. Ihnen fehlen die allgemeingültigen Prinzipien und die persönlichen Lebensgrundsätze, die ihre Bemühungen tragen. Sie arbeiten an den Blättern, an ihren Einstellungen und ihren Verhaltensweisen. Doch sie vergessen, die Wurzeln zu untersuchen. Sie übersehen die grundlegenden Paradigmen, aus denen ihre natürlichen Einstellungen und Verhaltensweisen sprießen.

Die Ausrichtung auf Quadrant II ist ein Paradigma, das aus einem Prinzipien-Zentrum erwächst. Wenn Sie auf Ihren Partner, Geld, Freunde, Vergnügen oder irgendeinen anderen extrinsischen Faktor gepolt sind, werden Sie immer wieder in die Quadranten I und III zurückgeworfen. Sie reagieren auf die äußerlichen Faktoren, die Ihr Leben bestimmen. Sogar wenn Sie auf sich selbst fokussiert sind, werden Sie immer wieder in den Quadranten I und III landen und auf die Impulse, die von außen an Sie herangetragen werden, reagieren.

Ein freier Wille allein genügt nicht, um sich zu disziplinieren. Ein »Nein« zu den beliebten Quadrant-III-Aktivitäten oder zur bequemen Flucht in Quadrant IV gelingt nur, wenn tief in Ihnen ein größeres »Ja« lodert. Dazu brauchen Sie zunächst Ihre Selbstwahrnehmung, um Ihr aktuelles Programm zu hinterfragen. Anschließend sind dann Ihr Vorstellungsvermögen und Ihr Gewissen gefragt. Sie helfen Ihnen dabei, ein neues, einzigartiges, prinzipienorientiertes Programm zu schaffen, zu dem Sie »Ja« sagen können. Das gibt Ihnen die Kraft und die Unabhängigkeit, »Nein« zu unwichtigen Dingen zu sagen und dies mit einem Lächeln zu begleiten.

Quadrant-II-Tätigkeiten bilden den Kern für ein effektives Selbstmanagement. Das Wichtigste muss immer zuerst getan werden. Erst danach stellt sich die Frage, wie organisieren und erledigen wir unsere Aufgaben im Sinne dieser Prioritäten?

Das Quadrant-II-Werkzeug

Ziel des Quadrant-II-Managements ist es, unser Leben effektiv zu gestalten – aus einem Zentrum fester Prinzipien heraus, aus dem Wissen um unser Leitbild und mit einem Blick für das Wichtige wie das Dringliche. Dabei soll das Gleichgewicht zwischen der Zunahme unserer Produktion (P) und der unserer Produktionskapazität (PK) gewahrt werden.

Zugegebenermaßen ist das ein ehrgeiziges Ziel für Leute, die im Dickicht von Quadrant III und IV gefangen sind. Aber der Versuch, dieses Ziel zu erreichen, wird großartige Auswirkungen auf Ihre persönliche Effektivität haben.

Wollen Sie wissen, wie ein wirksames Werkzeug für die Quadrant II-Planung aussieht? Es muss sechs wichtige Kriterien erfüllen.

Kohärenz. Kohärenz bedeutet, dass Einheit und Harmonie zwischen Ihrer Vision und Ihrem Leitbild, Ihren Rollen und Zielen, Ihren Prioritäten und Plänen, Ihren Wünschen und Ihrer Disziplin herrschen. Deshalb sollte es in Ihrem Terminplaner einen Platz für Ihr Leitbild geben, sodass Sie sich immer darauf beziehen können. Außerdem brauchen Sie genügend Raum, um Ihre Rollen sowie Ihre kurz- und langfristigen Ziele festzuhalten.

Ausgewogenheit. Ihr Terminplaner sollte es Ihnen ermöglichen, Ihre verschiedenen Rollen zu identifizieren und Ihr Leben ausgewogen zu gestalten. Damit stellen Sie sicher, dass Sie wichtige Dinge, wie etwa Ihre Gesundheit, Ihre Familie, Ihre berufliche Weiterbildung oder Ihre persönliche Entwicklung nicht aus den Augen verlieren.

Viele Menschen glauben, dass Erfolg auf einem Gebiet Versagen in anderen Lebensbereichen aufwiegen kann. Kann er das wirklich? Vielleicht manchmal und für kurze Zeit. Aber kann beruflicher Erfolg eine kaputte Ehe, eine ruinierte Gesundheit oder persönliche Charakterschwächen ausgleichen? Wahre Effektivität braucht Ausgewogenheit. Ihr Terminplaner muss Sie dabei unterstützen, diese Ausgewogenheit zu schaffen und zu erhalten.

Quadrant-II-Fokus. Sie brauchen eine Planung, die Ihnen Mut macht, Sie motiviert und Ihnen wirklich hilft, so viel Zeit wie möglich in Quadrant II zu verbringen. Das ist der Schlüssel, um sich um die Vorbeugung zu kümmern anstatt um das Krisenmanagement. Meiner Meinung nach gelingt Ihnen das am besten, wenn Sie sich und Ihr Leben auf *wöchentlicher* Basis organisieren. Sie können dann immer noch kurzfristige, tägliche Erfordernisse berücksichtigen. Aber zunächst und grundlegend geht es darum, die Woche zu organisieren.

Die Wochenplanung bringt Ihnen wesentlich mehr Ausgewogenheit und Handlungsspielräume als die Tagesplanung. Ohnehin scheint es eine kulturelle Anerkennung der Woche als einzelne, vollständige Zeiteinheit zu geben. Das Wirtschaftsleben, Schulen und Hochschulen und viele andere gesellschaftliche Institutionen agieren innerhalb des wöchentlichen Rahmens. Sie alle legen gewisse Tage für gezieltes Engagement und andere für Entspannung oder Inspiration fest. Die jüdisch-christliche Ethik ehrt den Sabbat, den einen Tag von sieben, der der innerlichen Erbauung dienen soll.

Die meisten Menschen denken in der zeitlichen Größenordnung von Wochen. Aber die meisten Planungswerkzeuge der dritten Generation sind für die tägliche Planung angelegt. Vordergründig mögen sie Ihnen zwar helfen, Prioritäten bei Ihren Tätigkeiten zu setzen. Doch im Grunde dienen sie nur dazu, Krisen und Termindruck zu organisieren. *Der Schlüssel liegt nicht darin, Prioritäten für das zu setzen, was auf Ihrem Terminplan steht. Er liegt darin, Termine für Ihre Prioritäten festzusetzen.* Und das geht am besten im Kontext einer ganzen Woche.

»Menschliche« Dimension. Sie benötigen außerdem ein Planungsinstrument, das nicht nur Ihre Termine berücksichtigt, sondern Ihnen Freiräume für Ihre Beziehungen zu anderen Menschen schafft. Im Umgang mit der Zeit können Sie im Sinne von *Effizienz* denken. Doch ein prinzipienorientierter Mensch denkt im Umgang mit Menschen im Sinne von *Effektivität*. Ein prinzipienorientiertes Quadrant-II-Leben erfordert es, dass Sie Ihre Terminpläne im Zweifelsfall Ihren Mitmenschen unterordnen. Ihr Planungswerkzeug muss Sie dabei unterstützen. Es muss diesen Wert spiegeln und seine Umsetzung erleichtern, anstatt Schuldgefühle zu erzeugen, wenn ein Terminplan einmal nicht eingehalten wird.

Flexibilität. Ihr Planungswerkzeug sollte Ihr Helfer sein, nicht Ihr Meister. Da es für Sie arbeiten muss, sollte es auf Ihren Stil und Ihre ganz speziellen Bedürfnisse zugeschnitten sein.

Handlichkeit. Vielleicht wollen Sie die Zeit in der U-Bahn nutzen, um Ihr Leitbild zu überarbeiten oder neue Möglichkeiten und Chancen darin aufzunehmen? Wenn Ihr Planungswerkzeug handlich ist, werden Sie es gerne mitnehmen. So haben Sie auch unterwegs alle wichtigen Daten und Termine immer griffbereit.

Wie bereits erwähnt, ist Quadrant II der Kern des effektiven Selbstmanagements. Deshalb brauchen Sie ein Planungswerkzeug, das Sie in Quadrant II bringt. Viele der guten Planungsinstrumente der dritten Generation lassen sich leicht anpassen. Ich selbst habe im Zuge meiner Arbeit mit dem Konzept der vierten Generation ein Werkzeug entwickelt, das genau auf die sechs oben genannten Kriterien abgestimmt ist.

So werden Sie ein Quadrant-II-Selbstmanager

Mir liegt es am Herzen, die Prinzipien und nicht die Praktiken der Effektivität zu lehren. Dennoch glaube ich, dass Sie die Prinzipien der vierten Generation besser verstehen, wenn Sie sich selbst eine Woche lang auf einer prinzipienorientierten Quadrant-II-Grundlage organisieren. Dazu gehören die folgenden vier Schlüsselaktivitäten.

Rollen identifizieren. Die erste Aufgabe ist, Ihre Schlüsselrollen aufzuschreiben. Haben Sie noch nie wirklich über die Rollen in Ihrem Leben nachgedacht? Dann sollten Sie einfach notieren, was Ihnen spontan einfällt. Vielleicht haben Sie eine bestimmte Rolle als Individuum, die Sie festhalten wollen? Vielleicht wollen Sie eine oder mehrere Ihrer Rollen als Familienmitglied notieren – als Ehemann oder -frau, Mutter oder Vater, Sohn oder Tochter oder als Mitglied der erweiterten Familie samt Großeltern, Onkeln, Tanten, Vettern und Kusinen. Vielleicht schreiben Sie auch einige Ihrer beruflichen

Rollen auf? Vielleicht haben Sie auch Rollen in Ihrer Gemeinde oder im Verein?

Sie müssen Ihre Rollen nicht so definieren, als sollten sie ein Leben lang für Sie gelten. Denken Sie einfach an die nächste Woche. Schreiben Sie auf, für welche Rollen Sie sich in diesen sieben Tagen Zeit nehmen wollen. Hier finden Sie zwei Beispiele:

1. Individuum
2. Ehemann / Vater
3. Manager für neue Produkte
4. Forschungsmanager
5. Personalmanager
6. Verwaltungsmanager
7. Vorsitzender der Caritas

1. Persönliche Entwicklung
2. Ehefrau
3. Mutter
4. Maklerin
5. Trainerin
6. Vorstandsmitglied der Musikschule

Ziele auswählen. Der nächste Schritt ist, für jede Rolle zwei oder drei wichtige Ergebnisse zu bestimmen, die Sie in den nächsten sieben Tagen erreichen möchten. Diese Ergebnisse tragen Sie wie in dem Beispiel auf Seite 189 als Ziele ein.

Achten sie darauf, dass einige dieser Ziele Quadrant-II-Aktivitäten umfassen. Ideal ist es, wenn diese kurzfristigen Ziele an die längerfristigen gebunden sind, die Sie bei der Erstellung Ihres Leitbilds definiert haben.

Terminplanung. Nehmen wir an, Ihr Ziel wäre, einen ersten Entwurf Ihres persönlichen Leitbilds zu verfassen. Dann könnten Sie sich am Sonntag zwei Stunden Zeit nehmen, um daran zu arbeiten. Für viele ist der Sonntag ideal, um sich persönlichen Tätigkeiten und privaten Angelegenheiten zu widmen. Dazu gehört übrigens auch die Wochenplanung. Der Sonntag ist der perfekte Zeitpunkt, sich zurückzuziehen, neue Inspiration zu suchen und das eigene Leben hinsichtlich seiner Werte und Prinzipien zu betrachten.

Wollen Sie sich das Ziel setzen, mehr Sport zu treiben und fitter zu werden? Dann könnten Sie an drei oder vier oder sogar an allen Tagen eine Stunde einplanen, um dieses Ziel zu erreichen. Es gibt einige Ziele, die Sie vielleicht nur am Wochenende verwirklichen können, wenn Ihre Kinder zu Hause sind. Verstehen Sie jetzt,

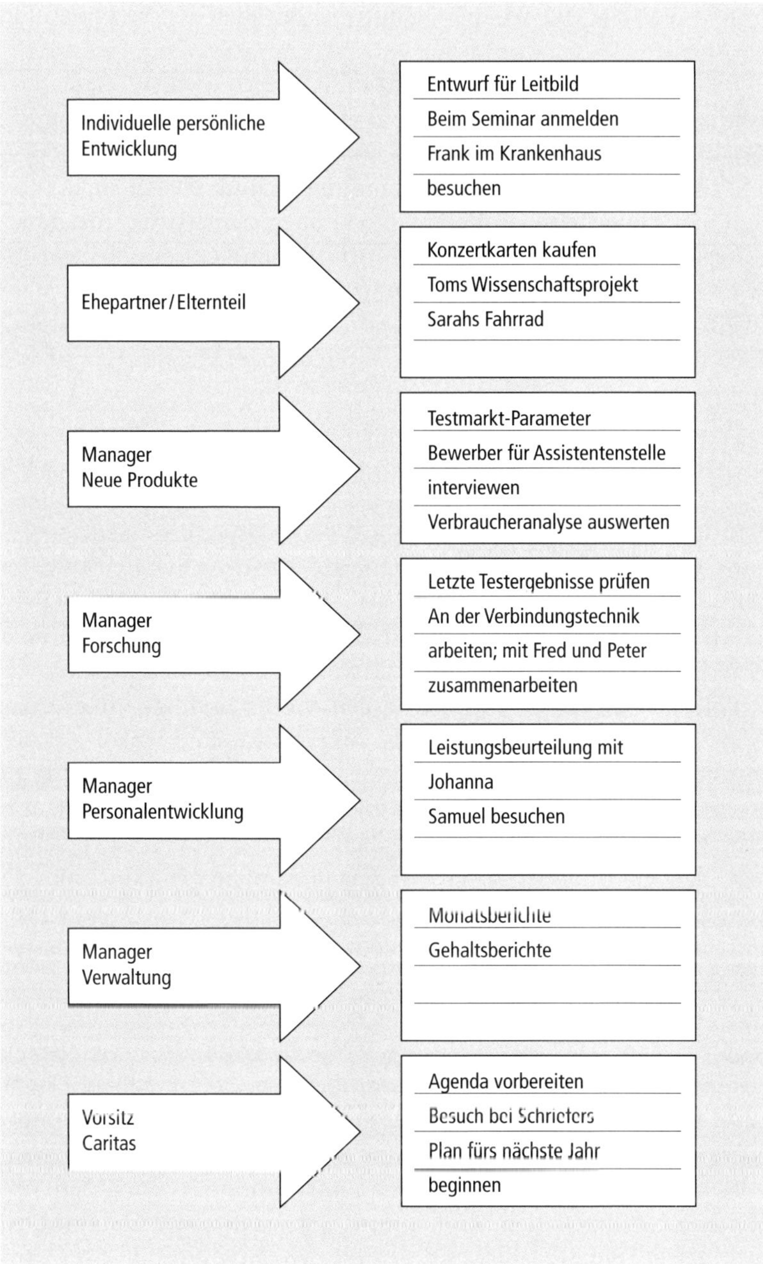

Individuelle persönliche Entwicklung
Entwurf für Leitbild
Beim Seminar anmelden
Frank im Krankenhaus
besuchen
Ehepartner/Elternteil
Konzertkarten kaufen
Toms Wissenschaftsprojekt
Sarahs Fahrrad
Manager Neue Produkte
Testmarkt-Parameter
Bewerber für Assistentenstelle
interviewen
Verbraucheranalyse auswerten
Manager Forschung
Letzte Testergebnisse prüfen
An der Verbindungstechnik
arbeiten; mit Fred und Peter
zusammenarbeiten
Manager Personalentwicklung
Leistungsbeurteilung mit
Johanna
Samuel besuchen
Manager Verwaltung
Monatsberichte
Gehaltsberichte
Vorsitz Caritas
Agenda vorbereiten
Besuch bei Schrieters
Plan fürs nächste Jahr
beginnen

welche Vorteile die Wochenplanung gegenüber der Tagesplanung hat?

Haben Sie Ihre Rollen identifiziert und sich Ziele gesetzt? Jetzt kommt der nächste Schritt: Ordnen Sie jedes Ziel einem bestimmten Wochentag zu. Tragen Sie dieses Ziel entweder als Priorität oder – noch besser – als konkrete Verabredung in Ihren Wochenplan ein. Nehmen Sie außerdem Ihren Jahres- oder Monatsplan zur Hand. Überprüfen Sie, welche Verabredungen Sie früher getroffen haben. Wie schätzen Sie deren Bedeutung im Hinblick auf Ihre Ziele ein? Übertragen Sie die Verabredungen, die Sie in Ihrer Terminplanung behalten wollen. Sagen Sie die anderen ab oder verlegen Sie sie auf andere Zeiten.

Bitte sehen Sie sich jetzt das folgende Arbeitsblatt an. Viele der 19 wichtigsten Ziele stammen aus Quadrant II. Für jedes einzelne wurde Zeit eingeplant oder es wurde in einen konkreten Handlungsplan übersetzt. Achten Sie auch auf den Kasten »Die Säge schärfen«. Er bietet Raum, erneuernde Quadrant-II-Aktivitäten in jeder der vier menschlichen Dimensionen zu planen. Worum es dabei genau geht? Das werde ich Ihnen später im Zusammenhang mit dem 7. Weg erklären.

Während dieser Woche wurde Zeit für 19 wichtige Ziele reserviert. Dennoch bleibt eine Menge unverplante Zeit. Diese Art der Wochenplanung ermöglicht es Ihnen, wichtigen Dingen Vorrang zu geben. Außerdem gewinnen Sie die Freiheit und Flexibilität, mit unerwarteten Ereignissen umzugehen, Verabredungen zu verschieben, Zeit mit anderen zu verbringen und spontane Aktivitäten zu genießen. Dabei haben Sie die Gewissheit, dass Sie Ihre Woche proaktiv organisiert haben, um in jedem Bereich Ihres Lebens wichtige Schlüsselziele zu erreichen.

Tägliches Anpassen. Die Quadrant-II-Wochenplanung bringt Ihnen viele Vorteile. So können Sie bei der täglichen Planung klare Prioritäten setzen, Anpassungen vornehmen und angemessen auf unerwartete Ereignisse reagieren.

Nehmen Sie sich jeden Morgen einige Minuten, um Ihren Terminplan zu überprüfen. So kommen Sie wieder in Verbindung zu den Werten, die der Organisation dieser Woche zugrunde lagen. Zu-

Das Wochenarbeitsblatt

Woche vom

Rollen	Ziele
Individuelle persönliche Entwicklung	Entwurf für Leitbild ① Beim Seminar anmelden ② Frank im Krankenhaus besuchen ③
Ehepartner/Elternteil	Konzertkarten kaufen ④ Toms Wissenschaftsprojekt ⑤ Sarahs Fahrrad ⑥
Manager neue Produkte	Testmarkt-Parameter ⑦ Bewerber für Assistentenstelle interviewen ⑧ Verbrauchertest ⑨
Manager Forschung	Letzte Testergebnisse prüfen ⑩ An der Verbindungstechnik arbeiten; ⑪ mit Fred und Peter zusammenarbeiten ⑫
Manager Personalentwicklung	Leistungsbeurteilung mit Johanna ⑬ Samuel besuchen ⑭
Manager Verwaltung	Monatsberichte ⑮ Gehaltsberichte ⑯
Vorsitz Caritas	Agenda vorbereiten ⑰ Besuch bei Schriefers ⑱ Plan fürs nächste Jahr beginnen ⑲

Die Säge schärfen

Physisch ____________

Mental ____________

Spirituell ____________

Sozial/Emotional ____________

Prioritäten diese Woche

	Sonntag	Montag
Prioritäten heute		⑯ Gehaltsberichte
Verabredungen / Verpflichtungen		
8	① Private Zeit für Leitbild	
9		
10		
11		⑧ Assistenten interviewen
12		
13		
14		
15		
16		③ Frank – Krankenhaus
17		
18		
19		⑥ Sarahs Fahrrad
20		
Abend		

Dienstag	Mittwoch	Donnerstag	Freitag	Samstag
Prioritäten heute				
② Seminaranmeldung	⑫ Fred			
abschicken	Peter		⑭ Samuel besuchen	
Verabredungen / Verpflichtungen				
8	8	8	8	8
9	9 ⑦ Testmarkt-Parameter	9 ⑪ Verbindungstechnik	9 ⑩ Testergebnisse prüfen	9 ④ Konzertkarten kaufen
10	10	10	10	10
11	11	11	11	11
12	12	12	12 ⑱ Schriefers	12
13 ⑨ Verbrauchertest	13	13	13	13
14	14	14	14	14
15	15	15 ⑬ Leistungsbeurteilung Johanna	15 ⑮ Monatsberichte	15
16	16	16	16	16
17	17	17	17	17
18 ⑤ Toms Projekt	18	18 ⑰ Caritas-Agenda	18	18
19	19	19	19	19
20	20	20 ⑲ Pläne fürs nächste Jahr	20	20
Abend	Abend	Abend	Abend	Abend 19:00 Theater

dem haben Sie die unerwarteten Faktoren im Blick, die im Laufe der Woche auftauchen.

Wenn Sie Ihren Tag im Geiste durchgehen, werden Sie erkennen, dass Ihre Rollen und Ziele Ihnen natürliche Prioritäten liefern. Diese Prioritäten beruhen auf Ihrem angeborenen Gefühl von Gleichgewicht. Es ist eine weichere, mehr rechtshemisphärische Art des Prioritätensetzens, die aus Ihrer persönlichen Berufung entspringt.

Es bringt nichts, wenn Sie bei der Planung irgendwelche Prioritäten setzen, bevor Sie wissen, wie sie in Ihr persönliches Leitbild und in Ihre Lebensbalance passen. Das ist nicht effektiv. Im Gegenteil: Das führt dazu, dass Sie Dingen den Vorrang geben, die Sie gar nicht machen wollen oder die überhaupt nicht erledigt werden müssen.

Erkennen Sie allmählich, wie enorm der Unterschied ist, wenn Sie Ihre Woche als prinzipienzentrierter Quadrant-II-Manager or-

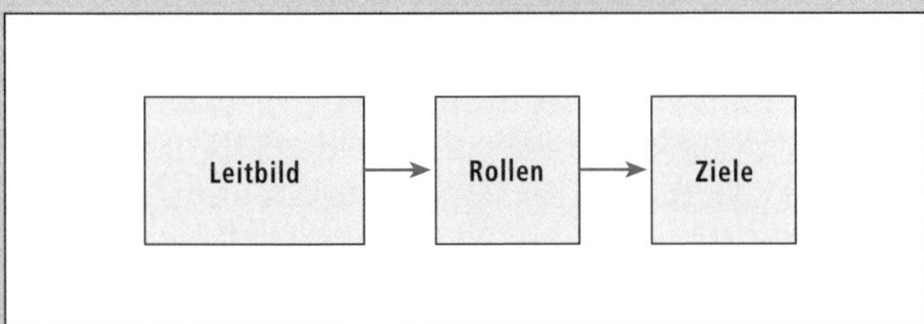

Langfristiges Organisieren

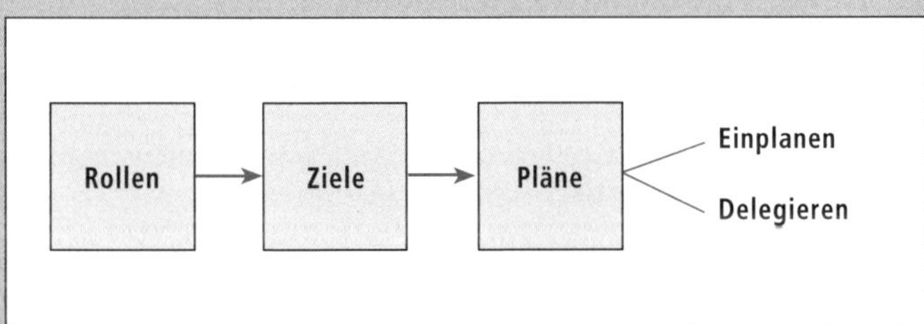

Wöchentliches Organisieren

ganisieren, anstatt Ihre Tage als Mensch zu planen, in dessen Lebenszentrum etwas völlig anderes steht? Merken Sie, wie sehr die Fokussierung auf Quadrant II Ihren Effektivitätsgrad verbessern würde?

Ich habe die Kraft einer prinzipienzentrierten Quadrant-II-Organisation selbst erfahren. Außerdem habe ich gesehen, dass sie das Leben von hunderten Menschen grundlegend verändert hat. Daher bin ich sicher, dass sie sich positiv auswirkt – und zwar als wahrer Quantensprung. Je besser Sie Ihre Wochenziele in den größeren Rahmen allgemeingültiger Prinzipien und in Ihr persönliches Leitbild einbinden, desto größer wird die Zunahme Ihrer Effektivität sein.

Das Programm leben

Im Laufe einer Woche wird es zweifellos Zeiten geben, in denen Ihre Integrität stark strapaziert wird. Es macht Spaß, auf die dringenden, aber unwichtigen Aktivitäten in Quadrant III zu reagieren oder in Quadrant IV zu fliehen. Da ist es natürlich nicht leicht, sich auf die geplanten wichtigen Aufgaben in Quadrant II zu konzentrieren. Doch Ihre Prinzipien, Ihre Selbstwahrnehmung und Ihr Gewissen können Ihnen einen hohen Grad an innerer Sicherheit, Führung und Weisheit verleihen. Sie geben Ihnen die Kraft, Ihren freien Willen zu nutzen und sich auf das wirklich Wichtige zu fokussieren.

Allerdings sind Sie nicht allwissend. Daher können Sie nicht immer im Voraus erkennen, was wirklich wichtig ist. Selbst wenn Sie die Woche noch so sorgfältig organisieren, wird es dennoch immer wieder vorkommen, dass Sie Ihren Zeitplan einem höheren Wert unterwerfen müssen. Da Sie prinzipienorientiert sind, können Sie das jedoch mit einem Gefühl inneren Friedens tun.

Einer meiner Söhne beschäftigte sich eine Zeit lang sehr intensiv mit Terminplanung und Effizienz. Eines Tages war sein Zeitplan besonders eng. Er war vollgespickt mit minutengenauen Terminen für unzählige Aktivitäten. Unter anderem wollte er einige Bücher aus der Bibliothek abholen, sein Auto waschen und mit seiner Freundin Carol Schluss machen.

Alles lief wunderbar nach Plan – bis Carol ins Spiel kam. Die beiden waren schon lange zusammen. Doch nun war er zu der Überzeugung gekommen, dass diese Beziehung auf Dauer nicht funktionieren würde. Daher hatte er, im Einklang mit seinem Effizienz-Modell, einen Anruf von zehn bis 15 Minuten vorgesehen, um ihr das zu sagen.

Allerdings war sein Entschluss für sie überaus dramatisch. Nach anderthalb Stunden telefonierte er noch immer mit ihr. Das Gespräch war sehr intensiv. Dennoch genügte dieser eine Anruf nicht. Die Situation war für beide überaus frustrierend.

Im Umgang mit Menschen darf man das Kriterium der *Effizienz* einfach nicht anlegen. Bei *Dingen* ist das durchaus angebracht. Aber bei *Menschen* muss es um *Effektivität* gehen. Ich habe versucht, Menschen gegenüber »effizient« zu sein, die anderer Meinung waren als ich oder die sich unfreundlich verhielten. Doch das funktioniert einfach nicht! Ich habe auch versucht, einem meiner Kinder oder Angestellten zehn Minuten »Qualitätszeit« zu widmen, um ein Problem zu lösen. Dabei musste ich jedoch feststellen, dass diese »Effizienz« das wahre Problem so gut wie nie löst. Im Gegenteil: Meist bringt sie nur noch mehr Schwierigkeiten!

Ich erlebe oft, dass Eltern – insbesondere Mütter mit Kleinkindern – unglaublich viel erledigen wollen. Doch das schaffen sie einfach nicht. Deshalb sind sie frustriert. Sie haben das Gefühl, den lieben langen Tag nichts anderes zu tun, als die Bedürfnisse ihrer Kinder zu erfüllen. Doch Sie wissen ja: Frustration erwächst aus unseren Erwartungen. Und unsere Erwartungen sind oft ein Bild aus dem sozialen Spiegel. Sie entsprechen nicht unseren eigenen Werten und Prioritäten.

Wenn wir aber tief im Herzen dem 2. Weg folgen, werden wir von unseren inneren Werten angetrieben. Dann können wir ihnen unseren Zeitplan unterordnen – ohne dabei unsere Integrität zu verlieren. Wir können uns anpassen und flexibel sein. Und wir haben kein schlechtes Gewissen, wenn wir den Zeitplan nicht einhalten können oder ihn ändern müssen.

Die Vorteile der vierten Generation

Viele widersetzen sich den Zeitmanagement-Methoden der dritten Generation. Einer der Gründe liegt darin, dass sie durch diese Methoden ihre Spontaneität verlieren. Sie werden starr und unflexibel. Oft werden Menschen einfach den Zeitplänen untergeordnet. Denn das Effizienz-Paradigma der dritten Generation von Zeitmanagement steht nicht im Einklang mit dem Prinzip, dass *Menschen wichtiger sind als Dinge*.

Das Zeitmanagement der vierten Generation ist auf dieses Prinzip ausgerichtet. Dabei gibt es noch eine wichtige Erkenntnis: Die erste Person, die Sie aus dem Blickwinkel der Effektivität statt der Effizienz betrachten müssen, sind Sie selbst! Deshalb ermutigt das Zeitmanagement der vierten Generation Sie, Zeit in Quadrant II zu verbringen, die Prinzipien zu verstehen und ins Zentrum Ihres Lebens zu stellen. Zudem ermöglicht es Ihnen, die Ziele und Werte, von denen Sie sich bei Ihren täglichen Entscheidungen leiten lassen wollen, klar auszudrücken. Es hilft Ihnen, Ihre Lebensbalance zu finden, die Beschränkungen der Tagesplanung zu überwinden und sich im Wochenkontext zu organisieren. Und wenn das, was Sie geplant haben, einmal mit einem höheren Wert kollidiert? Dann versetzt Sie das Zeitmanagement der vierten Generation in die Lage, Ihre Selbstwahrnehmung und Ihr Gewissen einzusetzen, um den Zielen und Werten, die für Sie am wichtigsten sind, treu zu bleiben. Statt einer Landkarte benutzen Sie dann einen Kompass.

Delegieren: P und PK vergrößern

Wir erreichen alles, was wir tun, durch Delegation. Entweder delegieren wir es an die Zeit oder an andere Menschen. Aber wo liegt der Unterschied? Wenn wir an die Zeit delegieren, denken wir effizient. Wenn wir an andere Menschen delegieren, denken wir effektiv.

Viele haben Schwierigkeiten damit, anderen Aufgaben zu übertragen. Sie denken, es würde sie zu viel Zeit und Anstrengung kosten. Außerdem glauben sie, dass sie die Sache selbst ohnehin viel besser erledigen können. Doch effektiv an andere zu delegieren, ist wahrscheinlich die Tätigkeit, die den meisten Einfluss auf Ihren persönlichen und beruflichen Erfolg hat.

Es lohnt sich, wenn Sie anderen, gut ausgebildeten und fähigen Menschen Verantwortung übertragen. Das gibt Ihnen die Möglichkeit, Ihre Zeit, Kraft und Energie für weitere erfolgsentscheidende Tätigkeiten einzusetzen. Delegieren heißt wachsen. Das gilt nicht nur für jeden einzelnen Menschen, sondern auch für alle Organisationen.

Delegieren ist ein öffentlicher Erfolg, denn daran sind andere Leute beteiligt. Daher hätte ich es auch dem 4. Weg zuordnen können. Doch für mich ist das Delegieren der Hauptunterschied zwischen den Rollen des Managers und des Machers. Deshalb zähle ich die Delegation zu den Fähigkeiten des Selbstmanagements und werde jetzt gleich näher darauf eingehen.

Ein Macher tut das, was nötig ist, um die gewünschten Ergebnisse zu erreichen. Ihm geht es darum, die goldenen Eier zu bekommen. Eltern, die das Geschirr abwaschen, Architekten, die Bauzeichnungen anfertigen, und Sekretärinnen, die Briefe tippen, sind Macher.

Wenn aber jemand mit anderen Leuten und Organisationen zusammenarbeitet, um goldene Eier zu produzieren, wird er ein Manager im interdependenten Sinn. Eltern, die den Abwasch an eines ihrer Kinder delegieren, sind Manager. Auch Architekten, die ein Team mit mehreren Architektinnen und Architekten führen, sind Manager. Und Sekretärinnen, die das Chefbüro leiten und ihren Kolleginnen und Kollegen Aufgaben übertragen, sind Office-Managerinnen.

Sofern kein Effizienzverlust auftritt, können Macher, wenn sie eine Stunde Zeit investieren, eine einzige Ergebnis-Einheit produzieren.

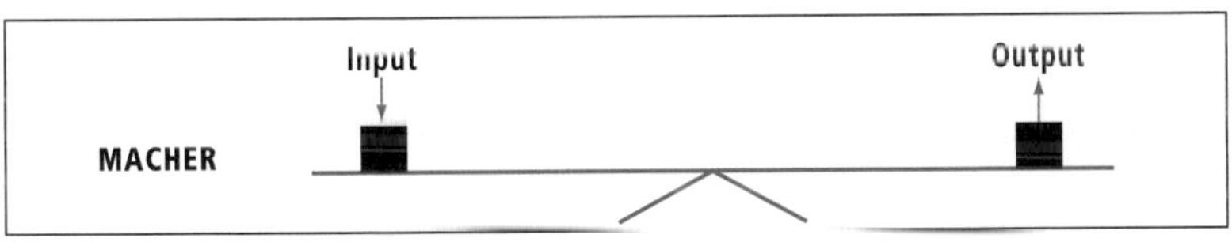

Manager hingegen können, wenn sie eine Stunde Zeit investieren, durch effektive Delegation zehn, 50 oder 100 Einheiten produzieren.

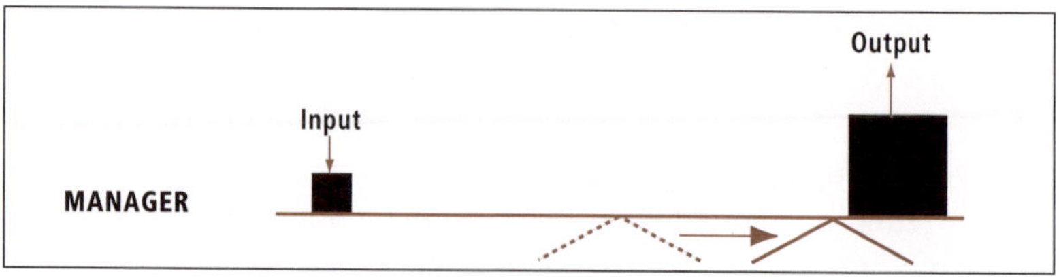

Management bedeutet im Wesentlichen, den Drehpunkt zu verlagern; und der Schlüssel zu effektivem Management ist die Delegation.

Aufgaben-Delegation

Es gibt zwei grundlegende Arten des Delegierens: die »Aufgaben-Delegation« und die »Verantwortungs-Delegation«. Aufgaben-Delegation heißt: »Hol dies, tu das und sag mir Bescheid, wenn's fertig ist.« Dieses Delegations-Paradigma haben die meisten Leute, die Macher sind. Erinnern Sie sich noch an die Männer, die im Dschungel die Machete schwingen? Sie sind die Macher. Macher krempeln die Ärmel hoch und sorgen dafür, dass der Job erledigt wird. Auch wenn man ihnen eine Führungs- oder Management-Position überträgt, denken sie weiter wie Macher. Sie wissen nicht, wie man so delegiert, dass sich der andere dazu verpflichtet fühlt, Ergebnisse zu erzielen. Macher konzentrieren sich beim Delegieren auf die Methoden. Deshalb sind sie auch selbst für die Ergebnisse verantwortlich.

Was ich damit genau meine? Hier ein Beispiel einer Aufgaben-Delegation aus unserer Familie. Wir waren damals an einen See gefahren. Mein Sohn, ein wirklicher Könner, stand auf seinen Wasserskiern. Ich steuerte das Boot, das ihn zog. Also übergab ich Sandra den Fotoapparat und bat sie, ein paar Aufnahmen zu machen.

Zuerst sagte ich ihr, sie solle sich die Bilder gut aussuchen – der Film war nämlich schon fast voll. Dann merkte ich, dass sie sich mit der Kamera nicht richtig auskannte. Daher wurde ich etwas genauer: Ich bat Sie, erst auf den Auslöser zu drücken, wenn die Sonne vor dem Boot stand, der Junge über unser Kielwasser sprang oder eine Wende machte und seinen Ellbogen berührte.

Je mehr ich aber über den kümmerlichen Filmrest und Sandras Unerfahrenheit mit der Kamera nachdachte, desto unruhiger wurde ich. Schließlich sagte ich: »Drück einfach auf den Knopf, wenn ich es dir sage! In Ordnung?« Die nächsten Minuten verbrachte ich damit, zu brüllen: »Aufnehmen! Aufnehmen! Nicht aufnehmen! Nicht aufnehmen!« Ich hatte Angst, dass sie es nicht richtig machen würde, wenn ich ihr nicht ständig Anweisungen gab.

Das war eine echte Aufgaben-Delegation – eine Eins-zu-eins-Überwachung der Methoden. Viele Leute delegieren immer so. Doch wie viel erreicht man dadurch tatsächlich? Und wie viele Leute kann man anleiten und führen, wenn man auf jede ihrer Bewegungen achten muss?

Es gibt eine viel bessere, eine effektivere Art der Delegation. Sie beruht auf einem Paradigma, das die Selbstwahrnehmung, die Vorstellungskraft, das Gewissen und den freien Willen anderer würdigt: die Verantwortungs-Delegation.

Verantwortungs-Delegation

Verantwortungs-Delegation ist auf Ergebnisse ausgerichtet, nicht auf Methoden. Das heißt: Sie überlässt den Leuten die Wahl der Methode und überträgt ihnen die Verantwortung für die Ergebnisse. Die Verantwortungs-Delegation braucht am Anfang etwas mehr Zeit. Doch diese Zeit ist gut investiert. Durch Verantwortungs-Delegation können Sie die Hebelwirkung nutzen, den Drehpunkt verlagern und Ihren Einfluss enorm vergrößern.

Zur Verantwortungs-Delegation gehören klare Absprachen und eine beidseitige Verpflichtung. Dabei sind die folgenden fünf Punkte besonders wichtig:

Gewünschte Ergebnisse. Klären Sie genau ab, was erreicht werden soll. Konzentrieren Sie sich dabei auf das *Was* und nicht auf das *Wie*. Geben Sie die *Ergebnisse* vor, aber nicht die *Methoden*. Nehmen Sie sich Zeit. Haben Sie Geduld. Visualisieren Sie das gewünschte Ergebnis. Der andere muss es sehen und beschreiben können. Er muss eine klare Aussage darüber machen können, wie die Ergebnisse aussehen und wann sie vorliegen sollen.

Richtlinien. Stecken Sie die Richtlinien ab, die bei der Erledigung der Aufgabe einzuhalten sind. Achten Sie darauf, dass es nicht zu viele sind. Geben Sie nur den groben Rahmen vor. Vermeiden Sie Aufgaben-Delegation. Das blockiert die Eigeninitiative und fördert das Aufgaben-Credo: »Sagen Sie mir einfach ganz genau, was und wie ich es machen soll!«

Denken Sie daran, die formalen Beschränkungen zu erwähnen, die unbedingt einzuhalten sind. So verhindern Sie, dass jemand meint, er habe allen Handlungsspielraum, um das Ziel zu erreichen, und dann gegen irgendeine altbewährte Tradition oder einen grundlegenden Wert Ihres Unternehmens verstößt.

Wenn Sie wissen, wo bei einer Aufgabe Stolperfallen lauern, dann lassen Sie diese nicht unerwähnt. Weisen Sie darauf hin. Verraten Sie, wo Hindernisse und Treibsand zu erwarten sind. Das Rad muss schließlich nicht jeden Tag neu erfunden werden. Lassen Sie andere aus Ihren eigenen oder den Fehlern Dritter lernen. Weisen Sie sie auf potenzielle Holzwege hin. Sagen Sie ihnen, was sie nicht tun sollen. Aber geben Sie ihnen nicht haarklein vor, *wie* sie ihre Aufgabe zu lösen haben. Überlassen Sie ihnen die Verantwortung für die Ergebnisse. Damit die Delegation von Verantwortung gelingt, ist es wichtig, dass die anderen innerhalb der Richtlinien das tun, was sie selbst für richtig und notwendig halten.

Ressourcen. Zeigen Sie die personellen, finanziellen, technischen oder organisatorischen Ressourcen auf, die jemand nutzen kann, um die gewünschten Ergebnisse zu erzielen.

Verantwortlichkeit. Legen Sie fest, wann und nach welchen Maßstäben die Ergebnisse bewertet werden.

Konsequenzen. Sagen Sie genau, welche Konsequenzen eine gute oder eine schlechte Bewertung haben wird. Für gute Ergebnisse könnten Sie beispielsweise Bonuszahlungen und Gratifikationen oder weitere Aufträge in Aussicht stellen.

Vor ein paar Jahren machte ich mit einem meiner Söhne eine interessante Delegations-Erfahrung. Wir hielten eine Familienversammlung ab. Alle waren da. Um die Gewissheit zu haben, dass unsere Pläne mit unseren Werten übereinstimmten, hatten wir unser Leitbild aufgehängt.

Ich stellte eine große Tafel auf und schrieb unsere Ziele auf – die wichtigsten Dinge, die wir machen wollten. Zudem hielt ich die Aufgaben fest, die sich aus diesen Zielen ergaben. Dann fragte ich, wer sich freiwillig dafür melden wollte.

»Wer will die Hypothek bezahlen?« Ich war der Einzige, der die Hand hob.

»Wer will die Versicherung bezahlen? Das Essen? Die Autos?« Offenbar hatte ich bei all diesen Dingen ein Monopol.

»Wer will das Baby füttern?« Hier bestand schon mehr Interesse, doch für diese Aufgabe war nur meine Frau richtig qualifiziert.

Als wir die Liste weiter durchgingen, wurde schnell klar, dass wir Eltern über 60 Stunden in der Woche arbeiteten. Aus diesem Paradigma heraus, bekamen einige der anderen Aufgaben eine ganz andere, wesentlich gewichtigere Bedeutung.

Mein damals siebenjähriger Sohn Stephen erklärte sich bereit, sich um den Garten zu kümmern. Bevor ich ihm diese Aufgabe übertrug, begann ich mit einem gründlichen Trainingsprozess. Er sollte ein klares Bild davon im Kopf haben, wie ein gut gepflegter Garten aussah. Also ging ich mit ihm nach nebenan.

»Siehst du, dass der Garten von unserem Nachbarn grün und sauber ist, Stephen? Genau das wollen wir auch: *grün und sauber.* Schau dir jetzt unseren Garten an. Siehst du die verschiedenen Farben? Das wollen wir nicht. Das ist nicht grün! Grün und sauber, das wollen wir. Wie du unseren Garten grün bekommst, ist deine Sache. Das kannst du machen, wie du willst, bloß anstreichen darfst du ihn nicht. Ich sage dir aber, wie ich es machen würde, wenn es meine Aufgabe wäre.«

»Wie denn, Papi?«

»Ich würde den Rasensprenger einschalten. Aber du kannst natürlich auch Eimer oder einen Schlauch benutzen. Das ist mir egal. Mir kommt es nur darauf an, dass der Garten grün ist. In Ordnung?«

»In Ordnung!«

»Dann kommen wir jetzt zu ›sauber‹. ›Sauber‹ bedeutet, dass nichts herumliegt, was nicht in den Garten gehört – kein Papier, keine Knochen, Stöcke oder Bindfäden ... Ich sage dir, was wir jetzt tun: Wir machen eine Hälfte des Gartens sauber und sehen uns dann den Unterschied an.«

Wir holten zwei Papiertüten und sammelten alles ein, was in der einen Hälfte lag. »Schau dir diese Seite jetzt an – und dann die andere! Siehst du den Unterschied? Das nenne ich sauber.«

»Moment!«, rief er. »Da hinter dem Busch liegt noch Papier!«

»Oh, gut – das habe ich gar nicht gesehen. Du hast wirklich scharfe Augen, Stephen! Aber bevor wir jetzt entscheiden, ob du diese Aufgabe übernimmst, möchte ich dir noch ein paar Dinge sagen. Wenn du sie nämlich übernimmst, erledige ich sie nicht mehr. Das ist dann deine Sache. Ich würde dir die Verantwortung übertragen und darauf vertrauen, dass du die Aufgabe erledigst. Und wer wird dein Boss sein?«

»Du, Papi?«

»Nein, nicht ich – du bist dein eigener Boss! Oder gefällt es dir, wenn Mami und ich ständig an dir herumnörgeln?«

»Nee!!!«

»Wir tun das auch nicht gern. Es ruft manchmal Ärger oder Zorn hervor. Deshalb bist du dein eigener Boss. Und rate mal, wer dein Helfer ist!«

»Wer denn?«

»Ich! Du bist mein Boss.«

Das gefiel ihm und er fragte: »Echt?«

»Ja. Ich kann dir allerdings nicht immer helfen. Manchmal bin ich ja nicht da. Wenn ich aber hier bin, sagst du mir, wie ich dir helfen kann. Ich werde alles tun, was du mir sagst.«

»Ist gut!«

»Und rate mal, wer dich beurteilen wird.«

»Wer denn?«

»Du beurteilst dich selbst.«

»Wirklich?«

»Ja. Wir beide werden zweimal in der Woche durch den Garten gehen, und du zeigst mir, wie du vorankommst. Nach welchen Kriterien wirst du deine Arbeit beurteilen?«

»Grün und sauber!«

»Genau.«

Ich trainierte ihn zwei Wochen lang mit diesen beiden Wörtern. Dann hatte ich das Gefühl, dass er so weit war, die Aufgabe zu übernehmen. Schließlich kam der große Tag.

»Wir haben eine Abmachung, Stephen?«

»Ja, das haben wir.«

»Was ist die Aufgabe?«

»Grün und sauber!«

»Was heißt ›grün‹?«

Er betrachtete unseren Garten, der langsam anfing, besser auszusehen. Dann zeigte er auf den Garten nebenan. »Die Farbe, die dieser Garten hat.«

»Und was bedeutet ›sauber‹?«

»Dass nichts herumliegt.«

»Wer ist der Boss?«

»Ich.«

»Und wer ist dein Helfer?«

»Das bist du – wenn du Zeit hast.«

»Wer beurteilt, ob du es gut gemacht hast?«

»Ich. Wir beide gehen zweimal in der Woche durch den Garten. Dann zeige ich dir, wie es vorangeht.«

»Und wie soll der Garten sein?«

»Grün und sauber.«

Von einer Belohnung sprach ich damals nicht. Allerdings wäre ich durchaus bereit, eine solche Verantwortungs-Delegation mit einer zu verbinden.

Zwei Wochen, zwei Worte. Ich dachte, er sei so weit.

Es war Sonnabend – und er tat nichts. Sonntag – auch nichts. Montag – immer noch nichts. Als ich am Dienstag mit dem Auto aus der Einfahrt setzte, um zur Arbeit zu fahren, betrachtete ich den gelben Garten. Hier lag alles Mögliche herum und die Julisonne brannte gnadenlos auf den Rasen herab. Ich dachte: »Heute macht er es bestimmt!« Dass er am Sonnabend nichts gemacht hatte, konnte ich mir erklären: Da hatten wir unsere Vereinbarung ja erst getroffen. Und der Sonntag? Gut, der war für andere Dinge da. Aber den Montag konnte ich mir nicht erklären. Und heute war schon Dienstag. Heute würde er es bestimmt machen. Es war ja Sommer, da hatte er doch sonst nichts zu tun!

Ich konnte es den ganzen Tag kaum abwarten, endlich nach Hause zu kommen und zu sehen, was er gemacht hatte. Dann bog ich um die Ecke … Alles sah noch genauso aus wie am Morgen – und mein Sohn war im Park auf der anderen Straßenseite und spielte!

Das konnte ich nicht hinnehmen. Zwei Wochen Training, all die Absprachen und Verpflichtungen – und jetzt das! Ich war enttäuscht und ungehalten. Wir hatten viel Mühe, Arbeit und Geld in den Garten gesteckt. Aber jetzt ging alles den Bach runter! Außerdem war der Garten unserer Nachbarn gepflegt und schön, und die Situation wurde mir langsam peinlich.

Ich war so weit, zur Aufgaben-Delegation zurückzukehren. *Junge, du kommst jetzt sofort her und hebst den Müll im Garten auf, sonst …* Ich wusste, dass ich auf diese Weise das goldene Ei bekommen konnte. Aber was war mit der Gans? Was würde mit Stephens innerer Verpflichtung passieren?

Also setzte ich ein gespieltes Lächeln auf und rief über die Straße: »Hallo, Stephen! Wie steht's?«

»Gut!«

»Und wie geht es mit dem Garten voran?« Mir wurde sofort klar, dass ich gegen unsere Vereinbarung verstoßen hatte. So hatten wir die Verantwortlichkeiten nicht vereinbart. Es war nicht das, was wir abgesprochen hatten.

Prompt fühlte mein Sohn sich berechtigt, ebenfalls gegen unsere Vereinbarung zu verstoßen. »Prima, Papi!«

Ich biss mir auf die Zunge und wartete bis nach dem Abendbrot. Dann sagte ich: »Stephen, lass uns jetzt das machen, was wir vereinbart haben. Lass uns zusammen in den Garten gehen. Zeig mir, wie es mit der Aufgabe läuft, die ich dir anvertraut habe.«

Wir gingen zur Tür. Plötzlich fing sein Kinn an zu zittern und ihm kamen die Tränen. Als wir die Mitte des Gartens erreicht hatten, wimmerte er.

»Es ist so schwer, Papi!«

Was ist denn so schwer?, dachte ich. *Du hast doch überhaupt nichts gemacht!* Aber ich wusste, was schwer war: Selbstmanagement, Selbstdisziplin und Selbstüberwachung. Also fragte ich ihn: »Kann ich dir irgendwie helfen?«

»Würdest du das wirklich machen, Papi?«, schniefte er.

»Was haben wir vereinbart?«

»Du hast gesagt, dass du mir hilfst, wenn du Zeit hast.«

»Ich habe Zeit.«

Er rannte ins Haus und holte zwei Tüten. Eine gab er mir.

»Hebst du bitte das Zeug da auf?« Er zeigte auf den Müll vom Grillen am Sonnabend. »Das sieht wirklich hässlich aus!«

Also tat ich das. Ich machte genau das, wozu er mich aufforderte. In diesem Augenblick unterzeichnete er unsere Vereinbarung in seinem Herzen. Es wurde sein Garten. Von nun an war er dafür verantwortlich.

Stephen bat mich dann den ganzen Sommer über nur noch zwei- oder dreimal um Hilfe. Er kümmerte sich selbst um den Garten. Er pflegte ihn so, dass er grüner und sauberer war als in jener Zeit, als ich dafür verantwortlich war. Er schimpfte sogar mit seinen Geschwistern, wenn sie auch nur ein Kaugummipapier auf dem Rasen liegen ließen.

Die höchste Form der menschlichen Motivation ist Vertrauen. Es fördert das Beste in uns. Aber es braucht Zeit und Geduld. Zudem sind oft Schulung und Training nötig, damit wir anderen Aufgaben anvertrauen können.

Ich bin fest davon überzeugt, dass richtig durchgeführte Verantwortungs-Delegation beiden Seiten zum Nutzen gereicht. Letzten Endes wird sie dazu führen, dass wesentlich mehr Arbeit in deutlich weniger Zeit erledigt wird. Wenn Sie Verantwortung innerhalb der Familie delegieren wollen, sind zwei Dinge wichtig: Erstens sollten Sie gut organisiert sein. Und zweitens sollten Sie sich die Zeit nehmen, effektiv auf einer Eins-zu-eins-Basis zu delegieren. Ich bin sicher, dass Sie die Arbeit dann so einteilen können, dass jeder seine Aufgaben in etwa einer Stunde täglich erledigen kann. Allerdings erfordert das den festen Willen, nicht nur zu produzieren, sondern auch zu führen. Der Fokus liegt auf Effektivität und nicht auf Effizienz.

Sicher können Sie das Zimmer schneller und besser sauber machen als Ihr Kind. Doch darum geht es nicht. Entscheidend ist, dass Sie Ihrem Kind die Fähigkeit vermitteln, es selbst zu tun. Das braucht Zeit und Geduld. Sie müssen sich um die Weiterentwicklung und das Training Ihres Kindes kümmern. Aber weiter flussabwärts ist diese Zeit sehr gut angelegt. Auf lange Sicht sparen Sie durch das Delegieren von Verantwortung weitaus mehr Zeit als Sie zu Beginn investiert haben.

Diese Sicht der Dinge bringt ein vollkommen neues Paradigma des Delegierens mit sich. Mehr noch: Dieses Paradigma verändert die Beziehung von Grund auf. Der Auftragnehmer wird sein eigener Chef, geleitet von seinem Gewissen, das den angestrebten Ergebnissen verpflichtet ist. Zudem setzt es seine kreativen Energien frei, alles Notwendige zu tun, um diese Ergebnisse im Einklang mit den richtigen Prinzipien zu erreichen.

Das Prinzip der Verantwortungs-Delegation ist auf jeden Menschen und jede Situation anwendbar. Wenn Sie Verantwortung an eher unerfahrene Personen delegieren, sollten Sie Folgendes beachten: Legen Sie weniger Ergebnisse und dafür mehr Richtlinien fest. Nennen Sie mehr Ressourcen. Führen Sie öfter Gespräche über den aktuellen Stand der Dinge und vereinbaren Sie sofort spürbare Konsequenzen, wenn gute oder schlechte Resultate erzielt werden. Wollen Sie Verantwortung an erfahrene Leute delegieren? Dann können Sie ruhig ehrgeizige Ziele stecken. Geben Sie weniger Richtlinien vor. Erwarten Sie weniger Berichte über den Projektverlauf und verwenden Sie weniger, aber klare Kriterien zur Messung der Ergebnisse.

Effektive Delegation ist wahrscheinlich einfach deswegen der beste Indikator für effektives Management, weil sie von so grundlegender Bedeutung für das Wachstum jedes Individuums und jeder Organisation ist.

Das Quadrant-II-Paradigma

Wollen Sie wissen, was der Schlüssel zum effektiven Management von sich selbst oder anderen durch Delegation ist? Das ist keine Technik, kein Planungstool und auch kein äußerer Faktor. Der Schlüssel ist intrinsisch. Er ist das Paradigma von Quadrant II. Es gibt Ihnen die Kraft, die Dinge nach Wichtigkeit und nicht nach Dringlichkeit zu organisieren.

Wenn Sie an der Entwicklung eines Quadrant-II-Paradigmas arbeiten, hat das viele positive Auswirkungen. Sie verbessern maßgeblich Ihre Fähigkeit, jede Woche Ihres Lebens im Sinne Ihrer Prioritäten zu organisieren, entsprechend zu handeln und Ihre Werte zu leben. Zudem können Sie Ihr Leben effektiv managen – und zwar völlig selbstständig. Hier sind Sie von keiner anderen Person oder irgendeiner Sache abhängig. Interessanterweise finden sich alle 7 Wege in Quadrant II. Jeder handelt von grundlegend wichtigen Dingen, die enorm positive Veränderungen bewirken können, wenn wir sie fest in unserem Leben verankern.

Tipps zur praktischen Umsetzung

1. Überlegen Sie: Welche Quadrant-II-Aktivität, die Sie bisher vernachlässigt haben, hätte einen enormen Einfluss auf Ihren persönlichen oder beruflichen Erfolg, wenn sie diese fest in Ihrem Leben verankern würden?
2. Zeichnen Sie eine Zeitmanagement-Matrix. Schätzen Sie, wie viel Prozent Ihrer Zeit Sie in jedem der vier Quadranten verbringen. Überprüfen Sie dann Ihre Schätzung. Erstellen Sie dazu eine in Viertelstunden gemessene Aufstellung über die letzten drei Tage. Fragen Sie sich: Wie genau war Ihre Schätzung? Sind Sie mit Ihrem Umgang mit der Zeit zufrieden? Was sollten Sie ändern?
3. Erstellen Sie eine Liste der Aufgaben, die Sie delegieren könnten. Notieren Sie auch die Namen der Leute, an die Sie delegieren oder die Sie so trainieren könnten, dass sie die Verantwortung für die Aufgaben auf Ihrer Liste übernehmen können. Überlegen Sie,

was alles notwendig ist, um den Prozess des Delegierens oder des Trainings in Gang zu bringen.

4. Organisieren Sie Ihre nächste Woche. Beginnen Sie damit, dass Sie Ihre Rollen und Ziele festsetzen. Leiten Sie dann konkrete Handlungspläne aus Ihren Zielen ab. Werten Sie am Ende der Woche aus, wie gut Ihr Wochenplan Ihre innersten Werte in Ihren Alltag übertragen hat. Fragen Sie sich auch, ob Sie diese Werte mit gutem Gewissen wahren konnten.
5. Verpflichten Sie sich gegenüber sich selbst, sich in Zukunft auf wöchentlicher Basis zu organisieren. Bestimmen Sie auch eine feste Zeit für Ihre Wochenplanung.
6. Verwandeln Sie Ihr derzeitiges Planungsinstrument in ein Organisationstool der vierten Generation. Alternativ können Sie natürlich auch ein Planungstool der vierten Generation kaufen.

Das Wochenarbeitsblatt

Rollen	Ziele

Die Säge schärfen

Physisch ____________
Mental ____________
Spirituell ____________
Sozial/Emotional ____________

Woche vom

Prioritäten diese Woche

Sonntag	Montag
Prioritäten heute	
Verabredungen/Verpflichtungen	
8	8
9	9
10	10
11	11
12	12
13	13
14	14
15	15
16	16
17	17
18	18
19	19
20	20
Abend	Abend

Dienstag	Mittwoch	Donnerstag	Freitag	Samstag
Prioritäten heute				
Verabredungen/Verpflichtungen				
8	8	8	8	8
9	9	9	9	9
10	10	10	10	10
11	11	11	11	11
12	12	12	12	12
13	13	13	13	13
14	14	14	14	14
15	15	15	15	15
16	16	16	16	16
17	17	17	17	17
18	18	18	18	18
19	19	19	19	19
20	20	20	20	20
Abend	Abend	Abend	Abend	Abend

DRITTER TEIL

Der öffentliche Erfolg

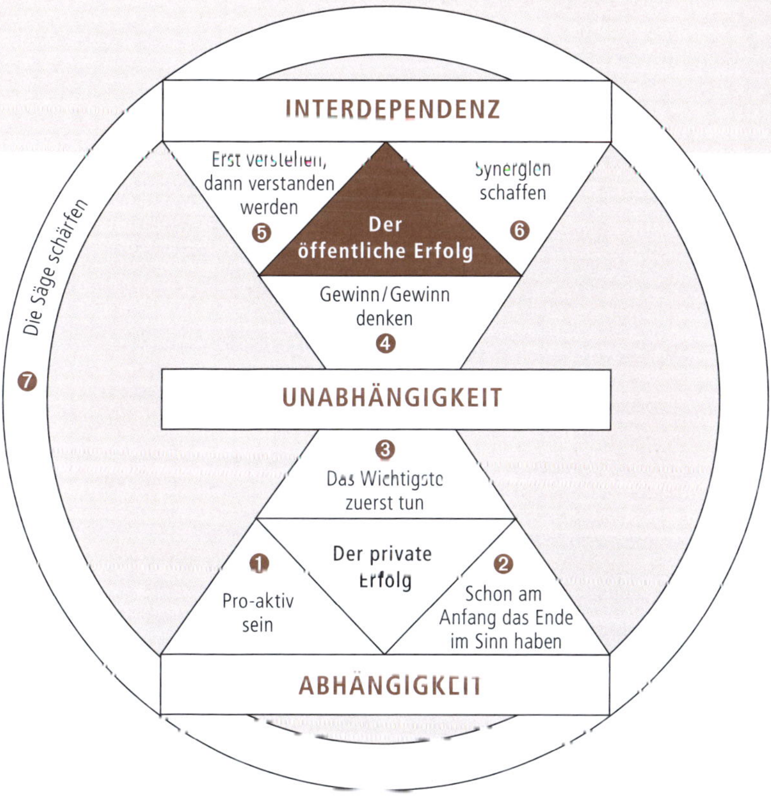

Paradigmen von Interdependenz

Es kann keine Freundschaft ohne Vertrauen
und kein Vertrauen ohne Integrität geben.
SAMUEL JOHNSON

Nun werden wir uns dem Gebiet der öffentlichen Erfolge zuwenden. Zuvor sollten wir uns jedoch noch einmal ins Gedächtnis rufen, dass effektive Interdependenz nur auf dem Fundament wahrer Unabhängigkeit aufgebaut werden kann. Privater Erfolg kommt vor öffentlichem Erfolg. Algebra kommt vor der Differenzialrechnung.

Wenn wir zurückschauen, um das Terrain zu überblicken und zu bestimmen, wo wir waren, dann erkennen wir: Ohne den bislang eingeschlagenen Weg wären wir nicht da, wo wir jetzt stehen. Es gibt keine anderen Wege und keine Abkürzungen. Man gelangt auch nicht mit dem Fallschirm dorthin. Die Landschaft vor uns ist voller Beziehungstrümmer. Sie stammen von denjenigen, die einen anderen, schnelleren Zugang gesucht haben. Diese Menschen wollten den Sprung in effektive Beziehungen schaffen, ohne dass sie die Reife und die Charakterstärke aufgebaut hatten, um diese zu pflegen.

Doch das funktioniert nicht. Man muss den Weg gehen. Sie können in Ihren Beziehungen zu anderen Menschen keinen Erfolg haben, wenn Sie den Preis dafür nicht bezahlt haben.

Vor einigen Jahren kam bei einem meiner Seminare an der Küste von Oregon ein Mann auf mich zu und sagte: »Wissen Sie, Stephen, mir macht es nicht viel Spaß, zu diesen Seminaren zu kommen.« Ich wurde sofort hellhörig.

»Schauen Sie sich doch alle anderen hier an«, fuhr er fort. »Die Küste ist wunderschön, da draußen glitzert das Meer, und hier ist eine Menge los. Aber ich kann nur dasitzen und mir Sorgen über das Verhör machen, dem meine Frau mich heute Abend am Telefon unterziehen wird.

Das ist jedes Mal so, wenn ich weg bin. Wo habe ich gefrühstückt? Wer war noch dabei? Dauerte das Seminar den ganzen Vormittag? Wann war die Mittagspause? Was habe ich in dieser Zeit gemacht? Wie habe ich den Nachmittag verbracht? Was habe ich abends unternommen? Wer war bei mir? Worüber haben wir geredet?

Was sie wirklich wissen will, aber nie direkt fragt, ist, wen sie anrufen kann, um das alles zu überprüfen. Immer wenn ich weg bin, nörgelt sie herum und kritisiert alles, was ich tue. Es raubt mir den ganzen Spaß an der Sache.«

Er sah ziemlich unglücklich aus. Wir unterhielten uns eine Weile, und dann machte er eine sehr interessante Bemerkung. »Sie weiß genau, welche Fragen sie stellen muss«, meinte er etwas verschämt. »Schließlich habe ich sie bei einem solchen Seminar kennengelernt ... und da war ich noch mit einer anderen Frau verheiratet!«

Ich dachte über seine Bemerkung nach und sagte: »Sie hätten gerne eine Patentlösung, oder?«

»Was meinen Sie damit?«

»Ich glaube, Sie würden gerne einen Schraubenzieher nehmen, Ihrer Frau den Kopf aufschrauben und ihre innere Einstellung ganz schnell neu verkabeln. Stimmt's?«

»Klar wünsche ich mir, dass sie sich ändert«, rief er. »Ich finde es nicht in Ordnung, dass sie mich dauernd so verhört.«

»Tja, mein Freund«, sagte ich, »Sie können sich nicht einfach so aus Problemen herausreden, die Sie durch Ihr eigenes Verhalten heraufbeschworen haben.«

Worum es hier geht, ist ein sehr dramatischer und grundlegender Paradigmenwechsel. Sie können versuchen, Ihre sozialen Interaktionen mit Techniken und Fertigkeiten zu »schmieren«. Doch dabei kann Ihr Charakter verkümmern. Sie können die Früchte nicht ernten, ohne sich um die Wurzeln zu kümmern. Es gibt eine klare Reihenfolge: Privater Erfolg kommt vor öffentlichem Erfolg. Selbstbeherrschung und Selbstdisziplin sind das Fundament für gute Beziehungen zu anderen.

Manche Leute glauben, man müsse sich selbst mögen, bevor man andere mögen kann. Ich denke, da ist was dran. Aber wenn man sich selbst nicht kennt und keine Selbstbeherrschung hat, dann ist es schwierig, sich selbst zu mögen. Das geht höchstens kurzfristig und auf sehr oberflächliche Art.

Wahre Selbstachtung resultiert aus der Herrschaft über sich selbst, aus wahrer Unabhängigkeit. Das ist die Quintessenz des 1., 2. und 3. Weges. Unabhängigkeit ist eine Leistung. Interdependenz ist eine Wahl, die nur unabhängige Menschen treffen können. Wenn wir nicht bereit sind, echte Unabhängigkeit zu erreichen, lohnt es sich nicht, Beziehungsfähigkeit entwickeln zu wollen. Natürlich könnten wir es versuchen. Wenn es gerade windstill ist, könnten wir sogar ein gewisses Maß an Erfolg haben. Aber sobald der Sturm losbricht – und er kommt immer –, fehlt uns das Fundament, um die Dinge unter Kontrolle zu haben.

Der wichtigste Bestandteil jeder Beziehung ist nicht das, was wir sagen oder tun. Er ist das, was wir sind. Und was passiert, wenn unsere Worte und Taten oberflächlichen Beziehungstechniken der Persönlichkeitsethik entspringen und nicht im Sinne der Charakter-Ethik unseren eigenen Kern spiegeln? Dann werden die anderen dieses doppelte Spiel sehr bald bemerken. Denn wir können einfach nicht das Fundament aufbauen und erhalten, das wir für effektive Interdependenz brauchen.

Die Techniken und Fertigkeiten, auf die es bei menschlichen Interaktionen wirklich ankommt, sind diejenigen, über die ein interdependenter Charakter ganz selbstverständlich verfügt. Der wahre Ausgangspunkt für den Aufbau jeder Beziehung liegt in uns selbst, in unserem Einflussbereich, in unserem Charakter. Konkret heißt das: Zunächst müssen wir unabhängig werden – pro-aktiv, an den richtigen Prinzipien orientiert, wertegeleitet und in der Lage, unser Leben integer im Sinne unserer Prioritäten zu organisieren und entsprechend zu handeln. Erst danach können wir uns entscheiden, interdependent zu werden – fähig zu werden, gehaltvolle, beständige und hochgradig effektive Beziehungen zu anderen Menschen aufzubauen.

Wenn wir das vor uns liegende Terrain betrachten, erkennen wir, dass wir eine vollkommen neue Dimension betreten. Interdependenz eröffnet uns ganz neue Welten für tiefe, wertvolle, bedeutsame Beziehungen und für ungleich größere Produktivität. Sie ermöglicht es uns, zu helfen, etwas beizusteuern, zu lernen und zu wachsen. Aber genau dort spüren wir auch den größten Schmerz, die meiste Frustration, die höchsten Hindernisse auf dem Weg zu Glück und Erfolg. Und wir sind uns dieses Schmerzes sehr wohl bewusst. Denn er ist akut.

Wir können oft jahrelang mit dem chronischen Schmerz leben, den der Mangel an einer Vision, an Führung oder Management in unserem persönlichen Leben verursacht. Wir fühlen uns irgendwie unwohl und unruhig. Gelegentlich unternehmen wir sogar etwas, um den Schmerz wenigstens vorübergehend zu lindern. Doch er ist chronisch. Deshalb gewöhnen wir uns an ihn und lernen, mit ihm zu leben.

Aber wenn wir Probleme mit anderen Menschen haben, sind wir uns des akuten Schmerzes sehr wohl bewusst. Er ist oft sehr intensiv, und wir wollen, dass er verschwindet.

Dann versuchen wir, die Symptome mit Patentlösungen und Techniken zu behandeln. Wir greifen zu den Pflastern der Persönlichkeitsethik. Doch wir verstehen nicht, dass der akute Schmerz ein Symptom für das tiefere, chronische Problem ist. Solange wir die Symptome und nicht das Problem behandeln, werden all unsere Bemühungen nur das Gegenteil bewirken. Wir werden das chronische Problem einfach noch erfolgreicher verdrängen.

Lassen Sie uns in diesem Zusammenhang zu unserer Definition von Effektivität zurückkehren. Wir haben gesagt, sie sei das Gleichgewicht von P und PK, das Konzept, das der Geschichte von der Gans und den goldenen Eiern zugrundeliegt.

In einer interdependenten Situation sind die goldenen Eier die Effektivität, die wunderbare Synergie, die Ergebnisse von offener Kommunikation und positiver Interaktion mit anderen. Wenn wir diese Eier auf Dauer bekommen wollen, müssen wir uns um die Gans kümmern. Wir müssen die Beziehungen schaffen und pflegen, die diese Ergebnisse erst ermöglichen.

Bevor wir also von unserem Aussichtspunkt herabsteigen und

uns dem 4., 5. und 6. Weg zuwenden, möchte ich Sie mit etwas ganz Besonderem vertraut machen. Es ist eine starke Metapher zur Beschreibung von Beziehungen und die Definition der Ausgewogenheit von P und PK in einer interdependenten Wirklichkeit. Worum es sich dabei handelt? Es geht um das emotionale Beziehungskonto!

Das emotionale Beziehungskonto

Wir alle wissen, was ein Bankkonto ist. Wir zahlen Geld dort ein und bauen ein Guthaben auf, von dem wir abheben können, wenn es nötig ist. Ein emotionales Beziehungskonto ist eine Metapher, die beschreibt, wie viel Vertrauen in einer Beziehung aufgebaut worden ist. Es ist das Gefühl von Sicherheit, das Sie einem anderen Menschen gegenüber haben.

Wenn ich bei Ihnen durch Höflichkeit, Freundlichkeit, Ehrlichkeit und Zuverlässigkeit Einzahlungen auf mein emotionales Beziehungskonto mache, baue ich Reserven auf. Ihr Vertrauen zu mir wird größer. Wenn nötig, kann ich es beanspruchen. Ich kann sogar Fehler machen. Die Vertrauensebene, die emotionale Reserve wird meine Fehler aufwiegen. Selbst wenn ich mich nicht ganz klar ausdrücke, werden Sie verstehen, was ich meine. Sie werden mich nicht auf Worte festnageln. Wenn das Vertrauenskonto gut gefüllt ist, ist die Kommunikation leicht, schnell und effektiv.

Aber wenn ich unhöflich und ignorant bin, überreagiere, feindselig werde, Ihr Vertrauen missbrauche, Sie bedrohe oder einen kleinen Gott in Ihrem Leben spielen will, dann ist mein emotionales Beziehungskonto irgendwann überzogen. Die Vertrauensebene wird immer niedriger. Welche Flexibilität habe ich dann noch? Keine! Ich muss genau aufpassen, was ich sage. Ich muss jedes Wort auf die Goldwaage legen. Ich bewege mich auf Minenfeldern. Viele Organisationen, Familien und Ehen sind voll davon. Hier muss man immer auf Rückendeckung achten und äußerst vorsichtig manövrieren.

Wenn eine hohe Vertrauensreserve nicht durch regelmäßige Einzahlungen aufrechterhalten wird, beginnt die Ehe zu zerfallen. Aus tiefem Verständnis und offener Kommunikation wird Anpassung. Zwei Menschen versuchen, auf einigermaßen respektvolle und tolerante Art unabhängig nebeneinander herzuleben. Doch so wird die Beziehung immer weiter verkümmern. Oft kommt es zu Feindseligkeit und Abwehr. Die »Kampf oder Flucht«-Reaktion führt zu Wortgefechten, Türenknallen, Gesprächsverweigerung, emotionalem Rückzug und Selbstmitleid. Das Ganze kann in einem kalten Krieg in den eigenen vier Wänden enden. Er wird nur durch Kinder, Sex, sozialen Druck oder Image-Wahrung eingedämmt. Oder es kommt zum offenen Krieg vor Gericht. Dort werden häufig jahrelang bittere, selbstzerstörerische Schlachten geschlagen, in denen Leute endlos die Sünden ihrer früheren Partner aufzählen.

Und das alles geschieht in der intimsten, wertvollsten, freudigsten, zufriedenstellendsten und produktivsten Beziehung, die zwischen zwei Menschen überhaupt möglich ist. Der P/PK-Leuchtturm ist da: Wir können an ihm zerschellen oder ihn als Leitstern nutzen.

Das Beispiel der Ehe zeigt: Unsere beständigsten Beziehungen bedürfen unserer beständigsten Einzahlungen. In einer fortdauernden Beziehung brauchen sich die alten Guthaben auf. Wenn Sie nach vielen Jahren wieder auf einen alten Schulfreund treffen, können Sie gleich da weitermachen, wo Sie damals aufgehört haben. Denn die alten Kontobestände sind immer noch da. Doch Ihre Konten bei Leuten, mit denen Sie regelmäßig zu tun haben, verlangen nach regelmäßigen Einlagen. Bei Ihren täglichen Interaktionen gibt es manchmal automatische Abbuchungen, von denen Sie gar nichts wissen. Das gilt insbesondere, wenn Sie pubertierende Teenager zu Hause haben.

Nehmen wir an, Sie haben einen Sohn im Teenageralter, und Ihre tagtägliche Konversation hört sich etwa so an: »Räum dein Zimmer auf. Zieh dir etwas Anständiges an. Stell das Radio leiser. Lass dir die Haare schneiden. Und vergiss nicht, den Müll rauszubringen!« Nach einiger Zeit übersteigen die Abhebungen auf Ihrem Beziehungskonto bei Weitem die Einzahlungen.

Nehmen wir nun zudem an, dass Ihr Teenager-Sohn gerade in einer Phase ist, in der er einige wichtige Entscheidungen zu treffen hat, die sich auf den Rest seines Lebens auswirken werden. Doch die Vertrauensebene ist so niedrig und der Kommunikationsprozess so gehemmt, dass er keinen Rat von Ihnen annehmen will. Vielleicht sind Sie weise und klug genug, um ihm helfen zu können. Aber Ihr Konto ist so weit überzogen, dass er seine Entscheidungen aus einer kurzfristigen emotionalen Perspektive fällen wird. Langfristig kann das viele negative Konsequenzen nach sich ziehen.

Das heißt: Sie brauchen ein Kontoguthaben, um mit Ihrem Sohn über diese heiklen Fragen sprechen zu können. Was also tun Sie?

Was würde passieren, wenn Sie Einzahlungen auf Ihr Beziehungskonto leisten? Vielleicht ergibt sich die Gelegenheit, Ihrem Sohn eine kleine Freude zu machen? Beispielsweise könnten Sie ihm eine Zeitschrift über Mountainbikes mitbringen, weil er sich dafür interessiert. Oder Sie könnten auf ihn zugehen, wenn er an einer wichtigen Arbeit für die Schule tüftelt, und ihm Ihre Hilfe anbieten. Sie könnten ihn auch ins Kino einladen oder mit ihm ein Eis essen gehen. Die beste Einzahlung wäre vermutlich die, ihm einfach nur zuzuhören, ihn nicht zu kritisieren und ihm auch keine Moralpredigten zu halten. Hören Sie aufmerksam zu. Versuchen Sie, Ihren Sohn zu verstehen. Lassen Sie ihn Ihre Liebe, Ihre Fürsorge, Ihre Akzeptanz und Ihr Interesse an ihm als Mensch spüren.

Vielleicht reagiert Ihr Sohn nicht sofort. Ja, er könnte sogar misstrauisch sein.

»Was hat Papa bloß mit mir vor? Welchen Erziehungstrick probiert Mama denn jetzt schon wieder an mir aus?« Aber wenn diese echten Einzahlungen weiterhin auf Ihrem Beziehungskonto gutgeschrieben werden, werden sie sich allmählich addieren. Das überzogene Konto wird langsam ausgeglichen.

Denken Sie daran, dass schnelle Lösungen nur Luftschlösser sind. Beziehungen aufzubauen, zu stärken und zu verbessern, das braucht Zeit. Bewahren Sie die Geduld.

»Wir haben so viel für dich getan, so viele Opfer gebracht, wie kannst du nur so undankbar sein? Wir versuchen, nett zu sein, und du führst dich so auf. Ich kann's einfach nicht fassen!« Mit solchen Aussagen verursachen Sie riesige Abbuchungen auf Ihrem Beziehungskonto. Dadurch machen Sie all das Gute, das Sie aufgebaut haben, wieder zunichte.

Zugegeben, es ist schwer, nicht ungeduldig zu werden. Man braucht einiges an Charakterstärke, um pro-aktiv zu sein, sich auf den eigenen Einflussbereich zu konzentrieren und die langsam wachsende Beziehung achtsam zu pflegen. Die Versuchung ist groß, die gerade sprießenden Radieschen auszurupfen, um nachzusehen, ob sie schon groß sind.

Aber es gibt nun mal keine schnellen Patentlösungen. Der Aufbau, die Pflege und die Heilung von Beziehungen sind langfristige Investitionen.

Sechs wertvolle Einzahlungen

Im Folgenden möchte ich Ihnen sechs besonders wertvolle Einzahlungen auf das emotionale Beziehungskonto näher bringen.

Den anderen verstehen

Der Versuch, einen anderen Menschen wirklich zu verstehen, ist vermutlich eine der wichtigsten Einzahlungen, die Sie tätigen können. Zugleich ist er der Schlüssel zu allen anderen Einzahlungen. Erst, wenn Sie Ihr Gegenüber verstanden haben, wissen Sie, welche Einzahlung er wirklich zu schätzen weiß. Ein gemeinsamer Spaziergang, um sich auszusprechen, zusammen ein Eis essen gehen oder miteinander an einem wichtigen Projekt arbeiten: Glauben Sie, dass das eine richtig gute Einzahlung sein könnte? Doch sieht der andere das auch so? Wenn Ihre Einzahlung nicht den wahren Interessen und Bedürfnissen des anderen entspricht, kann das sehr kontraproduktiv sein. Vielleicht ist das für ihn gar keine Einzahlung, sondern eher ein Rückschritt in Ihrer Beziehung.

Was für den einen eine bedeutsame Investition in die Beziehung ist, kann für den anderen ein unwichtiges Detail sein. Aber was können Sie tun, das etwas zu einem Guthaben wird? Das, was Ihrem Gegenüber wichtig ist, muss Ihnen genauso viel bedeuten, wie der andere Ihnen bedeutet. Sie arbeiten vielleicht gerade hoch konzentriert an einem Projekt. Doch Ihr sechsjähriges Kind unterbricht Sie. Es kommt mit etwas zu Ihnen, das Ihnen völlig trivial erscheint. Doch für Ihren Nachwuchs ist die Sache sehr wichtig. Um das zu erkennen, müssen Sie sich an den 2. Weg halten. Der 3. Weg hilft Ihnen, Ihren Terminplan so umzustellen, dass Sie Ihrem Kind gerecht werden können. Dadurch, dass Sie die Wichtigkeit dessen, was Ihr Kind Ihnen zu sagen hat, anerkennen, zeigen Sie ihm, dass Sie es verstehen. So machen Sie eine große Einzahlung auf Ihr emotionales Beziehungskonto.

Ich habe einen Freund, dessen Sohn ein riesengroßer Baseball-Fan ist. Er selbst konnte sich zunächst überhaupt nicht dafür begeistern. Doch nach einer Weile fuhr er mit seinem Sohn zu allen wichtigen Spielen. Das beanspruchte viel Zeit und kostete ein kleines Vermögen. Aber es wurde zu einer starken, bindenden Erfahrung in der Beziehung. Schließlich fragten Bekannte meinen Freund, ob er denn Baseball so sehr lieben würde.

»Nein, aber ich liebe meinen Sohn so sehr«, war seine Antwort.

Ein anderer Freund, ein Hochschullehrer, hatte eine extrem schlechte Beziehung zu seinem heranwachsenden Sohn. Das gesamte Leben meines Freundes war akademisch ausgerichtet. Deshalb glaubte er, sein Sohn würde sein Leben vergeuden, weil er lieber mit den Händen als mit dem Kopf arbeitete. Also trieb er den Jungen dauernd zum Lernen an. Wenn ihm das dann doch einmal leidtat, versuchte er Einzahlungen auf das Beziehungskonto zu machen. Doch diese bewirkten rein gar nichts. Im Gegenteil: Der Junge nahm sie als neue Form der Ablehnung, des Vergleichs mit anderen und der Beurteilung wahr. Deshalb führten sie zu riesigen Abbuchungen. Schließlich ging die Beziehung in die Brüche, und der Vater war sehr unglücklich darüber.

Eines Tages sagte ich zu ihm: »Willst du die Beziehung zu deinem Jungen verbessern? Dann solltest du dich an folgendes Prinzip halten: Lass das, was dem anderen wichtig ist, für dich selbst genauso wichtig werden.« Das nahm er sich sehr zu Herzen. Also beschloss er, gemeinsam mit seinem Sohn eine Miniaturversion der Chinesischen Mauer rund um ihr Haus zu bauen. Das war ein sehr anspruchsvolles Projekt, und die beiden arbeiteten anderthalb Jahre Seite an Seite daran.

Durch diese gemeinsame Erfahrung entwickelte der Sohn den Wunsch, nicht nur mit den Händen zu arbeiten, sondern auch seinen Verstand zu nutzen und sich weiterzubilden. Doch wirklich entscheidend war, was mit der Beziehung geschah. Aus einer großen Wunde wurde eine Quelle von Freude und Kraft für Vater und Sohn.

Wir neigen dazu, aus unseren Autobiografien heraus abzuleiten, was andere wollen oder brauchen. Wir projizieren unsere Wünsche auf ihr Verhalten. Wir halten das für eine Einzahlung, was unseren eigenen Vorstellungen entspricht. Dabei beziehen wir uns nicht nur auf unsere aktuellen Bedürfnisse, sondern auch auf die Vorstellungen, die wir in einem ähnlichen Alter oder Lebensstadium hatten. Doch oft wird unser Bemühen nicht als Einzahlung anerkannt. Das nehmen wir meist als Ablehnung unseres gut gemeinten Engagements wahr und geben auf.

Die goldene Regel lautet: »Behandle andere so, wie du von anderen behandelt werden willst.« Bei genauerer Betrachtung heißt das: Man sollte den anderen wirklich so verstehen, wie man selbst verstanden werden will, und ihn dann auch entsprechend behandeln. So hört man von Eltern, die viele Kinder erfolgreich großgezogen haben: »Man muss sie alle gleich behandeln, indem man sie individuell unterschiedlich behandelt.«

Kleinigkeiten beachten

Kleine Gefälligkeiten und Aufmerksamkeiten sind im menschlichen Miteinander enorm wichtig. Und kleine Unhöflichkeiten, Ablehnungen und Rücksichtslosigkeiten führen zu riesigen Abbuchungen. Das zeigt: In Beziehungen sind oft die Kleinigkeiten die wirklich großen Dinge.

Ich erinnere mich an einen Abend vor einigen Jahren: Damals war ich mit zwei von meinen Söhnen auf einer perfekten Vater-Sohn-Tour: Sportplatz, Boxkampf, Hamburger und Limo und dann noch ins Kino.

Mitten im Film schlief Sean, damals vier Jahre alt, ein. Sein sechsjähriger Bruder Stephen blieb wach, und wir schauten uns zusammen den Rest des Films an. Als das Kino aus war, trug ich den schlafenden Sean ins Auto und legte ihn auf den Rücksitz. Es war ein kalter Abend. Also zog ich meinen Mantel aus und deckte ihn vorsichtig zu. Als wir nach Hause kamen, brachte ich Sean schnell ins

Haus und packte ihn in sein Bett. Nachdem Stephen seinen Schlafanzug angezogen und seine Zähne geputzt hatte, legte ich mich noch zu ihm, um über unseren gemeinsamen Abend zu sprechen.

»Wie hat es dir gefallen, Stephen?«

»Gut«, meinte er.

»Hat es dir Spaß gemacht?«

»Ja.«

»Was hat dir denn am besten gefallen?«

»Weiß ich nicht. Ich glaube, das Trampolin.«

»Ja, das war wirklich gut – diese Purzelbäume und Tricks in der Luft, das war echt toll!«

Stephen war ziemlich schweigsam. Aber ich wollte mit ihm reden. Deshalb fragte ich mich, wieso er nicht mehr aus sich herausging. Denn das tat er sonst immer, wenn wir gemeinsam etwas Tolles unternommen hatten. Ich war ein bisschen enttäuscht und spürte, dass irgendwas nicht stimmte. Er war schon auf der Heimfahrt und beim Umziehen so still gewesen.

Plötzlich drehte sich Stephen um, sodass er mit dem Gesicht zur Wand lag. Ich lehnte mich gerade so weit hinüber, dass ich sehen konnte, wie ihm die Tränen kamen.

»Was ist los, Schatz? Was hast du denn?«

Er sah mich an, und ich konnte spüren, dass ihm seine Tränen und das Zittern um den Mund peinlich waren.

»Papi, wenn mir kalt wäre, würdest du mich dann auch in deinen Mantel wickeln?«

Von all den Erlebnissen an diesem spannenden gemeinsamen Abend war das Wichtigste dieser kleine Akt von Zuwendung – ein spontanes, unbewusstes Zeugnis der Liebe zu seinem kleinen Bruder.

Diese Erfahrung war und ist für mich noch immer eine starke persönliche Lektion. In ihrem Innersten sind die Menschen sehr zart und empfindsam. Ich glaube nicht, dass das Alter oder die Erfahrung sehr viel daran ändern. Selbst unter rauen und abgehärteten Schalen verbergen sich die zarten Gefühle und Emotionen des Herzens.

Verpflichtungen einhalten

Ein Versprechen oder eine Verpflichtung einzuhalten, ist eine wertvolle Einzahlung. Es nicht zu tun, führt zu einer beachtlichen Abbuchung. Vermutlich gibt es keine stärkere Belastung für das emotionale Beziehungskonto, als jemandem ein Versprechen zu geben und es dann nicht einzuhalten. Wenn Sie ihm das nächste Mal etwas versprechen, wird er Ihnen nicht mehr glauben. Menschen neigen dazu, ihre Hoffnungen in Versprechen zu setzen. Das gilt ganz besonders für Versprechen, die ihre grundlegende Existenz betreffen.

Ich versuche als Vater nach der Philosophie zu leben, nie ein Versprechen zu geben, das ich nicht einhalte. Daher denke ich immer gründlich nach, bevor ich meinen Kindern etwas verspreche. Ich mache mir möglichst alle Unwägbarkeiten bewusst. So versuche ich zu verhindern, dass nicht plötzlich irgendwas passiert, was es mir unmöglich macht, mein Versprechen zu halten.

Trotz aller Bemühungen gibt es manchmal Situationen, in denen es unmöglich oder unklug ist, mein Versprechen zu halten. Dennoch achte ich es. Deshalb erfülle ich es trotzdem oder erkläre der betreffenden Person ausführlich meine Lage und bitte sie darum, mich von meinem Versprechen zu entbinden.

Wenn Sie immer versuchen, Ihre Versprechen einzuhalten, bauen Sie Brücken des Vertrauens, die die Verständnislücken zwischen Ihrem Kind und Ihnen überbrücken. Und was ist, wenn Ihr Kind etwas tun will, was Sie nicht gut heißen? Wenn Sie aus Ihrer Erfahrung heraus negative Konsequenzen sehen, die Ihr Nachwuchs nicht erahnen kann? Dann können Sie sagen: »Wenn du das tust, kann ich dir versprechen, dass es zu folgendem Ergebnis führt.« Falls Ihr Kind Vertrauen in Ihre Versprechen hat, wird es Ihren Rat beherzigen.

Erwartungen klären

Stellen Sie sich vor, welche Schwierigkeiten es geben würde, wenn Ihr Chef und Sie unterschiedliche Auffassungen darüber hätten, wessen *Rolle* es ist, Ihre Aufgabenbeschreibung zu verfassen.

Sie fragen vielleicht: »Wann bekomme ich meine Aufgabenbeschreibung?« Er antwortet: »Ich warte schon die ganze Zeit darauf, dass Sie sie mir liefern, damit wir darüber sprechen können.«

»Ich dachte, meinen Aufgabenbereich zu definieren, sei Ihre Rolle.«

»Das ist überhaupt nicht meine Rolle. Haben Sie's vergessen? Ich habe Ihnen gleich am Anfang gesagt, dass es von Ihnen abhängt, was Sie aus dem Job machen.«

»Ich dachte, Sie meinen, dass die Qualität der Arbeit von mir abhängt. Aber ich weiß ja gar nicht, was eigentlich meine Aufgaben sind.«

Ungeklärte Erwartungen im Bereich der *Ziele* untergraben die Kommunikation und das Vertrauen.

»Ich habe genau das gemacht, was Sie wollten. Hier ist der Bericht.«

»Aber ich will doch gar keinen Bericht. Das Ziel war, das Problem zu lösen – nicht es zu analysieren und einen Bericht darüber zu schreiben.«

»Ich dachte, das Ziel sei, das Problem zu definieren, sodass wir die Lösung an die zuständigen Kollegen delegieren können.«

Wie oft haben wir alle schon solche Unterhaltungen geführt.

»Sie haben gesagt …«
»Ach was! Ich habe gesagt …«
»Haben Sie nicht! Sie haben nie gesagt, ich sollte …«
»Oh doch! Ich habe deutlich gesagt …«
»Sie haben nicht einmal erwähnt, dass …«
»Aber das war unsere Abmachung …«

Die Ursache für fast alle Beziehungsprobleme liegt in unterschiedlichen oder widersprüchlichen Erwartungen bezüglich der Rollen und Ziele. Ob bei der Frage, wer im Büro was tut, wer zu Hause die Fische füttert und den Müll rausbringt oder wenn Sie Ihrer Tochter sagen, sie soll ihr Zimmer aufräumen: Unklare Erwartungen führen immer zu Missverständnissen, Enttäuschungen und Vertrauensverlust.

Viele Erwartungen sind implizit. Sie sind nie explizit benannt worden. Dennoch werden sie in die jeweilige Situation hineingetragen. Nehmen wir die Ehe als Beispiel: Frau und Mann haben implizite Erwartungen an ihren Partner. Diese Erwartungen werden nie besprochen. Oft werden sie nicht einmal von demjenigen erkannt, der sie hat. Trotzdem stockt es das Guthaben auf dem Beziehungskonto mächtig auf, wenn sie erfüllt werden. Und wenn nicht? Dann kommt es zu größeren Abbuchungen.

Wir erschaffen viele negative Situationen einfach dadurch, dass wir davon ausgehen, unsere Erwartungen seien offensichtlich und würden von anderen verstanden und geteilt. Wenn wir dann das Gefühl haben, unsere grundlegenden Erwartungen seien enttäuscht worden, zehrt das an der Vertrauensreserve. Es ist also enorm wichtig, in jeder neuen Situation alle Erwartungen ganz offen auf den Tisch zu legen.

Das Grundguthaben besteht darin, Erwartungen schon zu Beginn klar und deutlich zu formulieren. Zunächst bedarf das einer größeren Investition an Zeit und Mühe, die sich aber später als Einsparung erweist. Wenn die Erwartungen nicht klar und nicht gleich sind, führt das zu emotionalen Verwicklungen. Einfache Missverständnisse werden zu größeren Komplikationen. Persönlichkeiten prallen aufeinander und die Kommunikation bricht zusammen.

Manchmal braucht man viel Mut, um Erwartungen zu klären. Es scheint leichter und bequemer, so zu tun, als gäbe es keine unterschiedlichen Auffassungen. Man hofft, dass schon alles gutgehen wird, weil man sich die Mühe ersparen will, von allen Beteiligten vertretbare Erwartungen zu erarbeiten.

Integrität zeigen

Persönliche Integrität schafft Vertrauen und ist die Basis vieler Kontoeinzahlungen. Ein Mangel an Integrität kann fast jedes Bemühen, ein hohes Vertrauensniveau zu erreichen, zunichte machen. Es gibt Leute, die versuchen, an die kleinen Dinge zu denken, ihre Versprechen zu halten, die Erwartungen zu klären und zu erfüllen. Dennoch schaffen sie es nicht, Vertrauensreserven aufzubauen, weil sie innerlich nicht aufrichtig sind.

Integrität schließt Ehrlichkeit ein, geht aber darüber hinaus. Ehrlichkeit heißt, die Wahrheit zu sagen, also *unsere Worte in Einklang mit der Realität zu bringen*. Integrität heißt, *die Realität in Einklang mit unseren Worten zu bringen*, also Versprechen zu halten und Erwartungen zu erfüllen. Das erfordert einen integren Charakter, ein Einssein mit sich selbst und dem Leben.

Einer der wichtigsten Wege, Integrität zu zeigen, lautet: Seien Sie *auch Abwesenden gegenüber loyal*. Wenn Sie die Abwesenden verteidigen, gewinnen Sie das Vertrauen der Anwesenden.

Nehmen wir an, Sie und ich hätten in seiner Abwesenheit schlecht über unseren Chef gesprochen. Was wäre, wenn Sie und ich bald darauf aneinander gerieten? Sie wissen, dass ich mit anderen über Ihre Schwächen sprechen werde. Denn das haben wir beide hinter dem Rücken unseres Chefs ja auch getan. Sie kennen also meine Art: nach außen freundlich, aber hinter Ihrem Rücken voller Bosheit. So haben Sie mich selbst schon erlebt.

Das ist die pure Unaufrichtigkeit. Baut das auf Ihrem Konto bei mir eine Vertrauensreserve auf?

Stellen Sie sich dagegen vor, Sie würden unseren Chef kritisieren und daraufhin von mir Folgendes zu hören bekommen: »Ich stimme Deiner Kritik im Wesentlichen zu. Deshalb schlage ich vor, dass wir beide uns direkt an unseren Chef wenden und ihm einen effektiven Verbesserungsvorschlag für die fraglichen Punkte vorlegen.« Was wüssten Sie dann über mein Verhalten, wenn jemand Sie hinter Ihrem Rücken bei mir anschwärzen wollte? Oder stellen Sie sich vor, ich würde in meinem Bemühen, eine gute Beziehung zu Ihnen aufzubauen, etwas weitererzählen, was mir jemand streng vertraulich gesagt hat. »Ich sollte dir das wirklich nicht sagen, aber schließlich bist du ein Freund ...« Würde diese Haltung mein Vertrauensguthaben bei Ihnen steigern? Oder würden Sie sich fragen, ob ich auch die Dinge, die Sie mir anvertraut haben, weitererzähle?

Auf den ersten Blick mag eine solche Doppelzüngigkeit den Eindruck erwecken, dass Sie Vertrauen bei demjenigen aufbauen, mit dem Sie zusammen sind. Aber in Wirklichkeit ist es eine Abbuchung von Ihrem Beziehungskonto. Denn die Doppelzüngigkeit macht Ihren Mangel an Integrität offensichtlich. Vielleicht genießen Sie kurzfristig das goldene Ei der Genugtuung, jemanden abzukanzeln oder Insider-Informationen zu haben. Aber Sie erwürgen damit die Gans, schwächen die Beziehung und die langfristige Genugtuung, die ein gutes Miteinander bringen kann.

Integrität bedeutet, jeden nach denselben Prinzipien zu behandeln. Wenn Sie das tun, werden die Menschen beginnen, Ihnen zu vertrauen. Vielleicht schätzen sie die ehrliche Konfrontation, die Integrität mit sich bringen kann, nicht sofort. Für Konfrontationen braucht man Mut. Aber langfristig werden Ihre Mitmenschen Ihnen nur vertrauen und Sie respektieren, wenn Sie offen, ehrlich und fair zu ihnen sind. Sie verstehen dann, dass sie Ihnen so viel bedeuten, dass Sie die Mühe der Konfrontation auf sich nehmen. Der Volksmund sagt: Vertrauen ist noch besser als Liebe. Das stimmt. Zudem bin ich überzeugt, dass Vertrauen langfristig auch zu Liebe führt.

Als mein Sohn Joshua noch ziemlich klein war, hat er mir oft eine zu Herzen gehende Frage gestellt. Jedes Mal, wenn ich auf irgendjemanden überreagierte, auch nur ein kleines bisschen ungeduldig oder lieblos war, schaute er mir in die Augen und sagte: »Papi, liebst du mich?« Wenn er dachte, ich würde eines der grundlegenden Prinzipien des Lebens bei jemand anderem verletzen, dann fragte er sich, ob ich das nicht auch bei ihm tun würde.

Als Lehrer und als Vater habe ich festgestellt: Es ist die Liebe und die Art des Umgangs mit dem einen Schüler, dem einen Kind, in der sich die Liebe für alle anderen ausdrückt. Wie Sie den einen behandeln, verrät, wie Sie alle anderen behandeln.

»Eine Lüge ist jede Kommunikation mit der Absicht der Täuschung«, so lautet eine Definition dieses Wortes. Wenn wir integer sind, kann es nicht in unserer Absicht liegen, zu lügen und zu betrügen – ob mit Worten oder Taten. Denn Integrität bedeutet auch, jede Kommunikation zu vermeiden, die trügerisch, arglistig oder unter der Würde des Menschen ist.

Abhebungen entschuldigen

Wenn wir Abhebungen vom emotionalen Beziehungskonto vornehmen, müssen wir uns entschuldigen – und das muss ernst gemeint sein. Aufrichtig gesprochen, werden Worte wie die folgenden zu großen Einzahlungen:

»Ich war im Unrecht.«
»Das war unfreundlich von mir.«
»Ich habe Ihre Würde verletzt, und das tut mir sehr leid.«
»Ich habe Sie vor Ihren Freunden in Verlegenheit gebracht. Dazu habe ich kein Recht. Dafür entschuldige ich mich.«

Man braucht eine Menge Charakterstärke, um sich umgehend und aus vollem Herzen zu entschuldigen. Und man muss ein tiefes Gefühl von Sicherheit in den fundamentalen Prinzipien und Werten haben, um sich ehrlich entschuldigen zu können.

Menschen mit wenig innerer Sicherheit können das nicht. Denn sie befürchten, dass eine Entschuldigung sie angreifbar macht. Sie meinen, sie würden dadurch weich und schwach erscheinen. Deshalb haben sie Angst, dass andere aus ihrer Schwäche Vorteile ziehen könnten. Ihre Sicherheit beruht auf den Meinungen, die andere über sie haben. Ständig machen sie sich Sorgen darüber, was die anderen über sie denken. Häufig glauben sie auch, dass ihr Verhalten gerechtfertigt ist. Sie begründen ihr eigenes Unrecht mit dem Fehler des anderen. Und falls sie sich dann doch einmal entschuldigen, dann ist das alles meist nur oberflächlich.

»Wenn du dich verbeugen willst, dann verbeuge dich tief«, sagt eine Weisheit des Ostens. Und in der christlichen Ethik heißt es: »Bezahle auch den letzten Heller!« Damit sie als Einzahlung anerkannt wird, muss eine Entschuldigung von Herzen kommen und auch so wahrgenommen werden.

Eines Nachmittags saß ich zu Hause in meinem Arbeitszimmer und schrieb – ausgerechnet über das Thema »Geduld«! Ich hörte meine Söhne auf dem Flur hin und her rennen. Sie machten viel Lärm, und ich merkte, dass mein Geduldsfaden allmählich immer dünner wurde.

Plötzlich hämmerte mein Sohn David wie wild gegen die Badezimmertür. Dabei brüllte er aus vollem Hals: »Mach auf! Mach auf!« Ich stürzte aus meinem Zimmer und fuhr ihn an: »David, kannst du dir vorstellen, wie sehr mich das nervt? Weißt du, wie schwer es ist, sich zu konzentrieren und kreativ zu schreiben? Du gehst jetzt sofort in dein Zimmer und bleibst dort, bis du dich wieder beruhigt hast!«

David schlich niedergeschlagen in sein Zimmer und machte die Tür hinter sich zu.

Als ich mich umdrehte, bemerkte ich ein weiteres Problem. Die Jungs hatten in dem nur etwa 1,20 Meter breiten Flur versucht, sich gegenseitig den Fußball abzujagen. Dabei hatte einer von ihnen einen Ellenbogen auf den Mund bekommen und lag jetzt blutend auf dem Boden. Ich erfuhr, dass David zum Badezimmer gerannt war, um ihm ein nasses Handtuch zu holen. Seine Schwester Maria, die gerade duschte, hatte ihn aber nicht hereingelassen.

Mir wurde klar, dass ich die Situation völlig falsch interpretiert und überreagiert hatte. Ich ging sofort zu David, um mich zu entschuldigen.

Als ich die Tür öffnete, sagte er sofort: »Ich werde dir nicht verzeihen!« »Warum denn nicht, David?«, fragte ich. »Ich wusste wirklich nicht, dass du versucht hast, deinem Bruder zu helfen. Warum willst du mir also nicht verzeihen?«

»Weil du letzte Woche auch schon total überreagiert hast!«

Und dann meinte er: »Papi, du hast dein Beziehungskonto überzogen. Ich lasse nicht zu, dass du dich aus einem Problem herausredest, das du durch dein eigenes Verhalten verursacht hast!«

Einen Fehler zu machen, ist eine Sache. Ihn nicht zuzugeben, eine andere. Menschen vergeben Fehler. Denn gewöhnlich sind es Denkfehler, Beurteilungsfehler. Aber die Fehler des Herzens, die böse Absicht, die schlechten Motive, das uneinsichtige, rechtfertigende Verdecken des ersten Fehlers, das werden sie nicht so leicht verzeihen.

Die Gesetze der Liebe und die Gesetze des Lebens

Wenn wir bedingungslose Liebe einzahlen, dann leben wir nach den primären Gesetzen der Liebe und ermutigen andere, nach den primären Gesetzen des Lebens zu leben. Mit anderen Worten: Wenn wir andere wahrhaft, ohne Bedingungen und ohne Fesseln lieben, helfen wir ihnen, sich sicher und geborgen, geachtet und in ihrem Wert als Mensch bestätigt zu fühlen. Das regt ihren natürlichen

Reifeprozess an. Ob Kooperation, Selbstdisziplin oder Integrität: Wir machen es ihnen leichter, das Höchste und das Beste in ihnen zu entdecken und zu verwirklichen. Wir geben ihnen die Freiheit, nach ihrem eigenen Imperativ zu agieren, anstatt auf unsere Bedingungen und Einschränkungen zu reagieren. Das heißt nicht, dass wir nachgiebig oder weich werden. Das wäre eine massive Abhebung. Wir beraten, wir bitten, wir setzen Grenzen und wir zeigen Konsequenzen auf. Aber wir lieben – und zwar unter allen Umständen.

Wenn wir die primären Gesetze der Liebe verletzen, wenn wir dieses Geschenk mit Bedingungen und Einschränkungen belasten, dann ermutigen wir andere geradewegs dazu, die primären Gesetze des Lebens zu brechen. Wir drängen sie in eine reaktive, defensive Position. Dann glauben sie, uns beweisen zu müssen: »Ich bin als Person wichtig, unabhängig von dir.«

In Wirklichkeit sind sie nicht unabhängig. Sie sind »gegen-abhängig«. Das ist eine Form der Abhängigkeit, die am untersten Ende des Reifekontinuums liegt. »Gegen-abhängige« Menschen sind reaktiv, fast feindselig. Sie kümmern sich mehr darum, ihre »Rechte« zu verteidigen und Beweise für ihre Individualität zu liefern, als darum, pro-aktiv zuzuhören und ihrem eigenen inneren Imperativ zu folgen.

Rebellion ist ein Knoten des Herzens, nicht des Verstandes. Diesen Knoten kann man lösen. Der Schlüssel dazu heißt: Einzahlungen machen – dauerhafte Einlagen bedingungsloser Liebe.

Ich hatte einmal einen Freund, der Rektor eines sehr angesehenen Colleges war. Er sparte viele Jahre lang, um seinem Sohn den Besuch dieser Schule zu ermöglichen. Aber als es so weit war, weigerte sich der Junge, das College zu besuchen.

Das machte seinem Vater große Sorgen. Ein Abschluss an dieser Schule hätte dem Jungen hervorragende Zukunftsaussichten gebracht. Außerdem war das eine Familientradition. Schon drei Generationen hatten dort ihren Abschluss gemacht. Der Vater tat alles, um seinen Sohn zu überreden. Er flehte ihn an, das College zu besuchen, er bettelte und bedrängte ihn. Außerdem versuchte er, dem Jungen zuzuhören, um ihn zu verstehen. Und die ganze Zeit über hoffte er, sein Sohn würde seine Meinung ändern.

Der Vater vermittelte ihm unterschwellig die Botschaft bedingter Liebe. Er fühlte, dass der Wunsch des Vaters schwerer wog als der Wert, den er ihm als Person und als Sohn beimaß. Das war sehr verletzend für ihn. Deshalb kämpfte er um seine eigene Identität. Er setzte alles daran, seine Entscheidung gegen das College zu rechtfertigen.

Nach langen, schweren inneren Kämpfen, entschied sich der Vater, die bedingte Liebe aufzugeben. Er wusste, dass sein Sohn sich vielleicht anders entscheiden würde, als er sich das wünschte. Dennoch beschlossen er und seine Frau, ihren Sohn unabhängig von seiner Entscheidung bedingungslos zu lieben. Das war extrem schwer für die beiden. Denn die Ausbildung an diesem College lag ihnen wirklich sehr am Herzen. Schließlich war es etwas, worauf sie seit der Geburt ihres Sohnes hingearbeitet hatten.

Der Vater und die Mutter durchliefen einen sehr schwierigen Prozess, bei dem sie sich neue Skripte schrieben. Sie kämpften darum, wirklich bedingungslos zu lieben. Sie sagten ihrem Sohn, dass sie den Punkt erreicht hätten, an dem sie ihm ganz ehrlich sagen könnten, dass seine Entscheidung ihre bedingungslose Liebe zu ihm nicht beeinträchtigen würde. Das taten sie nicht, um ihn zu manipulieren oder ihn »auf Kurs zu bringen«.

Der Junge reagierte nicht wirklich auf ihre Worte. Aber die Eltern hatten inzwischen ein so starkes Paradigma von bedingungsloser Liebe, dass es an ihren Gefühlen für ihn nichts änderte. Ungefähr eine Woche später teilte er ihnen mit, dass er sich gegen das College entschieden hätte. Die Eltern waren auf diese Antwort gut vorbereitet und zeigten ihm weiter ihre bedingungslose Liebe. Alles war geklärt, und das Leben ging ganz normal weiter.

Kurz darauf geschah etwas Erstaunliches: Der Sohn hatte nicht mehr das Gefühl, seine Position verteidigen zu müssen. Er prüfte sie auf Herz und Nieren. Dabei stellte er fest, dass er das College sehr wohl besuchen wollte. Er bewarb sich um einen Platz und erzählte es seinem Vater. Der zeigte auch jetzt bedingungslose Liebe und akzeptierte die Entscheidung seines Sohnes ohne Wenn und Aber. Mein Freund war glücklich, aber nicht überglücklich. Er hatte gelernt, wirklich bedingungslos zu lieben.

Dag Hammarskjöld, einst Generalsekretär der Vereinten Nationen, hat einmal gesagt: »Es ist edler, sich ganz und gar einem Menschen zu widmen, als gewissenhaft für die Erlösung der Massen zu arbeiten.«

Ich glaube, das heißt: Ich kann mich fünf, sechs oder sieben Tage die Woche acht, zehn oder zwolf Stunden den Tausenden von Menschen und Projekten »da draußen« widmen und dennoch keine tiefe, bedeutsame Beziehung zu meiner Frau, meiner Tochter oder meinen Kollegen haben. Es wäre weitaus mehr Charakter, mehr Bescheidenheit, Mut und Kraft nötig, diese eine Beziehung wieder aufzubauen, als weiterhin so viel Zeit und Energie in so viele Leute und Projekte zu stecken.

Die Kraft dieser Aussage hat mich in den vielen Jahren, in denen ich nun schon Organisationen berate, immer wieder stark beeindruckt. Viele der Probleme in Unternehmen resultieren aus Beziehungsproblemen auf der Führungsebene – zwischen zwei Partnern einer Sozietät, zwischen dem Besitzer und dem Geschäftsführer einer Firma oder zwischen dem Geschaftsführer und seinem Stellvertreter. Tatsächlich erfordert es weitaus mehr Mut und Charakter, diese Fragen zu klären, als sich weiterhin gewissenhaft für die vielen Projekte und Leute »da draußen« zu engagieren.

Als ich das erste Mal auf Hammarskjölds Worte stieß, arbeitete ich in einer Organisation, in der es ungeklärte Erwartungen zwischen mir und dem Mann, der meine rechte Hand war, gab. Ich hatte einfach nicht den Mut, mich unseren unterschiedlichen Auffassungen über Rollen, Ziele und Werte zu stellen. Also arbeitete ich einige Monate lang mit lauter Kompromissen, um das zu vermeiden, was eine hässliche Konfrontation hätte werden können. Doch die ganze Zeit über stauten sich bei uns beiden ungute Gefühle auf.

Nachdem ich gelesen hatte, dass es edler sei, sich *einem Menschen* zu widmen anstatt emsig an der Erlösung der Massen zu arbeiten, war ich zutiefst von der Idee bewegt, wieder eine gute Beziehung zu ihm aufzubauen.

Ich musste mich für das, was vor mir lag, wappnen. Denn ich wusste, dass es schwierig sein würde, die Dinge offen auf den Tisch zu legen und ein echtes gemeinsames Verständnis unserer Aufgaben zu erarbeiten. Ich erinnere mich sogar, dass ich allein bei dem Gedanken an unsere Aussprache innerlich gezittert habe. Er schien so ein harter Mann zu sein, total auf seine eigene Sicht der Dinge versteift und äußerst rechthaberisch. Dennoch brauchte ich sein Engagement und seine Fähigkeiten. Ich befürchtete, eine Konfrontation könnte die Beziehung gefährden und dazu führen, dass mir seine Stärken verloren gingen.

Ich spielte das Gespräch mit ihm in einer virtuellen Generalprobe durch. Schließlich fand ich meine innere Ruhe, indem ich mich auf Prinzipien konzentrierte und nicht auf das, was ich sagen oder tun wollte. Jetzt fühlte ich mich ruhig und stark genug für ein klärendes Gespräch. Als wir uns dann zusammensetzen, war ich völlig überrascht. Ich erkannte, dass dieser Mann denselben Prozess durchlaufen hatte wie ich. Auch er hatte sich eine Aussprache gewünscht. Und er war alles andere als hart und rechthaberisch.

Dennoch waren unsere Arbeitsstile komplett verschieden. Doch die gesamte Organisation hing davon ab, dass wir gut zusammenarbeiteten. Wir erkannten beide, dass unsere Uneinigkeit zu ernsthaften Problemen geführt hatte. Im Laufe mehrerer Treffen konnten wir uns den grundlegenden Fragen stellen, sie alle auf den Tisch bringen und eine nach der anderen im Geiste großen gegenseitigen Respekts lösen. Wir wurden zu einem starken Team, das sich wunderbar ergänzte. Zudem entwickelten wir eine tiefe persönliche Zuneigung füreinander, die unsere Fähigkeit, effektiv zusammenzuarbeiten, enorm verstärkte.

Die nötige Einigkeit zu schaffen, um einen Betrieb, eine Familie oder eine Ehe effektiv zu führen, erfordert große persönliche Stärke und viel Mut. Selbst das beste Methodenwissen in dem Bemühen um die Massen kann einen Mangel an Charakterstärke bei der Entwicklung von persönlichen Beziehungen nicht wettmachen. Die Gesetze des Lebens und der Liebe leben wir auf einer äußerst essenziellen Eins-zu-eins-Ebene.

P-Probleme sind PK-Möglichkeiten

Diese Erfahrung, die ich gerade geschildert habe, hat mir noch ein weiteres starkes Paradigma der Interdependenz näher gebracht. Sie hat mit der Art zu tun, wie wir Probleme wahrnehmen. Monatelang hatte ich versucht, dem Problem aus dem Weg zu gehen. Ich hatte darin einen Störfaktor, einen Stolperstein gesehen und mir gewünscht, dass es sich einfach in Luft auflösen sollte. Aber dann stellte sich heraus: Dieses Problem war der Schlüssel, um eine tiefe Beziehung aufzubauen, die uns die Kraft gab, uns gegenseitig zu ergänzen und als starkes Team zusammenzuarbeiten.

Was ich Ihnen damit sagen will? *Jedes P-Problem ist eine PK-Möglichkeit.* Es ist eine Chance, das Guthaben auf dem emotionalen Beziehungskonto zu erhöhen und die interdependenten Abläufe erheblich zu verbessern.

Eltern sollten die Probleme ihrer Kinder nicht als ärgerliche, lästige Störfaktoren sehen, sondern als Chance, die Beziehung zu stärken. Diese Denkweise wird das Miteinander zwischen Eltern und Kindern völlig verändern. Die Eltern werden geduldiger und sind sogar davon begeistert, ihre Kinder wirklich zu verstehen und sie zu unterstützen. Wenn ein Kind mit einem Problem zu ihnen kommt, denken sie nicht mehr: »Oh nein, schon wieder ein Problem!« Ihr Paradigma lautet: »Das ist eine wunderbare Möglichkeit für mich, meinem Kind zu helfen und in unsere Beziehung zu investieren.« Probleme haben transformative Kraft, sie können Dinge zum Positiven verändern. Wenn Kinder den Wert spüren, den die Eltern ihren Problemen und ihnen als Individuum zusprechen, entstehen starke Liebes- und Vertrauensbindungen.

Dieses Paradigma hat auch im Berufsleben große Wirkung. Eine bekannte Kaufhauskette hat damit eine große Kundenloyalität aufgebaut. Jedes Mal, wenn ein Kunde mit einem auch noch so kleinen Problem auf sie zukommt, sehen die Verkäufer das als Möglichkeit, eine gute Beziehung aufzubauen. Ihre Reaktion fußt auf dem ehrlichen, positiven Wunsch, das Problem so zu lösen, dass der Kunde rundum zufrieden ist. Sie behandeln ihn mit so viel Respekt und Wohlwollen, dass viele der Kunden nicht einmal daran denken würden, woanders hinzugehen.

Wenn wir erkennen, dass die Ausgewogenheit von P und PK in einer interdependenten Wirklichkeit notwendig ist, um Effektivität zu erreichen, können wir unsere Probleme als Möglichkeiten schätzen, PK zu vergrößern.

Die Gewohnheiten der Interdependenz

Mit dem Paradigma des emotionalen Beziehungskontos im Hinterkopf können wir uns jetzt den Gewohnheiten des öffentlichen Erfolgs, des Erfolgs in der Zusammenarbeit mit anderen Menschen zuwenden. Wir können sehen, wie diese Gewohnheiten zusammenspielen, um effektive Interdependenz zu schaffen. Außerdem können wir feststellen, wie stark wir andere Gedanken- und Verhaltensmuster verinnerlicht haben.

Daneben erkennen wir auf einer noch tieferen Ebene, dass effektive Interdependenz nur von wahrhaft unabhängigen Menschen erreicht werden kann. Mit Techniken wie »Gewinn / Gewinn-Verhandlungen« oder »aktivem Zuhören« allein lässt sich kein öffentlicher Erfolg erringen, wenn diese nur auf das eigene Image ausgerichtet sind und den Charakter vernachlässigen.

Lassen Sie uns nun jede einzelne Gewohnheit des öffentlichen Erfolgs näher betrachten.

4. Weg

Gewinn / Gewinn denken

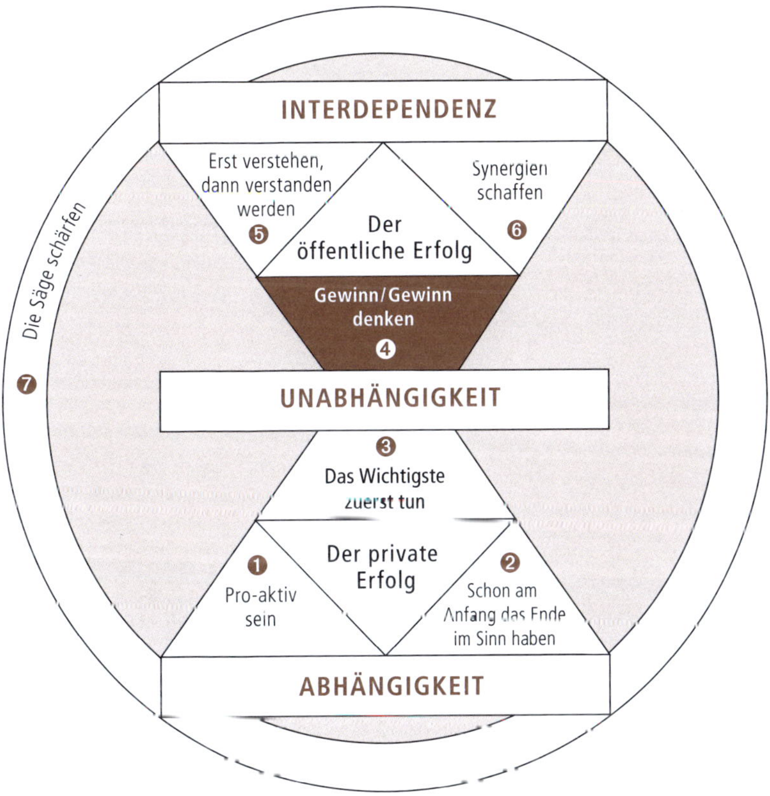

Prinzipien der zwischenmenschlichen Führung

Wir haben den Pfad der Tugend in unserer Erinnerung verankert; lasst ihn uns nun im Leben verankern.
EDWIN MARKHAM

Ich wurde einmal gebeten, mit einer Firma zu arbeiten, deren Geschäftsführer sich große Sorgen über die mangelnde Kooperationsbereitschaft seiner Mitarbeiter machte.

»Das grundlegende Problem ist, dass die Leute selbstsüchtig sind, Stephen. Sie kooperieren einfach nicht. Ich weiß, dass wir viel produktiver arbeiten könnten, wenn sie es täten. Können Sie uns helfen, ein Programm zu entwickeln, mit dem sich dieses Problem lösen lässt?«

Ich fragte zurück: »Wo liegt das Problem, bei den Leuten oder beim Paradigma, das ihrem Verhalten zugrundeliegt?«

»Schauen Sie einfach selbst«, meinte er.

Das tat ich und stellte fest, dass es in dem Unternehmen wirklich Selbstsucht, fehlende Kooperationsbereitschaft, Widerstand gegen Autorität und mangelnde Kommunikation gab. Ich stellte fest, dass überzogene emotionale Beziehungskonten eine Kultur des mangelnden Vertrauens geschaffen hatten. Deshalb hakte ich nach.

»Fragen wir weiter«, schlug ich vor. »Warum arbeiten Ihre Leute nicht richtig miteinander zusammen? Welche Belohnung bekommen sie für fehlende Kooperation?«

»Dafür gibt es bestimmt keine Belohnung«, versicherte er. »Es zahlt sich für sie wesentlich mehr aus, wenn sie kooperieren.«

»Wirklich?«, fragte ich.

An einer Wand seines Büros hing hinter einem Vorhang ein großes Bild. Darauf waren einige Rennpferde zu sehen, die in der Startbox standen. Das Bild war eine Fotomontage: Jeder Pferdekopf war mit dem Foto eines seiner Mitarbeiter versehen. Die Rennstrecke mündete in einem wunderschönen Poster von Bermuda, einem idyllischen Bild mit blauem Himmel, Wolkenschleifen und einem verliebten Paar, das Hand in Hand an einem weißen Sandstrand entlangspazierte.

Einmal pro Woche versammelte der Unternehmer alle Mitarbeiter in seinem Büro und sprach über Zusammenarbeit und Teamgeist. »Lasst uns alle gut zusammenarbeiten. Wir werden alle mehr verdienen, wenn wir das tun.« Dann zog er den Vorhang zur Seite und zeigte ihnen das Bild. »Wer von Ihnen wird also das Rennen nach Bermuda gewinnen?«

Das war so, als ob er eine Blume gießen und einer anderen sagen würde, sie solle schön wachsen. Oder als ob er verkünden würde: »Hier wird so lange weiter gekündigt, bis die Arbeitsmoral besser ist.« Er wollte Kooperation. Er wollte, dass seine Leute zusammenarbeiten und ihre Ideen austauschen. Die Bemühungen jedes Einzelnen sollten allen zum Vorteil gereichen. Aber zugleich ließ er seine Leute in einer Art Wettbewerb gegeneinander antreten. Der Erfolg des einen Mitarbeiters war eine Niederlage für alle anderen.

Wie viele Probleme im Geschäftsleben, in der Familie und in anderen Beziehungen sind das Ergebnis eines kontraproduktiven Paradigmas. Das war auch in dieser Firma der Fall. Der Chef versuchte, aus einem Paradigma des Wettbewerbs heraus die Früchte der Teamarbeit zu ernten. Als das nicht funktionierte, wollte er eine Methode, eine Technik, ein Programm, ein schnell wirkendes Gegenmittel, das seine Leute dazu bringen sollte, gut zusammenzuarbeiten.

Aber man kann die Probleme nicht lösen, ohne sie an der Wurzel zu packen. An den Verhaltensweisen zu arbeiten, wäre das Gleiche gewesen, wie nur an den Blättern zu zupfen. Also beschlossen wir, persönliche und betriebliche Höchstleistungen auf ganz andere Weise zu erzielen: mit Informations- und Belohnungssystemen, die den Wert von Kooperation und Teamarbeit betonten.

Ob als Geschäftsführer eines Unternehmens oder als Hausmeister: In dem Augenblick, in dem Sie den Sprung von der Unabhängigkeit zur Interdependenz schaffen, nehmen Sie eine Führungsrolle ein. Sie sind in der Position, andere Menschen zu lenken und zu leiten. Und hier gilt: Effektive Führung beruht auf dem Prinzip des Gewinn / Gewinn-Denkens.

Sechs Paradigmen menschlicher Interaktion

Gewinn / Gewinn ist keine Technik. Es ist eine grundlegende Philosophie der menschlichen Interaktion. Genau genommen ist es eines der sechs Paradigmen von menschlicher Interaktion:

- Gewinn / Gewinn
- Gewinn / Verlust
- Verlust / Gewinn
- Verlust / Verlust
- Gewinn
- Gewinn / Gewinn oder kein Geschäft

Gewinn / Gewinn

Gewinn / Gewinn ist eine Einstellung, bei der Herz und Verstand immer Vorteile für beide Seiten suchen. Gewinn / Gewinn heißt, dass alle Vereinbarungen und Lösungen in menschlichen Interaktionen für beide Seiten zuträglich und zufriedenstellend sind. Bei einer Gewinn / Gewinn-Lösung fühlen sich alle Parteien mit der Entscheidung wohl. Dem vereinbarten Vorgehen sind sie innerlich verpflichtet. Gewinn / Gewinn sieht das Leben als kooperatives Feld, nicht als Arena des Wettstreits. Die meisten Leute denken gern in Gegensätzen: stark oder schwach, Fußball oder Handball, gewinnen oder verlieren. Aber diese Art des Denkens hat einen grundsätzlichen Fehler: Sie basiert auf Macht und Position, nicht auf Prinzipien. Gewinn / Gewinn dagegen beruht auf dem Paradigma, dass es genug für alle gibt, dass der Erfolg des einen Menschen nicht auf Kosten oder unter Ausschluss anderer stattfindet. Gewinn / Gewinn ist der feste Glaube an die dritte Alternative. Es ist nicht Ihr Weg und nicht meiner; es ist ein *besserer* Weg, auf einer höheren Ebene.

Gewinn / Verlust

Der krasse Gegensatz zu Gewinn / Gewinn ist Gewinn / Verlust, das Paradigma des Bermuda-Rennens. Es lautet: »Wenn ich gewinne, verlierst du.«

Wenn es um Führung geht, ist Gewinn / Verlust der autoritäre Ansatz: »Ich bekomme, was ich will, du nicht.« Gewinn / Verlust-Menschen setzen gerne ihre Position, ihre Macht, ihre Beziehungen, ihr Geld oder ihre Persönlichkeit ein, um das zu bekommen, was sie wollen.

Gewinn / Verlust beeinflusst die meisten Menschen von Geburt an sehr stark. Die erste und wichtigste Prägung erfolgt in der Familie. Wenn man ein Kind mit einem anderen vergleicht und wenn Geduld, Liebe oder Verständnis auf der Basis solcher Vergleiche gegeben oder vorenthalten werden, dann stecken wir im Gewinn / Verlust-Denken. Wann immer Liebe nur auf der Basis von Bedingungen gegeben wird, wann immer jemand sich Liebe verdienen muss, wird ihm vermittelt, dass er nicht wertvoll oder liebenswert sei. Der Wert liegt nicht in ihm, sondern außerhalb von ihm. Er entsteht im Vergleich mit anderen oder aufgrund irgendeiner Erwartung. Und was passiert mit dem Verstand und dem Herzen eines jungen Menschen im Angesicht bedingter Liebe? Er ist sehr verletzlich und hochgradig abhängig von der Unterstützung und der emotionalen Bestätigung seiner Eltern. Deshalb entwickelt er eine Gewinn / Verlust-Mentalität, die ihn prägt und sein Denken und Verhalten maßgeblich beeinflusst.

»Wenn ich besser bin als mein Bruder, werden meine Eltern mich mehr lieben als ihn.«

»Meine Eltern lieben mich nicht so sehr wie meine Schwester. Ich bin ihnen sicher nicht so wichtig wie sie.«

Auch die Gruppe der Gleichaltrigen liefert oft ein Skript, das Kinder und Jugendliche stark prägt. Sie sehnen sich danach, zuerst von ihren Eltern und dann von ihren Geschwistern oder Freunden akzeptiert zu werden. Und wir wissen alle, wie grausam Kinder untereinander sein können. Ihre Akzeptanz, aber auch ihre Ablehnung ist oft radikal und erfolgt auf der Grundlage ihrer Erwartungen und Normen. So wird das Skript immer weiter in Richtung von Gewinn / Verlust verschoben.

Die Schule verstärkt die Gewinn / Verlust-Prägung noch. Im Grunde besagt die »Normalverteilungskurve«, dass man selbst eine Eins hat, weil jemand anders eine Drei hat. Das heißt: Sie legt den Wert des Einzelnen über den Vergleich mit allen anderen fest. Der intrinsische Wert wird nicht anerkannt – alle werden extrinsisch beurteilt.

»Ach, schön, dass Sie zur Elternversammlung kommen konnten. Sie können wirklich stolz auf Ihre Tochter sein – Caroline gehört zu den besten zehn Prozent ihres Jahrgangs!«

»Das ist wunderbar!«

»Aber Ihr Sohn hat Probleme. Johnny gehört nur zum untersten Viertel.«

»Wirklich? Das ist ja furchtbar! Was können wir denn da tun?«

Solche Vergleiche sagen nichts darüber aus, dass Johnny mit Hochtouren auf allen acht Zylindern läuft, während seine Schwester nur vier von acht Zylindern einsetzt und ganz gemütlich dahinrollt. Die Schüler werden nicht an ihrem Potenzial gemessen oder daran, wie sie ihre Möglichkeiten nutzen. Sie werden ausschließlich über den Vergleich mit anderen benotet. Die Noten sind die Träger des gesellschaftlichen Wertes. Sie eröffnen den Zugang zu Chancen oder versperren ihn. Im Kern des Erziehungs- und Bildungsprozesses liegt der Wettstreit, nicht der Teamgeist. Häufig steht Kooperation sogar unter dem Verdacht der Schummelei.

Auch der Sport wirkt stark prägend, besonders bei jungen Männern. Sie entwickeln oft ein Grundparadigma, nach dem das Leben ein großes Spiel ist – ein Nullsummen-Spiel, bei dem manche gewinnen und andere verlieren. Für sie bedeutet »gewinnen«, andere auf dem Sportplatz zu schlagen.

In Situationen echten Wetteiferns oder niedrigen Vertrauens mag es einen Platz für das Gewinn / Verlust-Denken geben. Aber meist ist das Leben kein Wettkampf. Wir müssen uns nicht jeden Tag mit unserem Partner, unseren Kindern, Mitarbeitern, Nachbarn oder

Freunden messen. »Wer gewinnt in eurer Ehe?« Das ist eine ziemlich sinnlose Frage. Wenn nicht beide gewinnen, verlieren beide.

Ein Großteil unseres Lebens ist interdependente, nicht unabhängige Wirklichkeit. Die meisten der Ergebnisse, die Sie sich wünschen, hängen von der Kooperation zwischen Ihnen und anderen ab. Eine Gewinn/Verlust-Mentalität ist kontraproduktiv für diese Teamarbeit.

Verlust / Gewinn

Manche Menschen sind genau andersherum, nämlich auf Verlust / Gewinn programmiert:

»Ich verliere, du gewinnst.«
»Nur zu. Mach mit mir, was du willst.«
»Trampel ruhig auf mir rum. Das tun alle.«
»Ich bin ein Verlierer. War ich immer schon.«
»Ich will einfach nur Frieden. Dafür tue ich alles.«

Verlust / Gewinn ist schlimmer als Gewinn / Verlust, weil es keine klare Richtung gibt: keine Anforderungen, keine Erwartungen, keine Visionen. Menschen mit Verlust / Gewinn-Denken wollen meist gefallen oder schlichten. Sie fühlen sich stark, wenn sie beliebt sind oder von anderen akzeptiert werden. Sie haben nicht den Mut, ihre Gefühle und Überzeugungen zu äußern. Im Gegenteil: Sie lassen sich leicht von der Ich-Stärke anderer einschüchtern.

Verlust / Gewinn bedeutet, dass man ein netter Kerl ist. Doch einem englischen Sprichwort zufolge haben die Netten meist das Nachsehen. So wird Verlust / Gewinn bei Verhandlungen als Kapitulation betrachtet, als Nach- oder sogar Aufgeben. Bei der Führung gilt es als Willensschwäche oder Nachgiebigkeit.

Gewinn / Verlust-Menschen lieben Verlust / Gewinn-Menschen, da sie ihnen viele Vorteile bringen. Sie mögen ihre Schwächen und nutzen sie aus. Denn diese Schwächen ergänzen perfekt ihre eigenen Stärken. Das Problem ist, dass Verlust / Gewinn-Menschen ihre Gefühle in sich hineinfressen. Aber Gefühle, die wir nicht zum Ausdruck bringen, sterben nie. Sie werden lebendig begraben und tauchen später in viel heftigerer Form wieder auf. Psychosomatische Erkrankungen – vor allem der Atmungsorgane und des Nerven- oder des Kreislaufsystems – sind oft die »Wiedergeburt« aufgestauter Wut oder tiefer Enttäuschung, die durch die Verlust / Gewinn-Mentalität unterdrückt wurden. Auch unverhältnismäßig große Wut, Überreaktionen bei den kleinsten Provokationen und Zynismus sind oft Folgeerscheinungen verdrängter Gefühle.

Viele Menschen unterdrücken ständig ihre Gefühle, anstatt sie zu nutzen, um positive Veränderungen in Ihrem Leben in Gang zu setzen. Doch irgendwann müssen Sie feststellen, dass dadurch ihre Selbstachtung und letztendlich auch ihre Beziehungen zu anderen Schaden nehmen.

Sowohl Gewinn / Verlust als auch Verlust / Gewinn sind schwache Positionen, die auf persönlicher Unsicherheit beruhen. Kurzfristig wird Gewinn / Verlust bessere Ergebnisse bringen, da es von den oft beachtlichen Stärken und Talenten der Top-Leute lebt. Verlust / Gewinn dagegen ist von Vornherein schwach und chaotisch.

Viele Führungskräfte, Manager und Eltern schwanken zwischen der Rücksichtslosigkeit von Gewinn / Verlust und der Nachsichtigkeit von Verlust / Gewinn hin und her. Wenn sie das Durcheinander, den Mangel an Struktur, Richtung, Erwartungen und Disziplin nicht mehr aushalten, kehren sie zurück zu Gewinn / Verlust. Dann unterhöhlen Schuldgefühle diesen Beschluss. Sie drängen sie wieder zu Verlust / Gewinn, wo Wut und Frustration sie erneut zu Gewinn / Verlust treiben.

Verlust / Verlust

Wenn zwei Gewinn / Verlust-Menschen zusammenkommen, zwei entschlossene, sture, ichbezogene Individuen, dann wird das Ergebnis zwangsläufig Verlust / Verlust heißen. Beide werden verlieren. Beide werden rachsüchtig und versuchen, dem anderen etwas »heimzuzahlen« oder »quitt« mit ihm zu werden. Sie stehen der Tatsache blind gegenüber, dass Mord Selbstmord ist und Rache ein zweischneidiges Schwert.

Ich weiß von einer Scheidung, bei der das Gericht den Mann verpflichtete, die Vermögenswerte zu veräußern und die Hälfte des

Erlöses an seine Frau auszuzahlen. Der Mann tat, wie ihm geheißen: Er verkaufte ein Auto, das 10 000 Euro wert war, für 50 Euro. 25 Euro gab er seiner Frau. Die beschwerte sich beim Gericht. Die nachfolgende Überprüfung ergab, dass der Mann auch seine anderen Vermögenswerte systematisch verschleuderte.

Manche Leute benehmen sich so feindselig, so vollkommen von dem Verhalten eines anderen besessen, dass sie für alles andere blind werden. Sie haben nur noch einen Wunsch: Sie wollen, dass der andere verliert. Das gilt auch, wenn das bedeutet, dass sie selbst genauso verlieren. Verlust / Verlust ist die Philosophie der feindlichen Konflikte, des Krieges. Verlust / Verlust ist außerdem die Philosophie des stark abhängigen Menschen ohne innere Richtung. Er fühlt sich schlecht und meint, das sollten alle anderen auch tun: »Wenn nie einer gewinnt, ist es vielleicht nicht ganz so schlimm, ein Verlierer zu sein.«

Gewinn

Eine andere weit verbreitete Alternative ist die, einfach nur an Gewinn zu denken. Ein Mensch mit einer reinen Gewinn-Mentalität will nicht unbedingt, dass ein anderer verliert. Das ist unwichtig für ihn. Ihm kommt es nur darauf an, dass er bekommt, was er will.

Wenn es keinen Wettstreit oder keine Konkurrenz gibt, ist Gewinn vermutlich der häufigste Ansatz in Verhandlungen. Ein Mensch mit einer Gewinn-Mentalität denkt nur daran, seine eigenen Ergebnisse zu sichern – und überlässt es den anderen, sich selbst um ihre Angelegenheiten zu kümmern.

Was ist die beste Wahl?

Gewinn / Gewinn, Gewinn / Verlust, Verlust / Gewinn, Verlust / Verlust oder Gewinn: Welches der fünf bisher besprochenen Paradigmen ist das beste? Die Antwort lautet: Es kommt darauf an.

Wenn Sie ein Fußballspiel gewinnen, dann heißt das, dass die andere Mannschaft verliert. Wenn Sie in einem Regionalbüro arbeiten, möchten Sie vielleicht in einer Gewinn / Verlust-Situation mit den anderen Niederlassungen wetteifern, um das Geschäft anzukurbeln.

Doch in einer Firma oder in einer Situation, in der Sie Teamgeist und Kooperation für den größtmöglichen Erfolg brauchen, würden Sie nicht mit einer solchen Gewinn / Verlust-Geschichte wie dem Pferderennen nach Bermuda kommen.

Wenn Ihnen eine Beziehung etwas wert ist, würden Sie sich unter Umständen auch auf Verlust / Gewinn einlassen, um den anderen zu bestätigen. »Was ich will, ist mir nicht so wichtig wie meine Beziehung zu dir. Lass es uns diesmal so machen, wie du willst.« Vielleicht nehmen Sie Verlust / Gewinn auch hin, wenn der Aufwand an Zeit und Mühe für einen bestimmten Gewinn höhere Werte verletzen würde. Wahrscheinlich ist es Ihnen die Sache einfach nicht wert.

Es gibt aber auch Umstände, unter denen Sie einfach nur gewinnen wollen und sich keine großen Sorgen machen, was das für andere bedeutet. Wenn das Leben Ihres Kindes in Gefahr wäre, wären Sie wahrscheinlich kaum an anderen Leuten oder irgendwelchen Gegebenheiten interessiert. Das Leben Ihres Kindes zu retten, hätte absoluten Vorrang.

Das Beispiel zeigt: Die beste Wahl hängt von der jeweiligen Situation ab. Die Herausforderung liegt darin, diese Situation richtig einzuschätzen und das entsprechende Paradigma auszuwählen.

Die meisten Situationen sind Teil einer interdependenten Realität. Dann ist Gewinn / Gewinn wirklich die einzig tragfähige Lösung unter den fünf Alternativen. Gewinn / Verlust ist das nicht. Ich kann zwar in einer Konfrontation mit Ihnen scheinbar gewinnen. Doch Ihre Gefühle, Ihre Einstellung zu mir und unsere Beziehung haben gelitten. Wenn ich beispielsweise Zulieferer für Ihre Firma bin und in Verhandlungen meine Bedingungen gegen Ihre durchdrücke, was passiert dann? Vielleicht bekomme ich in diesem Moment das, was ich will. Aber werden Sie wieder Geschäfte mit mir machen? Mein kurzfristiger Gewinn könnte langfristig ein Verlust sein, weil Sie mir keine Folgeaufträge geben. Oder anders ausgedrückt: Gewinn / Verlust ist auf lange Sicht in Wirklichkeit Verlust / Verlust.

Und wie sieht es aus, wenn wir mit Verlust / Gewinn aus den Verhandlungen kommen? Auf den ersten Blick mag es vielleicht so scheinen, als ob Sie bekommen hätten, was Sie wollten. Aber wie wird sich das auf meine Haltung zur Zusammenarbeit mit Ihnen und meine Bereitschaft, den Vertrag zu erfüllen, auswirken? Wahrscheinlich werde ich nicht sonderlich bemüht sein, Höchstleistungen für Sie zu erbringen. Zudem trage ich die Narben aus dieser Schlacht mit in die nächste Verhandlung. Meine Einstellung zu Ihnen und Ihrer Firma dringt vielleicht auch nach außen. Schließlich habe ich viele Kontakte in Ihrer Branche. Also sind wir wieder bei Verlust / Verlust. Doch diese Denkweise trägt keine Früchte.

Und wenn ich mich ganz auf meinen eigenen Gewinn konzentriere und Ihren Standpunkt komplett ignoriere? Dann gibt es keine Basis für irgendeine Art von produktiver Beziehung.

Auf lange Sicht gewinnen wir entweder beide oder verlieren beide. Darum ist Gewinn / Gewinn die einzige echte Alternative.

Ich habe einmal mit einem Klienten gearbeitet, der Geschäftsführer einer großen Filialkette war. Er meinte: »Stephen, diese Gewinn / Gewinn-Geschichte klingt gut. Aber sie ist so idealistisch. Es gibt überall Gewinn / Verlust. Und wenn man das Spiel nicht mitspielt, kann man es einfach nicht schaffen.«

»Okay«, sagte ich. »Versuchen Sie doch mal mit Ihren Kunden auf Gewinn / Verlust zu gehen. Ist das realistisch?«

»Na ja, eigentlich nicht«, antwortete er.

»Warum nicht?«

»Ich würde meine Kunden verlieren.«

»Dann probieren Sie's mit Verlust / Gewinn. Geben Sie die Firma einfach auf. Ist das realistisch?«

»Nein!«

Wir sprachen über die verschiedenen Alternativen. Gewinn / Gewinn schien der einzig wirklich realistische Ansatz.

»Ich vermute, dass das für die Kunden stimmt«, gab er zu. »Aber nicht für die Lieferanten!«

»Sie sind der Kunde des Lieferanten«, meinte ich. »Warum gilt da nicht Dasselbe?«

»Nun, wir haben neulich mit den Eigentümern der Einkaufszentren unsere Mietverträge diskutiert«, sagte er.

»Wir sind wirklich mit einer Gewinn / Gewinn-Haltung in die Gespräche gegangen. Wir waren offen, flexibel und verhandlungsbereit. Aber sie haben das als weich und schwach interpretiert und uns über den Tisch gezogen.«

»Tja, warum wollten Sie denn Verlust / Gewinn?«, fragte ich.

»Das wollten wir ja gar nicht. Wir waren auf Gewinn / Gewinn aus.«

»Ich dachte, Sie hätten gesagt, die anderen hätten Sie über den Tisch gezogen.«

»Stimmt! Das haben sie auch.«

»Also haben Sie mit anderen Worten verloren.«

»Ja.«

»Und die anderen haben gewonnen.«

»Richtig.«

»Und wie nennt man das dann?«

Er erkannte, dass das, was er Gewinn / Gewinn nannte, in Wirklichkeit Verlust / Gewinn war. Das hat ihn sehr schockiert. Wir betrachteten gemeinsam die langfristigen Auswirkungen dieses Verlust / Gewinn Geschäfts – die unterdrückten Gefühle, die missachteten Wertvorstellungen, die Feindseligkeit, die unter der Oberfläche dieser Beziehung brodelte. Wir waren uns einig, dass es letzten Endes für beide Seiten ein Verlust war. Wenn dieser Mann eine echte Gewinn / Gewinn-Einstellung gehabt hätte, wäre er länger im Gespräch mit den Eigentümern geblieben, hätte ihnen besser zugehört und dann seine eigene Meinung mutiger vorgetragen. Er hätte im Geiste von Gewinn / Gewinn so lange weitergemacht, bis sie auf eine Lösung gekommen wären, mit der sich beide Seiten wohlgefühlt hätten. Und diese Lösung, die dritte Alternative, wäre synergetisch gewesen – vermutlich etwas, worauf keiner von beiden alleine gekommen wäre.

Gewinn / Gewinn oder kein Geschäft

Wenn beide Seiten keine synergetische Lösung gefunden hätten, mit der alle zufrieden sind, hätten sie sich auf eine noch höhere Form von Gewinn / Gewinn einigen können: Gewinn / Gewinn oder kein Geschäft.

Kein Geschäft heißt im Wesentlichen: Falls wir zu keiner für uns beide passenden Lösung kommen, sind wir uns darüber einig, dass es dann eben kein Geschäft geben wird. Ich stelle Sie nicht ein oder wir übernehmen keinen gemeinsamen Auftrag, da es offensichtlich ist, dass unsere Werte und Ziele nicht übereinstimmen. Es ist viel besser, das gleich zu Beginn zu erkennen, als später, wenn bereits Erwartungen entstanden und Verträge unterschrieben sind.

Wenn Sie »kein Geschäft« als Option im Hinterkopf haben, fühlen Sie sich befreit. Sie haben es nicht nötig, andere zu manipulieren oder um das zu kämpfen, was Sie wollen. Sie können ganz offen sein. Sie können ernsthaft versuchen zu verstehen, welche Gedanken den gegensätzlichen Positionen wirklich zugrunde liegen. Mit der Option »kein Geschäft« können Sie ehrlich sagen: »Ich will mich nur auf Gewinn / Gewinn einlassen. Ich möchte gewinnen und Sie möchten gewinnen. Ich möchte mich nicht in einer Weise durchsetzen, mit der Sie sich dann später nicht wohlfühlen. Denn das würde irgendwann hochkochen und dann wäre unsere Zusammenarbeit nicht tragfähig. Andererseits würden Sie sich auch nicht gut fühlen, wenn ich nachgeben würde, sodass Sie bekommen, was Sie wollen. Also lassen Sie uns daran arbeiten, eine Gewinn / Gewinn-Lösung zu finden. Wir können wirklich alles abklopfen. Wenn wir dann immer noch nichts haben, sind wir uns einig, dass es eben kein Geschäft gibt. Es ist besser, kein Geschäft zu machen, als mit einer Entscheidung zu leben, die nicht für uns beide ein Gewinn ist. Das hält uns die Möglichkeit offen, vielleicht ein anderes Mal zusammenzukommen.

Einige Zeit nachdem der Geschäftsführer einer kleineren Softwarefirma das Konzept von Gewinn / Gewinn oder kein Geschäft kennen gelernt hatte, erzählte er mir Folgendes:

»Wir hatten eine neue Software entwickelt, die wir einer Bank in Verbindung mit einem Fünf-Jahres-Vertrag verkauft hatten. Der Bankvorstand war ganz begeistert, aber seine Leute standen nicht wirklich hinter seiner Entscheidung für unsere Software.

Etwa einem Monat nach der Vertragsunterzeichnung wechselte der Vorstand der Bank. Der neue Vorstand kam zu mir und sagte: ›Ich fühle mich nicht wohl mit diesen ganzen Softwareumstellungen. Hier herrscht völliges Chaos. Die zuständigen Mitarbeiter sagen, dass sie die Umstellung nicht durchziehen können. Und ich habe momentan das Gefühl, das Ganze nicht einfach mit Druck von oben durchsetzen zu können.‹

Unsere Softwarefirma steckte in großen finanziellen Schwierigkeiten. Ich wusste, dass ich alle rechtlichen Mittel hatte, um den Vertrag durchzusetzen. Aber ich war inzwischen vom Wert des Gewinn / Gewinn-Denkens überzeugt.

Also sagte ich dem neuen Vorstand: ›Wir haben einen Vertrag. Ihre Bank hat unsere Produkte und Dienstleistungen für die Softwareumstellung gekauft. Aber wir können verstehen, dass Sie sich damit nicht wohlfühlen. Deshalb werden wir den Vertrag auflösen und Ihnen Ihre Anzahlung zurückgeben. Wenn Sie in Zukunft nach einer Softwarelösung suchen, würden wir uns natürlich freuen, wenn Sie sich wieder an uns wenden würden.‹

Ich löste einfach so einen rechtsgültigen Vertrag über 84 000 Dollar auf. Das war finanzieller Selbstmord. Dennoch hatte ich das Gefühl, dass es sich langfristig auszahlen und gute Dividenden bringen würde.

Drei Monate später rief der neue Bankvorstand bei mir an. ›Ich möchte unsere Datenverarbeitung völlig neu organisieren. Dazu brauche ich eine passende Software und möchte mit Ihnen ins Geschäft kommen‹, sagte er.

Wir haben dann einen Vertrag mit seiner Bank über 240 000 Dollar abgeschlossen.«

In einer interdependenten Realität belegt alles außer Gewinn / Gewinn einen schlechten zweiten Platz. Langfristig wird das Auswirkungen auf die Beziehung haben. Die Kosten dieser negativen Auswirkungen sollten sorgfältig überdacht werden. Wenn Sie keine echte Gewinn / Gewinn-Situation erreichen können, tun Sie oft besser daran, kein Geschäft zu machen.

Gewinn / Gewinn oder kein Geschäft sorgt in der Familie für eine riesengroße emotionale Freiheit. Wenn die Familienmitglieder sich nicht einigen können, welchen Film sie anschauen wollen, können sie einfach beschließen, etwas anderes zu tun. Dann heißt es »kein Geschäft«, anstatt dass einige den Abend auf Kosten der anderen genießen.

Ich habe eine Freundin, deren Familie seit Jahren gemeinsam musiziert und auftritt. Als die Kinder noch klein waren, hat sie die Musik ausgewählt, die Kostüme genäht und die Vorstellungen geleitet. Doch dann wurden die Kinder älter und wollten ein Mitspracherecht bei der Entscheidung, was aufgeführt und welche Kostüme getragen wurden.

Meine Freundin hatte jahrelange Erfahrung mit solchen Aufführungen. Zudem kannte sie die Erwartungen der Senioren in den Altenheimen, in denen sie auftraten, wesentlich besser als ihre Kinder. Deshalb wusste sie, dass viele ihrer Vorschläge ziemlich unpassend waren. Andererseits akzeptierte sie deren Wunsch, an der Entscheidungsfindung teilzuhaben.

Also beschloss sie, dass es entweder Gewinn / Gewinn oder kein Geschäft geben würde. Sie schlug den Kindern vor, gemeinsam eine Lösung zu erarbeiten, mit der sich alle wohlfühlten, oder die Auftritte in Zukunft zu streichen und andere Wege zu suchen, wie sie ihre Talente ausleben könnten. Dadurch fühlte sich jeder frei, seine Vorstellungen und Gefühle offen zu äußern. Gemeinsam erarbeiteten sie eine Gewinn / Gewinn-Vereinbarung. Dabei wussten sie genau, dass es im Falle fehlender Einigungsmöglichkeiten keine emotionalen Nachspiele geben würde.

In dem Versuch, eine Beziehung zu erhalten, gehen manche Leute über Jahre einen Kompromiss nach dem nächsten ein. Dabei denken Sie Gewinn / Verlust oder Verlust / Gewinn. Doch sie sprechen von Gewinn / Gewinn. So etwas bringt ernsthafte Probleme für die Menschen und das Geschäft. Das gilt ganz besonders, wenn die Wettbewerber mit Gewinn / Gewinn und Synergie arbeiten.

Die Erfahrung zeigt: Irgendwann kann die Option »kein Geschäft« nötig werden, um den Fortbestand des Unternehmens zu sichern. Ohne diese Möglichkeit müssen viele Firmen schließen oder einem professionellen Management übergeben werden. Deshalb sollte man gerade bei der Gründung von Familienbetrieben oder von Firmen mit gemeinsamen Freunden daran denken, eine durchdachte Kauf- oder Verkaufsvereinbarung zu treffen. So kann das Unternehmen weiterbestehen, ohne die Beziehung dauerhaft zu schädigen.

Natürlich gibt es auch Beziehungen, in denen »kein Geschäft« nicht möglich ist. Ich würde mein Kind oder meinen Ehepartner nicht verlassen, um »kein Geschäft« zu machen. In diesem Fall wäre es besser, einen Kompromiss zu suchen und wenn nötig eine etwas niedrigere Form von Gewinn / Gewinn anzustreben. Aber meist ist es machbar, mit einer klaren Gewinn / Gewinn- oder »Kein-Geschäft«-Haltung in Verhandlungen zu gehen. Und Sie werden sehen: Diese Denkweise gibt Ihnen und Ihren Gesprächspartnern unglaublich viel Freiheit!

Fünf Dimensionen von Gewinn / Gewinn

Gewinn / Gewinn zu denken, ist eine Gewohnheit der zwischenmenschlichen Führung. Wenn wir diese Gewohnheit fest in unserem Leben verankern, ermöglicht sie uns wechselseitiges Lernen, wechselseitige Einflussnahme und wechselseitige Vorteile. Der Schlüssel dazu ist, dass wir unsere einzigartigen menschlichen Gaben, also unsere Selbstwahrnehmung, unser Vorstellungsvermögen, unser Gewissen und unseren freien Willen, in unsere Beziehungen zu anderen einbringen.

Es gehört viel Mut und Rücksicht dazu, diese wechselseitigen Vorteile zu schaffen, besonders wenn wir es mit Menschen zu tun haben, die tief von Gewinn / Verlust geprägt sind.

Die Grundlage für das Gewinn / Gewinn-Denken sind Prinzipien des zwischenmenschlichen Führens. Aber worauf kommt es dabei wirklich an? Effektives zwischenmenschliches Führungsverhalten erfordert eine klare Vision, ein pro-aktives Vorgehen sowie die Sicherheit, Anleitung, Weisheit und Kraft, die Teil einer prinzipienorientierten persönlichen Führung sind.

Gewinn / Gewinn ist die Voraussetzung für Erfolg bei allen unseren Interaktionen mit anderen Menschen. Es umfasst fünf interdependente Dimensionen des Lebens. Die Basis für Gewinn / Gewinn ist der *Charakter*. Die zweite Dimension sind *Beziehungen*. Daraus erwächst die dritte Dimension – *Vereinbarungen*. Die vierte Dimension sind *Strukturen und Systeme*, die auf Gewinn / Gewinn beruhen. Und die fünfte Dimension bezieht sich auf den *Prozess*. Wir können keine Gewinn / Gewinn-Ergebnisse mit Gewinn / Verlust- oder Verlust / Gewinn-Methoden erreichen.

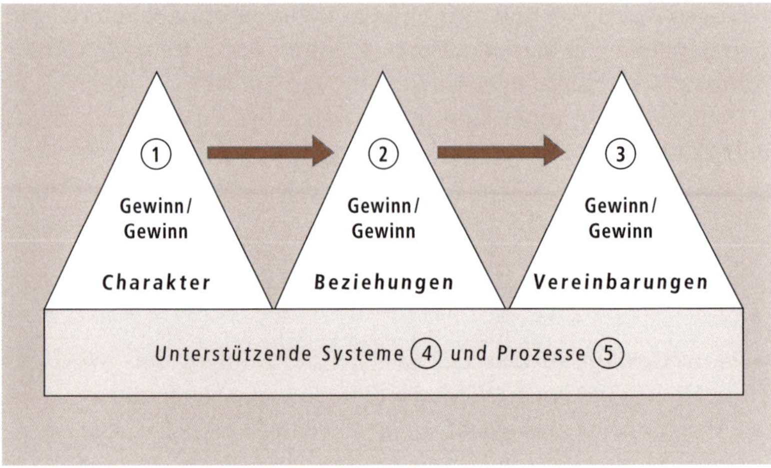

Lassen Sie uns nun die fünf Dimensionen der Reihe nach betrachten.

Charakter

Charakter ist die Grundlage von Gewinn / Gewinn. Alles andere baut auf diesem Fundament auf. Es gibt drei Charakterzüge, die für das Paradigma von Gewinn / Gewinn entscheidend sind.

Integrität: Wir haben Integrität bereits als den Wert definiert, den wir uns selbst beimessen. Der 1., 2. und 3. Weg helfen uns, Integrität zu entwickeln und zu bewahren. Sie ermöglichen es uns, unsere Werte klar zu definieren und jeden Tag auf der Grundlage dieser Werte zu planen und zu handeln. Wenn wir das tun, können wir Versprechen geben und unsere Verpflichtungen auch einhalten. Dadurch entwickeln wir eine gute Selbstwahrnehmung und einen freien Willen.

Damit wir unser Leben auf Gewinn ausrichten können, müssen wir erst einmal wissen, was überhaupt einen Gewinn für uns darstellt, was mit unseren innersten Werten im Einklang steht. Und wenn wir uns selbst und anderen Versprechen geben, sie aber nicht halten, werden unsere Verpflichtungen sinnlos. Wir wissen das, und die anderen wissen es auch. Sie vertrauen uns nicht und verhalten sich uns gegenüber vorsichtig und zurückhaltend.

Es gibt keine Vertrauensgrundlage und Gewinn / Gewinn wird zu einer ineffektiven, oberflächlichen Technik. Deswegen ist Integrität der Grundpfeiler für Gewinn-Gewinn.

Reife: Reife ist das *Gleichgewicht von Mut und Rücksicht*. Wenn ein Mensch seine Gefühle und Überzeugungen mit ebenso viel Mut wie Rücksicht auf die Gefühle und Einstellungen des anderen ausdrücken kann, dann ist er reif. Doch vielen Leuten fehlt diese Reife. Deshalb legen Sie ein ausgeprägtes Entweder-oder-Denken an den Tag.

Sie glauben, dass man nicht stark ist, wenn man freundlich ist. Gewinn / Gewinn ist aber freundlich … und stark! Es ist doppelt so stark wie Gewinn / Verlust. Wer auf Gewinn / Gewinn aus ist, muss nämlich nicht nur freundlich sein, sondern auch stark; nicht nur einfühlsam, sondern auch selbstsicher; nicht nur rücksichtsvoll, son-

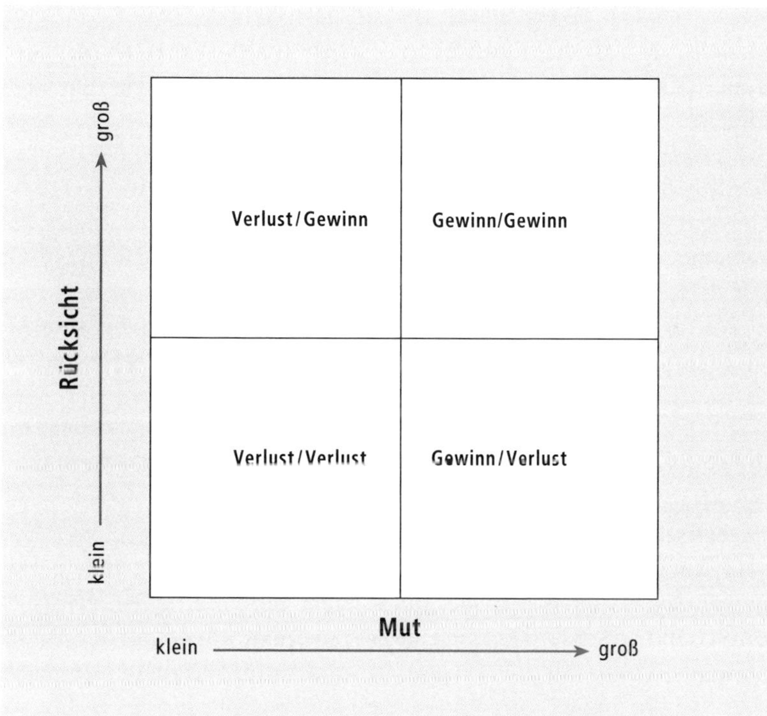

dern auch mutig. Die Balance zwischen Mut und Rücksichtnahme ist das Kennzeichen wahrer Reife und zugleich die Grundlage von Gewinn / Gewinn.

Wie denke ich, wenn ich viel Mut habe, aber wenig Rücksicht zeige? Gewinn / Verlust. Dann werde ich stark und selbstsüchtig sein. Ich werde meine eigenen Überzeugungen mit viel Mut durchsetzen, aber nicht viel Rücksicht auf Ihre Überzeugungen nehmen.

Um meinen Mangel an innerer Reife und emotionaler Stärke wettzumachen, könnte ich Stärke aus meiner Position und meiner Macht ableiten oder aus meinen Zeugnissen, meiner größeren Berufserfahrung und meinen Beziehungen.

Wenn ich dagegen viel Rücksicht zeige, aber nur wenig Mut, wie denke ich dann? Verlust / Gewinn. Ich werde so viel Rücksicht auf Ihre Überzeugungen und Anliegen nehmen, dass mir der Mut fehlt, über meine eigenen zu sprechen und sie zu verwirklichen.

Man braucht sowohl großen Mut als auch Rücksicht, um Gewinn / Gewinn zu erreichen. Die Ausgewogenheit zwischen diesen beiden Polen ist das Kennzeichen echter Reife. Wenn ich sie habe, kann ich aufmerksam zuhören und andere wirklich verstehen, aber auch mutig in eine Konfrontation gehen.

Die Überfluss-Mentalität: Der dritte Charakterzug, der für Gewinn / Gewinn entscheidend ist, ist die Überflussmentalität. Es ist das Paradigma, dass wir in einer Welt der Fülle leben, in der genügend für alle da ist.

Die meisten Leute sind tief von dem geprägt, was ich die Mangel-Mentalität nenne. Sie glauben, im Leben sei nicht genug für alle da. Es ist, als ob es da draußen nur einen einzigen Kuchen gäbe. Und wenn jemand ein großes Stück vom Kuchen abbekommt, bleibt für die anderen so gut wie nichts mehr übrig. Für mich ist die Mentalität des Mangels das Nullsummen-Paradigma des Lebens.

Menschen mit einer Mangel-Mentalität fällt es sehr schwer, Lob und Anerkennung, Macht oder Profit mit anderen zu teilen. Das betrifft sogar diejenigen, die ihnen dabei geholfen haben, etwas zu erreichen. Außerdem können sie sich nicht wirklich über den Erfolg anderer freuen. Oft gilt das ganz besonders für Mitglieder der eigenen Familie, enge Freunde oder langjährige Kollegen. Es ist fast so, als würde ihnen etwas weggenommen, wenn ein anderer besondere Anerkennung bekommt, einen überraschenden Profit verbucht oder bemerkenswerte Leistungen und Erfolge erzielt.

Nach außen hin behaupten sie zwar, sich über die Erfolge anderer zu freuen, doch innerlich werden sie von Neid zerfressen. Ihr Selbstwertgefühl beruht auf dem Vergleich mit ihren Mitmenschen. Wenn ein anderer mehr Erfolg hat, bedeutet das für sie, dass sie selbst gescheitert sind. Es kann nur eine begrenzte Zahl von Schülern und Studenten eine Eins bekommen. Nur eine einzige Person kann die »Nummer eins« sein. Deshalb heißt »gewinnen« für diese Leute schlicht und einfach: andere besiegen.

Menschen mit einer Mangel-Mentalität hoffen insgeheim oft, dass andere Pech haben. Nein, kein furchtbares Pech. Aber so viel Pech, dass die anderen nicht besser oder erfolgreicher sind als sie. Sie ziehen immer Vergleiche und messen sich ständig mit anderen. Zudem tun sie eine Menge dafür, um bestimmte Dinge oder andere Menschen zu besitzen. Denn das ist Balsam für ihr Selbstwertgefühl.

Die anderen sollen so sein, wie sie sie haben wollen. Deshalb umgeben sie sich auch am liebsten mit »Ja«-Menschen – mit Leuten, die schwächer sind als sie und ihnen nicht widersprechen.

Wer eine Mangel-Mentalität aufweist, tut sich schwer, Teil eines Teams zu sein. Er betrachtet Unterschiede als Zeichen für Ungehorsam und fehlende Loyalität.

Dagegen entspricht die Überfluss-Mentalität einem tiefen inneren Gefühl von persönlichem Wert und Sicherheit. Das Paradigma lautet: Da draußen herrscht großer Überfluss und es ist genug für alle da. Die Überfluss-Mentalität führt dazu, dass man Prestige, Anerkennung, Gewinne und Erfolge teilen kann. Sie eröffnet den Zugang zu neuen Chancen, besseren Alternativen und großer Kreativität.

Die Überfluss-Mentalität trägt die persönliche Freude, Zufriedenheit und Erfüllung des 1., 2. und 3. Weges nach außen. Sie schätzt die Einzigartigkeit, die innere Ausrichtung und die pro-aktive Natur anderer Menschen. Und sie erkennt die unbegrenzten Möglichkeiten für positives Wachstum und gemeinsame Weiterentwicklung. Letzten Endes schafft sie neue, viel bessere dritte Alternativen.

Öffentlicher Erfolg ist kein Sieg über andere. Öffentlicher Erfolg heißt, zusammenzuarbeiten, miteinander zu kommunizieren und gemeinsam Dinge zu erreichen, die keiner allein und unabhängig von den anderen jemals schaffen könnte. Oder um es auf den Punkt zu bringen: Der öffentliche Erfolg ist ein Resultat des Paradigmas der Fülle.

Ein Charakter, der sich durch ein hohes Maß an Integrität, Reife und Überfluss-Mentalität auszeichnet, wirkt echt und authentisch. Das kann man nicht mit dem Einsatz von irgendwelchen Techniken und Methoden erreichen.

Beziehungen

Gewinn/Gewinn-Beziehungen können wir nur auf dem Fundament unseres Charakters aufbauen. Denn das Vertrauen, das emotionale Beziehungskonto, ist die Grundvoraussetzung für Gewinn / Gewinn. Wenn das Vertrauen fehlt, können wir bestenfalls Kompromisse eingehen. Ohne Vertrauen haben wir nicht die Glaubwürdigkeit, die für wechselseitiges Lernen, offene Kommunikation und echte Kreativität nötig ist.

Aber wenn unser emotionales Beziehungskonto gut gefüllt ist, ist Glaubwürdigkeit kein Thema mehr. Wir haben so viele Einzahlungen gemacht, dass Sie und ich wissen, dass wir tiefen Respekt füreinander empfinden. Wichtig sind für uns die anstehenden Fragen, die es gemeinsam zu lösen gilt, und nicht unsere Persönlichkeiten oder unsere Standpunkte.

Da wir einander vertrauen, sind wir ehrlich zueinander. Wir legen unsere Karten offen auf den Tisch. Auch wenn wir die Dinge unterschiedlich sehen, weiß ich: Sie sind bereit, mit Respekt zuzuhören, wenn ich Ihnen die junge Frau beschreibe. Und Sie wissen, dass ich Ihrer Beschreibung der alten Frau genauso aufmerksam folgen werde. Wir sind beide fest entschlossen, den Standpunkt des anderen wirklich zu verstehen. Wir wollen gemeinsam an einer dritten Alternative arbeiten, einer synergetischen Lösung, die für uns beide die bessere Antwort auf unsere Fragen und Probleme sein wird.

Wissen Sie, was das ideale Sprungbrett für eine bemerkenswerte Synergie, für den 6. Weg ist? Es ist eine Beziehung, in der die Konten gut gefüllt sind und beide Parteien sich dem Prinzip von Gewinn /

Gewinn verpflichtet fühlen. Eine solche Beziehung macht strittige Themen nicht weniger wichtig. Sie schafft die unterschiedlichen Sichtweisen auch nicht einfach aus der Welt. Aber sie schließt die negative Energie aus, die Unterschiede in der Persönlichkeit und in der Sicht der Dinge normalerweise mit sich bringen. Mehr noch: Sie erzeugt eine positive, kooperative Energie, die darauf abzielt, die Probleme wirklich zu verstehen und so zu lösen, das beide Parteien zufrieden sind.

Was aber, wenn die Beziehung nicht so ist? Was passiert, wenn Sie mit jemandem eine Vereinbarung ausarbeiten müssen, der noch nie von Gewinn / Gewinn gehört hat und stark von Gewinn / Verlust geprägt ist?

Mit Gewinn / Verlust umzugehen, ist die wirkliche Bewährungsprobe für Gewinn/Gewinn. Selbst unter günstigen Bedingungen ist Gewinn / Gewinn meist nicht leicht zu erreichen. Schließlich muss man sich mit wichtigen Fragen und grundlegenden Unterschieden auseinandersetzen. Aber das geht viel leichter, wenn beide Parteien das Gewinn / Gewinn-Denken verinnerlicht haben und das emotionale Beziehungskonto gut gefüllt ist.

Auch wenn man es mit jemandem zu tun hat, der aus dem Gewinn / Verlust-Paradigma kommt, ist die Qualität der Beziehung der Schlüssel zum Erfolg.

Deshalb ist es unerlässlich, dass Sie daran arbeiten, die Beziehung zu verbessern. Konzentrieren Sie sich auf Ihren Einflussbereich. Machen Sie durch aufrichtige Höflichkeit, echten Respekt und große Wertschätzung für Ihren Gesprächspartner und seinen Standpunkt wichtige Einzahlungen auf das emotionale Beziehungskonto. Bleiben Sie geduldig im Kommunikationsprozess. Hören Sie genau zu. Haben Sie den Mut, offen Ihre Meinung zu sagen. Verhalten Sie sich nicht re-aktiv. Handeln Sie pro-aktiv. Machen Sie immer so weiter, bis der andere erkennt, dass Sie wirklich eine Lösung wollen, die für Sie beide ein echter Gewinn ist. Das allein ist eine riesige Einzahlung auf das emotionale Beziehungskonto.

Je echter Ihr Charakter, je höher Ihre Pro-Aktivität, je mehr Sie wirklich auf Gewinn / Gewinn ausgerichtet sind, desto stärker wird Ihr Einfluss auf Ihr Gegenüber sein. Hier zeigt sich, ob Sie wahre Führungsqualität besitzen. Wahre Führungsqualität geht über *transaktionales* Führungsverhalten hinaus. Sie wird *transformatives* Führungsverhalten. Denn sie transformiert sowohl die betroffenen Menschen als auch die Beziehung.

Die meisten Leute werden erkennen, dass sie mehr von dem bekommen, was sie persönlich wollen, wenn sie sich auf das einlassen, was Sie beide wollen. Dennoch wird es ein paar Menschen geben, die so tief in der Gewinn / Verlust-Mentalität stecken, dass sie einfach nicht Gewinn / Gewinn denken können. Denken Sie also bitte daran, dass es immer noch die Option »kein Geschäft« gibt. Und vielleicht entscheiden Sie sich gelegentlich auch für die kleinstmögliche Form von Gewinn / Gewinn – den Kompromiss.

Es ist wichtig, zu verstehen, dass der Schlüssel zu tragfähigen Gewinn / Gewinn-Vereinbarungen immer in der Beziehung liegt. Nehmen wir an, dass Sie und ich zusammenarbeiten. Sie kommen zu mir und sagen: »Stephen, ich weiß, dass Ihnen diese Entscheidung nicht gefallen wird. Ich habe keine Zeit, sie Ihnen zu erklären oder Sie mit einzubeziehen. Es ist gut möglich, dass Sie diese Entscheidung für falsch halten. Werden Sie mich trotzdem unterstützen?«

Wenn Sie ein Guthaben auf dem emotionalen Beziehungskonto hätten, würde ich Sie natürlich unterstützen. Ich würde hoffen, dass Sie im Gegensatz zu mir das bessere Gespür hätten. Zudem würde ich mich dafür einsetzen, dass Ihre Entscheidung zu einem guten Ergebnis führt.

Was aber, wenn es kein Guthaben auf dem emotionalen Beziehungskonto gäbe und ich reaktiv wäre? In diesem Fall würde ich Sie nicht wirklich unterstützen. Vielleicht würde ich so tun, als ob. Doch in Wahrheit wäre ich nicht sehr begeistert. Ich würde nicht alles tun, was für den Erfolg notwendig wäre. »Es hat leider nicht geklappt«, würden Sie dann von mir hören. »Ich habe keine Ahnung, was ich jetzt machen soll.«

Wenn ich extrem reaktiv wäre, würde ich Ihre Entscheidung vielleicht sogar torpedieren und versuchen, andere auf meine Seite zu ziehen. Oder ich würde mich in »boshaftem Gehorsam« üben, nur das tun, was Sie mir gesagt haben, und keine Verantwortung für die Ergebnisse übernehmen.

Eine Vereinbarung bringt herzlich wenig, wenn der Charakter und die Beziehung sie nicht im Geiste tragen. Deshalb müssen wir uns dem Gewinn / Gewinn-Denken mit dem echten Wunsch nähern, in die Beziehungen zu investieren, die es erst möglich machen.

Vereinbarungen

Aus Beziehungen entstehen die Vereinbarungen, die grundlegend für die Umsetzung des Gewinn / Gewinn-Denkens sind. Manchmal werden sie *Leistungs-* oder *Partnerschaftsvereinbarungen* genannt. Hier wechselt das Paradigma der produktiven Interaktion von hierarchisch zu gleichrangig, von Fremdkontrolle zu Selbstkontrolle. Das Verteidigen der eigenen Position wird zu einer Partnerschaft für den gemeinsamen Erfolg.

In Gewinn / Gewinn-Vereinbarungen werden fünf Punkte explizit geklärt:

- Die **gewünschten Ergebnisse**: Was ist zu tun und bis wann soll es gemacht werden? Achtung: Hier geht es ausschließlich um Ergebnisse und nicht um Methoden!
- Die **Richtlinien**: Wie sehen die Parameter – zum Beispiel die Prinzipien und Strategien – aus, innerhalb derer die gewünschten Ergebnisse erreicht werden sollen?
- Die **Ressourcen**: Welche menschlichen, finanziellen, technischen und organisatorischen Ressourcen sind zum Erreichen der gewünschten Ergebnisse erforderlich?
- Die **Verantwortlichkeit**: Welche Leistungsstandards gelten und wann werden die Ergebnisse beurteilt?
- Die **Konsequenzen**: Welche guten, schlechten, natürlichen oder logischen Konsequenzen folgen nach der Beurteilung der Ergebnisse?

Diese fünf Punkte erfüllen Gewinn / Gewinn-Vereinbarungen erst mit Leben. Durch klare Absprachen wird ein Standard geschaffen, an dem die Beteiligten ihren Erfolg selbst messen können.

Die ständige Kontrolle der Umsetzung und des Projektfortschritts ist ein Gewinn / Verlust-Paradigma – und das Ergebnis eines überzogenen emotionalen Beziehungskontos. Wenn es kein Vertrauen und keine gemeinsame Vision von den gewünschten Ergebnissen gibt, neigen wir dazu, den anderen ständig über die Schulter zu schauen, sie zu überprüfen und ihnen Anweisungen zu erteilen. Da kein Vertrauen herrscht, haben wir das Gefühl, die Leute pausenlos kontrollieren zu müssen.

Ganz anders sieht es aus, wenn das Beziehungskonto gut gefüllt ist. Dann geben wir den Weg frei. Sobald es eine klare Gewinn / Gewinn-Vereinbarung gibt, besteht unsere Rolle darin, eine Quelle der Hilfe zu sein und die Berichte unserer Leute über ihre Verantwortlichkeiten entgegenzunehmen.

Es ist weitaus besser, andere sich selbst beurteilen zu lassen, als über sie zu urteilen. In einer Kultur mit hohem Vertrauensgrad gilt dies umso mehr. Meist spüren die Menschen viel besser, wie die Dinge laufen, als jeder Bericht und jede Analyse. Die eigene Urteilskraft ist oft genauer als irgendwelche Beobachtungen oder Messungen.

Gewinn / Gewinn als Management-Training

Vor ein paar Jahren hatte ich mit einem Beratungsprojekt bei einer Großbank mit unzähligen Niederlassungen zu tun. Wir sollten das Management-Trainingsprogramm, in das jährlich weit über eine Million Dollar investiert wurde, auswerten und verbessern. Im Zuge des Programms wurden junge Leute mit College-Abschluss ausgewählt. Diese sollten ein sechsmonatiges Training durchlaufen. Es bestand darin, dass sie jeweils vierzehn Tage in zwölf verschiedenen Abteilungen verbrachten. In dieser Zeit sollten Sie Aufgaben lösen, die man ihnen vorher zugewiesen hatte. Um ihnen einen allgemeinen Eindruck der Branche zu vermitteln, verbrachten sie je zwei Wochen in den Kreditabteilungen für private und kommerzielle Darlehen, zwei Wochen mit Marketing, zwei Wochen in der Kundenbetreuung und so weiter. Nach Ablauf der sechs Monate bekamen sie Positionen im mittleren Management in den verschiedenen Niederlassungen.

Unsere Aufgabe war es, dieses Trainingsprogramm zu beurteilen. Als wir anfingen, stellten wir fest, dass der schwierigste Teil des Auftrags darin lag, ein klares Bild von den gewünschten Ergebnissen zu bekommen. Wir fragten die zuständigen Direktoren: »Was sollen diese Leute können, nachdem sie das Programm absolviert haben?« Die antworten waren vage und oft widersprüchlich.

In dem Training ging es um Methoden, nicht um Ergebnisse. Daher schlugen wir vor, ein Pilotprogramm zu entwickeln, das auf einem anderen Paradigma beruhte, nämlich der »Schülerkontrollierten Unterweisung«. Im Mittelpunkt stand eine Gewinn / Gewinn-Vereinbarung. Sie schloss die Identifikation mit bestimmten Zielen ein und beinhaltete konkrete Kriterien zur Leistungsmessung. Die Richtlinien, Ressourcen und Verantwortlichkeiten sollten genau wie die Konsequenzen aufgezeigt werden. In diesem Fall waren die Konsequenzen die Beförderung ins mittlere Management, wo die Trainees den Praxisteil der Ausbildung absolvieren und ein bedeutend höheres Gehalt verdienen würden.

Wir mussten wirklich Druck machen, um vernünftige Zielvorgaben zu bekommen. »Was sollen die Trainees über Buchhaltung lernen? Was über Marketing? Was über Hypotheken?« Und so ging es immer weiter. Schließlich kamen etwa 100 Ziele zusammen. Diese wurden von uns konkretisiert, reduziert und zusammengefasst. Am Ende waren wir bei 39 klar definierten Verhaltenszielen mit entsprechenden Kriterien für die erfolgreiche Umsetzung angelangt.

Die Trainees waren durch die Aussicht auf eine Festanstellung und die Chance auf ein gutes Gehalt hoch motiviert, die Ziele so schnell wie möglich zu erreichen. Aber auch die Bank konnte viel gewinnen. In Zukunft würde sie Manager in den Filialen haben, die ergebnisorientierte Kriterien erfüllt hatten und nicht nur durch zwölf Aktivitätsfallen gestolpert waren.

Wir erklärten den Trainees den Unterschied zwischen der »Schüler-kontrollierten Unterweisung« und der »System-kontrollierten Unterweisung«. Sie wurden nicht von anderen kontrolliert, sondern taten es selbst. Im Grunde hieß es: »Hier sind die Ziele und die Kriterien für eine erfolgreiche Umsetzung. Und das sind die Ressourcen. Denkt auch daran, dass ihr voneinander lernen könnt. Also legt los. Sobald ihr die Kriterien erfüllt habt, werdet ihr ins mittlere Management befördert.«

Innerhalb von drei Wochen hatten die Trainees alle Kriterien erfüllt. Das neue Trainings-Paradigma hatte unglaubliche Motivation und Kreativität freigesetzt. Doch wie bei vielen Paradigmenwechseln gab es auch hier Widerstand. Fast alle Führungskräfte wollten einfach nicht glauben, dass die Kriterien so schnell erfüllt worden waren. Als wir ihnen die Beweise dafür vorlegten, meinten sie: »Diese Trainees haben nicht genug Erfahrung. Sie haben nicht die nötige Reife und Urteilskraft, die wir von den Leuten in den Filialen brauchen.«

In weiteren Gesprächen stellten wir fest, dass sie in Wirklichkeit meinten: »Wir haben die ganze Ochsentour durchgemacht. Wieso müssen diese Leute das nicht auch tun?« Doch so konnten sie das natürlich nicht formulieren. »Es fehlt ihnen an Reife«, war eine sehr viel bequemere Art, das auszudrücken.

Außerdem war die Personalabteilung aus den unterschiedlichsten Gründen und natürlich auch wegen des riesigen Budgets für das sechsmonatige Programm entsetzt.

Also schlugen wir vor: »Wir können noch mehr Ziele mit entsprechenden Kriterien definieren. Aber lassen Sie uns beim Paradigma der Schüler-kontrollierten Unterweisung bleiben.« Wir gelangten zu acht weiteren Zielen mit sehr strengen Kriterien. So hatten die Führungskräfte die Gewissheit, dass die Trainees wirklich gut darauf vorbereitet waren, in die Filialen zu gehen und den Praxisteil ihrer Ausbildung aufzunehmen. Nachdem sie an einigen Meetings teilgenommen hatten, bei denen diese Kriterien erarbeitet wurden, meinten manche Direktoren: »Wer auch immer diese Kriterien erfüllen kann, ist auf alle Fälle besser vorbereitet als diejenigen, die das sechsmonatige Programm absolviert haben.«

Wir hatten die Trainees von Beginn an auf Widerstand vorbereitet. Nun zeigten wir ihnen die zusätzlichen Ziele und Kriterien und sagten: »Genau wie erwartet, möchte das Management, dass ihr noch einige Ziele mit noch viel strengeren Kriterien erreicht. Aber man hat uns diesmal versichert, dass ihr nach deren Erfüllung endgültig ins mittlere Management kommt.«

Sie machten sich auf geradezu unglaubliche Art und Weise an die Arbeit. Beispielsweise gingen sie zum Leiter der Buchhaltung und sagten: »Ich bin ein Trainee des neuen Pilotprogramms der Schüler-kontrollierten Unterweisung. Ich habe gehört, dass Sie bei der Entwicklung der Ziele und Kriterien mitgearbeitet haben.

In Ihrer Abteilung habe ich sechs Aufgaben zu erfüllen. Drei davon konnte ich aufgrund meines Wissens aus dem College erledigen. Bei einer konnte ich mich auf die Fachliteratur stützen. Die fünfte

Aufgabe habe ich mir von Tom erklären lassen, den Sie letzte Woche hier ausgebildet haben. Nun ist noch eine Aufgabe offen. Deshalb wollte ich fragen, ob Sie oder jemand anders aus Ihrer Abteilung ein paar Stunden Zeit hätte, um mir zu zeigen, wie diese Sache funktioniert.« So verbrachten sie in der Abteilung keine zwei Wochen, sondern nur einen halben Tag.

Die Trainees unterstützen sich gegenseitig, machten Brainstorming und erreichten die zusätzlichen Ziele in anderthalb Wochen. Das sechsmonatige Programm wurde auf fünf Wochen reduziert und die Ergebnisse wurden deutlich besser.

Wenn Menschen den Mut haben, ihre Paradigmen zu überdenken und sich auf Gewinn / Gewinn zu konzentrieren, kann das sämtliche Bereiche in Organisationen positiv beeinflussen. Ob Einzelpersonen oder Organisationen: Ich bin immer wieder überrascht, welche beeindruckenden Ergebnisse erreicht werden, wenn eigenverantwortliche, pro-aktive und selbstbestimmte Menschen mit einer Aufgabe betraut werden.

Gewinn / Gewinn-Leistungsvereinbarungen

Gewinn / Gewinn-Leistungsvereinbarungen zu erarbeiten, erfordert grundlegende Paradigmenwechsel. Der Blick ist auf die Ergebnisse gerichtet und nicht auf die Methoden. Die meisten von uns neigen dazu, Methoden zu überwachen. Wir arbeiten mit der Aufgaben-Delegation, über die wir schon beim 3. Weg gesprochen haben. Im Gegensatz dazu sind Gewinn / Gewinn-Vereinbarungen auf Ergebnisse ausgerichtet, setzen ein enormes individuelles menschliches Potenzial frei und schaffen größere Synergien. Sie bauen PK auf, anstatt sich ausschließlich auf P zu konzentrieren.

Bei Gewinn / Gewinn-Verantwortlichkeit schätzen wir uns selbst ein. Die traditionellen Bewertungsformen, mit denen viele hantieren, sind oft kompliziert, unpraktisch und ermüdend. Ganz anders sieht es dagegen bei Gewinn-Gewinn aus. Hier nutzen die Menschen Kriterien, die sie mit aufgestellt haben. Wenn Sie die richtigen Voraussetzungen schaffen, können die Leute sich sehr gut selbst beurteilen. Mit einer Gewinn / Gewinn-Vereinbarung kann selbst ein Siebenjähriger recht genau einschätzen, ob er seinen Aufgaben gerecht wird.

Meine besten Erfahrungen in Universitätskursen habe ich damit gemacht, dass ich ein gemeinsames Gewinn / Gewinn-Verständnis des angestrebten Ziels hergestellt habe. »Das ist es, was wir erreichen wollen. Und dies sind die grundlegenden Voraussetzungen für eine gute, eine mittlere oder eine schlechte Note. Mein Ziel ist es, jedem von euch zu helfen, eine gute Note zu erreichen. Ihr nehmt jetzt das, was wir besprochen haben. Dann macht ihr euch Gedanken, was ihr ganz individuell dazu leisten wollt. Anschließend kommen wir wieder zusammen und einigen uns, was ihr für eine Note haben und was ihr dafür tun wollt.«

Der Management-Philosoph und Berater Peter F. Drucker gibt folgende Empfehlung, um die Essenz der Leistungsvereinbarungen zwischen Managern und ihren Mitarbeitern schriftlich zu fixieren: Zunächst erfolgt eine tiefgehende, gründliche Erörterung der Erwartungen, Richtlinien und Ressourcen. So wird sichergestellt, dass ein Einvernehmen mit den Zielen der Organisation besteht. Danach schreibt der Mitarbeiter dem Manager einen Brief. Dieser »Manager-Brief« fasst alles noch einmal zusammen. Zudem wird in diesem Brief festgelegt, wann die nächste Leistungsplanung oder Beurteilungsdiskussion stattfinden soll.

Die Gewinn / Gewinn-Leistungsvereinbarung gehört zu den Schlüsselaufgaben des Managements. Wenn sie stimmig ist, können sich die Mitarbeiter im Rahmen dieser Vereinbarung selbst managen. Der Manager kann dann die Funktion des Pace-Cars bei einem Autorennen übernehmen: Er bringt die Dinge in Gang und gibt danach den Weg frei. Von da an ist es seine Aufgabe, die Ölspuren zu entfernen.

Wenn ein Chef für jeden seiner Mitarbeiter zum ersten Ansprechpartner und Assistenten wird, kann er die Spannbreite seiner Einflussmöglichkeiten wesentlich erweitern. Zudem können ganze Ebenen administrativer und übergeordneter Abteilungen aufgelöst werden. Statt sechs oder acht können einem solchen Manager 20, 30, 50 oder noch mehr Leute unterstehen.

Bei Gewinn / Gewinn-Leistungsvereinbarungen sind die Konsequenzen das natürliche oder logische Ergebnis der Leistung. Sie sind keine Belohnung oder Bestrafung, die vom Chef nach Belieben gewährt oder verhängt wird.

Für Belohnungen und Strafen gilt: Man kann bei diesen Konsequenzen vier Grundformen unterscheiden, die vom Management oder von den Eltern gesteuert werden können: finanzielle, psychische, Chancen und Verantwortlichkeit. Zu den *finanziellen* Konsequenzen gehören das Einkommen, Aktienoptionen, Bonuszahlungen oder Geldstrafen. Zu den *psychischen* Anerkennung, Lob, Respekt, Glaubwürdigkeit, aber auch deren Verlust. Übrigens: Wenn es nicht ums nackte Überleben geht, wirken psychische Belohnungen und Strafen oft motivierender als finanzielle.

Chancen sind beispielsweise Training, Weiterentwicklung und besondere Rechte. Und wenn es um die *Verantwortlichkeit* geht, können das Ausmaß und die Autorität erweitert oder eingeschränkt werden. In Gewinn / Gewinn-Vereinbarungen wird festgehalten, wie die Konsequenzen in einem oder mehreren dieser Bereiche aussehen. So wissen die Beteiligten das alles von vornherein. Sie spielen also keine Spielchen – alles ist von Anfang an klar.

Neben diesen logischen persönlichen Konsequenzen müssen auch die natürlichen organisatorischen Konsequenzen klar benannt werden. Was wird passieren, wenn ich zu spät zur Arbeit komme? Nicht zur Kooperation mit anderen bereit bin? Keine guten Gewinn / Gewinn-Leistungsvereinbarungen mit meinen Leuten erarbeite? Die Mitarbeiter nicht für die gewünschten Ergebnisse verantwortlich mache oder ihr berufliches Wachstum und Vorankommen nicht fördere?

Als meine Tochter den Führerschein hatte, trafen wir eine Gewinn/Gewinn-Vereinbarung über die Nutzung unseres Autos. Wir kamen überein, dass sie die Verkehrsregeln befolgen, das Auto sauber halten und für seine Wartung sorgen würde. Außerdem legten wir fest, dass sie hin und wieder für meine Frau und mich als Chauffeurin tätig werden sollte. Und sie würde all ihre anderen Aufgaben gut gelaunt und von sich aus erledigen. Das waren unsere Gewinne.

Wir einigten uns außerdem darauf, dass ich einige Ressourcen zur Verfügung stellen würde – das Auto, die Versicherung und das Benzin. Und meine Tochter würde einmal in der Woche, gewöhnlich am Sonntagnachmittag, selbst beurteilen, inwieweit sie sich an unsere Vereinbarung hielt. Die Konsequenzen waren klar: Solange sie sich an ihren Teil der Vereinbarung hielt, durfte sie das Auto benutzen. Andernfalls würde sie das Recht dazu verlieren, bis sie sich eines Besseren besann.

Diese Gewinn / Gewinn-Vereinbarung sorgte von Anfang an für klare Erwartungen auf beiden Seiten. Sie war ein Gewinn für unsere Tochter – sie durfte das Auto nutzen. Und sie war zweifellos auch ein Gewinn für Sandra und mich. Jetzt konnte unsere Tochter selbst fahren, wenn sie irgendwohin musste. Zudem würde sie uns ab und zu chauffieren. Obendrein brauchten wir uns nicht mehr darum zu kümmern, dass das Auto sauber war und pünktlich in die Werkstatt kam. Und es gab eine klar definierte Verantwortlichkeit. So musste ich ihr nicht ständig im Nacken sitzen und sie managen. Ihre eigene Integrität, ihr Gewissen, ihre Einsicht und der hohe Stand auf unserem emotionalen Beziehungskonto managten sie viel, viel besser. Es gab keine emotionale Anspannung. Wir mussten nicht jede ihrer Bewegungen überwachen. Und wir mussten auch nicht ständig mit Strafen oder Belohnungen bereitstehen, für den Fall, dass sie etwas nicht so machte, wie wir es für richtig hielten. Unsere Gewinn / Gewinn-Vereinbarung war für uns alle eine große Befreiung.

Gewinn / Gewinn-Vereinbarungen sind enorm befreiend. Aber sie werden sich nicht auf Dauer bewähren, wenn sie nur das Ergebnis von irgendwelchen Techniken sind. Selbst wenn Sie von Beginn an Gewinn / Gewinn-Vereinbarungen treffen, sind sie ohne persönliche Integrität und eine vertrauensvolle Beziehung nicht aufrechtzuerhalten.

Eine echte Gewinn / Gewinn-Vereinbarung ist ein Ergebnis des Paradigmas, des Charakters und der Beziehung der Personen, die sie geschlossen haben. In diesem Kontext definiert und lenkt sie die wechselseitigen Interaktionen, für die sie geschaffen wurde.

Systeme

Gewinn / Gewinn kann nur in einer Organisation Bestand haben, in der es Systeme gibt, die dieses Denken unterstützen. Wenn Sie von Gewinn / Gewinn sprechen, aber Gewinn / Verlust belohnen, spielen Sie mit schlechten Karten.

Im Grunde bekommen Sie immer das, was Sie belohnen. Wenn Sie Ihre Unternehmensziele erreichen und Ihre Unternehmenswerte leben wollen, müssen Sie das Belohnungssystem darauf abstimmen. Ohne systematische Abstimmung werden Ihre Taten nicht Ihren Worten entsprechen. Sie werden sich in der Rolle des Managers wiederfinden, der von Kooperation sprach, aber mit seinem »Rennen nach Bermuda« zu Konkurrenzdenken anstachelte.

Ich habe etliche Jahre mit einer großen Immobilienfirma im mittleren Westen der USA gearbeitet. Meine erste Erfahrung mit dieser Organisation war eine große Verkaufstagung. Hier waren über 800 Verkäufer zum jährlichen Bonusprogramm zusammengekommen. Es war eine auf Fröhlichkeit getrimmte Veranstaltung mit diversen Schulbands und viel Tamtam.

40 der 800 Leute erhielten Preise für Spitzenleistungen wie »Die meisten Verkäufe«, »Der größte Umsatz« und »Die höchsten Provisionen«. Bei der Preisverleihung gab es reichlich Beifall, Hurra-Rufe und Tumult. Es bestand keinerlei Zweifel daran, dass diese 40 Verkäufer *gewonnen* hatten. Aber es herrschte auch das unterschwellige Bewusstsein, dass die restlichen 760 Leute *verloren* hatten.

Wir begannen sofort mit der Entwicklungsarbeit, um die Systeme und Strukturen dieser Organisation auf das Paradigma von Gewinn / Gewinn abzustimmen. Dabei gingen wir bis auf die untersten Ebenen hinunter und ließen die Leute dort Systeme entwickeln, die sie motivieren würden. Wir bestärkten sie auch darin, miteinander zu kooperieren und Synergien zu schaffen, damit möglichst viele Kollegen die Ergebnisse ihrer individuellen Leistungsvereinbarungen erreichen konnten.

Die nächste Tagung fand ein Jahr später statt. Dort waren knapp 1000 Leute anwesend. Ungefähr 800 von ihnen bekamen einen Preis. Es gab einige wenige Einzelgewinner, die aus Vergleichen ermittelt wurden. Doch primär war das neue Bonusprogramm auf Personen und Gruppen ausgerichtet, die ihre selbst gewählten Leistungs- und Teamziele erreicht hatten. Es war nicht nötig, Schulbands anzuheuern, um künstlich Siegesstimmung zu schaffen und die Verkäufer anzuspornen. Es herrschten eine großartige Stimmung und hohe Motivation, da die Verkäufer ihre Freude miteinander teilen konnten. Ganze Teams von Verkäufern konnten ihren Bonus gemeinsam genießen. Außerdem gab es eine Urlaubsreise als Belohnung für das gesamte Büro.

Das Bemerkenswerte war, dass fast jeder der 800 Verkäufer, die einen Preis bekamen, so viel Umsatz und Profit gemacht hatte, wie die 40 Verkäufer im Jahr zuvor. Das Gewinn / Gewinn-Denken hatte enorme menschliche Energien und Talente freigesetzt, die Zahl der goldenen Eier maßgeblich erhöht und zudem die Gans gut genährt. Über die Synergie, die daraus entstanden ist, waren alle Beteiligten überrascht.

Wettbewerb kann durchaus angebracht sein – im Markt oder gegenüber der Leistung des Vorjahrs, vielleicht sogar gegenüber anderen Niederlassungen oder Personen, mit denen keine Zusammenarbeit notwendig ist. Für das freie Unternehmertum ist die Kooperation am Arbeitsplatz jedoch ebenso wichtig wie der Wettbewerb im Markt. In einer Umgebung, die von Konkurrenzdenken und Wettkämpfen geprägt ist, kann der Geist von Gewinn / Gewinn nicht überleben.

Gewinn / Gewinn kann nur funktionieren, wenn die Systeme das unterstützen. Ob Trainings-, Planungs-, Kommunikations-, Budgetierungs-, Informations- oder Vergütungssystem: Sie alle müssen auf dem Gewinn / Gewinn-Prinzip beruhen.

Ich habe einmal ein Unternehmen beraten, das seine Leute im Hinblick auf die zwischenmenschlichen Beziehungen trainieren lassen wollte. Man ging dort von der Annahme aus, dass die Leute das Problem waren.

Der Chef des Unternehmens sagte: »Sehen Sie sich doch mal an, wie Sie als Kunde in unseren Geschäften behandelt werden! Die Mitarbeiter dort können nur Anweisungen entgegennehmen. Sie wissen nicht, wie man Beziehungen zu den Kunden aufbaut. Das Produkt verstehen sie auch nicht. Außerdem kennen sie sich nicht richtig mit dem Verkaufsprozess aus. Deshalb sind sie nicht in der Lage, eine wirkliche Verbindung zwischen dem Produkt und dem Bedürfnis des Kunden herzustellen.«

Also sah ich mich in den Geschäften um. Der Mann hatte recht! Das war allerdings noch keine Antwort auf die Frage, die mir durch den Kopf ging: Wodurch wurde diese Einstellung tatsächlich verursacht?

»Wir haben das Problem doch erkannt!«, versicherte mir der Unternehmenschef. »Da draußen haben wir Abteilungsleiter, die mit gutem Beispiel vorangehen. Wir haben ihnen gesagt, dass ihr Job zu zwei Dritteln aus Verkaufen besteht und zu einem Drittel aus Management. Und sie übertreffen beim Verkauf alle. Wir wollen einfach nur, dass Sie die Verkäufer trainieren.«

Als ich das hörte, gingen bei mir alle Alarmglocken los. »Wir brauchen mehr Daten und Zahlen!«

Das gefiel ihm nicht. Schließlich glaubte er zu wissen, wo das Problem lag. Deshalb wollte er schnellstmöglich mit dem Training beginnen, um es zu lösen. Ich ließ aber nicht locker – und innerhalb von zwei Tagen entdeckten wir dann das wahre Problem. Die Job-Definition und das Vergütungssystem führten dazu, dass die Abteilungsleiter nur den Rahm abschöpften. Sie standen hinter der Kasse und wenn im Laden eine Flaute herrschte, rissen sie das gesamte Geschäft an sich. Im Einzelhandel ist die halbe Zeit sehr viel los, sonst aber nur wenig. Die Abteilungsleiter übertrugen den Verkäufern die ganze Schmutzarbeit – Lagerkontrolle, Auffüllen der Bestände und Aufräumen. Sie selbst aber stellten sich hinter die Kasse und sahnten ab. Kein Wunder, dass sie die höchsten Umsätze vorweisen konnten!

Also änderten wir eines der Systeme – nämlich das Vergütungssystem. Damit lösten wir das Problem quasi über Nacht. Wir führten ein System ein, bei dem die Abteilungsleiter nur dann Geld verdienten, wenn ihre Verkäufer auch welches bekamen. Wir sorgten dafür, dass die Bedürfnisse und Ziele der Abteilungsleiter sich mit denen der Verkäufer deckten. Plötzlich war gar kein Training in den zwischenmenschlichen Beziehungen mehr nötig. Der Schlüssel dazu war die Entwicklung eines echten Gewinn / Gewinn-Vergütungssystems.

In einem anderen Fall habe ich mit dem Geschäftsführer einer Firma gearbeitet, die formale Leistungsbewertungen verlangte. Er war frustriert über die Bewertung, die er einem bestimmten Manager geben musste. »Er hat eine Drei verdient«, meinte er. »Aber ich musste ihm eine Eins geben, und das bedeutet, dass er sehr gut arbeitet und beförderungsfähig ist.«

»Wofür haben Sie ihm denn eine Eins gegeben?«, fragte ich.

»Er erreicht die geforderten Zahlen.«

»Aber warum denken Sie dann, dass er nur eine Drei verdient hätte?«

»Es geht um die Art, wie er diese Zahlen erreicht. Er vernachlässigt die anderen Mitarbeiter. Er überrennt sie und macht Ärger.«

»Das klingt, als sei er ganz auf P ausgerichtet – auf Produktion. Dafür wird er dann auch belohnt. Aber was wäre, wenn Sie mit ihm über das Problem sprechen und ihm dabei helfen würden, zu verstehen, wie wichtig PK ist?«

Der Geschäftsführer sagte, dass er das schon getan, aber nichts bewirkt hätte.

»Wie wäre es dann, wenn Sie mit ihm eine Gewinn / Gewinn-Vereinbarung abschließen würden? In der Vereinbarung könnten Sie gemeinsam festlegen, dass zwei Drittel seines Gehalts sich nach P richten – den Zahlen. Das letzte Drittel orientiert sie dann an PK. Es hängt davon ab, wie andere ihn wahrnehmen, welches Führungsverhalten er an den Tag legt und ob er ein Teambuilder, ein Förderer ist?«

»Damit würde ich sicher seine Aufmerksamkeit wecken«, war die Antwort.

Sehr oft liegt das Problem nicht bei den Leuten, sondern im System. Wenn Sie gute Mitarbeiter in schlechte Systeme setzen, bekommen Sie schlechte Ergebnisse. Blumen muss man gießen, damit sie wachsen können.

Wenn Menschen lernen, wirklich Gewinn / Gewinn zu denken, können sie Systeme entwickeln, die diese Denkweise fördern und verstärken. Sie können unnötige Konkurrenz in Kooperation verwandeln und ihre Effektivität enorm verbessern, indem Sie sowohl P als auch PK stärken.

Im Wirtschaftsleben können die Führungskräfte ihre Systeme so ausrichten, dass Teams aus sehr produktiven Leuten gebildet werden, die zusammenarbeiten, um gegen äußere Leistungsstandards bestehen zu können.

Im Bereich der Bildung und Erziehung können die Lehrer Benotungssysteme einführen, die auf der Leistung des Einzelnen und auf gemeinsam vereinbarten Kriterien beruhen. Zudem können sie die Schüler dazu ermutigen, produktiv zusammenzuarbeiten, um sich gegenseitig beim Lernen und dem Erreichen von Ergebnissen zu helfen.

In den Familien können die Eltern den Schwerpunkt von der Konkurrenz zur Kooperation verschieben. Bei Aktivitäten wie dem Bowling können sie die Gesamtpunktzahl der Familie aufschreiben und versuchen, die bisherige Bestmarke zu übertreffen. Außerdem können sie für Aufgaben im Haushalt Gewinn / Gewinn-Vereinbarungen abschließen. Dann können die Eltern die Dinge übernehmen, die nur sie selbst tun können, und die ständigen Ermahnungen der Kinder entfallen.

Ein Freund hat mir einmal einen Cartoon gezeigt, der ihm sehr gut gefiel: Zwei Kinder unterhielten sich. Das eine sagte: »Wenn Mami uns jetzt nicht bald aus dem Bett wirft, kommen wir zu spät zur Schule.« Diese Worte erinnerten ihn nachdrücklich daran, welche Probleme entstehen, wenn Familien nicht auf einer Gewinn / Gewinn Grundlage mit klarer Verantwortlichkeit organisiert sind.

Gewinn / Gewinn überträgt dem Einzelnen die Verantwortung, im Rahmen klarer Richtlinien und der verfügbaren Ressourcen die gemeinsam festgelegten Ergebnisse zu erreichen. Es macht die Beteiligten für ihre Leistung und die Beurteilung der Ergebnisse verantwortlich. Zudem sieht es Konsequenzen vor, die ein natürliches Resultat dieser Leistung sind. Außerdem schaffen Gewinn / Gewinn-Systeme eine Umgebung, die Gewinn / Gewinn-Leistungsvereinbarungen unterstützt und verstärkt.

Prozesse

Gewinn / Gewinn-Ziele lassen sich unter keinen Umständen mit Gewinn / Verlust- oder Verlust / Gewinn-Mitteln erreichen. Sie können nicht sagen: »Ihr werdet Gewinn/Gewinn denken, ob euch das passt oder nicht.« Die Frage lautet also, wie man zu einer Gewinn / Gewinn-Lösung gelangt.

Die beiden Harvard-Professoren Roger Fisher und William Ury sprechen in diesem Zusammenhang vom »prinzipienorientierten« und vom »positionenorientierten« Ansatz. Den Gegensatz dieser beiden Ansätze erläutern sie in ihrem überaus nützlichen und lesenswerten Buch *Getting to Yes*, das den deutschen Titel *Das Harvard-Konzept* trägt.

Die Worte Gewinn / Gewinn werden nicht genannt. Dennoch steht die Philosophie des Buches im Einklang mit dem Paradigma von Gewinn / Gewinn.

Roger Fisher und William Ury sagen, prinzipienorientierte Verhandlungen zeichnen sich dadurch aus, dass sie die Person vom Problem trennen, den Blick auf die Interessen richten und nicht auf die Positionen, Vorteile für beide Seiten finden und auf objektiven Kriterien basieren, auf einem Prinzip, das jede Verhandlungspartei annehmen kann.

In meiner eigenen Arbeit mit Menschen und Organisationen, die nach Gewinn / Gewinn-Lösungen suchen, empfehle ich den folgenden vierstufigen Prozess:

- *Erstens:* Betrachten Sie das Problem aus einer anderen Perspektive. Versuchen Sie, Ihre Gesprächspartner wirklich zu verstehen. Bringen Sie die Bedürfnisse und Fragen der anderen Seite möglichst noch besser zum Ausdruck, als diese das selbst könnte.
- *Zweitens:* Klären Sie, um welche Schlüsselfragen und Interessen es geht. Lassen Sie die Positionen außen vor.
- *Drittens:* Legen Sie fest, welche Ergebnisse eine ganz und gar annehmbare Lösung auszeichnen würden.
- *Viertens:* Finden Sie neue Möglichkeiten, um diese Ergebnisse zu erreichen.

Der 5. und der 6. Weg haben direkt mit zwei Elementen aus diesem Prozess zu tun, und wir werden sie in den nächsten beiden Kapiteln ausführlich behandeln.

Aber lassen Sie mich an dieser Stelle auf die wechselseitige Bedingtheit des Prozesses von Gewinn / Gewinn und der Essenz von Gewinn / Gewinn hinweisen. Was ich damit meine? Sie können Gewinn / Gewinn-Lösungen nur mit Gewinn / Gewinn-Prozessen erreichen. Das Ergebnis hängt immer von den Mitteln ab, mit denen es erzielt wird.

Gewinn / Gewinn ist keine Persönlichkeitstechnik. Es ist ein grundlegendes Paradigma der menschlichen Interaktion. Es entstammt einem integren, reifen Charakter und einer Mentalität der Fülle. Es erwächst aus Beziehungen mit hohem Vertrauen. Es wird in Vereinbarungen festgehalten, die Erwartungen und Leistungen klären und managen. Es gedeiht in unterstützenden Systemen. Und es wird durch einen Prozess erreicht, den wir im 5. und 6. Weg ausführlich beschreiben werden.

Tipps zur praktischen Umsetzung

1. Denken Sie an eine Interaktion, bei der Sie eine Vereinbarung treffen oder eine Lösung verhandeln wollen. Verpflichten Sie sich, ein Gleichgewicht zwischen Mut und Rücksicht herzustellen.
2. Erstellen Sie eine Liste mit den Hindernissen, die Sie davon abhalten, das Gewinn / Gewinn-Paradigma häufiger anzuwenden. Überlegen Sie, was Sie innerhalb Ihres Einflussbereichs tun könnten, um diese Hürden aus dem Weg zu räumen.
3. Nehmen Sie eine Beziehung, in der Sie gern eine Gewinn / Gewinn-Vereinbarung erarbeiten würden. Versuchen Sie, sich in den anderen hineinzuversetzen. Schreiben Sie genau auf, wie er sich Ihrer Meinung nach die Lösung vorstellt. Führen Sie dann aus Ihrer eigenen Sicht auf, welche Ergebnisse für Sie ein Gewinn wären. Gehen Sie auf den anderen zu und fragen Sie, ob er bereit ist, sich so lange mit Ihnen auszutauschen, bis eine Einigung und für alle zuträgliche Lösung gefunden ist.
4. Überlegen Sie, welche drei Schlüsselbeziehungen es in Ihrem Leben gibt. Schätzen Sie den jeweiligen Stand des emotionalen Beziehungskontos ein. Schreiben Sie auf, wie Sie auf jedes emotionale Beziehungskonto gewichtige Einzahlungen machen könnten.
5. Betrachten Sie sorgfältig Ihr eigenes Skript. Ist es durch Gewinn / Verlust geprägt? Wie wirkt sich Ihr Skript auf Ihre Interaktionen mit anderen aus? Können Sie die Hauptquelle dieses Skripts identifizieren? Ist Ihnen dieses Skript in Ihrer gegenwärtigen Situation von Nutzen?

6. Versuchen Sie ein Modell des Gewinn / Gewinn-Denkens zu erstellen, das selbst in schwierigen Situationen wirklich einen gegenseitigen Vorteil anstrebt. Beschließen Sie jetzt, aus dem Beispiel dieses Modells zu lernen.

5. Weg

Erst verstehen, dann verstanden werden

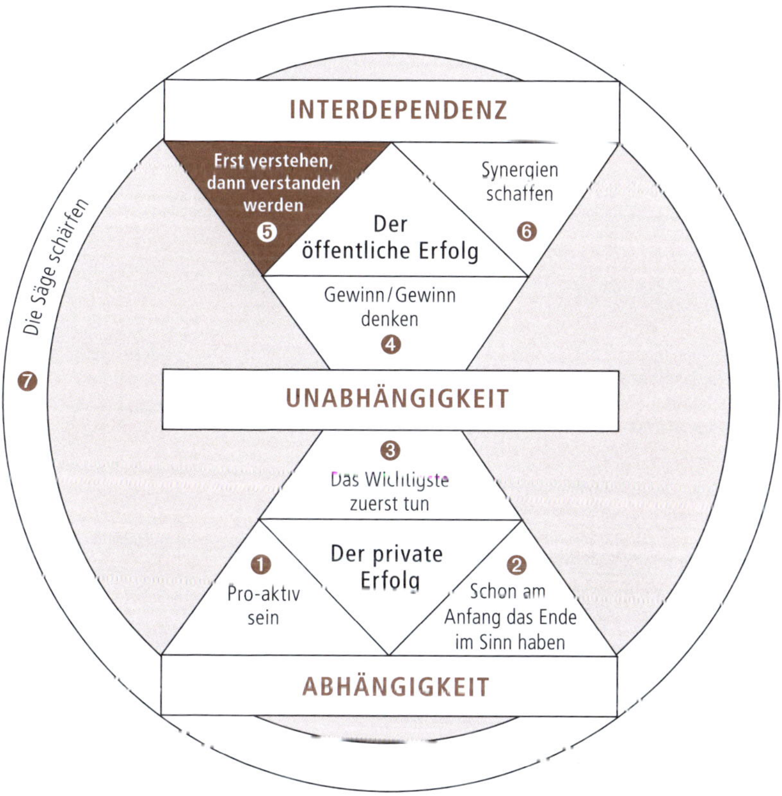

Prinzipien der einfühlenden Kommunikation

Das Herz hat seine Gründe,
von denen der Verstand nichts weiß.
PASCAL

Nehmen wir an, Sie hätten Probleme mit den Augen. Deswegen gehen Sie zum Augenarzt. Er hört sich kurz Ihre Beschwerden an. Dann nimmt er seine Brille ab und gibt sie Ihnen.

»Setzen Sie diese Brille auf«, sagt er. »Ich habe sie jetzt zehn Jahre getragen, und sie hat mir wirklich geholfen. Ich habe zu Hause noch einen Ersatz. Sie können diese Brille haben.«

Also setzen Sie seine Brille auf. Aber das macht alles nur noch viel schlimmer.

»Diese Brille ist furchtbar«, rufen Sie. »Ich kann überhaupt nichts sehen.«

»Woran fehlt's denn?«, fragt der Augenarzt. »Bei mir funktioniert sie prima. Geben Sie sich einfach ein bisschen mehr Mühe.«

»Das mache ich ja schon«, entgegnen Sie. »Alles ist ganz verschwommen.«

»Was ist eigentlich mit Ihnen los? Denken Sie doch mal positiv!«

»Okay. Ich denke positiv und sehe trotzdem nichts.«

»Junge, Junge, Sie sind aber ganz schön undankbar«, spottet er. »Und das, nachdem ich so viel für Sie getan habe.«

Wie groß ist die Chance, dass Sie noch mal zu diesem Augenarzt gehen? Vermutlich sehr gering. Sie haben nicht viel Vertrauen in jemanden, der keine Diagnose stellt, bevor er ein Rezept ausstellt. Aber wie oft tun wir in unserer Kommunikation genau das?

»Komm, Schatz, sag mir, wie du dich fühlst. Ich weiß, dass es schwierig ist, aber ich werde versuchen, dich zu verstehen.«

»Ach, ich weiß nicht, Mami. Du würdest es für blöd halten.«

»Nein, bestimmt nicht. Du kannst es mir ruhig sagen. Du weißt doch, dass niemand dich so lieb hat wie ich. Mir liegt es wirklich am Herzen, dass es dir gutgeht. Was macht dich so unglücklich?«

»Ach, ich weiß auch nicht.«

»Nun komm schon, Schatz. Was ist es?«

»Also, um die Wahrheit zu sagen, ich hab einfach keine Lust mehr auf die Schule.«

»Was?«, rufen Sie ungläubig aus. »Was heißt das, du hast keine Lust mehr auf die Schule? Und das nach all den Opfern, die wir für deine Ausbildung gebracht haben! Ausbildung ist das Fundament für deine Zukunft. Wenn du dich wie deine älteren Schwestern richtig ins Zeug legen würdest, wärst du auch besser in der Schule. Dann würde es dir dort auch viel besser gefallen. Wir haben dir immer wieder gesagt, dass du dich dahinterklemmen musst. Du könntest die Schule leicht schaffen. Aber du engagierst dich nicht. Gib dir mehr Mühe. Du musst eine positive Einstellung zur Schule entwickeln.«

Pause.

»Also, erzähl weiter. Sag mir, wie du dich fühlst.«

Wir haben eine starke Tendenz, dazwischenzufunken und die Dinge mit guten Ratschlägen zurechtzurücken. Aber wir versäumen es oft, uns Zeit für ein wirkliches Verständnis des Problems und die Diagnose zu lassen. Wenn ich das Allerwichtigste, das ich auf dem Gebiet der zwischenmenschlichen Beziehungen gelernt habe, in einem Satz zusammenfassen müsste, dann würde er lauten: *Erst verstehen, dann verstanden werden.* Das ist der Schlüssel zu effektiver zwischenmenschlicher Kommunikation.

Gute Kommunikation braucht Charakter

Sie lesen gerade ein Buch, das ich geschrieben habe. Lesen und Schreiben sind Formen der Kommunikation. Ebenso wie Sprechen und Zuhören. Lesen, Schreiben, Sprechen und Zuhören: Das sind die vier Grundformen der Kommunikation. Überlegen Sie, wie viele Stunden Sie damit verbringen, mindestens eines dieser vier Dinge zu tun. Die Fähigkeit, diese Dinge gut zu machen, ist von entscheidender Bedeutung für Ihre Effektivität. Kommunikation ist die wichtigste Fähigkeit in Ihrem Leben. Wir verbringen einen Großteil unserer Zeit mit Kommunikation. Sie haben Jahre gebraucht, um lesen, schreiben und sprechen zu lernen. Aber was ist mit dem Zuhören? Welche Ausbildung haben Sie, die es Ihnen möglich macht, so zuzuhören, dass Sie einen anderen Menschen wirklich verstehen?

Es gibt kaum Menschen, die eine Ausbildung im Zuhören haben. Und wenn, dann haben sie meist eine aus der Persönlichkeitsethik stammende Technik erlernt – losgelöst von der Charakter- und der Beziehungsebene, die für das echte Verständnis eines anderen unerlässlich sind.

Wenn Sie effektiv mit mir interagieren wollen, wenn Sie mich, oder Ihren Ehe- oder Lebenspartner, Ihr Kind, Ihren Chef, einen Kollegen, Nachbarn oder Freund beeinflussen wollen, müssen Sie Ihren Gesprächspartner erst verstehen. Gesprächstechniken allein reichen dazu nicht aus. Wenn ich merke, dass Sie lediglich eine Technik benutzen, spüre ich Doppelzüngigkeit, Manipulation. Dann frage ich mich, weshalb Sie das machen, wie Ihre Motive aussehen. Ich habe kein Vertrauen zu Ihnen und fühle mich nicht sicher genug, um mich Ihnen zu öffnen.

Der wahre Schlüssel dafür, dass Sie mich beeinflussen können, ist Ihr Vorbild, Ihr Verhalten. Ihr Verhalten entspringt Ihrem Charakter und resultiert daraus, was für ein Mensch Sie wirklich sind. Es hat nichts mit dem zu tun, was Sie nach Meinung anderer sind oder wofür ich Sie Ihrer Ansicht nach halten sollte. Vielmehr zeigt es sich darin, wie ich Sie tatsächlich erlebe.

Ihr Charakter lässt sich nicht einfach abstellen. Er kommuniziert unaufhörlich. Das führt letztendlich dazu, dass ich Ihnen und Ihren Bemühungen um mich instinktiv vertraue oder eben nicht.

Wenn Ihr Leben ein ständiges Wechselbad der Gefühle ist, wenn Sie mal abweisend und mal freundlich sind und vor allem, wenn Ihr privates Verhalten nicht zu Ihrem öffentlichen Verhalten passt, ist es für mich sehr schwierig, mich Ihnen zu öffnen. So sehr ich mich auch nach Ihrer Liebe und Unterstützung sehnen mag, so sehr ich beides vielleicht sogar brauche: Ich fühle mich nicht sicher genug, um Ihnen meine Ansichten, Erfahrungen und Gefühle zu offenbaren. Woher soll ich denn wissen, was dann passieren wird?

Wenn ich mich Ihnen aber nicht öffne, wenn Sie mich, meine ganz persönliche Situation und meine wahren Gefühle nicht verstehen, werden Sie nicht wissen, welche Ratschläge Sie mir geben sollen. Was Sie sagen, ist schön und gut. Doch es betrifft mich nicht wirklich.

Vielleicht sagen Sie, dass ich Ihnen wichtig bin und dass Sie mich schätzen. Wahrscheinlich würde ich das auch nur zu gerne glauben. Aber wie können Sie mich schätzen, wenn Sie mich nicht einmal verstehen? Ich habe ja nur Ihre Worte – und Worten kann man nicht trauen.

In meinem Inneren weiß ich, dass ich Ihren Rat und Ihre Unterstützung dringend brauche. Dennoch bin ich zu wütend oder zu defensiv und möglicherweise auch zu schuldbewusst oder zu ängstlich, um auf Ihre Worte zu hören.

Solange Sie nicht von meiner Einzigartigkeit beeinflusst werden, werde ich nicht durch Ihren Rat beeinflusst. Daher kann man bei der zwischenmenschlichen Kommunikation nicht richtig effektiv sein, wenn man lediglich Gesprächstechniken einsetzt. Man muss die Fähigkeiten des einfühlenden Zuhörens auf der Grundlage eines Charakters aufbauen, der Offenheit und Vertrauen schafft. Und man muss Einzahlungen auf das emotionale Beziehungskonto machen, sodass ein Austausch von Herz zu Herz möglich wird.

Einfühlendes Zuhören

»Erst verstehen«, erfordert einen tiefgreifenden Paradigmenwechsel. Denn meistens wollen wir erst einmal verstanden werden. Die meisten Menschen hören nicht zu, um zu verstehen. Sie hören zu, um zu antworten. Entweder sie sprechen oder sie bereiten sich darauf vor, zu sprechen. Sie filtern alles durch ihre eigenen Paradigmen und lesen ihre eigene Autobiografie im Leben anderer.

»Oh, ich weiß genau, wie du dich gerade fühlst!«

»Ich habe genau das Gleiche durchgemacht. Ich erzähl' dir mal, wie das damals bei mir war.«

Dauernd werden die eigenen Erfahrungen auf das Verhalten anderer projiziert. Sie verschreiben jedem, mit dem sie zu tun haben, ihre eigene Brille. Ob Sohn, Tochter, Partner oder Mitarbeiter: Wenn Sie ein Problem mit jemandem haben, denken Sie: »Dieser Mensch versteht einfach nicht.«

Ein Vater hat mir einmal gesagt: »Ich verstehe meinen Sohn einfach nicht. Er hört mir überhaupt nicht zu.«

»Lassen Sie mich bitte wiederholen, was Sie gerade gesagt haben«, entgegnete ich. »Sie verstehen Ihren Sohn nicht, weil er Ihnen nicht zuhört?«

»Ja, genau!«, meinte er.

»Ich versuch's noch mal. Sie verstehen Ihren Sohn nicht, weil *er Ihnen* nicht zuhört?«

Er wurde ungeduldig. »Das sag' ich doch.«

»Um einen anderen Menschen zu verstehen, sollten *Sie ihm* zuhören«, schlug ich vor.

»Oh!« Es gab eine längere Pause. »Oh!«, sagte er wieder, als ihm langsam ein Licht aufging. »Klar! Aber ich verstehe ihn ja. Ich weiß, was er durchmacht. Ich habe das selbst auch erlebt. Deswegen verstehe ich auch nicht, warum er mir nicht zuhören will.«

Dieser Mann hatte nicht die leiseste Ahnung davon, was wirklich in seinem Jungen vorging. Er schaute nur auf das, was in ihm selbst vorging. Doch er dachte, er sähe die ganze Welt – auch die seines Sohnes.

Vielen von uns geht es auch so. Wir sind von unserer eigenen Sicht der Dinge erfüllt, von unserer Autobiografie. Wir wollen verstanden werden. Unsere Gespräche werden zu kollektiven Monologen. Doch so können wir nie wirklich verstehen, was in einem anderen Menschen vorgeht.

Wenn jemand etwas sagt, »hören« wir meist auf einer der vier folgenden Ebenen »zu«: Wir *ignorieren* den anderen und hören ihm nicht wirklich zu. Wir *tun so, als ob wir zuhören*: »Hm, hm. Ah ja. Gut.« Wir hören *selektiv zu*, und nehmen nur bestimmte Teile des Gesprächs wahr. Das tun wir häufig, wenn wir dem unaufhörlichen Geplapper eines Kindes im Vorschulalter ausgesetzt sind. Vielleicht handelt es sich dabei sogar um *aufmerksames Zuhören*, sodass wir auf den Wortlaut des Gesagten achten und uns darauf konzentrieren. Die fünfte Ebene aber, die höchste Stufe des Zuhörens, erreichen nur die Wenigsten von uns. Diese Ebene ist das *einfühlende Zuhören*.

Mit einfühlendem Zuhören meine ich nicht die Techniken des »aktiven« oder »reflektierenden« Zuhörens. Denn hier geht es im Grunde nur darum, das, was jemand anders gesagt hat, nachzuahmen. Diese Form des Zuhörens ist fähigkeitsbasiert, vom Charakter und den Beziehungen abgespalten und für diejenigen, denen man so »zuhört«, oft verletzend. Zudem ist sie im Wesentlichen autobiografisch. Wenn wir die Techniken des »aktiven« oder »reflektierenden« Zuhörens anwenden, projizieren wir unsere Autobiografie nicht unbedingt in die Interaktion mit unserem Gesprächspartner. Allerdings ist unser Motiv für das Zuhören autobiografisch. Das heißt: Wir hören zu und reflektieren das Gesagte. Doch dabei haben wir die Absicht, zu antworten, zu kontrollieren und zu manipulieren.

Wenn ich von einfühlendem Zuhören spreche, dann meine ich Zuhören mit der festen *Absicht*, den anderen zu verstehen. Ich meine, erst verstehen *zu wollen*, um dann wirklich zu verstehen.

Einfühlendes Zuhören führt einen in den Bezugsrahmen des anderen. Aus diesem Rahmen können Sie herausschauen und die Welt so sehen, wie sie der andere sieht. Das hilft Ihnen, sein Paradigma und seine Gefühle zu verstehen.

Empathie ist nicht Sympathie. Sympathie ist eine Form von Beurteilung. Manchmal mag Sympathie die passende Emotion und Antwort sein. Aber viele Menschen leben ausschließlich von Sympathie. Das heißt: Sie sind abhängig davon. Einfühlendes Zuhören hat nichts damit zu tun, dass Sie die Meinung des anderen uneingeschränkt teilen. Es geht darum, dass Sie diesen Menschen voll und ganz verstehen – und zwar emotional wie intellektuell.

Einfühlendes Zuhören schließt viel mehr ein, als nur die Worte zu registrieren, zu reflektieren und sogar zu verstehen. Kommunikationsexperten gehen davon aus, dass überhaupt nur zehn Prozent unserer Kommunikation durch Worte vermittelt werden. Weitere 30 Prozent macht unsere Stimme aus. Die restlichen 60 Prozent bringen wir durch unsere Körpersprache zum Ausdruck.

Beim einfühlenden Zuhören nutzen Sie zwar auch Ihre Ohren. Noch wichtiger ist jedoch, dass Sie auch mit den Augen und dem Herzen hören. Sie lauschen dem Gefühl, dem Sinn hinter den Worten. Sie setzen die rechte Gehirnhälfte ebenso ein wie die linke. Sie achten auf das Verhalten Ihres Gesprächspartners. Sie spüren, Sie erfassen, Sie fühlen.

Einfühlendes Zuhören liefert Ihnen verlässliche Informationen, mit denen Sie arbeiten können. Sie projizieren Ihre eigene Autobiografie nicht auf den anderen und unterstellen ihm nicht ihre eigenen Gedanken, Gefühle und Motive. Stattdessen finden Sie heraus, was wirklich im Herzen und im Kopf des anderen vorgeht. Sie hören zu, um zu verstehen. Ihre Antennen sind darauf ausgerichtet, die tief im Inneren verborgene Botschaft einer anderen menschlichen Seele zu empfangen.

Einfühlendes Zuhören ist der Schlüssel für Einzahlungen auf das emotionale Beziehungskonto. Denn nichts ist eine Einzahlung, wenn der andere sie nicht auch als solche wahrnimmt. Sie können sich abstrampeln, um eine Einzahlung zu machen. Doch dann wird sie zu einer Abhebung, weil der andere Ihre Bemühungen für manipulativ, egoistisch, einschüchternd oder herablassend hält. Doch woran liegt das? Der Grund dafür ist, dass Sie nicht verstehen, worauf es dem anderen wirklich ankommt.

Einfühlendes Zuhören ist schon aus sich selbst heraus eine beachtliche Einzahlung auf das emotionale Beziehungskonto. Es ist zutiefst therapeutisch und heilsam, weil es dem anderen »psychische Luft« gibt. Wie das genau gemeint ist? Stellen Sie sich vor, dass plötzlich die ganze Luft aus dem Raum gesogen wird, in dem Sie gerade dieses

Buch lesen. Was würde dann mit Ihrem Interesse an den Worten in diesem Buch passieren? Es würde komplett erlahmen. Sie würden sich um nichts anderes mehr kümmern als um die Luft zum Atmen. Ihre einzige Motivation wäre das Überleben.

Doch jetzt, wo Sie mühelos Luft holen können, haben Sie diese Motivation nicht. Eine der wichtigsten Regeln auf dem Gebiet der menschlichen Motivation lautet: *Befriedigte Bedürfnisse motivieren nicht.* Das tun nur die unbefriedigten. Neben dem physischen Überleben ist das größte Bedürfnis des Menschen das psychische Überleben. Wir alle streben danach, verstanden, bestätigt, geliebt und anerkannt zu werden.

Indem Sie Ihrem Gegenüber einfühlend zuhören, geben Sie ihm psychische Luft. Wenn dieses lebensnotwenige Bedürfnis gestillt ist, können Sie sich darauf konzentrieren, Einfluss zu nehmen oder Probleme zu lösen.

Das Bedürfnis nach psychischer Luft wirkt sich in allen Lebensbereichen sehr stark auf die Kommunikation aus.

Das, was ich gerade beschrieben habe, habe ich den Teilnehmern eines Seminars in Chicago ganz praxisnah veranschaulicht. Ich bat sie, das einfühlende Zuhören gleich am Abend in die Tat umzusetzen. Am nächsten Morgen kam ein Mann zu mir, der es gar nicht abwarten konnte, von seinen Erfahrungen zu berichten.

»Stephen, ich muss Ihnen unbedingt erzählen, was gestern Abend passiert ist! Ich habe versucht, hier in Chicago ein großes Immobiliengeschäft abzuschließen. Deswegen hatte ich eine Besprechung mit den Besitzern und ihren Anwälten. Es war auch noch ein anderer Makler dabei, den man gerade erst hinzugezogen hatte und der ein Alternativangebot auf den Tisch legte.

Es sah so aus, als würde ich den Auftrag nicht bekommen. An dem Projekt hatte ich volle sechs Monate gearbeitet. Man kann wirklich sagen, dass alle meine Eier in diesem einen Korb lagen. Alle! In mir machte sich Panik breit. Ich tat, was ich konnte. Ich zog alle Register. Ich nutzte jede nur erdenkliche Verkaufstechnik. Meine letzte Zuflucht war zu sagen:

›Könnten wir die Entscheidung noch ein bisschen nach hinten schieben?‹ Doch die Sache zog sich schon so lange hin. Deshalb wollten die Immobilienbesitzer unbedingt zu einem Abschluss kommen. Das war mir auch klar.

Da dachte ich mir: ›Warum soll ich es nicht einfach versuchen? Warum soll ich nicht das anwenden, was ich heute im Seminar gelernt habe: Erst verstehen, dann verstanden werden? Ich habe ja nichts mehr zu verlieren!‹

Also sagte ich zu dem Mann: ›Bitte lassen Sie mich sehen, ob ich Ihren Standpunkt und Ihre Bedenken im Hinblick auf meine Vorschläge wirklich verstehe. Wenn Sie das Gefühl haben, dass ich sie verstehe, werden wir sehen, ob mein Angebot interessant für Sie ist oder nicht.‹

Ich versuchte wirklich, mich in seine Lage zu versetzen. Ich bemühte mich, seine Bedürfnisse und Bedenken in Worte zu fassen – und allmählich begann er, sich zu öffnen.

Je mehr ich erspürte und zum Ausdruck brachte, welche Punkte ihm Sorgen bereiteten und welche Ergebnisse er erwartete, desto mehr öffnete er sich.

Schließlich stand er mitten in unserem Gespräch auf, ging zum Telefon und wählte die Nummer seiner Frau. Er deckte die Muschel mit der Hand ab und sagte: ›Sie haben den Auftrag!‹

Ich war wie vom Donner gerührt. Ja, ich kann es immer noch nicht fassen!«

Der Seminarteilnehmer hatte dem Mann psychische Luft gegeben und dadurch eine große Einzahlung auf das emotionale Beziehungskonto gemacht. Das zeigt: Wenn es darauf ankommt, macht der menschliche Faktor oft den Unterschied.

Erst die Diagnose, dann das Rezept

Auch wenn es manchmal riskant oder schwierig scheint: Der Rat, erst die Diagnose zu stellen und dann das Rezept auszustellen, erweist sich in vielen Lebensbereichen als richtig. Dieses Vorgehen ist ein Kennzeichen aller wahren Profis. Bei Ärzten ist es unerlässlich. Sie haben kein Vertrauen in das Rezept eines Arztes, wenn Sie nicht zuerst Vertrauen in seine Diagnose haben.

Als unsere Tochter Jenny gerade mal zwei Monate alt war, wurde sie plötzlich krank. Er war Samstagabend und in unserer Stadt fand ein Fußballspiel statt, dem alle entgegengefiebert hatten. Es war ein wichtiges Spiel. Über 60 000 Zuschauer waren ins Stadion gekommen. Sandra und ich wären auch gerne hingegangen. Aber wir wollten bei unserer kleinen Jenny bleiben. Wir machten uns große Sorgen, weil sie sich immer wieder übergeben musste und starken Durchfall hatte.

Der Arzt war ebenfalls bei dem Fußballspiel. Er war nicht unser Hausarzt, sondern der Notdienst. Als Jennys Zustand sich immer weiter verschlimmerte, kamen wir zu dem Schluss, dass wir einen medizinischen Rat brauchten.

Sandra wählte die Nummer des Stadions und ließ den Arzt anpiepsen. Das Spiel stand gerade auf der Kippe und sie konnte seiner Stimme anhören, dass ihm der Anruf sehr ungelegen kam. »Ja?«, sagte er forsch. »Was ist denn los?«

»Hier spricht Misses Covey. Wir machen uns große Sorgen um unsere Tochter Jenny.«

»Was hat sie denn?«

Sandra beschrieb ihm die Symptome, und er sagte: »In Ordnung. Zu welcher Apotheke gehen Sie? Ich werde dort Bescheid sagen, damit man Ihnen ein Medikament gibt.«

Als Sandra auflegte, hatte sie das Gefühl, ihm in der Eile nicht alle wichtigen Informationen mitgeteilt zu haben. Sie hielt das, was sie ihm gesagt hatte, aber für ausreichend.

»Glaubst du, ihm ist klar, dass Jenny noch so klein ist?«, fragte ich.

»Ja, da bin ich sicher!«

»Er ist aber nicht unser Arzt. Er hat sie überhaupt noch nie behandelt.«

»Ich bin ziemlich sicher, dass er es weiß!«, erwiderte sie.

»Willst du ihr das Medikament wirklich geben, obwohl du nicht völlig sicher bist, dass er Bescheid weiß?«

Sandra schwieg. Schließlich fragte sie mich: »Was sollen wir denn jetzt machen?«

»Ihn noch mal anrufen.«

»Dann mach du das bitte!«

Also rief ich im Stadion an und der Arzt wurde wieder angepiepst.

»Sie haben doch in der Apotheke Bescheid gesagt, dass sie uns ein Medikament geben sollen – war Ihnen da bewusst, dass unsere Tochter Jenny erst zwei Monate alt ist?«

»Nein!«, rief er. »Das war mir nicht klar. Gut, dass Sie mich noch einmal angerufen haben. Ich werde das Rezept sofort ändern.«

Diese kleine Geschichte zeigt es noch einmal ganz deutlich: Wenn Sie kein Vertrauen in die Diagnose haben, werden Sie auch kein Vertrauen in das Rezept haben.

Dieses Prinzip gilt auch im Verkauf. Ein effektiver Verkäufer versucht zunächst, die Bedürfnisse, die Anliegen und die Situation des Kunden zu verstehen. Der Amateur schlägt Produkte los, der Profi verkauft Lösungen für Bedürfnisse und Probleme. Das ist ein vollkommen unterschiedlicher Ansatz. Der Profi lernt, zu diagnostizieren und zu verstehen. Außerdem weiß er, wie er die Bedürfnisse der Kunden in Beziehung zu seinen Produkten und Dienstleistungen setzen kann. Und im Zweifelsfall muss er die Integrität haben, um zu sagen: »Mein Produkt oder meine Dienstleistungen werden dieses Bedürfnisse nicht erfüllen.«

Das gilt übrigens auch für die Produktentwicklung. Können Sie sich vorstellen, dass jemand in einem Unternehmen sagt: »Diese ganze Marktforschung ist Quatsch. Wir entwerfen jetzt einfach Produkte«? Das hieße, die Kaufgewohnheiten und -motive der Kunden zu ignorieren und einfach nur Produkte zu entwerfen. Das würde niemals gutgehen.

Ein guter Ingenieur wird die statischen und dynamischen Kräfte analysieren, bevor er eine Brücke entwirft. Ein guter Lehrer wird das Niveau seiner Klasse einschätzen, bevor er unterrichtet. Gute Eltern werden ihr Kind verstehen wollen, bevor sie werten oder urteilen. Der Schlüssel zu gutem Urteilen ist Verstehen. Wer zuerst urteilt, wird nie ganz verstehen.

Erst verstehen und dann verstanden werden, ist ein richtiges Prinzip, das für alle Lebensbereiche gilt. Es ist ein allgemeines Prinzip, das ganz besonders wichtig ist, wenn es um zwischenmenschliche Beziehungen geht.

Vier autobiografische Antworten

Da wir autobiografisch zuhören, neigen wir dazu, eine der folgenden vier Antworten zu geben: Wir *werten*. Das heißt, dass wir entweder zustimmen oder anderer Meinung sind. Wir *sondieren:* Wir stellen aus unserem eigenen Bezugsrahmen heraus Fragen. Wir *beraten*: Wir geben anderen einen Rat, der auf unseren eigenen Erfahrungen beruht. Oder wir *interpretieren:* Wir versuchen, aus anderen Leuten schlau zu werden, indem wir uns ihr Verhalten und ihre Motive aus unserem eigenen Verhalten und unseren eigenen Motiven heraus erklären.

Diese Antworten geben wir ganz automatisch. Wir sind tief von ihnen geprägt. Aber wie wirkt sich das auf unsere Fähigkeit aus, andere zu verstehen?

Kann sich mein Sohn in einem Gespräch wirklich öffnen, wenn ich alles bewerte, bevor er es mir überhaupt richtig erklärt hat? Gebe ich ihm psychische Luft?

Und wie fühlt es sich für ihn an, wenn ich sondiere? Sondieren ist autobiografisch, es kontrolliert und setzt den anderen unter Druck. Zudem ist es logisch, und die Sprache der Logik unterscheidet sich stark von der des Gefühls und der Emotionen. Sie können den ganzen Tag »Frage und Antwort« spielen, ohne herauszufinden, was jemandem wirklich wichtig ist. Dieses dauernde Sondieren ist einer der Hauptgründe dafür, dass Eltern ihren Kindern nicht wirklich nahe kommen.

»Wie geht's, mein Sohn?«
»Gut.«
»Und was war in letzter Zeit so los?«
»Nichts.«
»Gibt's irgendwas Spannendes in der Schule?«
»Nichts Besonderes.«
»Und welche Pläne hast du fürs Wochenende?«
»Keine Ahnung.«

Er telefoniert stundenlang mit seinen Freunden, aber Sie bekommen nicht mehr als ein, zwei Worte aus ihm heraus. Ihr Haus ist ein Hotel, in dem er isst und übernachtet. Aber er öffnet sich Ihnen nicht und teilt nichts mit Ihnen.

Und wenn Sie ehrlich sind, müssen Sie sich auch fragen, weshalb er das überhaupt tun sollte. Jedes Mal, wenn er seine verletzliche Seite zeigt, trampeln Sie wie ein Elefant mit Ihrem autobiografischen Rat und Ihrem besserwisserischen »Ich hab's dir doch gleich gesagt« auf ihm herum.

Diese Antworten sind uns so tief eingeschrieben, dass wir es nicht einmal merken, wenn wir sie verwenden. Das habe ich Tausenden von Menschen in meinen Seminaren näher gebracht. Meine Seminarteilnehmer sind immer zutiefst schockiert, wenn wir Rollenspiele zum Thema einfühlendes Zuhören durchführen. Denn dann wird ihnen plötzlich klar, welche typischen Antworten sie anderen geben. Aber wenn man ihnen zeigt, wie sie normalerweise reagieren, können sie umdenken und damit beginnen, einfühlend zuzuhören. Das führt zu dramatischen Veränderungen in ihrer Kommunikation. Für viele ist *erst verstehen* das spannendste und am leichtesten umsetzbare Thema aller 7 Wege.

Schauen wir uns ein Gespräch an, das typisch für einen Vater und seinen Teenager-Sohn ist. Bitte betrachten Sie die Worte des Vaters im Hinblick auf die vier verschiedenen Reaktionsweisen:

»Mann, Papa, mir reicht's! Die Schule ist wirklich für die Katz!«

»Was ist denn los, mein Junge?« *(Der Vater sondiert.)*

»Die Schule ist total sinnlos. Ich hab überhaupt nichts davon.«

»Na ja, du kannst die Vorteile einfach noch nicht sehen. Das ging mir in deinem Alter genauso. Ich weiß noch, dass ich einige Fächer für reine Zeitverschwendung hielt. Aber genau die waren später sehr hilfreich für mich. Bleib einfach dran. Hab Geduld.« *(Der Vater berät.)*

»Ich hab doch schon zehn Jahre meines Lebens verschwendet! Kannst du mir sagen, was mir die Relativitätstheorie als Automechaniker bringen soll?«

»Automechaniker. Du machst wohl Witze!« *(Der Vater wertet.)*

»Nein, mach ich nicht. Schau dir Kevin an. Er hat die Schule sausen lassen. Jetzt arbeitet er in einer Werkstatt und verdient viel Geld. Das ist doch toll!«

»Das mag jetzt toll sein, aber in ein paar Jahren wird Kevin sich wünschen, dass er die Schule fertig gemacht und studiert hätte. Du willst kein Automechaniker werden. Im Gegensatz zu Kevin brauchst du eine Ausbildung, die dir bessere Aufstiegs- und Karrierechancen bietet.« *(Der Vater wertet.)*

»Weiß ich nicht. Kevin hat auch tolle Zukunftsmöglichkeiten.«

»Komm, Junge! Hast du dir denn überhaupt Mühe gegeben?« *(Der Vater sondiert und wertet.)*

»Ich bin jetzt schon sieben Jahre auf dem Gymnasium. Klar hab ich mich bemüht. Aber es ist blanke Zeitverschwendung.«

»Es ist eine sehr gute und anerkannte Schule. So schlimm kann's doch gar nicht sein.« *(Der Vater berät und wertet.)*

»Na ja, die anderen sehen das auch so wie ich.«

»Ist dir klar, wie viele Opfer deine Mutter und ich gebracht haben, damit du aufs Gymnasium gehen kannst? Du kannst nicht einfach aufhören, wo du doch schon so weit gekommen bist.« *(Der Vater sondiert und wertet.)*

»Ich weiß, dass Ihr Opfer gebracht habt, Papa. Aber sie sind es einfach nicht wert.«

»Wenn du vielleicht mehr Zeit mit deinen Hausaufgaben verbringen und weniger vorm Fernseher und dem PC hängen würdest ...« *(der Vater berät und wertet.)*

»Ach nee, Papa! Es hat einfach keinen Sinn. Was soll's. Ich will sowieso nicht mit dir darüber reden.«

Der Vater meint es offensichtlich gut. Er will seinen Sohn unterstützen. Aber hat er ihn überhaupt verstanden?

Schauen wir uns den Sohn einmal genauer an. Bitte achten Sie nicht nur auf seine Worte, sondern auch auf seine Gedanken und Gefühle, die in den Klammern notiert sind. Überlegen Sie dabei auch, welche Wirkung die autobiografischen Antworten des Vaters auf den Sohn haben könnten:

»Mann, Papa, mir reicht's! Die Schule ist wirklich für die Katz!« *(Ich will mit dir reden und möchte deine Aufmerksamkeit.)*

»Was ist denn los, Junge?« *(Gut! Du bist interessiert.)*

»Die Schule ist total sinnlos. Ich hab überhaupt nichts davon.« *(Ich habe ein Problem mit der Schule und ich fühle mich einfach schrecklich.)*

»Na ja, du kannst die Vorteile einfach noch nicht sehen. Das ging mir in deinem Alter genauso.« *(Oh nein! Hier kommt Kapitel drei von Papas Autobiografie. Darüber wollte ich nicht reden. Es ist mir wirklich egal, wie viele Kilometer er ohne Stiefel durch den Schnee in die Schule wandern musste. Ich möchte über mein Problem reden.)*

»Ich weiß noch, dass ich einige Fächer für reine Zeitverschwendung hielt. Aber genau die waren später sehr hilfreich für mich. Bleib einfach dran. Hab Geduld.« *(Zeit wird mein Problem nicht lösen. Ich wollte, ich könnte es dir einfach sagen. Wenn ich es doch einfach ausspucken könnte!)*

»Ich hab doch schon zehn Jahre meines Lebens verschwendet! Kannst du mir sagen, was mir die Relativitätstheorie als Automechaniker bringen soll?«

»Automechaniker? Du machst wohl Witze!« *(Er würde mich nicht mögen, wenn ich ein Automechaniker wäre. Er würde mich nicht mögen, wenn ich die Schule nicht fertig machen würde. Ich muss rechtfertigen, was ich gesagt habe.)*

»Nein, mach ich nicht. Schau dir Kevin an. Er hat die Schule sausen lassen. Jetzt arbeitet er in einer Werkstatt und verdient viel Geld. Das ist doch toll!«

»Das mag jetzt toll sein, aber in ein paar Jahren wird Kevin sich wünschen, dass er die Schule fertig gemacht und studiert hätte. « *(O Mann! Hier kommt Vortrag Nr. 16 über den Wert von Ausbildung!)*

»Du willst kein Automechaniker werden.« *(Woher willst du das denn wissen, Papa? Hast du überhaupt eine Ahnung, was ich wirklich will?)*

Im Gegensatz zu Kevin brauchst Du eine Ausbildung, die dir bessere Aufstiegs- und Karrierechancen bietet.« *(Kevin ist kein Versager. Er hat die Schule nicht fertig gemacht, aber er ist trotzdem kein Versager.)*

»Weiß ich nicht. Kevin hat auch tolle Zukunftsmöglichkeiten.«

»Komm, Junge, hast du dir denn wirklich Mühe gegeben?« *(Wir reden um den heißen Brei, Papa. Wenn du doch einfach zuhören würdest! Ich muss mit dir wirklich über etwas Wichtiges reden.)*

»Ich bin jetzt schon sieben Jahre auf dem Gymnasium. Klar hab ich mich bemüht. Aber es ist blanke Zeitverschwendung.«

»Es ist eine sehr gute und anerkannte Schule. So schlimm kann's doch gar nicht sein.« *(Wunderbar. Nun reden wir über das Ansehen der*

Schule. Ich wollte, wir könnten über das reden, worüber ich wirklich sprechen will.)

»Na ja, die anderen sehen das auch so wie ich.« *(Ich habe auch etwas zu bieten. Ich bin kein Depp.)*

»Ist dir klar, wie viele Opfer deine Mutter und ich gebracht haben, damit du aufs Gymnasium gehen kannst? Du kannst nicht einfach aufhören, wo du doch schon so weit gekommen bist.« *(Oje, hier kommt der Schuld-Trip. Vielleicht bin ich doch ein Depp. Die Schule ist großartig, Mama und Papa sind großartig. Nur ich bin ein Depp.)*

»Ich weiß, dass Ihr Opfer gebracht habt, Papa. aber sie sind es einfach nicht wert.« *(Du verstehst mich einfach nicht.)*

»Wenn du vielleicht mehr Zeit mit deinen Hausaufgaben verbringen und weniger vorm Fernseher und dem PC hängen würdest …« *(Das ist nicht das Problem, Papa! Darum geht es doch gar nicht! Ich werde es dir nie sagen können. Schön blöd, dass ich's überhaupt versucht habe!)*

»Ach nee, Papa! Es hat einfach keinen Sinn. Was soll's. Ich will sowieso nicht mit dir darüber reden.«

Sehen Sie, wie eingeschränkt unsere Möglichkeiten sind, wenn wir versuchen, einen anderen Menschen einfach nur aufgrund seiner Worte zu verstehen. Sehen Sie, wie eingeschränkt unser Verständnis ist, wenn wir durch unsere eigene Brille schauen? Und sehen Sie auch, wie frustrierend unsere autobiografischen Antworten für denjenigen sind, der wirklich daran interessiert ist, dass wir seine Probleme, Bedürfnisse, Absichten und Motive verstehen?

Sie werden einen anderen Menschen nie wirklich verstehen, nie die Welt so sehen, wie er sie sieht, wenn Sie nicht über drei Dinge verfügen. Diese drei Dinge sind die persönliche Charakterstärke, ein gut gefülltes emotionales Beziehungskonto sowie die Fähigkeit und der ehrliche Wunsch, dem anderen einfühlend zuzuhören.

Um ein Meister des einfühlenden Zuhörens zu werden, müssen Sie vier Entwicklungsstufen durchlaufen.

Die erste und am wenigsten effektive Stufe besteht darin, *den Inhalt der Worte Ihres Gegenübers zu wiederholen*. Das ist die Fähigkeit, die beim »aktiven« oder »reflektierenden« Zuhören vermittelt wird. Doch ohne die entsprechende Charakterstärke und eine vertrauensvolle Beziehungsbasis ist das reine Wiederholen ihrer Worte für andere oft beleidigend. Dann führt es dazu, dass sie sich immer mehr verschließen. Dennoch ist die Wiederholung die erste Stufe zum einfühlenden Zuhören. Denn das bringt Sie wenigstens dazu, überhaupt zu hören, was gesagt wird.

Den Inhalt zu wiederholen, ist leicht. Sie hören einfach auf die Worte Ihres Gegenübers und sprechen sie nach. Dazu brauchen Sie Ihren Verstand so gut wie gar nicht einzusetzen.

»Mann, Papa, mir reicht's! Die Schule ist wirklich für die Katz!«

»Es reicht dir. Du meinst, die Schule sei für die Katz.«

Sie haben das wiedergegeben, was gesagt wurde. Sie haben nicht sondiert, gewertet, beraten oder interpretiert. Sie haben gezeigt, dass Sie auf das achten, was der andere sagt. Aber um ihn wirklich zu verstehen, müssen Sie mehr tun.

Die zweite Stufe des einfühlenden Zuhörens ist, *den Inhalt neu zu formulieren*. Das ist ein bisschen effektiver als das reine Wiederholen, bleibt aber auch auf die verbale Kommunikation beschränkt.

»Mann, Papa, mir reicht's! Die Schule ist wirklich für die Katz!«

»Du möchtest nicht mehr zur Schule gehen.«

Diesmal haben Sie die Aussage des andern mit Ihren eigenen Worten wiedergegeben. Das regt Sie dazu an, darüber nachzudenken, was er gesagt hat. Dazu nutzen wir meist unsere linke, logisch-analytische Gehirnhälfte.

Die dritte Stufe bringt die rechte Gehirnhälfte in Bewegung. Sie *reflektieren die Gefühle* Ihres Gegenübers.

»Mann, Papa, mir reicht's! Die Schule ist wirklich für die Katz!«

»Du bist ziemlich frustriert.«

Jetzt achten Sie nicht mehr so sehr auf das, was Ihr Gesprächspartner sagt. Vielmehr richten Sie Ihren Fokus darauf, wie er sich bei diesen Worten fühlt.

Die vierte Stufe schließt die zweite und die dritte ein. *Sie formulieren den Inhalt neu und reflektieren die Gefühle* Ihres Gegenübers.

»Mann, Papa, mir reicht's! Die Schule ist wirklich für die Katz!«

»Du möchtest nicht mehr zur Schule gehen, weil sich dich wirklich frustriert.«

Das Verlassen der Schule ist der Inhalt und die Frustration ist das Gefühl. Um beide Seiten dieser Botschaft zu verstehen, nutzen Sie beide Seiten Ihres Gehirns.

Was passiert, wenn Sie die vierte Stufe des einfühlenden Zuhörens erreichen, ist wirklich unglaublich. Indem Sie versuchen, den anderen zu verstehen, den Inhalt seiner Worte neu formulieren und seine Gefühle reflektieren, geben Sie ihm psychische Luft. Außerdem helfen Sie ihm, seine eigenen Gedanken und Gefühle zu ordnen. Wenn sein Vertrauen darauf wächst, dass Sie ihm ernsthaft zuhören und ihn wirklich verstehen wollen, setzt das viele positive Veränderungen in Gang. Die Barriere zwischen dem, was er tatsächlich fühlt, und dem, was er Ihnen sagt, verschwindet. Es entsteht ein Austausch von Seele zu Seele. Der andere denkt und fühlt genau das, was er kommuniziert. Er beginnt, Ihnen seine innersten Gefühle und Gedanken anzuvertrauen.

»Mann, Papa, mir reicht's! Die Schule ist wirklich für die Katz!« *(Ich möchte mit dir reden, möchte deine Aufmerksamkeit.)*

»Du bist wirklich von der Schule frustriert.« *(Stimmt! So fühle ich mich.)*

»Ja, und wie. Sie ist total sinnlos. Ich hab' überhaupt nichts davon.«

»Du hast das Gefühl, die Schule würde dir nichts bringen.« *(Darüber muss ich erst nachdenken. Ist es wirklich das, was ich meine?)*

»Na ja, ich lerne einfach nichts, was mir später helfen wird. Ich meine, schau dir Kevin an. Der hat die Schule sausen lassen und arbeitet in einer Werkstatt. Er verdient gutes Geld. Das ist doch toll.«

»Du meinst, Kevin hätte die richtige Idee gehabt.« *(Nun ...)*

»Na, vielleicht hat er das irgendwie. Jetzt verdient er wirklich gut. Aber in ein paar Jahren wird er vermutlich ziemlich sauer auf sich selbst sein.«

»Du glaubst, Kevin wird das Gefühl haben, er hätte die falsche Entscheidung getroffen.«

»Das denke ich. Schau dir doch einfach mal an, was er alles aufgegeben hat. Ich meine, ohne Ausbildung kommt man heute doch nicht mehr weit.«

»Ausbildung ist dir also wirklich wichtig.«

»Klar! Ohne Ausbildung, ohne Abschluss kriegt man weder eine gute Stelle noch kann man studieren. Und was macht man dann? Ohne Ausbildung geht's einfach nicht.«

»Sie ist wichtig für deine Zukunft.«

»Ja, und … weißt du was? Ich mache mir echt Sorgen. Aber du darfst Mama nichts davon sagen, okay?«

»Du möchtest nicht, dass deine Mutter davon erfährt.«

»Nicht wirklich. Na gut, du kannst es ihr eigentlich auch sagen. Sie wird's vermutlich eh erfahren. Hör mal, ich habe heute so eine Prüfung gemacht, eine Leseprüfung. Und die sagen, ich wäre auf dem Niveau eines Viertklässlers. Eines Viertklässlers! Dabei bin ich doch schon so lange auf dem Gymnasium!«

Was für einen Unterschied wirkliches Verstehen doch machen kann! Alle gut gemeinten Ratschläge dieser Welt führen zu nichts, wenn wir gar nicht wissen, wo genau das Problem liegt. Doch wir werden das eigentliche Problem nie finden, wenn wir so sehr in unserer eigenen Autobiografie, in unseren Paradigmen gefangen sind, dass wir die Brille nicht lange genug absetzen, um die Welt aus einem anderen Blickwinkel zu sehen.

»Ich werde sitzen bleiben, Papa. Und wenn ich sitzen bleibe, dann kann ich doch wohl auch gleich aufhören. Ich will aber nicht aufhören.«

»Du fühlst dich hin- und hergerissen. Du steckst in einem Dilemma.«

»Was meinst du denn, was ich machen sollte, Papa?«

Mit seinem Versuch, erst zu verstehen, hat dieser Vater gerade eine transaktionale Situation in eine transformative Chance verwandelt. Was ich damit sagen will? Er hat die übliche, oberflächliche Lass-es-uns-schnell-hinter-uns-bringen-Ebene der Kommunikation hinter sich gelassen. Stattdessen hat er eine Gelegenheit geschaffen, in der er transformierend wirken kann – und zwar nicht nur bei seinem Sohn, sondern auch in der Beziehung. Er hat seine eigene Autobiografie zur Seite gelegt. Stattdessen hat er versucht, seinen Sohn wirklich zu verstehen. Dadurch hat er eine große Einzahlung auf das emotionale Beziehungskonto gemacht. So hat er seinem Sohn ermöglicht, sich Schritt für Schritt zu öffnen, bis die beiden schließlich beim eigentlichen Problem angelangt waren.

Nun sitzen Vater und Sohn nicht länger an den gegenüberliegenden Seiten des Tisches, um sich gegenseitig zu betrachten. Sie sitzen an derselben Seite des Tisches und betrachten gemeinsam das Problem. Der Sohn öffnet die Autobiografie des Vaters von sich aus und bittet ihn um Rat.

Bei seinen Ratschlägen sollte der Vater sehr viel Fingerspitzengefühl an den Tag legen. Er sollte einfühlsam auf die Worte des Sohnes reagieren. Solange seine Antworten *logisch* sind, kann der Vater effektiv Fragen stellen und Ratschläge geben. Werden die Antworten jedoch *emotional*, muss er sofort zurück zum einfühlenden Zuhören.

»Nun, ich kann dir ein paar Dinge sagen, die du vielleicht in Betracht ziehen möchtest.«

»Was denn zum Beispiel?«

»Etwa, dass du dir fürs Lesen spezielle Hilfe suchen könntest. Vielleicht gibt es ja ein Förderprogramm, an dem du teilnehmen kannst?«

»Das gibt's tatsächlich. Ich hab's schon gefunden. Es läuft zwei Abende in der Woche und den ganzen Samstag. Ach, das kostet so viel Zeit!«

Der Vater spürt die *Emotion* in dieser Antwort. Deshalb schaltet er zurück auf *Mitfühlen*.

»Das ist ein hoher Preis.«

»Ja, außerdem hab ich der Mannschaft aus der sechsten Klasse versprochen, sie zu trainieren.«

»Und du willst sie nicht hängen lassen.«

»Aber ich sag dir was, Papa. Wenn ich wirklich glauben würde, dass dieser Förderkurs was bringt, dann würde ich jeden Abend hingehen. Ich würde einen anderen finden, der die Kleinen trainiert.«

»Du willst die Hilfe, aber du bezweifelst, dass der Kurs dir etwas bringt.«

»Meinst du denn, er würde etwas bringen, Papa?«

Jetzt ist der Sohn wieder offen und logisch. Er greift noch einmal die Autobiografie seines Vaters zurück. Der hat nun erneut die Möglichkeit, zu beeinflussen und zu transformieren.

Es gibt Zeiten, in denen Transformation ohne Rat von außen erfolgen kann. Wenn Menschen die Möglichkeit bekommen, sich wirklich zu öffnen, entwirren sie ihre Probleme. Oft werden ihnen die Lösungen im Laufe des Gesprächs dann selbst klar.

Manchmal brauchen sie tatsächlich eine zusätzliche Sichtweise und Hilfe von außen. Dann ist es wichtig, einfühlend zuzuhören und den anderen in seinem eigenen Tempo und Schritt für Schritt zum Problem und seiner Lösung vordringen zu lassen. Es ist, wie wenn man eine Zwiebel abpellt – Schicht für Schicht, bis man schließlich zum weichen inneren Kern gelangt.

Wenn Menschen wirklich leiden, ist es besonders wichtig, dass Sie ihnen mit dem aufrichtigen Wunsch zuhören, sie verstehen zu wollen. Dann werden Sie überrascht sein, wie schnell sie sich öffnen. Gerade Kinder wollen sich ihren Eltern meist öffnen, wenn sie verzweifelt sind. Und das werden sie auch, wenn sie spüren, dass ihre Eltern sie bedingungslos lieben, fest zu ihnen halten und sie nicht verspotten oder über sie urteilen werden.

Es gibt einen guten Grund, weshalb ich Ihnen die Fähigkeiten des einfühlenden Zuhörens so ausführlich erläutert habe. Sie sind ein wesentlicher Bestandteil aller 7 Wege. Wir brauchen diese Fähigkeiten. Aber ich möchte noch einmal betonen, dass Sie diese Fähigkeiten nur effektiv nutzen können, wenn Sie den *aufrichtigen Wunsch* haben, den anderen wirklich zu verstehen. Die Leute nehmen einem alle Versuche, sie zu manipulieren, sehr übel. Wenn der andere Ihnen nahe steht, sollten Sie die Karten auf den Tisch legen und ihm sagen, was Sie da machen.

»Ich habe dieses Buch über einfühlendes Zuhören gelesen und über meine Beziehung zu dir nachgedacht. Dabei ist mir klar geworden, dass ich dir nicht so zugehört habe, wie ich es eigentlich tun sollte. Das will ich aber. Es ist schwierig für mich. Vielleicht schaffe ich es nicht immer, doch ich werde daran arbeiten. Du bist mir wirklich wichtig und ich möchte dich verstehen. Ich hoffe, dass du mir dabei hilfst!« Wenn Sie offen und ehrlich mit dem anderen sprechen, ist das eine große Einzahlung auf das emotionale Beziehungskonto.

Wenn Sie aber nicht aufrichtig sind, sollten Sie es gar nicht erst mit dem einfühlenden Zuhören versuchen. Das könnte eine Offenheit und Verwundbarkeit schaffen, die Ihnen später sehr schaden könnten. Überlegen Sie nur, was passieren wird, wenn der andere herausfindet, dass er Ihnen gar nicht wichtig ist, dass Sie ihm nicht wirklich zuhören wollten und dass er jetzt offen, schutzlos und verletzt vor Ihnen dasteht. Die Technik des einfühlenden Zuhörens ist nur die Spitze des Eisbergs. Damit sie Früchte trägt, sind Charakter und Integrität nötig.

Vielleicht denken Sie jetzt: Das klingt ja alles schön und gut. Aber das einfühlende Zuhören braucht doch eine Menge Zeit. Das mag anfangs stimmen, aber langfristig werden Sie dadurch sehr viel Zeit gewinnen. Was ist das Effektivste, was Sie als Arzt tun können, wenn Sie eine wirkungsvolle Behandlung verschreiben wollen? Sie müssen zunächst eine genaue Diagnose erstellen. Sie können nicht sagen: »Ich bin zu sehr in Eile. Ich habe keine Zeit für eine Diagnose. Nehmen Sie doch einfach dieses Medikament.«

Einfühlendes Zuhören braucht seine Zeit. Doch es kostet viel mehr Zeit, Missverständnisse zu klären und auszubügeln, wenn die Dinge schon ihren Lauf genommen haben. Es ist weitaus anstrengender, mit ungelösten und unausgesprochenen Problemen zu leben oder mit den Folgen des Mangels an »psychischer Luft« umzugehen. Diese Zeit können Sie dank des einfühlsamen Zuhörens einsparen.

Ein einfühlender Zuhörer kann schnell herausfiltern, was sich tief drinnen abspielt. Wenn er Akzeptanz und Verständnis zeigt, fühlt sich der andere sicher genug, sich Schicht für Schicht zu öffnen. Dann können Sie zu dem weichen inneren Kern vordringen, in dem das Problem wirklich liegt.

Menschen wollen verstanden werden. Hier bringt Ihnen jede Investition an Zeit ganz erhebliche Renditen. Schließlich arbeiten Sie dann mit einem klaren Verständnis der Probleme und einem hohen emotionalen Beziehungskonto, das sich immer weiter füllt, wenn sich jemand wirklich verstanden fühlt.

Für einen Topmanager funktionierte dieses Prinzip wunderbar. Er erzählte mir von folgender Erfahrung:

»Ich arbeitete damals mit einer kleinen Firma, die gerade mit einer großen nationalen Bank über einen Vertrag verhandelte. Die

Bank flog ihre Anwälte aus San Francisco ein und ihren Verhandlungsführer aus Ohio. Dazu kamen noch die Führungskräfte von zwei großen Zweigstellen. Insgesamt bestand ihr Verhandlungsteam aus acht Personen. Unsere Firma hatte beschlossen, dass das Verhandlungsziel entweder Gewinn / Gewinn oder ›Kein Geschäft‹ sein sollte. Wir wollten den Umfang des Service und das Auftragsvolumen für die Bank erheblich steigern. Doch wir wurden von den Forderungen dieser großen Bank fast erdrückt.

Der Chef unserer Firma saß auf der anderen Seite des Verhandlungstisches und sagte: ›Wir möchten gern, dass Sie den Vertrag so gestalten, wie Sie ihn haben wollen. So können wir sicher sein, dass wir Ihre Bedürfnisse und Interessen verstehen. Dann werden wir uns dazu äußern. Anschließend können wir dann über den Preis reden.‹ Den Leuten im Verhandlungsteam verschlug es fast die Sprache. Sie wunderten sich darüber, dass sie den Vertrag selbst aufsetzen konnten. Dazu brauchten sie drei Tage.

Als sie den Vertrag vorlegten, sagte der Chef unserer Firma:

›Jetzt möchte ich mich davon überzeugen, dass wir verstehen, was Sie wollen.‹ Er ging den Vertrag durch und gab den Inhalt und die Gefühle mit seinen eigenen Worten wieder. Das tat er so lange, bis er selbst und die Verhandlungspartner sicher waren, dass er verstand, was ihnen wichtig war.

›Ja, das stimmt. Nein, das ist nicht genau das, was wir hier gemeint haben … Ja, jetzt haben Sie's!‹

Als er ihre Anforderungen wirklich verstanden hatte, erläuterte er einige Interessen aus seiner eigenen Perspektive. Und die Bankleute hörten ihm zu. Sie waren bereit, zuzuhören. Sie rangen nicht nach Luft. Die ursprünglich sehr formelle, fast feindselige Stimmung war verflogen. Eine Atmosphäre, in der kaum Vertrauen herrschte, hatte sich in eine Umgebung verwandelt, in der Synergie gedeihen konnte.

Was die Leute im Verhandlungsteam am Ende der Gespräche sagten, kann man ganz kurz zusammenfassen: ›Wir wollen mit Ihnen arbeiten. Wir wollen dieses Geschäft mit Ihnen abschließen. Lassen Sie uns nur wissen, wie hoch der Preis ist – wir werden unterschreiben!‹«

Versuche dann, verstanden zu werden

Erst verstehen, *dann verstanden werden*. Zu wissen, wie man verstanden wird, ist die andere Hälfte des 5. Weges. Wenn man zu echten Gewinn / Gewinn-Lösungen gelangen will, ist sie ebenso entscheidend wie die erste Hälfte.

Wir haben Reife als Ausgewogenheit von Mut und Rücksicht definiert. Verstehen zu wollen, erfordert Rücksicht. Verstanden werden zu wollen, erfordert Mut. Gewinn / Gewinn braucht von beidem reichlich.

Die alten Griechen hatten eine wunderbare Philosophie, die sich in drei Begriffen zusammenfassen lässt: *Ethos*, *Pathos* und *Logos*. Meiner Meinung nach beschreiben diese drei Begriffe die Quintessenz dessen, was es bedeutet, erst zu verstehen und dann verstanden zu werden.

Ethos ist Ihre persönliche Glaubwürdigkeit. Dabei geht es um den Glauben, den andere in Ihre Integrität und Kompetenz haben. Es ist Ihr emotionales Beziehungskonto, das Vertrauen, das Sie bei anderen aufbauen. *Pathos* ist die einfühlende Seite – das Gefühl. Pathos bedeutet, dass Sie auf die Emotionalität in der Kommunikation eines anderen eingestimmt sind. Und *Logos* ist der logische, verstandesmäßige Teil des Gesagten.

Beachten Sie die Reihenfolge: Ethos, Pathos, Logos. An erster Stelle steht Ihr Charakter, dann kommen Ihre Beziehungen und schließlich die Logik. Das erfordert einen weiteren grundlegenden Paradigmenwechsel. Die meisten Menschen stellen den Logos bei ihren Aussagen an die erste Stelle. Das heißt, sie greifen direkt auf die linkshemisphärische Logik ihres Gehirns zu. Sie versuchen, andere von der Logik ihrer Worte zu überzeugen, ohne zuvor Ethos und Pathos zu berücksichtigen.

Ich hatte einen Bekannten, der sehr frustriert war, weil sein Chef in einem Führungsstil gefangen war, den er als höchst unproduktiv empfand.

»Wieso arbeitet er nicht an seinen Führungsqualitäten?«, fragte er mich. »Ich habe mit ihm darüber gesprochen. Er weiß, dass es hier einiges zu verbessern gibt. Aber er tut einfach nichts.«

»Und warum erklärst du ihm das dann nicht auf effektive Art und Weise?«

»Habe ich schon«, gab er zurück.

»Wie definierst du effektiv? Wen schicken sie denn wieder ins Training zurück, wenn der Verkäufer nichts verkauft – den Käufer? Effektiv heißt, dass es tatsächlich funktioniert. Hast du die Veränderungen erreicht, die du dir erhofft hast? Hast du eure Beziehung dabei verbessert? Welche Ergebnisse hat deine Darstellung der aktuellen Situation gebracht?«

»Gar keine! Das hab ich doch schon gesagt. Er wollte einfach nicht zuhören.«

»Dann liefere eine *effektive* Darstellung. Du musst verstehen, was wirklich in seinem Kopf vorgeht. Du musst in seinen Denkrahmen kommen. Du musst deinen Standpunkt einfach und verständlich machen. Und du musst die von ihm bevorzugte Alternative besser beschreiben, als er das selbst kann. Dazu wirst du ein paar Hausaufgaben machen müssen. Bist du dazu bereit?«

»Warum muss ich das denn alles machen?«, fragte er.

»Heißt das, du willst, dass er seinen Führungsstil ändert, bist aber nicht bereit, deine Art der Darstellung zu ändern?«

»Sieht so aus«, erwiderte er.

»Nun denn«, sagte ich, »Dann lächle über das Problem und lerne, damit zu leben.«

»Ich kann nicht damit leben«, meinte er. »Es verletzt meine Integrität.«

»Okay, dann fang damit an, deine Meinung effektiv darzustellen. Das liegt in deinem Einflussbereich.«

Das wollte er aber nicht. Die Investition schien ihm zu groß.

Ein anderer Bekannter, ein Universitätsprofessor, war bereit, den Preis zu zahlen. Er kam eines Tages zu mir und sagte: »Stephen, ich komme bei der Beschaffung der Mittel für meine Forschungsarbeit einfach keinen Schritt voran. Meine Forschungen sind für die Fakultät einfach nur Nebensache.«

Nachdem wir eingehend über die Situation gesprochen hatten, schlug ich ihm vor, Ethos, Pathos und Logos zu nutzen und eine effektive Präsentation für die Kommission zur Vergabe der Forschungsgelder zu erstellen. »Ich weiß, dass du ehrlich bist und dass deine Forschungsarbeit großen Nutzen bringen würde. Beschreib den Professoren in der Kommission die Alternative, die sie deiner Arbeit vorziehen, besser, als sie es selbst könnten. Zeig ihnen, dass du sie wirklich verstehst. Und dann erklär ihnen ganz genau, was für deine Forschung und deinen Antrag spricht.«

»Na gut, ich werde es versuchen.«

Ich fragte ihn, ob er das mit mir üben wollte. Er bejahte, und so machten wir eine Generalprobe für sein Vorgehen.

Bei seiner Präsentation vor der Kommission sagte er als Erstes: »Lassen Sie mich zunächst sehen, ob ich verstehe, was Ihre Ziele sind und welche Bedenken Sie im Hinblick auf diese Präsentation und meinen Vorschlag haben!«

Er nahm sich die Zeit, das langsam und schrittweise zu tun. Seine Präsentation zeigte, dass er die Mitglieder der Kommission wirklich verstand und ihren Standpunkt respektierte. Mitten in seiner Präsentation schaute einer der einflussreichsten Professoren einen anderen an. Er nickte, sah dann wieder meinen Bekannten an und sagte: »Sie bekommen Ihr Geld!«

Wenn wir unsere Ideen klar, konkret, anschaulich und vor allem im Kontext eines tiefen Verstehens der Paradigmen und Interessen unserer Gesprächspartner präsentieren können, steigern wir unsere Glaubwürdigkeit und Überzeugungskraft erheblich.

Dann sind wir nicht in unseren eigenen Angelegenheiten und Standpunkten versunken. Wir liefern keine grandiose Rhetorik und sind auch keine Marktschreier. Nein, wir verstehen wirklich. Oft unterscheidet sich das, was wir präsentieren, von unseren ursprünglichen Ideen. Denn in dem Bemühen, die anderen zu verstehen, haben wir einiges dazugelernt.

Der 5. Weg führt uns zu mehr Aufrichtigkeit, zu größerer Integrität bei unseren Präsentationen. Und die Zuhörer erkennen das. Sie wissen, dass wir Ideen präsentieren, die ein Gewinn für alle sind. Sie spüren, dass wir nach sorgfältiger Prüfung aller Zahlen und Informationen ehrlich von unseren Vorschlägen überzeugt sind.

Eins zu eins

Der 5. Weg ist so stark, weil er mitten in Ihrem Einflussbereich liegt. In interdependenten Situationen fallen viele Faktoren in Ihren Interessensbereich – Probleme, Meinungsverschiedenheiten, die äußeren Umstände oder das Verhalten anderer. Wenn Sie Ihre Energie nach außen richten, brauchen Sie eine Menge Kraft. Doch Sie werden wahrscheinlich nicht viele positive Ergebnisse erzielen.

Aber Sie können immer versuchen, erst zu verstehen. Das ist etwas, was in Ihrer Macht liegt. Und wenn Sie das tun, wenn Sie sich auf Ihren Einflussbereich konzentrieren, dann verstehen Sie andere Menschen auf einer sehr viel tieferen Ebene. Sie haben genaue Informationen, mit denen Sie arbeiten können. Sie stoßen schnell zum Kern der Sache vor. Sie bauen die emotionalen Beziehungskonten auf. Zudem geben Sie den anderen die psychische Luft, die für eine effektive Zusammenarbeit nötig ist.

Wenn Sie so vorgehen, folgen Sie dem Ansatz »von innen nach außen«. Das hat viele positive Auswirkungen auf Ihren Einflussbereich. Da Sie wirklich zuhören, können Sie Einfluss auf andere nehmen. Damit halten Sie einen wichtigen Schlüssel in der Hand. Ihr Einflussbereich dehnt sich zudem immer weiter aus. Gleichzeitig vergrößern Sie Ihre Fähigkeit, die Dinge in Ihrem Interessenbereich zu beeinflussen.

Der 5. Weg ist etwas, was Sie sofort in die Praxis umsetzen können.

Gleich beim nächsten wichtigen Gespräch können Sie Ihre eigene Biografie zur Seite legen und ernsthaft versuchen, den anderen zu verstehen. Auch wenn Ihre Gesprächspartner sich im Hinblick auf ihre Probleme nicht öffnen wollen, können Sie einfühlend sein. Sie können ihre Emotionen und ihre Verletzungen spüren und Sie können darauf eingehen: »Sie wirken heute niedergeschlagen.« Vielleicht sagt Ihr Gegenüber nichts dazu. Aber das ist in Ordnung. Denn Sie haben Verständnis und Wertschätzung gezeigt.

Drängen Sie die anderen nicht. Seien Sie geduldig und respektvoll. Die Leute müssen sich nicht verbal öffnen, damit Sie einfühlend sein können. Sie können sich auch in ihr Verhalten einfühlen. Sie können aufgeschlossen, aufmerksam und empfindsam sein und außerhalb Ihrer Autobiografie leben.

Wenn Sie sehr pro-aktiv sind, können Sie auch vorbeugend arbeiten. Sie müssen nicht warten, bis Ihr Sohn oder Ihre Tochter ein Schulproblem hat oder die nächste wichtige geschäftliche Verhandlung bevorsteht, um den anderen zu verstehen.

Verbringen Sie jetzt Zeit mit Ihren Kindern – einzeln. Hören Sie ihnen zu, verstehen Sie sie. Schauen Sie sich Ihre Familie, Ihr Zuhause und das Schulleben mit den Augen Ihrer Kinder an. Überlegen Sie, vor welchen Herausforderungen und Problemen Ihre Kinder stehen. Bauen Sie das emotionale Beziehungskonto auf. Geben Sie ihnen Luft.

Gehen Sie regelmäßig mit Ihrem Mann oder Ihrer Frau aus. Oder tun Sie etwas, was Ihnen beiden Spaß macht. Hören Sie einander zu. Versuchen Sie, Ihren Partner zu verstehen. Sehen Sie das Leben mit seinen Augen.

Die Zeit, die Sie investieren, um die Menschen zu verstehen, die Sie lieben, bringt eine riesige Rendite. Viele der Probleme, unter denen Familien und Ehen normalerweise leiden, können so erst gar nicht aufkeimen und wachsen. Die Kommunikation ist so ehrlich und offen, dass potenzielle Probleme gleich aus der Welt geschafft werden. Zudem gibt es große Vertrauensreserven auf dem emotionalen Beziehungskonto. Falls dann doch einmal ein Problem auftauchen sollte, können Sie es mit diesem Guthaben gut meistern.

Eins-zu-eins-Gespräche haben sich nicht nur in der Familie, sondern auch im Geschäftsleben bewährt. Vereinbaren Sie Einzelgespräche mit Ihren Mitarbeitern. Hören Sie ihnen zu. Verstehen Sie sie. Schaffen Sie in Ihrer Firma Raum für offene Kommunikation. Ob Kunden, Lieferanten oder Mitarbeiter: Bauen Sie ein informelles Informationssystem auf, damit Sie auf allen Ebenen ein ehrliches und klares Feedback bekomme. Nehmen Sie die zwischenmenschlichen Beziehungen genauso wichtig wie finanzielle Angelegenheiten oder technische Aspekte. Sie sparen Unmengen an Zeit, Energie und Geld, wenn Sie die menschlichen Ressourcen auf jeder Ebene Ihres Unternehmens nutzen. Wenn Sie zuhören, lernen Sie. Außerdem geben Sie den Menschen, die mit Ihnen und für Sie arbeiten, psychische Luft. Sie fördern eine Loyalität, die weit über die herkömmlichen Anforderungen eines Acht-Stunden-Jobs hinausreicht.

Bevor Probleme auftauchen, bevor Sie bewerten, bevor Sie ein Lösungsrezept ausstellen und bevor Sie Ihre eigenen Vorstellungen präsentieren: Versuchen Sie, erst zu verstehen. Das ist ein starkes Prinzip von effektiver Interdependenz.

Wenn wir einander wirklich verstehen, öffnen wir kreativen Lösungen und dritten Alternativen die Tür. Unsere Unterschiede sind keine Stolpersteine für Kommunikation und Fortschritt mehr. Stattdessen werden sie zu Sprossen auf der Leiter zu mehr Synergie.

Tipps zur praktischen Umsetzung

1. Wählen Sie eine Beziehung, bei der Sie spüren, dass das emotionale Beziehungskonto in den Miesen ist. Versuchen Sie, die Situation aus der Sicht der anderen Person zu verstehen. Schreiben Sie alles auf, was Ihnen dazu einfällt. Hören Sie beim nächsten Gespräch so zu, dass Sie den anderen wirklich verstehen. Vergleichen Sie das, was Sie hören, mit dem, was Sie aufgeschrieben haben. Wie gut waren Ihre Annahmen? Haben Sie die Sichtweise des anderen wirklich verstanden?
2. Erzählen Sie jemandem, der Ihnen nahe steht, vom Konzept des einfühlenden Zuhörens. Sagen Sie ihm oder ihr, dass Sie wirklich daran arbeiten wollen, anderen zuzuhören. Hören Sie dieser Person künftig einfühlend zu. Bitten Sie darum, dass Sie nach einer Woche Feedback bekommen. Wie ist es Ihnen mit dem einfühlenden Zuhören ergangen? Und wie hat sich die andere Person gefühlt?
3. Wenn Sie das nächste Mal die Möglichkeit haben, Leute im Gespräch zu beobachten, dann halten Sie sich ein paar Minuten die Ohren zu. Schauen Sie nur zu. Sehen Sie genau hin. Welche Emotionen werden kommuniziert, die mit Worten allein nicht rüberkommen?
4. Sondieren, bewerten, beraten oder interpretieren: Wenn Sie sich das nächste Mal dabei ertappen, eine autobiografische Antwort zu geben, dann verwandeln Sie die Situation in eine Einzahlung. Sagen Sie, dass Sie Ihre unangemessene Reaktion erkannt haben

und entschuldigen Sie sich dafür: »*Tut mir Leid. Ich habe gerade gemerkt, dass ich nicht wirklich versucht habe, dich zu verstehen. Können wir bitte noch mal anfangen?*«

5. Bauen Sie die nächste Darstellung der Situation auf Einfühlung auf. Beschreiben Sie die andere Sichtweise so gut wie oder sogar noch besser als ihre Befürworter. Versuchen Sie dann, Ihre Sichtweise aus dem Bezugsrahmen der anderen heraus verständlich zu machen.

6. Weg
Synergien schaffen

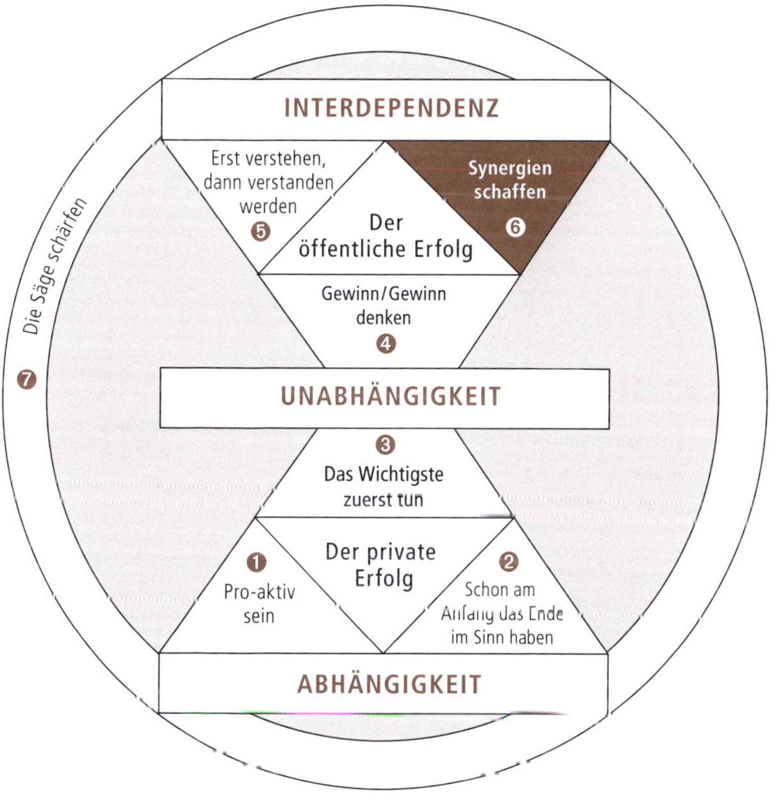

Prinzipien der kreativen Kooperation

Möge mich die Hoffnung eines Heiligen leiten:
in entscheidenden Dingen Einheit,
in wichtigen Dingen Vielfalt,
in allen Dingen Großzügigkeit.
Präsident George H. W. Bush in seiner Rede zum Amtsantritt

Als Sir Winston Churchill berufen wurde, die Regierung im kriegsgeplagten England zu übernehmen, sagte er, dass sein ganzes Leben ihn auf diese Stunde vorbereitet hätte. In einem ähnlichen Sinn bereiten uns alle anderen Gewohnheiten auf die Gewohnheit der Synergie vor.

Richtig verstanden ist Synergie das höchste Gut im Leben – die wahre Prüfung und Manifestation aller anderen Prinzipien.

Die höchsten Formen von Synergie wenden die vier einzigartigen Gaben des Menschen, das Gewinn/Gewinn-Denken und die Fähigkeit der einfühlenden Kommunikation auf die schwierigsten Herausforderungen an, denen wir im Leben begegnen. Was dabei entsteht, grenzt ans Wunderbare. Wir schaffen neue Alternativen – etwas, das es bisher nicht gab.

Synergie ist nicht nur die Essenz von prinzipienorientiertem Führungsverhalten, sondern auch von prinzipienorientierter Elternschaft. Sie katalysiert, vereint und setzt die größten Kräfte im Menschen frei. Alle bisher dargestellten Wege bereiten uns darauf vor, das Wunder der Synergie zu vollbringen.

Was ist Synergie? Einfach gesagt, bedeutet Synergie, dass das Ganze größer ist als die Summe seiner Teile. Das heißt: Die Beziehungen der Teile untereinander sind selbst ein Teil. Und das ist kein beliebiger, sondern der fruchtbarste, kraftvollste, kreativste und innovativste Teil.

Um den Weg der Synergie zu beschreiten, braucht man eine Menge innerer Sicherheit, Abenteuerlust, Entdeckergeist und Kreativität. Denn man weiß nicht, wo er hinführen wird. Man weiß auch nicht, was unterwegs passieren wird, welchen neuen Gefahren und Herausforderungen man begegnen wird. Um Synergie zu schaffen, müssen Sie die Komfortzone des Basislagers verlassen. Sie müssen sich einer vollkommen unbekannten Wildnis stellen. Sie werden ein Pfadfinder, ein Wegbereiter. Sie eröffnen neue Möglichkeiten, neue Länder, neue Kontinente, sodass andere Ihnen folgen können.

Die große Herausforderung besteht darin, die Prinzipien der kreativen Kooperation, die wir von der Natur lernen können, bei unseren sozialen Interaktionen anzuwenden. Gerade das Familienleben bietet viele Möglichkeiten, Synergie zu beobachten und zu schaffen.

Schon die Art und Weise, wie ein Mann und eine Frau ein Kind in die Welt setzen, ist synergetisch. Es ist die Essenz der Synergie, Unterschiede zu schätzen, sie zu respektieren, auf Stärken aufzubauen und Schwächen auszugleichen.

Dass wir die körperlichen Unterschiede zwischen Männern und Frauen schätzen, ist offensichtlich. Aber was ist mit den sozialen, mentalen und emotionalen Unterschieden? Könnten sie nicht auch die Quelle für die Schaffung neuer, inspirierender Lebensformen sein; die Quelle für die Erschaffung einer Umgebung, die für Mann und Frau wahrhaft erfüllend ist; die Quelle, die die Selbstachtung und den Selbstwert beider fördert und für beide Chancen hervorbringt, zur Unabhängigkeit und dann allmählich zur Interdependenz zu reifen?

Könnte Synergie nicht ein neues Skript für die nächste Generation »schreiben«. Ein Skript, das das Dienen und die Beiträge in den Mittelpunkt rückt und nicht so bevormundend, feindselig und selbstsüchtig ist; das offener, vertrauensvoller und großzügiger ist; das weniger abwehrend, protektiv und von Eigeninteresse geleitet ist; das liebevoller und fürsorglicher, nicht so besitzergreifend und auf die Bewertung anderer und Vorurteile ausgerichtet ist?

Synergetische Kommunikation

Wenn Sie synergetisch kommunizieren, öffnen Sie Ihr Herz und Ihren Verstand für neuen Möglichkeiten, Alternativen und Chancen. Es mag so aussehen, als würden Sie den 2. Weg auslassen und nicht schon am Anfang das Ende im Sinn haben. Aber in Wirklichkeit tun Sie das Gegenteil – Sie beschreiten ihn. Wenn Sie sich auf synergetische Kommunikation einlassen, wissen Sie nicht, wie die Dinge sich entwickeln und am Ende aussehen werden. Trotzdem verspüren Sie eine große innerliche Sicherheit und Freude. Denn Sie glauben fest daran, dass es am Ende bedeutend besser sein wird als je zuvor. Und das ist schließlich genau das Ende, das Sie im Sinn hatten.

Sie beginnen mit dem Glauben, dass die beteiligten Parteien mehr Einsicht gewinnen werden und dass die Freude über das gemeinsame Lernen zu immer mehr Erkenntnissen, Lehren und Wachstum führen wird.

Viele haben in ihrem Familienleben oder bei anderen Interaktionen noch nie auch nur einen winzigen Grad von Synergie erlebt. Sie sind auf defensive oder abwehrende Kommunikation gedrillt. Oft glauben sie, dass man dem Leben oder anderen Menschen nicht trauen kann. Deshalb können sie sich dem 6. Weg und dessen Prinzipien nie ganz öffnen.

Für mich ist das eine der größten Tragödien und eines der schwerwiegendsten Versäumnisse im Leben. Denn dadurch bleibt unendlich viel Potenzial unerschlossen und ungenutzt. Ineffektive Menschen leben Tag für Tag mit ungenutztem Potenzial. Wenn überhaupt, dann erfahren sie Synergie nur in kleinen, nebensächlichen Dingen.

Vielleicht erinnern Sie sich an einige außergewöhnliche Erlebnisse, bei denen Sie die Kraft der Synergie spüren konnten. Eventuell haben Sie schon einmal erlebt, welche unglaubliche Wirkung echter Teamgeist im Sport freisetzt. Oder sie waren in einer Notsituation, in der die Menschen ungewöhnlich stark kooperierten und ihr Ego und ihren Stolz hintanstellten, um ein Leben zu retten oder eine Krise zu meistern.

Solche Erlebnisse erscheinen vielen fast schon wie ein Wunder. Aber so ist es nicht. Synergie kann man regelmäßig, beständig und fast täglich schaffen. Aber das erfordert große persönliche Sicherheit, Offenheit, Abenteuerlust und Entdeckergeist.

Synergie ist, wie fast alle kreativen Bemühungen, in gewisser Weise unvorhersehbar. Oft entsteht Kreativität nur durch Versuch und Irrtum. Es gibt keine Garantie, welche Resultate der kreative Prozess bringt. Und wer seine Sicherheit nicht aus innerer Integrität, Geboten und Werten bezieht, der findet es wahrscheinlich unangenehm und entnervend, hochgradig kreativ zu agieren. Das Bedürfnis nach klarer Struktur, Gewissheit und Vorhersagbarkeit ist einfach zu groß.

Synergie im Unternehmen

Eine besonders schöne und wertvolle synergetische Erfahrung hatte ich, als ich mit meinen Partnern das Leitbild für unsere Firma entwickelte. Fast alle unsere Leute fuhren hoch hinauf in die Berge, um gemeinsam ein ausgezeichnetes Leitbild zu verfassen. Inmitten der majestätischen Natur arbeiteten wir am ersten Entwurf.

Anfangs war die Diskussion respektvoll, bedacht und ziemlich vorhersehbar. Aber als wir anfingen, über die verschiedenen Alternativen, Möglichkeiten und Chancen für die Zukunft zu reden, wurden die Leute sehr offen und authentisch. Sie begannen, laut zu denken. Die ursprüngliche Agenda – ein Leitbild für unsere Firma zu entwerfen – wich einer kollektiven freien Assoziation, einem spontanen Weitertragen und Aufsatteln von Ideen. Die Leute waren wirklich einfühlsam und auch sehr mutig. Wir bewegten uns von gegenseitigem Respekt und Verstehen hin zu einer kreativen synergetischen Kommunikation.

Das spürten alle. Es war ein aufregender, faszinierender Prozess! Anschließend kehrten wir zu der Aufgabe zurück, die kollektive Vision, die entstanden war, in Worte zu fassen. Jedes dieser Worte hat für die einzelnen Beteiligten eine ganz spezielle Bedeutung. Darauf haben sie sich verpflichtet. Das Leitbild unserer Firma lautete damals:

Unsere Aufgabe ist, Menschen und Organisationen zu befähigen, ihre Leistungsfähigkeit signifikant zu erhöhen, um – durch das Verständnis und die Umsetzung von prinzipienorientierter Führung – lohnenswerte Ziele zu erreichen.

Der synergetische Prozess, der zur Entstehung unseres Leitbilds führte, verankerte es fest in den Herzen und den Köpfen von allen, die dabei waren. Es hat uns als Bezugsrahmen für das, wozu wir da sind, und auch für das, wozu wir nicht da sind, sehr gute Dienste geleistet.

Zu einer weiteren großartigen Erfahrung mit Synergie kam es, als mich eine große Versicherungsgesellschaft einlud, beim jährlichen Planungsmeeting als Redner und Moderator der Diskussionsrunden zu fungieren. An dem zweitägigen Meeting sollten sämtliche Topmanager teilnehmen. Ein paar Monate vorher traf ich mich mit dem für die Vorbereitung und Durchführung zuständigen Planungsausschuss. Man informierte mich darüber, wie der Ablauf normalerweise aussah: Anhand von Fragebögen und Interviews wurden vier bis fünf Hauptpunkte für die Tagesordnung ermittelt. Zudem gab es einige Präsentationen der Topmanager. Bislang waren die Meetings meist Foren des respektvollen Austauschs. Hin und wieder liefen sie auch aus dem Ruder und arteten in defensive Gewinn / Verlust-Schlachten aus. Gewöhnlich waren sie jedoch ziemlich unkreativ und langweilig.

Als ich mit den Leuten im Ausschuss über die Kraft der Synergie sprach, konnten sie deren Potenzial spüren. Obwohl sie große Bedenken hatten, stimmten sie zu, den Ablauf zu ändern. Sie baten mehrere Topmanager, zu jedem der Tagesordnungspunkte anonyme Zustandsberichte zu verfassen. Dann forderten sie alle Topmanager auf, sich schon vor dem Meeting intensiv mit diesen Berichten zu beschäftigen. Das sollte ihnen helfen, die Probleme und die unterschiedlichen Sichtweisen zu verstehen. Am Meeting sollten sie dann nichts präsentieren. Stattdessen sollten den anderen Teilnehmern zuhören und dann gemeinsam produktive Lösungen entwickeln und Synergien schaffen.

Am ersten Vormittag des Meetings brachte ich den Teilnehmern die Prinzipien des 4., 5. und 6. Weges bei. Sie lernten auch, wie sie diese Prinzipien sofort anwenden konnten. Die übrige Zeit verbrachten wir dann damit, kreativ zu sein und Synergien zu schaffen.

Dabei wurde unglaublich viel positive Energie freigesetzt. Von Langeweile war plötzlich keine Spur mehr. Es herrschte pure Begeisterung! Die Leute waren sehr offen für den Einfluss der anderen, gewannen wertvolle Einsichten und entwickelten völlig neue Alternativen. Bis zum Ende des Meetings entwickelte sich ein völlig neues Verständnis über die zentralen Herausforderungen der Versicherungsgesellschaft. Die Vorschläge in den Zustandsberichten waren nicht mehr aktuell. Unterschiede wurden geschätzt und zur Entwicklung von innovativen Lösungen genutzt. Eine neue gemeinsame Vision begann Form anzunehmen.

Wer einmal wirkliche Synergie erlebt hat, ist danach nicht mehr derselbe. Er weiß, dass die Möglichkeit besteht, in Zukunft noch mehr solcher Abenteuer zu erleben, die den Horizont maßgeblich erweitern.

Oft wird versucht, eine bestimmte synergetische Erfahrung erneut aufleben zu lassen. Doch das gelingt nur äußerst selten. Der wesentliche Zweck hinter der kreativen Arbeit aber lässt sich durchaus wiederholen. Eine fernöstliche Weisheit lautet: »Wir streben nicht danach, die Meister zu kopieren, sondern wir suchen das, was sie gesucht haben.« Wir sollten nicht danach streben, frühere synergetische Erfahrung nachzuahmen. Stattdessen sollten wir uns neuen Herausforderungen stellen und offen für neue Synergie-Erlebnisse sein.

Synergie und Kommunikation

Synergie ist aufregend. Kreativität ist aufregend. Es ist phänomenal, was Offenheit und Kommunikation hervorbringen können. Die Chancen für einen wirklich bedeutenden Gewinn, für eine wesentliche Verbesserung, sind so real, dass es sich lohnt, das Risiko einzugehen, das eine solche Offenheit mit sich bringt.

Nach dem Zweiten Weltkrieg ernannten die USA David Lilienthal zum Vorsitzenden des neuen Ausschusses für Atomenergie. Er brachte eine Gruppe von sehr einflussreichen Leuten zusammen. Jeder Einzelne war eine Berühmtheit. Sie waren sozusagen Jünger und Fürsprecher ihres jeweils eigenen Bezugsrahmens. Diese Gruppe aus sehr unterschiedlichen Persönlichkeiten hatte eine extrem umfangreiche Agenda zu bewältigen. Alle brannten darauf, loszulegen. Außerdem übte die Presse einen enormen Druck auf sie aus.

Dennoch nahm sich Lilienthal mehrere Wochen Zeit, um ein gut gefülltes emotionales Beziehungskonto anzulegen. Er sorgte dafür, dass die Leute sich kennenlernten und mehr über ihre Interessen, Hoffnungen, Ziele, Befürchtungen, ihren Hintergrund, ihren Bezugsrahmen und ihre Paradigmen erfuhren. Er förderte jene Form der Interaktion, die eine starke Bindung zwischen den Beteiligten aufbaut. Doch dafür musste er viel Kritik einstecken. Man warf ihm vor, dass er nicht »effizient« sei.

Das Endergebnis war jedoch, dass die Gruppe eng zusammenwuchs: Die Leute waren sehr offen zueinander, sehr kreativ und sehr synergetisch. Der gegenseitige Respekt war so groß, dass es bei Meinungsverschiedenheiten nicht zu Widerstand und Abwehr kam. Vielmehr gab es ein ehrliches Bemühen, den anderen Standpunkt wirklich zu verstehen. Die Einstellung der Leute sah so aus:

»Wenn jemand von Ihrer Intelligenz, Kompetenz und Gewissenhaftigkeit anderer Meinung ist als ich, dann hat das sicher einen guten Grund. Es muss etwas geben, was ich nicht verstehe. Genau das muss ich verstehen. Sie haben eine Perspektive, einen Bezugsrahmen, den ich mir unbedingt genauer ansehen muss.« Keiner verteidigte seinen Standpunkt. Alle wollten voneinander lernen. So wurde eine außergewöhnliche Kultur der Kommunikation und der Kooperation geboren.

Das folgende Diagramm zeigt, wie eng der Zusammenhang zwischen dem Vertrauen und den verschiedenen Kommunikationsebenen ist:

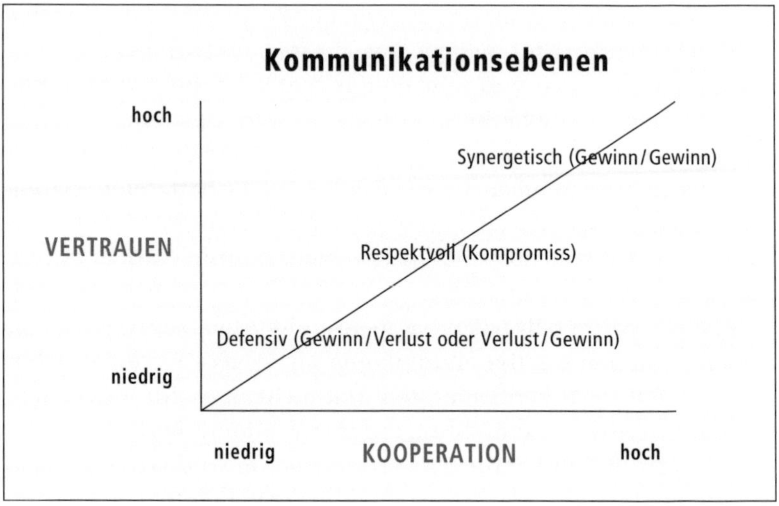

Die niedrigste Kommunikationsebene, ist typisch für Situationen, in denen nur wenig Vertrauen herrscht. Sie ist gekennzeichnet durch defensives Verhalten und Abwehr. Die Sprache ist meist sehr offiziell. Man versucht, alles lückenlos abzuklären. Und für den Fall, dass etwas schief geht, werden jede Menge Einschränkungen und Befreiungsklauseln bis ins kleinste Detail festlegt. Kommunikation dieser Art führt nur zu Gewinn / Verlust oder Verlust / Verlust. Da es kein P/PK-Gleichgewicht gibt, ist sie nicht effektiv. Stattdessen schafft sie immer weitere Gründe für ein Verteidigungs- und Abwehrverhalten.

Auf der mittleren Ebene liegt die respektvolle Kommunikation. Das ist die Ebene, auf der einigermaßen reife Menschen interagieren. Sie haben Respekt voreinander und wollen unschönen Konfrontationen aus dem Weg gehen. Daher kommunizieren sie höflich, aber nicht einfühlend. Vielleicht verstehen sie die anderen intellektuell. Doch sie gehen den Paradigmen und Annahmen, auf denen ihre eigenen Positionen beruhen, nicht wirklich auf den Grund. Deshalb öffnen sie sich auch nicht für neue Optionen und Alternativen.

Respektvolle Kommunikation funktioniert in unabhängigen und sogar in interdependenten Situationen. Doch die kreativen Möglichkeiten werden nicht erschlossen. In interdependenten Situationen ist die Position, die gewöhnlich eingenommen wird, der Kompromiss. Ein Kompromiss bedeutet: 1 plus 1 ist 1 ½. Beide Seiten geben und nehmen. Die Kommunikation ist nicht defensiv, abwehrend, wütend oder manipulativ. Sie ist aufrichtig, echt und respektvoll. Doch kreativ oder synergetisch ist sie nicht. Deshalb entsteht durch respektvolle Kommunikation im günstigsten Fall eine niedrige Form von Gewinn / Gewinn.

Synergie heißt, dass 1 plus 1 gleich 8 oder 16 oder 1600 sein kann. Die auf hohem Vertrauen basierende synergetische Haltung bringt die besten Lösungen hervor. Und alle Parteien wissen, dass das so ist. Zudem macht die kreative Vorgehensweise wirklich Spaß. Sie ist aus sich selbst heraus befriedigend. Auch die Ausgewogenheit von P und PK ist vorhanden, wenn auch manchmal nur kurzfristig,

In einigen Fällen kann man vielleicht keine Synergie erreichen. Aber was ist, wenn hier »kein Geschäft« auch keine Option ist? Selbst dann wird die Einstellung, sich wirklich ernsthaft zu bemühen, zu einem wesentlich effektiveren Kompromiss führen.

Die dritte Alternative finden

Wollen Sie ein besseres Verständnis davon gewinnen, wie unsere Kommunikationsebene unsere interdependente Effektivität beeinflusst? Dann stellen Sie sich bitte Folgendes vor:

Es ist Ferienzeit. Ein Mann möchte mit seiner Familie zum Angeln fahren. Das ist ihm sehr wichtig. Den Urlaub hat er schon das ganze Jahr geplant. Er hat ein Häuschen an einem See und ein Boot gemietet und seine Söhne freuen sich schon sehr darauf.

Seine Frau hat jedoch ganz andere Pläne. Sie möchte die Ferien nutzen, um ihre kranke Mutter zu besuchen, die 400 Kilometer weit weg wohnt. Sie hat nicht oft die Möglichkeit, ihre Mutter zu sehen. Deshalb ist das sehr wichtig für sie.

Die unterschiedlichen Interessen des Ehepaars könnten zu einer wirklich schlechten Erfahrung führen.

»Wir haben alles geplant. Die Jungen freuen sich schon so. Wir sollten zum Angeln fahren!«, sagt er.

»Aber wir wissen doch nicht, wie lange wir meine Mutter noch haben. Ich möchte unbedingt bei ihr sein!«, erwidert sie. »Das ist die einzige Möglichkeit. Wir haben nur jetzt genügend Zeit dafür.«

»Wir haben uns das ganze Jahr über auf diese eine Woche Urlaub gefreut. Die Jungs würden sich nicht wohlfühlen, wenn sie eine Woche lang im Haus ihrer Großmutter herumhocken müssten. Sie würden uns alle verrückt machen. Außerdem ist deine Mutter doch gar nicht so krank. Und deine Schwester wohnt ganz in ihrer Nähe und kann sich um sie kümmern.«

»Sie ist aber auch meine Mutter und ich will bei ihr sein.«

»Du könntest sie jeden Abend anrufen. Außerdem haben wir doch vor, sie an Weihnachten zu besuchen, wenn sich dort die ganze Familie trifft. Hast du das etwa vergessen?«

»Bis dahin sind es noch fünf Monate. Wir wissen gar nicht, ob sie dann noch lebt. Außerdem braucht sie mich und wünscht sich, dass ich sie besuche.«

»Deine Mutter ist sehr gut versorgt. Und die Jungs und ich brauchen dich auch.«

»Meine Mutter ist wichtiger als das Angeln!«

»Dein Mann und deine Kinder sind wichtiger als deine Mutter!«

Das Ehepaar diskutiert hin und her. Möglicherweise gelangt es sogar zu einer Art Kompromiss. Vielleicht entscheiden sie sich, getrennt zu fahren: Er geht mit den Söhnen zum Angeln; sie besucht ihre Mutter. Und beide fühlen sich schuldig und unglücklich. Das spüren die Söhne und es verdirbt ihnen die Freude über die Ferien.

Oder der Mann gibt nach. Aber er tut es widerwillig. Bewusst oder unbewusst sorgt er dafür, dass seine Prophezeiung, dass die Zeit bei der Schwiegermutter für alle grässlich wird, in Erfüllung geht. Oder die Frau gibt nach. Aber sie zieht sich zurück und reagiert überempfindlich auf jede neue Änderung des Gesundheitszustands ihrer Mutter.

Sollte ihre Mutter noch kranker werden und sterben, könnte der Mann sich das nie verzeihen. Und die Frau würde es ihm auch nie verzeihen.

Ganz gleich, welchen Kompromiss sie finden: Er könnte beiden Seiten jahrelang als Beweis für fehlendes Einfühlungsvermögen, für eine Vernachlässigung des Partners oder für das Setzen von falschen Prioritäten dienen. Er könnte zur ewigen Streitquelle werden und sogar die Familie spalten. Viele liebevolle Ehen sind durch eine Reihe von Ereignissen wie diesem bis zur Feindseligkeit verkümmert.

Der Mann und die Frau sehen die Situation unterschiedlich. Das kann sie spalten, trennen und einen Keil in ihre Beziehung treiben. Oder es kann sie näher zusammenbringen. Wenn sie die Prinzipien der effektiven Interdependenz verinnerlicht haben, gehen sie mit ihren Differenzen aus einem ganz anderen Paradigma heraus um. Ihre Kommunikation findet auf einer höheren Ebene statt.

Im Buddhismus heißt das »der mittlere Weg«. Dabei steht das Wort *mittlere* nicht für einen Kompromiss, sondern für etwas Höheres, wie die Spitze eines Dreiecks.

Wenn sie kommunizieren, spürt der Mann wirklich, dass seine Frau den tiefen Wunsch hat, bei ihrer Mutter zu sein. Er versteht, dass sie ihre Schwester entlasten will, die die Hauptverantwortung für die Pflege der Mutter trägt. Er versteht, dass sie tatsächlich nicht wissen, wie lange die Mutter noch leben wird. Und er versteht auch, dass die Mutter auf jeden Fall wichtiger ist als das Angeln.

Die Frau versteht zutiefst den Wunsch ihres Mannes, Zeit mit der Familie zu verbringen und den Söhnen diese Erfahrung möglich zu machen. Sie erkennt, dass schon eine Menge in Angelkurse und -ausrüstung für diesen Urlaub investiert worden ist. Und sie spürt auch, wie wichtig es ist, ihren Söhnen diese schönen Erlebnisse zu ermöglichen.

Also verbinden die Frau und der Mann ihre Wünsche. Sie stehen dabei nicht auf gegenüberliegenden Seiten des Problems. Sie sind auf einer Seite, betrachten das Problem, verstehen die Wünsche des anderen und arbeiten daran, eine dritte Alternative zu finden, die diese Bedürfnisse erfüllen wird.

»Vielleicht könnten wir in diesem Monat noch andere Tage finden, an denen du deine Mutter besuchen kannst«, schlägt er vor. »Ich könnte für das Wochenende den Haushalt und die Kinder übernehmen und für den Montag eine Hilfe suchen, sodass du fahren kannst. Ich weiß, dass es wichtig ist, dass du Zeit für deine Mutter hast. Oder vielleicht könnten wir auch in der Nähe deiner Mutter einen Platz zum Campen und Angeln finden. Die Gegend ist zwar nicht so schön. Aber wir könnten draußen sein und die Jungs wären nicht so eingesperrt. Wir könnten sogar ein paar gemeinsame Unternehmungen mit deiner Verwandtschaft planen. Das wäre dann sogar noch ein zusätzlicher Bonus.«

Sie schaffen Synergie. Sie kommunizieren so lange, bis sie eine Lösung finden, mit der sich beide wohlfühlen und die weitaus besser ist als die ursprünglichen Vorschläge. Sie ist auch besser als ein Kompromiss. Denn es handelt sich um eine synergetische Lösung, die P und PK zugleich aufbaut.

Das ist keine Transaktion, sondern eine Transformation. Beide bekommen, was sie wirklich wollen, und bauen in dem Prozess ihre Beziehung auf.

Die Unterschiede schätzen

Ob mental, emotional oder psychisch: Die Unterschiede zu schätzen, das ist die Quintessenz von Synergie. Der Schlüssel zu dieser Wertschätzung ist die folgende Erkenntnis: Jeder Mensch sieht die Welt nicht so, wie sie ist, sondern so, wie er ist.

Wenn ich denke, dass ich die Welt so sehe, wie sie ist, wozu sollte ich dann die Unterschiede schätzen? Warum sollte ich mich überhaupt mit jemandem beschäftigen, der offensichtlich auf dem Holzweg ist? Mein Paradigma ist, dass ich objektiv bin. Ich sehe die Welt, so wie sie ist. Alle anderen sind in den Einzelheiten gefangen. Nur ich habe den Überblick.

Wenn das mein Paradigma ist, werde ich nie effektiv interdependent. Ich werde nicht einmal effektiv unabhängig. Denn ich werde immer durch die Paradigmen meiner Konditionierung eingeschränkt sein.

Wer wirklich effektiv ist, hat die Bescheidenheit und die Demut, seine eigenen Wahrnehmungsgrenzen anzuerkennen. Ihm ist bewusst, dass durch die Interaktion mit dem Herzen und dem Verstand anderer Menschen wertvolle Ressourcen freigesetzt werden. Er schätzt die Unterschiede, da sie seinen Horizont erweitern und ihm helfen, die Wirklichkeit zu verstehen. Wenn wir uns einzig und allein auf unsere eigenen Erfahrungen verlassen, leiden wir unter einem permanenten Datenmangel.

Ist es überhaupt logisch, dass zwei Menschen uneins sein und dennoch beide recht haben können? Das ist nicht logisch: es ist *psychologisch*. Und es kommt häufig vor. Sie sehen die junge Dame; ich sehe die alte Frau. Wir betrachten beide dasselbe Bild und wir haben beide recht. Wir sehen dieselben schwarzen Linien und dieselben weißen Flächen. Aber wir interpretieren sie unterschiedlich, weil wir dazu konditioniert worden sind.

Aber wie können wir die Grenzen unserer ursprünglichen Konditionierung überschreiten? Dazu müssen wir die Unterschiede in unseren Wahrnehmungen schätzen, einander anerkennen und die Möglichkeit in Betracht ziehen, dass wir beide recht haben. Wir müssen uns klar machen, dass das Leben nicht nur aus Entweder-Oder besteht, sondern dass es fast immer dritte Alternativen gibt.

Alles, was ich sehe, ist die alte Frau. Aber mir ist bewusst, dass Sie etwas anderes sehen. Und ich schätze Sie. Ich schätze Ihre Wahrnehmung und ich will Sie wirklich verstehen.

Wenn ich die Unterschiede in unseren Wahrnehmungen schätze, sage ich: »Gut! Sie sehen das anders. Bitte helfen Sie mir, das zu sehen, was Sie sehen.«

Sobald zwei Leute der gleichen Ansicht sind, ist einer von beiden überflüssig. Es wird mir überhaupt nichts nützen, mit jemandem zu kommunizieren, der auch nur die alte Frau sieht. Ich möchte nicht mit jemandem reden, der mir zustimmt. Ich möchte mit Ihnen kommunizieren, weil Sie die Dinge anders sehen. Ich schätze diesen Unterschied.

Wenn ich das tue, erhöhe ich meine eigene Wahrnehmungsfähigkeit. Und ich bestätige Sie. Sie müssen Ihre Position nicht länger verteidigen. Ich gebe Ihnen psychische Luft und schaffe die Basis für Synergie.

Kraftfeld-Analyse

Synergie ist besonders wirksam im Umgang mit den negativen Kräften, die gegen Wachstum und Veränderung arbeiten.

Der Soziologe Kurt Lewin hat das Modell einer »Kraftfeld-Analyse« entwickelt. In diesem Modell definiert er jede bestehende Leistungs- oder Seinsebene als einen Zustand des Gleichgewichts zwischen den treibenden Kräften, die eine Aufwärtsbewegung unterstützen, und den hemmenden Kräften, die ihr entgegenwirken.

Treibende Kräfte sind im Allgemeinen positiv, vernünftig, logisch, bewusst und ökonomisch. Dagegen sind hemmende Kräfte oft negativ, emotional, unlogisch, unbewusst und sozial oder psychisch. Treibende wie hemmende Kräfte müssen im Umgang mit Veränderungen berücksichtigt werden.

Nehmen wir als Beispiel das Klima in einer Familie. Hier gibt es ein bestimmtes Niveau von positiver oder negativer Interaktion, von Sicherheit oder Unsicherheit darin, Gefühle auszudrücken und über Sorgen zu sprechen, oder von Achtung oder Missachtung in der Kommunikation der Familienmitglieder untereinander. Vielleicht wollen Sie dieses Niveau wirklich ändern. Sie möchten ein positiveres, respektvolleres, offeneres und vertrauensvolleres Klima schaffen. Dafür haben sie logische Gründe. Das sind die treibenden Kräfte, um das Niveau anzuheben.

Aber es reicht nicht aus, diese treibenden Kräfte zu verstärken. Denn ihnen stehen die hemmenden Kräfte gegenüber – beispielsweise das Konkurrenzdenken zwischen den Kindern, die unterschiedlichen Vorstellungen vom Familienleben, die Sie und Ihr Partner in die Ehe mitgebracht haben, die Gewohnheiten, die sich in der Familie entwickelt haben, die Arbeit oder andere Dinge, die Ihre Zeit und Energie beanspruchen.

Wenn Sie die treibenden Kräfte stärken, mag das eine Weile gute Ergebnisse bringen. Aber solange die hemmenden Kräfte vorhanden sind, wird es immer schwieriger. Es ist wie der Versuch, eine Feder herunterzudrücken: Je fester Sie drücken, desto schwieriger wird es. Bis die Feder plötzlich losschnellt und wieder den Ausgangszustand erreicht.

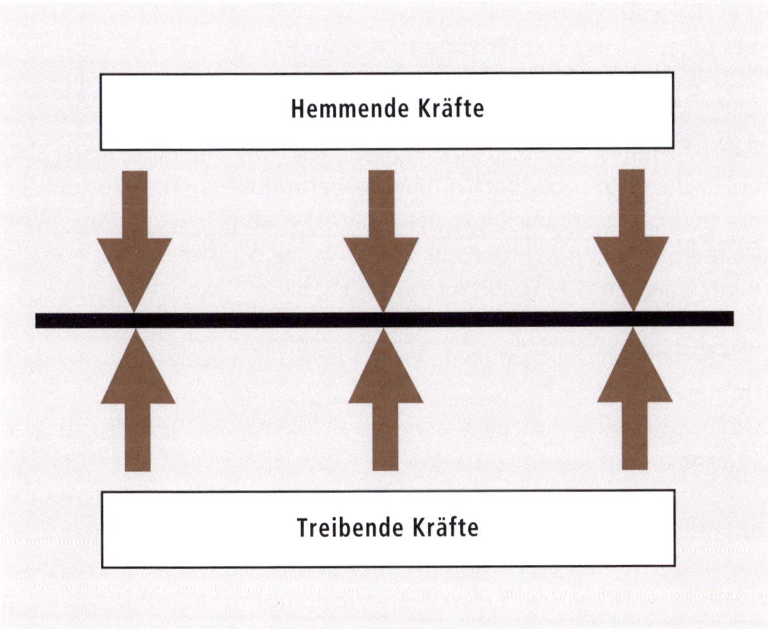

Der daraus entstehende Jo-Jo-Effekt gibt Ihnen nach einiger Zeit das Gefühl, dass Menschen eben »so sind, wie sie sind«, und dass es »zu schwierig ist, etwas zu ändern«.

Aber wenn Sie Synergie schaffen, nutzen Sie das Motiv des 4., die Fähigkeit des 5. und die Interaktion des 6. Weges, um direkt an den hemmenden Kräften zu arbeiten.

Sie schaffen eine Atmosphäre, in der es ungefährlich ist, über diese Kräfte zu sprechen. Sie gewinnen neue Einsichten, die diese hemmenden Kräfte in treibende Kräfte verwandeln. Sie beteiligen andere an diesem Problem. Dadurch bekommen sie das Gefühl, dass es ihr Problem ist. Dann werden sie in der Regel auch einen wichtigen Teil zur Lösung beitragen.

Das führt dazu, dass neue, gemeinsame Ziele geschaffen werden. Oft bewegt sich das ganze Unternehmen auf bisher unvorstellbare Weise nach oben. Die Freude, die dieser Aufwärtstrend mit sich bringt, schafft eine neue Kultur. Die Menschen, die daran beteiligt sind, fühlen sich einander verbunden. Zudem geben Ihnen das innovative Denken und die kreativen Alternativen, die sie gemeinsam entwickeln, frischen Schwung und neue Energie.

Ich war schon einige Male an Verhandlungen zwischen Leuten, die miteinander zerstritten waren, beteiligt. Sie hatten Anwälte engagiert, um ihre Positionen zu verteidigen. Das hat die Probleme aber nur noch weiter verschärft. Die zwischenmenschliche Kommunikation verkümmerte im Laufe des rechtlichen Prozesses immer mehr. Doch die Parteien meinten, sie hätten keine Alternative, als vor Gericht zu ziehen. Denn die Vertrauensebene war extrem niedrig.

»Hätten Sie Interesse daran, an einer Gewinn / Gewinn-Lösung zu arbeiten, mit der sich beide Parteien wirklich gut fühlen?«, fragte ich in solch einem Fall.

Die Antwort fiel meist positiv aus. Trotzdem hielten die meisten eine solche Lösung für unmöglich.

»Wenn die andere Partei auch dazu bereit ist, wären Sie dann damit einverstanden, wirklich miteinander zu kommunizieren?«

Wieder lautete die Antwort meist »ja«.

Die Ergebnisse waren fast immer erstaunlich. Probleme, die seit Wochen Gegenstand juristischer und psychischer Rangeleien waren, wurden in ein paar Stunden oder Tagen gelöst. Diese Lösungen hatten meist auch nichts mit den Vergleichen zu tun, die üblicherweise vor Gericht geschlossen werden. Sie waren synergetisch und viel besser als die Lösungen, die die beiden Parteien unabhängig voneinander vorgeschlagen hatten. Zudem blieben die Beziehungen in der Regel auch weiterhin bestehen – und das, obwohl anfänglich kaum Vertrauen vorhanden und der Riss zwischen den Parteien so tief war, dass beide Seiten davon ausgingen, er sei nicht mehr zu kitten.

Bei einem unserer Personalentwicklungsprogramme hat jemand von einem Fabrikanten berichtet, den ein langjähriger Industriekunde wegen mangelhafter Lieferungen verklagt hatte. Keine der beiden Parteien war auf die Kosten und Mühen einer gerichtlichen Auseinandersetzung erpicht. Allerdings sahen sie keinen anderen Ausweg. Zudem waren beide Seiten fest davon überzeugt, im Recht zu sein. Sie empfanden sich gegenseitig als vollkommen unfair, unmoralisch und unglaubwürdig.

Als sie begannen, den 5. Weg zu beschreiten, wurden zwei Dinge deutlich: Zum einen beruhten die anfänglichen Kommunikationsprobleme auf einem Missverständnis, das später durch Anschuldigungen und Gegenanschuldigungen verschärft wurde. Zum anderen hatten beide ursprünglich in gutem Glauben gehandelt.

Nachdem diese beiden Dinge offensichtlich wurden, konnte entsprechend der Prinzipien des 4., 5. und 6. Weges gehandelt werden. Das Problem war schnell gelöst. Die Beziehung besteht weiterhin und die Zusammenarbeit ist sehr erfolgreich.

Ein anderes Mal rief mich schon in aller Frühe ein Bauunternehmer an. Er war völlig verzweifelt. Die Bank wollte seine Firma zwangsversteigern, weil er seinen Zahlungsverpflichtungen nicht nachkam. Um das zu verhindern, klagte er gegen die Bank. Er brauchte weitere Mittel, um das Bauland fertig erschließen und dann vermarkten zu können. So hätte er seine Schulden bei der Bank bezahlen können. Doch solange er die fälligen Zahlungen nicht leistete, verweigerte ihm die Bank eine Aufstockung der Kredite. Es war das alte Problem von der Henne und dem Ei, das bei einer zu geringen Kapitaldecke immer wieder auftaucht.

Inzwischen war das Bauprojekt praktisch zum Stillstand gekommen. Auf den Straßen machte sich schon Unkraut breit. Die Eigentümer der wenigen bereits fertigen Häuser waren auf dem Kriegspfad, da sie um den Wert ihrer Immobilien fürchteten. Auch die Stadt war aufgebracht, weil das Projekt auf diesem »Filetgrundstück« hinter dem Zeitplan herhinkte und allmählich zum Schandfleck wurde. Die Bank und der Bauunternehmer hatten bereits Zehntausende von Dollar für Anwälte ausgegeben. Doch bis die Sache vor Gericht kam, würde es noch Monate dauern.

In seiner Verzweiflung erklärte der Bauunternehmer sich – wenn auch ungern – damit einverstanden, es mit den Prinzipien des 4., 5. und 6. Wegs zu versuchen. Er arrangierte eine Besprechung mit den Leuten von der Bank, die noch widerwilliger zustimmten.

Die Besprechung begann morgens um acht Uhr in einem Konferenzraum der Bank. Man konnte die Spannungen und das Misstrauen förmlich mit den Händen greifen. Der Anwalt der Bank hatte seine Mandanten dazu verdonnert, nichts zu sagen. Sie sollten lediglich zuhören und ihn reden lassen. So wollte er verhindern, dass etwas geschah, was die Position der Bank vor Gericht geschwächt hätte.

In den ersten anderthalb Stunden brachte ich beiden Parteien die Wege 4 bis 6 näher. Um 9.30 Uhr stellte ich mich an die Tafel und schrieb die Anliegen und Befürchtungen der Bank so auf, wie wir sie bis dahin verstanden hatten. Zunächst sagten die Leute von der Bank gar nichts. Doch je mehr wir erkennen ließen, dass wir Gewinn/Gewinn-Absichten hatten und versuchten, erst zu verstehen, desto mehr öffneten sie sich, um ihre Sicht der Dinge zu erläutern und zu klären.

Als sie anfingen, sich verstanden zu fühlen, änderte das Klima sich schlagartig. Ein Gefühl des Vorankommens und der Freude darüber, das Problem auf friedliche Weise lösen zu können, war deutlich spürbar. Trotz der Bedenken ihres Anwalts öffneten die Bankleute sich immer mehr. Sie äußerten sich sogar zu persönlichen Dingen. »Wenn die Besprechung zu Ende ist, wird unser Chef als Erstes wissen wollen, ob wir unser Geld bekommen haben. Was sollen wir ihm dann sagen?«

Um 11 Uhr waren die Bankleute noch immer überzeugt, dass sie im Recht waren. Aber sie fühlten sich verstanden und waren nicht mehr defensiv und übertrieben formell. An diesem Punkt waren sie offen genug, um sich die Sorgen und Nöte des Bauunternehmers anzuhören. Er schrieb seine Anliegen und Befürchtungen auf die andere Seite der Tafel. Das führte zu einem tieferen gegenseitigen Verstehen und der kollektiven Erkenntnis, dass die anfangs schlechte Kommunikation zu Missverständnissen und unrealistischen Erwartungen geführt hatte. Zudem wurde allen klar, dass eine Kommunikation unter den Vorzeichen von Gewinn / Gewinn die großen Probleme erst gar nicht hätte aufkommen lassen.

Das gemeinsame Empfinden des chronischen und des akuten Schmerzes bewirkte in Verbindung mit dem Gefühl, echte Fortschritte zu erzielen, dass alle weiter miteinander kommunizierten. Um 12 Uhr sollte die Besprechung eigentlich zu Ende sein. Doch alle Anwesenden waren positiv, kreativ und synergetisch und wollten weiter miteinander reden.

Den allerersten Vorschlag des Bauunternehmers betrachteten alle als Anfang eines Vorgehens im Geiste von Gewinn / Gewinn. Also schuf man Synergien und verbesserte ihn. Um 12.45 Uhr verließen der Bauunternehmer und zwei der Bankleute den Raum – mit einem Plan, den sie dem Hausbesitzerverband und der Stadt vorlegen wollten. Es gab dann zwar noch einige Entwicklungen, die das Ganze verkomplizierten. Dennoch konnte die Auseinandersetzung vor Gericht abgewendet und das Bauprojekt zu einem erfolgreichen Abschluss gebracht werden.

Ich will nicht sagen, dass man grundsätzlich nicht vor Gericht gehen sollte. Manchmal lässt sich das gar nicht vermeiden. Ich betrachte das Gericht aber als allerletzten Ausweg und nicht als erste Anlaufstelle. Selbst wenn es nur der Prävention dienen soll: Falls man diesen Weg zu früh beschreitet, führen die Angst und das Paradigma des Rechts oft zu Denk- und Handlungsprozessen, die nicht synergetisch sind.

Die Natur ist ganz und gar synergetisch

»Ökologie« ist ein Wort, das letztendlich die Schaffung von Synergie in der Natur beschreibt. Alles steht in Beziehung zu allem anderen. In dieser Beziehung entfalten die kreativen Kräfte ihre volle Wirkung. Die wahre Kraft der 7 Wege liegt ja ebenfalls nicht in den einzelnen Wegen, sondern in ihrer Beziehung zueinander.

Die Beziehung zwischen den Teilen ist auch die treibende Kraft bei der Schaffung einer synergetischen Kultur in der Familie oder im Unternehmen. Je mehr man eingebunden ist, je aufrichtiger und nachhaltiger man sich an der Analyse und Lösung der Probleme beteiligt, desto mehr wird die Kreativität jedes Einzelnen freigesetzt. Und je mehr der Einzelne sich einbringt, desto mehr fühlt er sich dem verpflichtet, was geschaffen wird. Meiner Ansicht nach ist genau das die Essenz des japanischen Wirtschaftsmodells, das den Weltmarkt so tief greifend verändert hat.

Synergie funktioniert. Sie ist die krönende Leistung aller bisherigen Prinzipien. Sie ist Effektivität in einer interdependenten Realität. Sie ist Teamarbeit und dient der Entwicklung von Einheit und Kreativität im Zusammenspiel mit anderen Menschen.

Sie können die Paradigmen der anderen oder den synergetischen Prozess an sich nicht kontrollieren. Dennoch liegt ein Großteil der

Synergie in Ihrem Einflussbereich. Mehr noch: Ihre eigene innere Synergie liegt ganz und gar in diesem Bereich. Sie können beide Seiten Ihrer Persönlichkeit respektieren – die analytische und die kreative. Sie können den Unterschied zwischen diesen Seiten schätzen und ihn nutzen, um Ihre Kreativität zu steigern.

In Ihrem Inneren können Sie sogar inmitten einer sehr feindlichen Umgebung synergetisch sein. Beleidigungen müssen Sie nicht persönlich nehmen und negativer Energie können Sie ausweichen. Außerdem können Sie nach dem Guten in anderen Ausschau halten und dieses Gute, so fremd es zunächst auch sein mag, einsetzen, um Ihre Perspektive zu erweitern.

In interdependenten Situationen können Sie den Mut aufbringen, offen zu sein. Sie können Ihre Gedanken, Gefühle und Erfahrungen in einer Art und Weise zum Ausdruck bringen, die andere ermutigt, ebenfalls offen zu sein.

Sie können die Verschiedenheit der Menschen respektieren. Wenn jemand anderer Meinung ist als Sie, dann können Sie sagen: »Gut! Sie sehen das anders.« Sie müssen ihm nicht zustimmen, aber Sie können seine Aussage einfach zur Kenntnis nehmen. Und Sie können versuchen, den anderen wirklich zu verstehen.

Sehen Sie nur zwei Alternativen – Ihre und die vermeintlich »falsche«? Dann können Sie nach einer synergetischen dritten Alternative suchen. Es gibt fast immer eine. Wenn Sie mit einer Gewinn/Gewinn-Philosophie arbeiten und wirklich verstehen wollen, werden Sie meist eine Lösung finden, die für alle Betroffenen besser ist.

Tipps zur praktischen Umsetzung

1. Denken Sie an jemanden, der die Dinge meist anders sieht als Sie. Überlegen Sie, wie diese Unterschiede als Meilensteine für dritte Alternativen dienen könnten. Vielleicht könnten Sie ihn um seine Meinung zu einem aktuellen Projekt oder Problem bitten. Wahrscheinlich werden seine Aussagen stark von Ihren Ansichten abweichen. Doch genau das könnte der Schlüssel für Synergie und eine dritte Alternative sein.

2. Erstellen Sie eine Liste mit Leuten, die Sie irritieren. Haben diese Leute einen völlig anderen Standpunkt als Sie? Was wäre, wenn Sie eine größere innere Sicherheit hätten und diese Unterschiede respektieren würden? Würde dann Synergie entstehen?
3. Gibt es eine Situation, in der Sie sich mehr Teamarbeit und Synergie wünschen? Welche Voraussetzungen müssten gegeben sein, damit Synergie entstehen kann? Was können Sie tun, um diese Voraussetzungen zu schaffen?
4. Versuchen Sie, bei der nächsten Auseinandersetzung oder Meinungsverschiedenheit die Anliegen zu verstehen, die der Position des anderen zugrunde liegen. Sprechen Sie diese Anliegen auf eine kreative und für beide Seiten zuträgliche Weise an.

VIERTER TEIL

Erneuerung

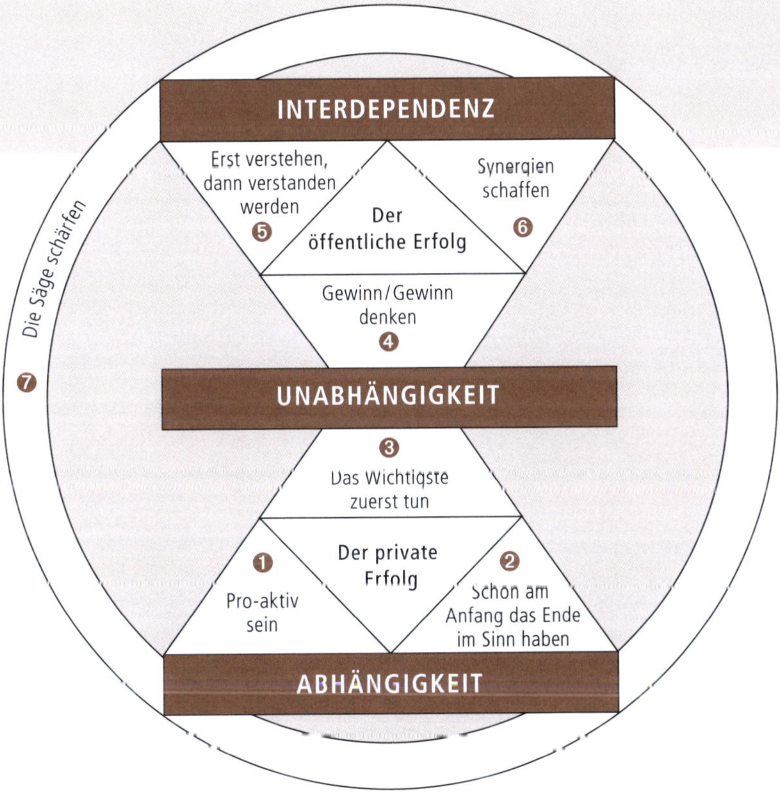

7. Weg
Die Säge scherfen

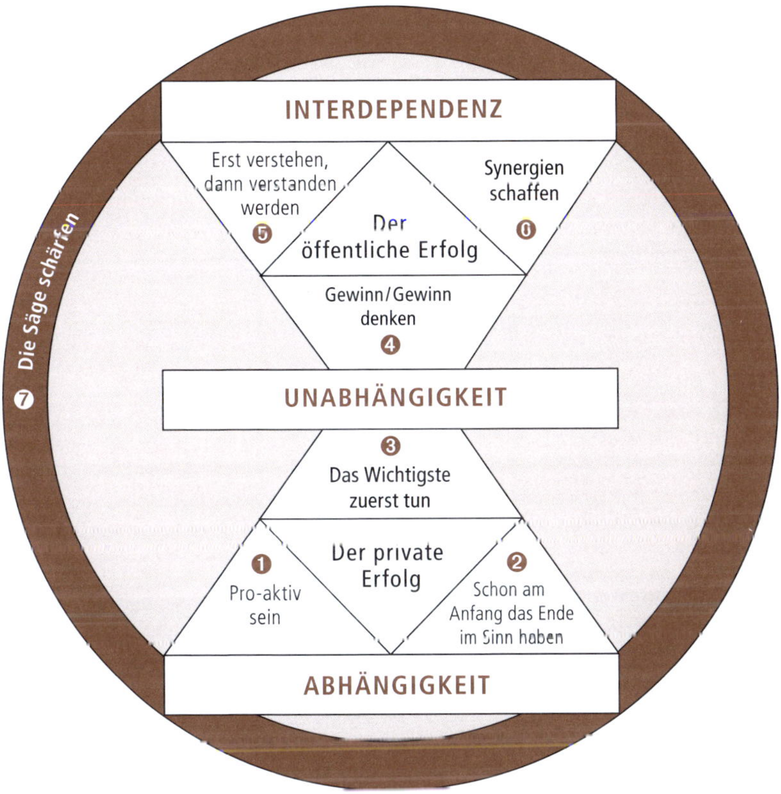

Prinzipien der ausgewogenen Selbsterneuerung

Wenn ich manchmal bedenke,
welch riesige Konsequenzen kleine Dinge haben …,
bin ich versucht zu glauben …,
dass es gar keine kleinen Dinge gibt.
Bruce Barton

Nehmen wir an, Sie laufen durch den Wald und treffen auf einen Mann, der fieberhaft daran arbeitet, einen Baum zu fällen.

»Was machen Sie denn da?«, fragen Sie.

»Das sehen Sie doch«, antwortet er ungeduldig. »Ich fälle diesen Baum.«

»Sie sehen erschöpft aus! Wie lange sägen Sie denn schon an diesem Baum?«

»Über fünf Stunden«, sagt er. »Und ich bin total k.o.! Das ist wirklich harte Arbeit.«

»Warum machen Sie dann nicht ein paar Minuten Pause und schärfen Ihre Säge? Ich bin sicher, dass Sie danach viel besser und viel schneller vorankommen werden.«

»Ich habe keine Zeit, die Säge zu schärfen«, sagt der Mann energisch. »Ich bin einfach zu sehr mit dem Sägen beschäftigt.«

Der 7. Weg bedeutet, sich Zeit zu nehmen, die Säge zu schärfen. Auf der 7-Wege-Grafik umkreist er die anderen sechs Gewohnheiten, denn durch ihn werden alle anderen erst möglich.

Vier Dimensionen der Erneuerung

Der 7. Weg betrifft die persönliche PK, die Erhaltung und Vermehrung Ihres wichtigsten Kapitals. Dieses Kapital sind Sie selbst. Dieser Weg dient der Erneuerung der vier Dimensionen Ihres Seins – der physischen, der spirituellen, der mentalen und der sozial / emotionalen.

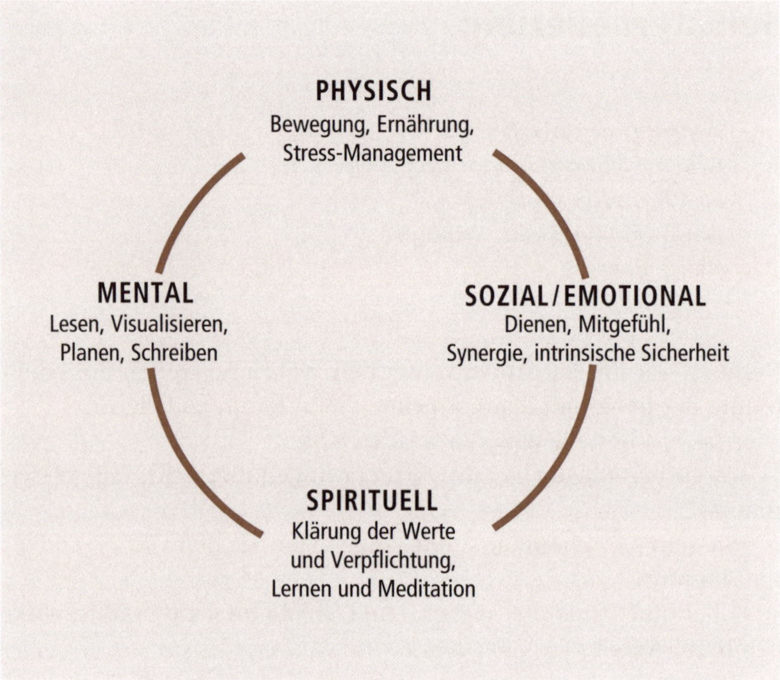

Obwohl unterschiedliche Begriffe benutzt werden, befassen sich die meisten Lebensphilosophien, Motivations- und Organisationstheorien explizit oder implizit mit diesen vier Dimensionen.

»Die Säge schärfen« bedeutet im Grunde, alle vier Dimensionen unseres Seins zu trainieren – regelmäßig, klug, konsequent und in ausgewogener Art und Weise.

Um die Säge zu schärfen, müssen wir pro-aktiv sein. Sich die Zeit dazu zu nehmen, ist ganz eindeutig eine Quadrant-II-Aktivität. Und dieser Quadrant verlangt, dass wir handeln. Quadrant I hingegen beherrscht uns. Durch seine Dringlichkeit zwingt er uns zu reagieren. Er setzt uns ständig unter Druck. Wir müssen für ein persönliches P/PK-Gleichgewicht sorgen, bis es uns zur zweiten Natur wird, zu einer Art gesunder Sucht. Da das im Zentrum unseres Einflussbereichs steht, kann uns das niemand abnehmen. Wir müssen es selbst tun.

Das ist die größte Einzelinvestition, die wir im Leben vornehmen können. In uns selbst zu investieren, in das einzige Instrument, das wir haben, um mit dem Leben umzugehen und einen einzigartigen Beitrag zu leisten. Wenn wir wirklich effektiv sein wollen, müssen wir uns regelmäßig Zeit nehmen, um unsere Säge in allen vier Dimensionen zu schärfen.

Die physische Dimension

Zur physischen Dimension gehört, dass wir effektiv für unseren Körper sorgen – uns richtig ernähren, uns ausreichend Ruhe und Entspannung gönnen und uns regelmäßig Bewegung verschaffen.

Körperliche Bewegung ist eine der Quadrant-II-Aktivitäten, die viele von uns vernachlässigen, weil sie nicht dringlich ist. Da wir das tun, finden wir uns früher oder später in Quadrant I wieder. Hier haben wir dann mit den gesundheitlichen Problemen und Krisen zu kämpfen, die eine natürliche Konsequenz dieser Vernachlässigung sind.

Die meisten von uns glauben, dass sie keine Zeit für Sport oder Bewegung hätten. Was für ein verzerrtes Paradigma! Wir haben keine Zeit, uns Zeit zu nehmen. Wir sprechen hier von drei bis sechs Stunden in der Woche oder von einem Minimum von 30 Minuten jeden zweiten Tag. Das ist nicht allzu viel, wenn man bedenkt, welche positiven Auswirkungen diese Zeit auf die übrigen 162 bis 165 Stunden der Woche hat.

Die Erneuerung der physischen Dimension bedeutet vor allem, regelmäßig Sport zu treiben und unseren Körper so zu trainieren, dass wir fit, leistungsfähig und gesund bleiben.

Bei der Erstellung unseres Fitnessprogramms müssen wir mit Bedacht vorgehen. Diejenigen, die bisher überhaupt nichts für ihre körperliche Fitness getan haben, neigen oft dazu, sich zu viel zuzumuten. Das kann Schmerzen, Verletzungen und sogar dauerhafte Schäden hervorrufen. Deshalb sollten Sie es langsam angehen. Wie Ihr individuelles Fitnessprogramm auch immer aussehen mag: Achten Sie darauf, dass es im Einklang mit den neuesten Forschungsergebnissen, dem Rat Ihres Arztes und Ihrer eigenen Selbstwahrnehmung steht.

Wenn Sie bisher gar nichts für Ihre Fitness getan haben, wird Ihr Körper sich zunächst gegen diese Anstrengung wehren. Zuerst wird Ihnen Ihr Fitnessprogramm nicht gefallen. Vielleicht werden Sie es sogar hassen. Seien Sie pro-aktiv. Machen Sie's trotzdem.

Und was ist, wenn es an dem Morgen, an dem Sie joggen wollen, regnet? Dann sagen Sie sich einfach: »Oh, gut! Es regnet! Da kann ich nicht nur meinen Körper, sondern auch meine Willenskraft stärken!«

Sie haben es hier nicht mit Schnellreparaturen zu tun. Dies ist eine Quadrant-II-Aktivität, die auf Dauer phänomenale Ergebnisse bringen wird. Fragen Sie jeden, der regelmäßig Sport treibt. Wenn Sie die Fähigkeit Ihres Körpers steigern, anstrengende Dinge zu tun, werden die normalen Aktivitäten viel angenehmer und leichter. Sie werden nachmittags viel mehr Energie haben. Die Erschöpfung, die Ihnen bisher das Gefühl gab, »zu müde« zu sein, um sich Bewegung zu verschaffen, wird zu einer Energie, die Ihnen bei allem, was Sie tun, Kraft gibt.

Der größte Bonus der regelmäßigen Bewegung wird die Entwicklung Ihrer Muskeln für den 1. Weg der Pro-Aktivität sein. Sie werden nicht länger auf all die Dinge reagieren, die Sie vom Sport abhalten. Stattdessen kümmern Sie sich gut um sich und Ihr körperliches Wohlbefinden. Und das wird sich positiv auf Ihr Paradigma von sich selbst, Ihre Selbstachtung, Ihr Selbstvertrauen und Ihre Integrität auswirken.

Die spirituelle Dimension

Die spirituelle Dimension zu erneuern, verleiht Ihrem Leben Führung. Das hat viel mit dem 2. Weg zu tun.

Die spirituelle Dimension ist Ihr Kern, Ihr Zentrum, Ihr persönliches Wertesystem. Dies ist ein sehr privater und äußerst wichtiger Lebensbereich. Dieser Lebensbereich ermöglicht Ihnen den Zugang zu den Quellen, die Sie inspirieren und erheben. Zudem verbindet er Sie mit den zeitlosen Wahrheiten der gesamten Menschheit. Das können Sie auf verschiedenste Weise erreichen – beispielsweise durch Gebete oder Meditation. Manchen Menschen bringt die Literatur oder die Musik eine Erneuerung der Seele. Andere finden sie in der Natur. Die Natur schenkt allen, die sich ihr öffnen, ihren eigenen Segen. Wenn Sie den Lärm und den Trubel der Stadt hinter sich lassen und in die Harmonie und den Rhythmus der Natur eintauchen, kommen Sie gestärkt und erneuert zurück. Für eine Weile kann Ihnen nichts etwas anhaben. Doch allmählich dringen der Krach und der Missklang von draußen wieder in dieses Gefühl des inneren Friedens ein.

Arthur Gordon lässt uns in einer kleinen Geschichte an der wundervollen, sehr intimen Erfahrung seiner eigenen spirituellen Erneuerung teilhaben. Sie trägt den Titel »The Turn of the Tide«. Auf Deutsch bedeutet das »Gezeitenwechsel« – im wörtlichen wie im übertragenen Sinn. Arthur Gordon erzählt von einer Zeit in seinem Leben, in der er das Gefühl hatte, dass alles fad und abgestanden war. Seine Motivation war auf dem Nullpunkt. Er brachte nichts Vernünftiges mehr zu Papier. Und es wurde von Tag zu Tag schlimmer.

Irgendwann beschloss er, sich von einem Arzt helfen zu lassen. Der konnte keine körperliche Erkrankung finden. Deshalb fragte er seinen Patienten, ob er in der Lage sei, einen Tag lang seine Anweisungen zu befolgen.

Gordon bejahte das. Daraufhin sagte der Arzt, er solle den nächsten Tag dort verbringen, wo er als Kind am glücklichsten war. Er dürfe etwas zu essen mitnehmen, aber mit niemandem sprechen und auch nicht lesen, schreiben oder Radio hören. Dann stellte er vier Rezepte aus, steckte sie einzeln in Umschläge und wies Gordon an, sie um 9, 12, 15 und 18 Uhr zu öffnen.

»Ist das Ihr Ernst?«, fragte Gordon.

»Wenn Sie meine Rechnung bekommen, werden Sie nicht mehr denken, dass ich einen Scherz mache!«

Also fuhr Gordon am nächsten Morgen zum Strand. Als er das erste Rezept öffnete, las er: »Hören Sie genau zu!« Der Arzt musste verrückt sein! Wie sollte er hier am Strand drei Stunden lang zuhören können? Doch er hatte sich ja dazu bereiterklärt, die Anweisungen des Arztes zu befolgen. Daher hörte er zu. Er hörte das Rauschen des Meeres und das Geschrei der Vögel. Nach einiger Zeit konnte er auch die anderen Laute hören, die zunächst nicht in sein Bewusstsein gedrungen waren. Als er zuhörte, begann er, an das zu denken, was das Meer ihn in seiner Kindheit gelehrt hatte: Geduld, Respekt und die Erkenntnis, dass alles interdependent ist. Er fing an, den Lauten und der Stille zu lauschen. Allmählich empfand er immer mehr Frieden.

Mittags öffnete er das zweite Rezept. Darauf stand: »Versuchen Sie zurückzukehren!« »Wohin denn?«, fragte er sich. Vielleicht in seine Kindheit? Vielleicht zu seinen Erinnerungen an glückliche Zeiten? Er dachte über seine Vergangenheit nach, über die vielen kleinen Augenblicke der Freude. Er versuchte, sich genau daran zu erinnern. Dabei stieg eine Wärme in ihm auf, die immer intensiver wurde.

Um 15 Uhr las er das dritte Rezept. Die beiden ersten »Medikamente« hatte er leicht einnehmen können. Doch bei diesem war das anders.

»Gehen Sie Ihren Motiven auf den Grund!« Zuerst war er ziemlich defensiv. Erfolg, Anerkennung, Sicherheit: Er dachte an das, was er wollte und rechtfertigte es. Dann aber kam ihm plötzlich der Gedanke, dass diese Motive nicht ausreichten und dass darin die Antwort auf seine Situation, auf den Stillstand in seinem Leben liegen könnte. Er beleuchtete seine Motive eingehend. Dabei dachte er an sein früheres Glück. Und da erkannte er die Antwort – endlich!

»Es traf mich wie ein Blitz!«, schreibt er. »Plötzlich wusste ich mit unumstößlicher Sicherheit, dass nichts richtig sein kann, wenn unsere Motive falsch sind. Es spielt keine Rolle, ob man Postbote ist, Friseur, Versicherungsvertreter oder Hausfrau ... Solange wir das Gefühl haben, anderen zu dienen, machen wir unsere Arbeit gut. Wenn es uns aber nur darum geht, dass etwas für uns selbst herausspringt, machen wir sie nicht so gut. Dieses Gesetz ist so unerbittlich wie die Schwerkraft!«

Als es 18 Uhr wurde, brauchte er nicht lange, um die letzte Anweisung zu befolgen. Sie lautete: »Schreiben Sie Ihre Sorgen in den Sand!« Er kniete nieder und schrieb mit dem Rand einer zerbrochenen Muschel einige Worte. Dann wendete er sich ab und ging weg. Er blickte nicht zurück. Denn er wusste, dass die Flut kommen würde.

Für unsere spirituelle Erneuerung müssen wir Zeit investieren. Sie ist aber eine Quadrant-II-Aktivität, für deren Vernachlässigung wir eigentlich keine Zeit haben.

Martin Luther soll gesagt haben: »Heute habe ich so viel zu tun, dass ich eine weitere Stunde auf den Knien verbringen muss.« Für ihn war das Gebet keine reine Pflichtübung, sondern eine Kraftquelle, die seine Energien freisetzte und vervielfachte.

Ein fernöstlicher Zen-Meister war dafür bekannt, dass er selbst unter größtem Druck stets von höchster Gelassenheit und großem Frieden umgeben war. Als er gefragt wurde, wie das möglich sei, meinte er: »Ich verlasse nie den Ort, an dem ich meditiere.« Er meditierte jeden Morgen in aller Frühe und trug den Frieden dieser stillen Augenblicke den ganzen Tag über in seinem Herzen mit sich.

Was ich Ihnen damit sagen will? Wenn wir uns die Zeit nehmen, das Führungszentrum unseres Lebens – das, was letztendlich der Sinn unseres Lebens ist – zu ergründen, breitet es sich wie ein Schirm über alles andere aus. Es erneuert uns und schenkt uns frische Kraft und positive Energie. Das gilt ganz besonders, wenn wir uns diesem Zentrum wieder verpflichten.

Deshalb glaube ich, dass ein persönliches Leitbild ungeheuer wichtig ist. Wenn wir unser Zentrum und den höheren Sinn unseres Lebens wirklich verstehen, können wir uns immer wieder damit befassen und uns darauf verpflichten. Bei unserer täglichen spirituellen Erneuerung können wir die Geschehnisse des Tages im Einklang mit unseren Werten visualisieren und verarbeiten.

Die mentale Dimension

Ein Großteil unseres Wissens und unserer geistigen Weiterentwicklung beruht auf unserer Schulbildung. Doch viele Menschen lassen ihren Geist vertrocknen, sobald sie nicht mehr gezwungen sind, eine Schule oder Universität zu besuchen. Wir lesen nicht mehr ernsthaft, erforschen keine wirklich neuen Themen außerhalb unseres Tätigkeitsbereichs, denken nicht analytisch und schreiben nicht – jedenfalls nicht in einer Weise, die unsere Fähigkeit auf die Probe stellt, uns in klarer, präziser und knapper Sprache auszudrücken. Stattdessen verbringen wir unsere Zeit vor dem Fernseher oder dem Computer. Manche verbringen deutlich mehr Zeit vor dem Bildschirm als am Arbeitsplatz oder in der Schule. Fernsehen, Internet und neue Medien haben den mächtigsten sozialisierenden Einfluss in unserem Leben. Wir sind all den Werten und Vorbildern ausgesetzt, die uns hier vermittelt werden. Das kann uns auf sehr subtile und unmerkliche Weise stark beeinflussen.

Weisheit im Umgang mit dem Fernsehen, dem Internet und den neuen Medien erfordert das effektive Selbstmanagement des 3. Weges. Das ermöglicht es Ihnen, Ihren Medienkonsum auf die Dinge zu beschränken, die wirklich sinnvoll sind.

Wir haben in unserer Familie beispielsweise das Fernsehen auf etwa sieben Stunden in der Woche begrenzt. Der Fernseher läuft also durchschnittlich nur eine Stunde pro Tag. Wir haben den Familienrat einberufen und darüber gesprochen, welche Auswirkungen das Fernsehen auf das Familienleben hat. Die ganze Familie hat offen miteinander diskutiert. Keiner musste eine Abwehrhaltung einnehmen oder seine Argumente verteidigen. Dadurch haben alle erkannt, dass die Abhängigkeit von einer bestimmten Serie oder Unterhaltungssendung einer Suchtkrankheit gleicht.

Ich bin dankbar für das Fernsehen und die vielen qualitativ hochwertigen Bildungs- und Unterhaltungsprogramme. Sie können unser Leben bereichern und auf bedeutsame Weise zu unseren Zwecken und Zielen beitragen. Allerdings gibt es auch zahlreiche Programme, mit denen wir lediglich unsere Zeit und unseren Verstand verschwenden. Manche üben sogar einen negativen Einfluss auf uns aus.

Genau wie der Körper ist auch der Fernseher ein guter Diener, aber ein schlechter Herr. Deshalb ist es wichtig, dass wir uns an den 3. Weg halten und durch effektives Selbstmanagement dafür sorgen, dass wir bei der Verwirklichung unseres Leitbilds alle Ressourcen ausschöpfen.

Bildung – eine kontinuierliche Schärfung und Erweiterung unseres Verstands – ist eine lebenswichtige mentale Erneuerung. Manchmal beinhaltet sie die äußere Disziplin des Klassenzimmers oder systematisierter Lernprogramme. Meist ist das jedoch nicht der Fall. Doch pro-aktive Menschen finden immer einen Weg, um sich weiterzubilden.

Wollen Sie Ihren Horizont beständig erweitern? Dann machen Sie es sich zur Gewohnheit, regelmäßig gute Literatur zu lesen. Das ist eine weitere wirkungsvolle Quadrant-II-Aktivität und der beste Weg, um Ihr Wissen kontinuierlich auszubauen. Beim Lesen können Sie in die besten Köpfe, die es heute gibt oder je in der Welt gegeben hat, hineinschlüpfen. Ich empfehle, zunächst mit einem Buch pro Monat zu beginnen. Dann steigern Sie sich langsam und lesen alle vierzehn Tage ein Buch und schließlich eins pro Woche. Wie heißt es so schön: »Wer nicht liest, ist nicht besser dran als einer, der nicht lesen kann.«

Auch das Schreiben ist eine äußerst effektive Möglichkeit, die geistige Säge zu schärfen. Ein Tagebuch über unsere Gedanken, Erfahrungen, Einsichten und Lernerfolge zu führen, fördert unsere geistige Klarheit, die Genauigkeit unserer Wahrnehmung und unsere Einsicht in die Zusammenhänge. Wenn Sie Ihre Fähigkeit, klar zu denken, etwas vernünftig zu erörtern und effektiv verstanden zu werden, steigern wollen, dann können Sie auch Briefe schreiben. Hier sind gute Briefe gemeint. Briefe, die auf der tieferen Ebene der Gedanken, Gefühle und Vorstellungen kommunizieren und nicht auf der oberflächlichen Ebene von Ereignissen.

Andere Formen der mit dem 2. und 3. Weg verbundenen mentalen Erneuerung sind Organisation und Planung. Es geht darum, dass Sie schon am Anfang das Ende im Sinn haben und mental in der Lage sind, die gewünschten Ergebnisse durch entsprechende Organisation zu erreichen. Zudem können Sie die Visualisierungs- und Vorstellungskraft Ihres Verstandes trainieren. Das hilft Ihnen, schon von Anfang an das Ziel und auch die ganze Reise – nicht unbedingt in Form der einzelnen Schritte, aber doch zumindest in Form der Prinzipien – sehen zu können.

Das Schärfen der Säge in den ersten drei Dimensionen – der physischen, der spirituellen und der mentalen – nenne ich den »täglichen privaten Erfolg«. Es heißt, dass Kriege im Zelt des Generals gewonnen werden. Deshalb empfehle ich Ihnen, für Ihren privaten Erfolg jeden Tag eine Stunde aufzuwenden – eine Stunde am Tag, Ihr ganzes Leben lang!

Die sozial / emotionale Dimension

Die physische, die spirituelle und die mentale Dimension sind eng mit dem 1., 2. und 3. Weg verknüpft und auf die Prinzipien von persönlicher Vision, Führung und Management ausgerichtet. Dahingegen gehört die sozial / emotionale Dimension zum 4., 5. und 6. Weg und ist auf die Prinzipien von zwischenmenschlicher Führung, einfühlender Kommunikation und kreativer Kooperation ausgerichtet.

Unser emotionales Leben basiert in erster Linie auf unseren sozialen Beziehungen. Daher sind die sozialen und emotionalen Dimensionen unseres Lebens kaum voneinander zu trennen.

Um unsere physische, spirituelle und mentale Dimension zu erneuern, müssen wir Zeit einplanen. Bei der sozial/emotionalen Dimension sieht das etwas anders aus. Hier können wir in unseren alltäglichen Interaktionen mit anderen Menschen für eine Erneuerung sorgen. Allerdings erfordert das etwas Übung. Vielleicht müssen wir uns auch selbst den Anstoß dazu geben. Denn viele von uns haben noch nicht die Ebene des privaten Erfolgs erreicht und die Fähigkeiten zum öffentlichen Erfolg errungen, die für den 4., 5. und 6. Weg und für gelungene soziale Interaktionen notwendig sind.

Nehmen wir einfach einmal an, dass Sie eine Schlüsselrolle in meinem Leben spielen. Vielleicht sind Sie mein Chef, mein Mitarbeiter, mein Kollege, mein Freund, mein Nachbar, mein Ehepartner, mein Kind oder ein Mitglied meiner erweiterten Familie. Auf jeden Fall sind Sie jemand, mit dem ich interagieren will oder muss. Wir müssen zusammenarbeiten, miteinander kommunizieren, gemeinsam über wichtige Dinge reden, Ziele erreichen oder Probleme lösen. Allerdings sehen wir die Dinge unterschiedlich. Wir schauen nicht durch die gleiche Brille. Sie sehen die junge Dame, ich die alte Frau.

Also halte ich mich an den 4. Weg. Ich komme zu Ihnen und sage:

»Ich habe bemerkt, dass wir diese Situation auf unterschiedliche Weise angehen. Warum vereinbaren wir nicht, miteinander zu kommunizieren, bis wir eine Lösung finden, mit der wir uns beide wohlfühlen? Wären Sie dazu bereit?« Die meisten Leute würden das bejahen.

Dann gehe ich zum 5. Weg über. »Ich möchte Ihnen erst zuhören.« Ich habe nicht die Absicht, gleich zu antworten. Stattdessen höre ich Ihnen einfühlend zu, um Ihre Sicht der Sache wirklich zu verstehen. Mir geht es zunächst einmal darum, dass ich Ihren Standpunkt ebenso gut erklären kann wie Sie selbst. Erst dann konzentriere ich mich darauf, Ihnen meinen eigenen Standpunkt zu vermitteln, sodass Sie ihn ebenfalls verstehen können.

Wir haben uns darauf verpflichtet, nach einer Lösung zu suchen, mit der wir uns beide wohlfühlen. Zudem verstehen wir den Standpunkt des jeweils anderen jetzt wirklich. Auf dieser Grundlage gehen wir zum 6. Weg über: Wir arbeiten gemeinsam daran, für unsere Meinungsverschiedenheiten Lösungen zu finden. Wir suchen nach einer dritten Alternative. Diese Alternative ist nach Ihrer und meiner Ansicht weitaus besser, als alle Lösungen, die Sie und ich ursprünglich vorgeschlagen haben.

Erfolg beim 4., 5. und 6. Weg ist weniger eine Frage des Intellekts. Vielmehr ist er eine Sache der Emotionen. Er ist eng mit unserem Gefühl der persönlichen Sicherheit verbunden. Wenn unsere persönliche Sicherheit aus uns selbst stammt, sind wir stark genug, um die Wege des öffentlichen Erfolgs umzusetzen. Was aber, wenn wir emotional unsicher sind? Dann kann uns allein der Gedanke an die soziale Interaktion mit Menschen, die über entscheidende Punkte des Lebens anderer Ansicht sind als wir selbst, in Angst und Schrecken versetzen. Selbst wenn wir intellektuell sehr reif sind, haben wir Scheu davor, den 4., 5. und 6. Weg zu beschreiten.

Aber woher kommt die persönliche Sicherheit? Sie stammt nicht aus dem, was andere über uns denken oder wie sie uns behandeln.

Persönliche Sicherheit beziehen wir auch nicht aus den Skripten, die andere uns ausgehändigt haben. Sie basiert nicht auf unserer gesellschaftlichen Position oder den äußeren Umständen. Persönliche Sicherheit ist intrinsisch. Sie kommt von innen. Wir beziehen sie aus allgemeingültigen Paradigmen und korrekten Prinzipien, die tief in unserem Verstand und in unserem Herzen verankert sind. Wir gewinnen Sie aus der Übereinstimmung von Innen und Außen, aus einem Leben voller Integrität, in dem unsere täglichen Gewohnheiten unsere tiefsten Werte spiegeln.

Ich bin überzeugt, dass ein Leben voller Integrität die wichtigste Quelle für unser Selbstwertgefühl ist. Die populäre Erfolgsliteratur sieht das jedoch ganz anders. Für sie ist Selbstachtung in erster Linie eine Sache der Mentalität. Deshalb geht sie davon aus, dass uns eine entsprechende geistige Einstellung zu innerem Frieden verhelfen kann. Das ist meiner Meinung nach nicht richtig.

Innerer Friede stellt sich ein, wenn unser Leben im Einklang mit wahren Prinzipien und Werten steht – sonst nicht! Auch ein effektives interdependentes Leben verleiht uns innere Sicherheit. Das Wissen, dass es Gewinn / Gewinn-Lösungen gibt, dass das Leben nicht immer eine Frage von »Entweder-Oder« ist, dass man fast immer dritte Alternativen finden kann, die beiden Seiten zum Vorteil gereichen, dass wir aus unserem eigenen Bezugsrahmen heraustreten können, ohne ihn aufzugeben, dass wir andere Menschen wirklich verstehen können, stärkt unser Selbstwertgefühl. Zudem stellt sich persönliche Sicherheit ein, wenn wir authentisch, kreativ und kooperativ mit anderen Menschen interagieren und dabei die positiven Auswirkungen dieser interdependenten Gewohnheiten am eigenen Leib erfahren.

Unser Selbstwertgefühl kann auch daraus resultieren, dass wir anderen dienen und ihnen auf bedeutsame Weise helfen. Eine wichtige Quelle für unser Selbstwertgefühl ist zudem unsere Arbeit. Wenn wir sehen, dass wir Beiträge leisten, kreativ sind und etwas Wichtiges bewirken können, gibt uns das eine hohe innere Sicherheit. Eine andere Quelle ist das anonyme Dienen. Wir tun etwas für andere, von dem niemand weiß und vielleicht auch nie jemand erfahren wird. Denn darum geht es auch gar nicht. Einfluss, nicht Anerkennung ist unser Motiv, um das Leben anderer Menschen besser, reicher und erfüllender zu machen.

Ausgewogenheit in der Erneuerung

Ob physisch, spirituell, mental oder sozial / emotional: Der Selbsterneuerungsprozess muss sich gleichmäßig über alle vier Dimensionen erstrecken.

Natürlich ist eine Erneuerung in jeder einzelnen Dimension wichtig. Richtig effektiv wird sie aber erst, wenn wir alle vier Dimensionen gleichermaßen im Blick haben. Mehr noch. Sobald wir einen Bereich vernachlässigen, hat das negative Auswirkungen auf alle anderen.

Das gilt nicht nur für den einzelnen Menschen, sondern auch für Organisationen. In einem Unternehmen kommt die physische Dimension in ökonomischen Begriffen zum Ausdruck. Die mentale und auch die psychische Dimension hat mit dem Erkennen, der Entwicklung und dem Einsatz von Talent zu tun. Die sozial / emotionale Dimension betrifft die menschlichen Beziehungen und die Art, wie man mit anderen umgeht. In der spirituellen Dimension geht es darum, der Organisation Sinn und Bedeutung zu verleihen. Der Schlüssel dazu sind der Unternehmenszweck, die Beiträge des Unternehmens und die Integrität in der Organisation.

Werden ein oder mehrere Bereiche vernachlässigt, hat das negative Auswirkungen auf das gesamte Unternehmen. Die kreativen Energien, die zu enormer positiver Synergie führen könnten, verkehren sich ins Gegenteil. Sie werden verwendet, um gegen die Organisation zu kämpfen. Dann hemmen Sie das Wachstum und die Produktivität. Ich habe Organisationen kennengelernt, deren einziges Bestreben ökonomischer Natur war. Es ging ihnen ausschließlich darum, Geld zu verdienen. Gewöhnlich machen sie dieses Ziel nicht publik. Manchmal geben sie sogar etwas anderes bekannt. Aber in Wahrheit haben Sie nur einen einzigen Wunsch – Profit zu machen!

Abteilungsrivalitäten, defensive und abwehrende Kommunikation oder Befehlston und taktische Spielchen: Wann immer ich auf diese Profitgier stoße, treffe ich auch auf eine negative Firmenkultur.

Ohne Gewinne ist kein effektives Wachstum möglich. Doch Geld allein ist noch lange kein hinlänglicher Grund für die Existenz eines Unternehmens. Wir können nicht leben, ohne zu essen. Aber wir leben nicht, um zu essen.

Am anderen Ende des Spektrums habe ich Organisationen gesehen, die sich fast ausschließlich auf die sozial / emotionale Dimension ausgerichtet hatten. In gewissem Sinne sind sie eine Art soziales Experiment. In ihrem Wertesystem spielt die Wirtschaftlichkeit keine Rolle. Sie haben keinen Maßstab für ihre ökonomische Effektivität. Das führt dazu, dass sie am Markt nicht überleben können.

Ich habe auch viele Organisationen kennengelernt, die bis zu drei Dimensionen entwickelt haben. Vielleicht haben sie gute Service-Kriterien, gute ökonomische Kriterien und gute Beziehungs-Kriterien. Aber sie sind nicht wirklich darauf ausgerichtet, die Talente ihrer Mitarbeiter zu erkennen, zu entwickeln und zu nutzen. Wenn diese psychischen Kräfte fehlen, wird der Führungsstil autokratisch. Die Führungskräfte üben Macht und Kontrolle aus. Das führt zu kollektivem Widerstand, Feindseligkeit, hoher Personalfluktuation und anderen schwerwiegenden chronischen Problemen in der Firmenkultur.

Effektivität erfordert individuell wie in Organisationen die ausgewogene Entwicklung und Erneuerung aller vier Dimensionen. Jede Dimension, die vernachlässigt wird, wird negative Kräfte wecken, die sich negativ auf Effektivität und Wachstum auswirken. Oder anders gesagt: Menschen und Organisationen, die jeder dieser vier Dimensionen und ihren Grundsätzen ausreichend Beachtung schenken, schaffen dadurch einen starken Rahmen für eine ausgewogene Erneuerung.

Synergie in der Erneuerung

Ausgewogene Erneuerung ist enorm synergetisch. Sie führt zu einer positiven Kettenreaktion: Alle Dimensionen sind eng miteinander verbunden. Deshalb hat alles, was Sie in einem Bereich unternehmen, um die Säge zu schärfen, positiven Einfluss auf alle anderen. Ihre physische Gesundheit hat Auswirkungen auf Ihre mentale Gesundheit; Ihre spirituelle Kraft beeinflusst Ihre sozial / emotionale Kraft. Wenn Sie sich in einer Dimension verbessern, steigern Sie auch Ihre Fähigkeiten in den anderen Bereichen.

Die 7 Wege zur Effektivität schaffen eine optimale Synergie zwischen diesen Dimensionen. Erneuerung in jeder einzelnen Dimension steigert Ihre Fähigkeit, mindestens einen der 7 Wege zu beschreiten und zu leben. Obwohl die 7 Wege nach einer bestimmten Reihenfolge geordnet sind, herrscht eine hohe Synergie zwischen ihnen. Wenn Sie sich in einem der 7 Wege verbessern, steigt gleichzeitig Ihre Fähigkeit, auch die anderen zu leben.

Je pro-aktiver Sie sind (1. Weg), desto effektiver werden Ihre persönliche Führung (2. Weg) und Ihr Selbstmanagement (3. Weg). Je besser Sie sich und Ihr Leben managen (3. Weg), desto effektiver können Sie sich Ihren Quadrant-II-Aktivitäten widmen (4. Weg). Je mehr Sie erst zu verstehen versuchen (5. Weg), desto effektiver können Sie auf synergetische Gewinn / Gewinn-Lösungen zusteuern (4. Weg). Je besser Sie eines der Prinzipien beherrschen, die zu Unabhängigkeit führen (1., 2. und 3. Weg), desto effektiver werden Sie in interdependenten Situationen sein (4., 5. und 6. Weg). Je mehr Sie auf eine ausgewogene Erneuerung aller 4 menschlichen Dimensionen achten (7. Weg), desto effektiver können Sie all die Gewohnheiten der anderen Wege erneuern.

Wenn Sie Ihre physische Dimension erneuern, stärken Sie Ihre persönliche Vision (1. Weg), das Paradigma Ihrer eigenen Selbstwahrnehmung und Ihres freien Willens, der Pro-Aktivität, des Wissens, dass Sie die Freiheit haben, zu machen, statt »gemacht« zu werden, und Ihre Reaktion auf jeden Reiz selbst bestimmen zu können. Das ist vermutlich der größte Segen der körperlichen Ertüchtigung. Denn jeder tägliche private Erfolg bedeutet eine Einzahlung auf Ihr inneres Sicherheitskonto.

Wenn Sie Ihre spirituelle Dimension erneuern, stärken Sie Ihre persönliche Führung (2. Weg). Sie steigern Ihre Fähigkeit, aus Ihrer Vorstellungskraft und Ihrem Gewissen heraus zu leben, Ihre innersten Paradigmen und Werte wirklich zu verstehen, in sich selbst ein Zentrum mit korrekten Prinzipien zu schaffen, Ihre Lebensaufgabe zu definieren, sich ein neues Skript für ein Leben im Einklang mit diesen Prinzipien zu schreiben und aus Ihren persönlichen Kraftquellen zu schöpfen. Das erfüllte Leben, das Sie durch spirituelle Erneuerung gewinnen, bringt Ihnen große Summen auf Ihrem persönlichen Sicherheitskonto ein.

Wenn Sie die mentale Dimension erneuern, verstärken Sie Ihr Selbstmanagement (3. Weg). Indem Sie planen, erkennen Sie hoch wirksame Quadrant-II-Tätigkeiten, Prioritäten und Aktivitäten. Das hilft Ihnen, effektiver mit Ihrer Zeit und Ihrer Energie umzugehen, klare Prioritäten zu setzen und auch danach zu handeln. Wenn Sie sich auf kontinuierliche Weiterbildung einlassen, erweitern Sie Ihre Wissensgrundlage und verbessern Ihre Handlungsoptionen. Ihre ökonomische Sicherheit liegt nicht in Ihrem Job. Sie beruht auf Ihrer eigenen Kraft zu produzieren – zu denken, zu lernen, zu gestalten. Das ist wahre finanzielle Unabhängigkeit. Was zählt ist nicht, Reichtum zu haben, sondern die Kraft zu haben, Reichtum zu produzieren. Und diese Kraft ist intrinsisch.

Der tägliche private Erfolg – ein Minimum von einer Stunde pro Tag für die Erneuerung der physischen, spirituellen und mentalen Dimensionen – ist der Schlüssel zur Entwicklung der 7 Prinzipien. Er liegt vollständig innerhalb Ihres Einflussbereichs. Es ist die Quadrant-II-Zeit, die notwendig ist, um diese 7 Prinzipien fest in Ihrem Leben zu verankern und prinzipienorientiert zu handeln.

Der tägliche private Erfolg ist außerdem die Grundlage für den täglichen öffentlichen Erfolg. Er ist die Quelle der inneren Sicherheit, aus der Sie schöpfen können, um die Säge in der sozial / emotionalen Dimension zu schärfen. Er gibt Ihnen die persönliche Kraft, sich in interdependenten Situationen auf Ihren Einflussbereich zu konzentrieren. Er ist der Schlüssel, um andere durch das Paradigma der Fülle zu sehen. Er hilft Ihnen, Andersartigkeit und Unterschiede wirklich zu schätzen. Er ermöglicht es Ihnen, sich über den Erfolg anderer zu freuen. Er liefert das Fundament, auf dem Sie an echtem Verständnis und synergetischen Gewinn / Gewinn-Lösungen arbeiten und den 4., 5. und 6. Weg in einer interdependenten Realität umsetzen können.

Die aufwärts gerichtete Spirale

Erneuerung ist das Prinzip, das uns dazu befähigt, uns auf einer aufwärts gerichteten Spirale des Wachstums, der Veränderung und der ständigen Verbesserung zu bewegen.

Diese Aufwärtsbewegung wird von unserem *Gewissen* geleitet. Deshalb ist es unerlässlich, dass wir auch diese einzigartige menschliche Gabe erneuern. Nur so können wir bedeutsame und kontinuierliche Fortschritte machen. Madame de Staël sagte einmal: »Die Stimme des Gewissens ist so zart, dass sie sich leicht ersticken lässt; sie ist aber auch so deutlich, dass wir sie unmöglich missverstehen können.«

Unser Gewissen ist jene Gabe, die spürt, ob wir im Einklang mit korrekten Prinzipien leben. Mehr noch: Wenn es gut in Form ist, kann es uns diesen Prinzipien entgegenheben.

Wir wissen alle, dass das Training für hervorragende Leistungen unerlässlich ist: Sportler müssen ihre Muskeln und Sehnen trainieren. Denker müssen ihren Verstand trainieren. Und wahrhaft proaktive und effektive Menschen müssen ihr Gewissen »trainieren«. Dazu brauchen wir einen klaren Fokus, große Disziplin und ein hohes Maß an Integrität. Wir müssen uns regelmäßig mit inspirierender Literatur beschäftigen, edle Gedanken denken und vor allem im Einklang mit der kleinen, leisen Stimme unseres Gewissens leben.

Wie ungesundes Essen und zu wenig Training die Kondition eines Sportlers ruinieren, schaden obszöne, rohe oder pornografische Dinge unserem Gewissen. Sie lassen eine innere Dunkelheit entstehen, die unsere Empfindsamkeit für Höheres abstumpfen lässt. Das natürliche oder göttliche Gewissen (»Was ist richtig und falsch?«) wird durch das soziale Gewissen (»Wird man mich erwischen?«) ersetzt.

Sobald wir eine Selbstwahrnehmung haben, müssen wir unserem Leben einen Sinn geben. Und wir müssen Prinzipien wählen, nach denen wir leben wollen. Sonst wird die Leere sehr schnell durch andere Dinge gefüllt. Dann verlieren wir unsere Selbstwahrnehmung. Wir werden wie Tiere, deren Lebenszweck vor allem darin besteht, zu überleben und sich fortzupflanzen. Menschen, die sich auf dieser

Aufwärtsgerichtete Spirale

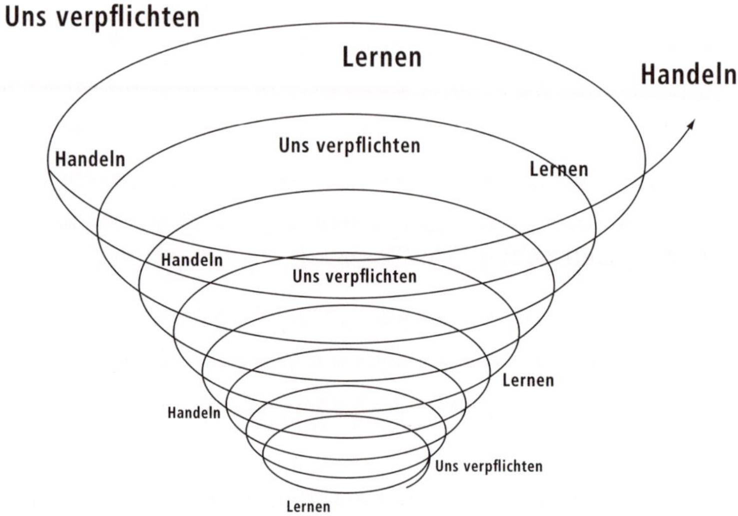

Ebene bewegen, leben nicht, sondern sie »werden gelebt«. Sie reagieren nur auf andere und die äußeren Umstände. Ja, sie erkennen nicht einmal, dass in ihnen einzigartige Gaben schlummern.

Um diese Gaben zu entwickeln gibt es keine Abkürzung. Es gilt das Gesetz der Ernte: Wir werden immer das ernten, was wir gesät haben – nicht mehr und nicht weniger. Auch das Gesetz der Gerechtigkeit lässt sich nicht beugen: Je enger wir unser Leben an korrekten Prinzipien ausrichten, desto besser können wir beurteilen, wie die Welt tatsächlich funktioniert, und desto zutreffender sind unsere Paradigmen, unsere Landkarten.

Während wir wachsen und uns auf der aufwärtsgerichteten Spirale nach oben bewegen, müssen wir uns dem Prozess der Erneuerung mit großem Eifer und mit äußerster Sorgfalt widmen. Die Grundvoraussetzung dazu ist, dass wir unser Gewissen bilden und ihm folgen. Ein immer besser trainiertes Gewissen wird uns auf dem Weg zu persönlicher Freiheit, Sicherheit, Weisheit und Kraft vorantreiben.

Wenn wir uns auf der aufwärts gerichteten Spirale nach oben bewegen wollen, müssen wir auf immer höheren Ebenen *lernen, uns verpflichten* und *handeln*. Wenn wir glauben, eine Ebene würde ausreichen, dann machen wir uns etwas vor. Um weiter voranzukommen, müssen wir lernen, uns verpflichten und handeln – weiter lernen, uns verpflichten und handeln – und immer wieder lernen, uns verpflichten und handeln.

Tipps zur praktischen Umsetzung

1. Erstellen Sie eine Liste mit Aktivitäten, die Ihnen helfen würden, gut in Form zu bleiben, die zu Ihrem Lebensstil passen und die Sie langfristig genießen könnten.
2. Suchen Sie sich eine dieser Aktivitäten aus. Nehmen Sie Ihren Plan für die nächste Woche und tragen Sie diese Aktivität als Ziel in das Feld für Ihre persönlichen Rollen ein. Bewerten Sie am Ende der Woche Ihre Leistung. Wenn Sie Ihr Ziel nicht erreicht haben: Lag es daran, dass Sie es einem echten höheren Wert untergeordnet haben? Oder haben Sie Ihre eigenen Werte nicht mit der nötigen Integrität umgesetzt?
3. Erstellen Sie eine Liste mit erneuernden Aktivitäten in der mentalen und der spirituellen Dimension. Denken Sie aber auch an den sozial / emotionalen Bereich. Notieren Sie Beziehungen, die Sie gerne verbessern möchten. Oder listen Sie bestimmte Bedingungen auf, unter denen ein öffentlicher Erfolg zu größerer Effektivität führen würde. Wählen Sie sich aus jedem Bereich ein Ziel für die nächste Woche aus. Setzen Sie es um und bewerten Sie dann Ihre Ergebnisse.
4. Physisch, spirituell, mental oder sozial / emotional: Verpflichten Sie sich, jede Woche konkrete Aktivitäten zum Schärfen der Säge in jeder dieser vier Dimensionen aufzuschreiben, sie auszuführen und anschließend Ihre Ergebnisse und Leistungen zu bewerten.

Noch einmal: Von innen nach außen

Der Herr wirkt von innen nach außen. Die Welt arbeitet von außen nach innen. Die Welt will die Menschen aus dem Elend holen. Christus holt das Elend aus den Menschen, und dann holen sie sich selbst aus dem Elend. Die Welt will die Menschen formen, indem sie ihre Umgebung verändert. Christus verändert die Menschen, und dann verändern die Menschen ihre Umgebung. Die Welt will das menschliche Verhalten formen, doch Christus kann die Natur des Menschen verändern.
EZRA TAFT BENSON

Ich möchte Ihnen jetzt noch eine persönliche Geschichte erzählen. Ich denke, dass diese Geschichte die Quintessenz dieses Buchs enthält. Ich hoffe, dass Sie beim Lesen einen Zusammenhang zu den Grundprinzipien herstellen können, die sie beinhaltet.

Vor ein paar Jahren nahm ich mir an der Universität zwei Freisemester, damit ich schreiben konnte. Meine Familie und ich lebten dann ein ganzes Jahr in Laie an der Nordküste der Insel Oahu, die zu Hawaii gehört.

Gleich nachdem wir uns dort eingerichtet hatten, entwickelten wir eine Lebens- und Arbeitsroutine, die nicht nur sehr produktiv war, sondern auch ungeheuer wohltuend. Nach einem Strandlauf am frühen morgen, schickten wir zwei unserer Kinder in die Schule – barfuß und in Shorts. Ich ging zu einem Gebäude an den Zuckerrohrfeldern. Dort hatte ich ein Büro für meine Schreibarbeit. Hier war es sehr schön, sehr ruhig, sehr friedlich – kein Telefon, keine Besprechungen, keine dringenden Termine.

Mein Büro grenzte an das Gelände eines Colleges. Als ich eines Tages im hinteren Teil der Bibliothek herumschlenderte, stieß ich auf ein Buch, das mein Interesse weckte. Ich schlug es auf, und mein Blick fiel auf einen einzigen Absatz. Von da an beeinflusste dieser Absatz mein ganzes Leben.

Ich las diesen Absatz immer wieder. Im Wesentlichen enthielt er die einfache Idee, dass es zwischen Reiz und Reaktion einen Raum oder eine Lücke gibt und dass der Schlüssel zu unserem Wachstum und unserem Glück darin liegt, wie wir diesen Raum nutzen.

Es ist kaum zu beschreiben, wie stark diese Idee auf mich wirkte. Ich war mit der Philosophie der Selbstbestimmtheit erzogen worden. Dennoch traf mich die Formulierung »eine Lücke zwischen Reiz und Reaktion« mit neuer, beinahe unglaublicher Wucht. Mir kam es so vor, als hätte ich das zum ersten Mal erkannt. Es war wie eine innere Revolution, »eine Idee, deren Zeit gekommen war«.

Ich dachte immer wieder über diese Idee nach. Sie begann, sich ungeheuer stark auf mein Paradigma vom Leben auszuwirken. Plötzlich war ich ein Beobachter meiner eigenen Realität. Ich stand in der Lücke zwischen Reiz und Reaktion und schaute nach draußen, auf die Reize. Ich genoss das Gefühl der Freiheit, meine Reaktion wählen zu können. Und ich war fasziniert von dem Gedanken, selbst der Reiz zu werden oder ihn zumindest zu beeinflussen und ihn vielleicht sogar umzukehren.

Ein Resultat dieser »revolutionären« Idee war, dass Sandra und ich anfingen, tief gehende Gespräche zu führen. Ich holte sie immer mittags mit einer alten roten Honda 90 ab. Wir nahmen unsere beiden noch nicht schulpflichtigen Kinder – eines saß zwischen uns, das andere auf meinem linken Knie – und fuhren in die Zuckerrohrfelder hinter meinem Büro. Dann rollten wir etwa eine Stunde langsam dahin und sprachen miteinander.

Die Kinder freuten sich immer sehr auf diese Fahrt und gaben kaum einen Mucks von sich. Wir begegneten nur selten einem anderen Fahrzeug, und unsere Honda war so leise, dass wir uns mühelos verständigen konnten. Gewöhnlich landeten wir in einer einsamen Bucht. Wir stellten die Honda ab und gingen zu einem abgeschiedenen Fleckchen, wo wir ein Picknick machten.

Der Sandstrand und ein Bach, der dort ins Meer mündete, nahmen die Kinder völlig gefangen. Sandra und ich konnten also weiter miteinander reden, ohne dabei unterbrochen zu werden. So führten wir ein Jahr lang intensive, tiefschürfende Gespräche – und das jeden Tag mindestens zwei Stunden lang. Es erfordert wohl nicht allzu viel Phantasie, sich vorzustellen, was für eine hohe Ebene des Verstehens und des Vertrauens wir dadurch erreichten.

Anfangs sprachen wir über alle möglichen interessanten Themen – über Leute, Ideen, Ereignisse, die Kinder, meine Arbeit, unsere Familie, unsere Zukunftspläne … Allmählich aber wurde unsere Kommunikation tiefsinniger. Wir redeten immer mehr über unsere Innenwelt – über unsere Erziehung, Skripte, Gefühle und Selbstzweifel. Während wir tief in diese Gespräche versunken waren, beobachteten wir uns selbst. Wir begannen, den Raum zwischen Reiz und Reaktion auf neue, interessante Weise zu nutzen. Das brachte uns dazu, darüber nachzudenken, wie wir programmiert waren und wie diese Programme unsere Weltsicht bestimmten.

Wir begaben uns auf eine aufregende Abenteuerreise in unsere inneren Welten. Diese Reise fanden wir faszinierender, fesselnder und reicher an Entdeckungen und Erkenntnissen als alles, was wir jemals in der äußeren Welt erlebt hatten.

Nein, es war nicht alles schön und leicht. Hin und wieder trafen wir einen empfindlichen Nerv. Wir machten einige schmerzhafte, peinliche und zu tiefer Selbsterkenntnis führende Erfahrungen. Dadurch öffneten wir uns dem anderen auf eine extreme Art und Weise. Das machte uns verwundbar. Wir merkten aber, dass wir uns schon seit Jahren mit diesen Themen beschäftigen wollten. Nachdem wir zu den wirklich heiklen Dingen vorgedrungen waren und sie überwunden hatten, fühlten wir uns in gewisser Weise geheilt.

Wir gaben uns von Anfang an gegenseitig viel Halt. Wir halfen uns, wir waren ermutigend und einfühlend. Dadurch erleichterten und förderten wir die inneren Entdeckungen im anderen.

Im Laufe der Zeit entwickelten wir zwei unausgesprochene Grundregeln. Die erste lautete: »Kein nachforschen.« Sobald wir die inneren Schichten der Verletzlichkeit entfalteten, durften wir uns keine Fragen mehr stellen, sondern nur noch einfühlend sein. Nachzuforschen wäre einfach zu bedrängend gewesen und zu kontrollierend und zu logisch. Wir bewegten uns auf einem neuen, schwierigen Terrain. Es war unsicher, erschreckte uns und weckte Ängste und Zweifel in uns. Wir wollten dennoch immer tiefer in dieses Gebiet vordringen, dabei erkannten wir etwas sehr Wichtiges: Jeder konnte und sollte sich erst dann öffnen, wenn er wirklich so weit war.

Die zweite Grundregel war, dass wir aufhörten, wenn es zu wehtat, wenn es wirklich schmerzte. Dann machten wir entweder am nächsten Tag an diesem Punkt weiter oder warteten, bis wir uns dazu bereit fühlten. Wir trugen diese Dinge mit uns herum und wussten, dass wir uns mit ihnen befassen wollten. Doch wir hatten ja genug Zeit und eine Umgebung, die dafür förderlich war. Zudem freuten wir uns sehr darüber, in unserer Ehe zu wachsen. Daher wussten wir einfach, dass wir uns früher oder später mit all diesen Dingen beschäftigen und sie zu einem Abschluss bringen würden.

Der schwierigste, letztendlich aber auch fruchtbarste Teil dieser tiefen Kommunikation kam, als meine eigene Verletzlichkeit und Sandras Verletzlichkeit sich berührten. Aufgrund unseres subjektiven Betroffenseins stellten wir fest, dass der Raum zwischen Reiz und Reaktion nicht mehr da war. Einige negative Gefühle drangen an die Oberfläche. Es war jedoch unser innigster Wunsch und auch unsere implizite Übereinkunft, dort wieder anzufangen, wo wir aufgehört hatten. Denn wir hatten uns vorgenommen, uns so lange mit diesen Gefühlen zu beschäftigen, bis wir sie bewältigen konnten.

Eine dieser schwierigen Phasen hatte etwas mit einer Grundtendenz meiner Persönlichkeit zu tun. Mein Vater war ein sehr zurückgezogener Mensch, sehr kontrolliert und sehr vorsichtig. Meine Mutter dagegen war sehr gesellig, sehr offen, sehr spontan. Ich habe beide Tendenzen in mir. Wenn ich mich unsicher fühle, neige ich wie mein Vater dazu, mich zurückzuziehen. Ich lebe dann in mir selbst und beobachte alles aus sicherer Entfernung.

Sandra ist mehr wie meine Mutter: gesellig, authentisch und spontan. Im Lauf der Jahre hatten wir immer wieder Erfahrungen gemacht, bei denen mir ihre Offenheit unangemessen schien, wohingegen sie meine Zurückhaltung als unangebracht empfand. Das alles und noch viel mehr kam auf Hawaii allmählich ans Licht. Ich lernte, Sandras Tiefgründigkeit zu schätzen, ihre Weisheit und die Art, wie sie mir half, ein offenerer, freigiebigerer, empfindsamerer und anderen mehr zugewandter Mensch zu werden.

Eine andere schwierige Phase hatte etwas mit einem »Tick« von Sandra zu tun, über den ich mich schon seit Jahren ärgerte: Sie schien von den Haushaltsgeräten der Firma Frigidaire regelrecht besessen zu sein. Das konnte ich absolut nicht verstehen. Geräte anderer Firmen zu kaufen, zog sie gar nicht in Betracht. Selbst in den Anfangsjahren unserer Ehe, als das Geld noch sehr knapp war, bestand sie darauf, dass wir in die 80 Kilometer entfernte »Großstadt« fuhren, wo man Geräte von Frigidaire kaufen konnte.

Das regte mich sehr auf. Zum Glück entstand diese Situation nur dann, wenn wir wieder mal ein neues Gerät brauchten. Dann aber war sie wie ein Reiz, der eine hitzige Reaktion auslöste.

Ich flüchtete mich dann in meine übliche Zurückgezogenheit. Wahrscheinlich dachte ich, der einzige Weg, damit umzugehen, sei, damit nicht umzugehen. Außerdem fürchtete ich, ich könnte die Kontrolle verlieren und Dinge sagen, die ich nicht sagen sollte. Hin und wieder kam es aber doch vor, dass ich etwas Negatives sagte und mich dann bei Sandra entschuldigen musste.

Dass sie die Geräte von Frigidaire mochte, war gar nicht der entscheidende Punkt. Am meisten regte ich mich über etwas ganz anderes auf. Ich ärgerte mich, dass sie immer wieder Dinge sagte, um Frigidaire zu verteidigen, die meiner Meinung nach völlig unlogisch und haltlos waren. Wenn sie zugegeben hätte, dass ihre Reaktion irrational und rein emotional war, hätte ich wohl damit umgehen können. Doch ihre Rechtfertigungen brachten mich auf.

Als es Frühling wurde, kam das Thema »Frigidaire« dann zur Sprache. Unsere ganze bisherige Kommunikation hatte uns darauf vorbereitet. Die Grundregeln waren tief verwurzelt: kein Nachforschen und jederzeit aufhören, wenn es für einen von uns oder sogar für uns beide zu schmerzhaft wurde.

Den Tag, an dem wir es durchsprachen, werde ich nie vergessen. Wir kamen nicht bis zu unserer Bucht, sondern fuhren einfach weiter durch die Zuckerrohrfelder. Vielleicht, weil wir uns nicht in die Augen schauen wollten. Die Sache war mit so vielen negativen Gefühlen verbunden und so lange unterdrückt worden … Sie war nie so gefährlich geworden, dass sie unsere Beziehung gesprengt hätte. Doch wenn wir versuchen, eine wundervolle, harmonische Beziehung zu pflegen, ist alles, was uns entzweit, wichtig.

Sandra und ich fanden es erstaunlich, wie viel wir durch die Interaktion lernten. Sie war wahrhaft synergetisch. Es war so, als ob Sandra zum ersten Mal den Grund für ihren »Tick« erkannte. Sie fing an, über ihren Vater zu sprechen, der jahrelang als Geschichtslehrer und Coach an einer High School gearbeitet hatte. Weil das Geld nicht reichte, war er ins Geschäft mit Haushaltsgeräten eingestiegen. Während eines wirtschaftlichen Abschwungs war er in ernste finanzielle Schwierigkeiten geraten. Es war ihm damals nur möglich, im Geschäft zu bleiben, weil Frigidaire seine Lagerbestände finanzierte.

Sandras Beziehung zu ihrem Vater war ungewöhnlich tief und innig. Wenn er am Ende eines sehr anstrengenden Tages nach Hause kam, legte er sich immer auf die Couch. Sandra massierte ihm dann die Füße und sang ihm etwas vor. Es war eine wunderbare Zeit, die sie jahrelang beinahe jeden Tag zusammen genossen. Er öffnete sich dabei und erzählte Sandra von seinen geschäftlichen Sorgen. Immer wieder betonte er, wie dankbar er dafür war, dass Frigidaire sein Lager finanzierte, sodass er diese schwierigen Zeiten durchstehen konnte.

Zu dieser Kommunikation zwischen Vater und Tochter war es in einer Zeit gekommen, in der eine besonders starke Prägung durch Skripte stattfindet. In solchen Zeiten der Entspannung sind unsere Schutzvorrichtungen deaktiviert und die verschiedensten Bilder und Gedanken werden uns direkt ins Unterbewusstsein gepflanzt. Vielleicht hatte Sandra das alles bislang vergessen oder verdrängt. Doch unser Jahr der tiefen Kommunikation gab ihr eine unglaubliche Sicherheit, sodass die wahren Hintergründe ihrer Vorliebe für die Geräte von Frigidaire wieder zum Vorschein kamen.

Sandra gewann ungeheuer viel Einblick in sich selbst und den emotionalen Ursprung ihrer Gefühle gegenüber Frigidaire. Aber auch ich gewann Einblick und erreichte dadurch eine ganz neue Stufe des Respekts. Ich erkannte, dass Sandra gar nicht über Haushaltsgeräte sprach, sondern über ihren Vater und über Loyalität – Loyalität gegenüber seinen Bedürfnissen.

An jenem Tag waren wir beide den Tränen nahe. Weniger wegen unserer Erkenntnisse als wegen des größeren Gefühls der Ehrerbietung, das wir jetzt füreinander hegten. Wir entdeckten, dass selbst scheinbar triviale Dinge oft in tiefen emotionalen Erfahrungen wurzeln. Wenn man sich nur mit der trivialen Oberfläche beschäftigt, ohne die tieferen, empfindlicheren Punkte zu sehen, trampelt man auf dem heiligen Boden des Herzens eines anderen herum.

Jene Monate auf Hawaii brachten viele wundervolle Früchte hervor. Unsere Kommunikation wurde so stark, dass wir fast augenblicklich Verbindung zu den Gedanken des anderen aufnehmen konnten. Als wir Hawaii verließen, beschlossen wir, mit der tiefen Kommunikation weiterzumachen. In all den Jahren, die seitdem verstrichen sind, sind wir weiter regelmäßig auf unserer Honda und bei schlechtem Wetter mit dem Auto herumgefahren. Wir nahmen uns Zeit, um miteinander zu sprechen. Denn miteinander zu sprechen – vor allem über Gefühle – ist für uns der Schlüssel dazu, sich weiter zu lieben. Wir versuchen, jeden Tag mehrmals miteinander zu kommunizieren, auch wenn ich auf Reisen bin. Das ist, als würde ich im Heimathafen anlegen und Zugang zu all dem Glück, der Sicherheit und den Werten bekommen, für die er steht.

Thomas Wolfe hatte unrecht: Es führt doch ein Weg zurück nach Hause, zumindest wenn unser Heim eine Beziehung ist, die wir wie einen Schatz hüten, eine kostbare Gemeinschaft.

Verbindung der Generationen

In jenem wundervollen Jahr auf Hawaii entdeckten Sandra und ich, dass das Vermögen, den Raum zwischen Reiz und Reaktion klug zu nutzen und die vier einzigartigen Gaben unserer menschlichen Natur einzusetzen, unsere Entwicklung von innen nach außen förderte.

Mit dem Vorgehen von außen nach innen hatten wir es schon vorher probiert. Wir liebten uns und hatten versucht, unsere Meinungsverschiedenheiten zu überwinden, indem wir unsere Einstellung und unser Verhalten kontrollierten und nützliche Techniken der zwischenmenschlichen Interaktion anwendeten. Die Heftpflaster und Aspirintabletten halfen jedoch immer nur vorübergehend. Solange wir nicht auf der Ebene unserer wesentlichen Paradigmen arbeiteten und kommunizierten, blieben die chronischen Grundprobleme bestehen.

Als wir aber anfingen, von innen nach außen zu arbeiten, konnten wir eine Beziehung aufbauen, die von Vertrauen und Offenheit geprägt war. Es gelang uns, hinderliche Meinungsverschiedenheiten auf eine tiefe, dauerhafte Weise zu lösen, die auf dem umgekehrten Weg nie möglich gewesen wäre. Das brachte uns köstliche Früchte ein – eine reiche Gewinn / Gewinn-Beziehung, intensives gegenseitiges Verstehen und wundervolle Synergien. Das alles spross aus den Wurzeln, die wir hegten, indem wir unsere Programme analysierten, unsere Textbücher umschrieben und unser Leben so managten, dass wir Zeit für die wichtige Quadrant-II-Aktivität der tiefen Kommunikation schaffen konnten.

Doch das waren nicht die einzigen Früchte. Wir konnten jetzt auf einer viel tieferen Ebene sehen, dass das Leben unserer Kinder von uns geprägt wurde. Oft geschah das auf eine Weise, die wir vorher gar nicht erkannt hatten. Wir verstanden nun auch, wie sehr wir durch unsere Eltern beeinflusst worden waren und wie stark sich die verschiedenen Skripte auf unser eigenes Leben ausgewirkt hatten. Daher wollten wir unbedingt sicherstellen, dass das, was wir durch Unterweisung und durch unser Beispiel an die künftigen Generationen weitergaben, auf korrekten Prinzipien beruhte.

In diesem Buch habe ich Ihre Aufmerksamkeit vor allem auf jene an uns weitergegebenen Textbücher gelenkt, die wir pro-aktiv ändern müssen. Doch es gibt auch schöne und positive Skripte, die uns beeinflusst haben. Diese Skripte betrachten wir meist als Selbstverständlichkeit. Wirkliche Selbstwahrnehmung ermöglichte es uns, diese Skripte zu schätzen. Sie hilft uns aber auch, die Menschen zu schätzen, die vor uns gegangen sind und uns zu einem prinzipienbasierten Leben erzogen haben. Diese Menschen haben uns nicht nur gezeigt, was wir sind, sondern auch, was wir werden können.

In einer starken Familie aus mehreren Generationen gibt es eine transzendente Kraft. Eine effektiv interdependente Familie mit Kindern, Eltern, Großeltern, Tanten, Onkeln, Vettern und Kusinen kann ihre Mitglieder dabei unterstützen, zu spüren, wer sie sind, woher sie kommen und wofür sie stehen.

Für Kinder ist es großartig, wenn sie sich mit ihrem »Stamm« identifizieren können, wenn sie das Gefühl haben, dass viele Menschen ihnen Liebe und Fürsorge entgegenbringen, auch wenn sie über das ganze Land verstreut sind. Das kann bei der Erziehung unserer Kinder ein enormer Vorteil sein. Falls eines von ihnen Probleme hat und sich zu dieser Zeit gerade nicht sehr eng mit Ihnen verbunden fühlt, kann es vielleicht eine besondere Beziehung zu Ihrem Bruder oder Ihrer Schwester aufbauen. Diese Person kann dann ein Ersatzvater oder eine Ersatzmutter werden – ein Mentor oder Held für eine begrenzte Zeit.

Großeltern, die viel Interesse an ihren Enkelkindern zeigen, gehören zu den wertvollsten Menschen auf dieser Welt. Sie können ein wundervoller positiver sozialer Spiegel sein! Meine Mutter ist so ein Mensch. Sie geht zwar schon auf die 90 zu, hat aber an jedem ihrer Nachkommen ein tiefes persönliches Interesse. Sie schreibt uns Liebesbriefe. Erst vor Kurzem habe ich einen im Flugzeug gelesen und mir liefen dabei die Tränen übers Gesicht. Wenn ich sie heute Abend anrufen würde, würde sie sagen: »Stephen, du sollst wissen, dass ich dich sehr liebe und dich für einen wundervollen Menschen halte!« Sie bestätigt uns nämlich immer.

Eine starke Familie aus mehreren Generationen kann eine der fruchtbarsten, lohnendsten und befriedigendsten interdependenten Beziehungen sein. Viele Menschen spüren, wie wichtig diese Beziehung ist. Denken Sie nur daran, wie sehr *Roots* uns damals alle faszinierte! Jeder von uns hat Wurzeln und die Fähigkeit, sie zurückzuverfolgen und herauszufinden, wer seine Vorfahren sind.

Die höchste und stärkste Motivation dabei ist, dass wir es nicht nur für uns selbst tun, sondern auch für unsere *Nachkommen*, für die Nachkommen der gesamten Menschheit. Ein kluger Kopf sagte einmal: »Es gibt nur zwei dauerhafte Vermächtnisse, die wir unseren Kindern hinterlassen können: Wurzeln und Flügel.«

Von Generation zu Generation

Unseren Kindern und anderen Menschen »Flügel« zu verleihen, bedeutet meiner Ansicht nach auch, ihnen die Freiheit zu geben, sich über die negativen Skripte zu erheben, die an uns weitergereicht wurden. Es bedeutet, das zu werden, was mein Freund und Partner,

Dr. Terry Warner, eine *transition person,* eine »Veränderungsperson«, nennt. Statt negative Skripte an die nächste Generation weiterzugeben, können wir sie ändern – und zwar so, dass dabei Beziehungen aufgebaut werden.

Falls Ihre Eltern Sie als Kind schlecht behandelt haben, heißt das nicht, dass Sie Ihre eigenen Kinder schlecht behandeln müssen. Es gibt allerdings Beweise in Hülle und Fülle dafür, dass Sie dazu neigen werden, Ihr Leben nach jenem Skript zu richten. Da Sie aber proaktiv sind, können Sie das Skript neu schreiben. Sie können sich dafür entscheiden, Ihre Kinder nicht nur nicht schlecht zu behandeln, sondern sie zu bestätigen, ihnen ein positives Skript zu geben.

Das können Sie in Ihr persönliches Leitbild schreiben – und in Ihren Kopf und Ihr Herz. Sie können visualisieren, dass Sie bei Ihrem täglichen privaten Erfolg im Einklang mit diesem Leitbild leben. Sie können etwas unternehmen, um Ihre Eltern zu lieben und ihnen zu verzeihen. Und falls sie noch leben, können Sie eine positive Beziehung zu ihnen aufbauen, indem Sie versuchen, zu verstehen.

Eine Tendenz, die sich schon seit Generationen durch Ihre Familie zieht, kann bei Ihnen enden. Sie sind eine »Veränderungsperson« – ein Bindeglied zwischen der Vergangenheit und der Zukunft. Und Ihre eigene Veränderung kann sich auf viele, viele künftige Leben auswirken. Eine starke »Veränderungsperson« des 20. Jahrhunderts, Anwar El-Sadat, hinterließ uns ein tiefes Verständnis vom Wesen der Veränderung. Sadat stand zwischen einer Vergangenheit, die eine »gewaltige Mauer des Argwohns, der Angst, des Hasses und der Missverständnisse« zwischen den Arabern und den Israelis errichtet hatte, und einer Zukunft, in der eine Eskalation des Konflikts und eine zunehmende Isolierung unvermeidlich schienen. Alle Verhandlungsbemühungen waren an den verschiedensten Einwänden gescheitert. Das fing bei Formalitäten und Verfahrensfragen an und reichte bis zu einem völlig unwesentlichen Komma oder Punkt im Text der vorgeschlagenen Vereinbarungen.

Während andere versuchten, die Lage zu entspannen, indem sie auf die Blätter einschlugen, erinnerte Sadat sich an seine Zeit in der Gefängniszelle. Deshalb begann er, an den Wurzeln des Problems zu arbeiten. Dadurch veränderte er für Millionen von Menschen den Lauf der Geschichte.

In seiner Autobiografie schreibt er:

»Damals zog ich fast unbewusst Stärke aus jener inneren Kraftquelle, die ich in Zelle 54 des Kairoer Zentralgefängnisses entwickelt hatte – eine Stärke, die man Talent oder Befähigung zur Veränderung nennen könnte. Ich sah mich ja einer äußerst komplizierten Situation gegenüber. Solange ich mich nicht mit den nötigen psychischen und intellektuellen Fähigkeiten gerüstet hatte, bestand für mich keine Hoffnung, sie zu ändern. Bei meiner Versenkung in das Wesen des Lebens und der menschlichen Natur an jenem abgeschlossenen Ort hatte ich etwas sehr Wichtiges gelernt: Wer sein Gedankengebäude nicht zu ändern vermag, wird niemals fähig sein, die Realität zu verändern, und daher niemals irgendeinen Fortschritt erreichen.«

Alle wirklichen Veränderungen erfolgen von innen nach außen. Sie entstehen nicht dadurch, dass wir mit den Techniken einer auf schnelle Patentlösungen ausgerichteten Persönlichkeitsethik auf die Blätter der Einstellung und des Verhaltens einschlagen. Nein, Veränderungen gelingen nur, wenn wir uns auf die Wurzeln konzentrieren – auf unser Gedankengebäude, auf die fundamentalen Paradigmen, die unseren Charakter formen und die Brille darstellen, durch die wir die Welt sehen. Der für seine hervorragende Selbstbeobachtung bekannte Schweizer Philosoph Henri Frédéric Amiel schrieb:

»Ethische Wahrheit kann erdacht werden. Wir können im Hinblick auf sie Gefühle haben. Wir können den Willen haben, danach zu leben. Doch selbst wenn wir eine ethische Wahrheit auf all diese Arten durchdrungen und sie besessen haben, kann sie sich uns entziehen. Noch tiefer als unser Bewusstsein liegt unser Sein selbst – unsere Substanz, unsere Natur. Nur jene Wahrheiten, die in diesen letzten Bereich vorgedrungen sind, die wir selbst geworden sind, die sowohl spontan und unwillkürlich als auch willkürlich, sowohl unbewusst als auch bewusst geworden sind, sind wirklich unser Leben. Das heißt: Sie sind mehr als bloßer Besitz. Solange wir zwischen der Wahrheit und uns selbst noch einen Raum wahrnehmen können, bleiben wir außerhalb von ihr. Dann sind der Gedanke, das Gefühl, das Bestreben oder das Bewusstsein des Lebens vielleicht gar nicht ganz das Leben. Göttlich zu

werden ist also das Ziel des Lebens. Nur dann kann man sagen, dass die Wahrheit ganz unser ist – jenseits der Möglichkeit des Verlustes. Sie ist nicht mehr außerhalb von uns, auch nicht mehr in irgendeinem Sinn in uns, sondern wir sind sie und sie ist wir.«

Einheit – Einssein – mit uns selbst, mit den Menschen, die wir lieben, mit unseren Freunden und Kollegen ist die höchste, die beste und köstlichste Frucht der 7 Wege. Die meisten von uns haben diese Frucht der wahren Einheit schon von Zeit zu Zeit genossen. Aber sie haben auch die bittere, einsame Frucht der Entzweiung schlucken müssen. Daher wissen wir, wie kostbar und zerbrechlich Einheit ist.

Einen Charakter von völliger Integrität zu entwickeln, anderen zu dienen und ein Leben voller Liebe zu führen, das Einheit erzeugt, ist nicht leicht. Es funktioniert nicht von heute auf morgen.

Doch es ist möglich! Es beginnt mit dem Bestreben, unser Leben auf korrekte Prinzipien auszurichten und aus anderen Paradigmen und den Komfortzonen unwürdiger Gewohnheiten auszubrechen.

Manchmal machen wir Fehler, sind verlegen. Wenn wir aber mit dem täglichen privaten Erfolg anfangen und dann von innen nach außen arbeiten, werden sich ganz gewiss Ergebnisse einstellen. Wenn wir den Samen säen, ihn geduldig hegen und pflegen und ihn vom Unkraut befreien, beginnen wir die Freude am wirklichen Wachstum zu spüren. Schließlich ernten wir die unvergleichlich köstlichen Früchte eines effektiven Lebens, eines Lebens in Harmonie.

Ich möchte hier noch einmal Ralph Waldo Emerson zitieren: »Das, was wir unbeirrt immer wieder machen, wird leichter – nicht, weil sich das Wesen der Aufgabe geändert hätte, sondern weil unsere Fähigkeit, es zu machen, gewachsen ist.«

Wenn wir unser Leben auf korrekte Prinzipien ausrichten und die Balance zwischen unserem Tun und unserer Fähigkeit dazu herstellen, sind wir der Aufgabe gewachsen, ein effektives, nützliches und friedliches Leben zu führen – für uns selbst und für unsere Nachkommen.

Nachwort

Fragen, die mir immer wieder gestellt werden

Eigentlich machen persönliche Fragen mich verlegen. Einige werden mir aber immer wieder mit so großem Interesse gestellt, dass ich sie in diesem Nachwort beantworten möchte. Mit vielen dieser Fragen habe ich mich auch in *So leben Sie »Die sieben Wege zur Effektivität«* befasst.

Ihr Bestseller *Die 7 Wege zur Effektivität* erschien in den USA 1989. Was würden Sie aus Ihrer heutigen Sicht daran ändern?

Ehrlich gesagt: Gar nichts! Natürlich hätte ich die Prinzipien gerne noch ausführlicher behandelt und noch weitgreifender angewendet. Doch das konnte ich ja in meinen späteren Büchern tun.

Beispielsweise ergab eine Umfrage unter mehr als 250 000 Männern und Frauen, dass sie vor allem den 3. Weg (Das Wichtigste zuerst) vernachlässigten. Deshalb habe ich mich dann in *Der Weg zum Wesentlichen* eingehender mit dem 2. und 3. Weg befasst. Zudem habe ich auch die anderen Wege noch genauer besprochen und mit viel mehr Beispielen erläutert.

In *The 7 Habits of Highly Effective Families* habe ich gezeigt, wie man die 7 Wege nutzen kann, um Familien stark, effektiv und glücklich zu machen. Mein Sohn Sean hat die Prinzipien, die den 7 Wegen zugrunde liegen, dann in seinem unterhaltsamen, wunderbar gestalteten Buch *The 7 Habits of Highly Effective Teens* auf die besonderen Bedürfnisse, Probleme und Interessen von Teenagern angewendet.

Außerdem haben uns Zehntausende von Menschen erzählt, wie stark sich ihr Leben verändert hat, seit sie es durch die Verinnerlichung der 7 Wege selbst kreativ gestalten können. Die 76 faszinierendsten Geschichten sind in mein Buch *So leben Sie »Die sieben Wege zur Effektivität«* eingeflossen. Es sind Geschichten über Mut und Inspiration. Sie zeigen, welche starke Wirkung die Prinzipien auf den Einzelnen, auf Familien, Unternehmen und Gemeinschaften haben – unabhängig von den bisherigen Lebensumständen und -erfahrungen.

Was haben Sie inzwischen noch über die 7 Wege gelernt?

Ich habe viele neue Dinge gelernt und andere bestätigt gefunden. Lassen Sie mich hier die zehn wichtigsten Punkte anführen:

1. Es ist sehr wichtig, den Unterschied zwischen Prinzipien und Werten zu verstehen. Prinzipien sind Naturgesetze, äußere Faktoren, die letztendlich die Konsequenzen unserer Handlungen bestimmen. Werte hingegen sind innere, rein subjektive Faktoren. Sie repräsentieren das, was uns als Leitlinie für unser Verhalten besonders wichtig ist. Entscheidend ist, dass wir die Prinzipien schätzen. Nur so können wir die Ergebnisse, die wir jetzt anstreben, auf eine Art und Weise erzielen, die es uns erlaubt, künftig noch bessere Resultate zu erzielen. Das ist meine Definition von Effektivität! Werte hat jeder, sogar Verbrecherbanden. Diese Werte bestimmen unser Verhalten. Die Konsequenzen unseres Verhaltens aber werden von den Prinzipien bestimmt. Diese Prinzipien wirken unabhängig davon, ob wir sie kennen, akzeptieren, mögen, an sie glauben oder ihnen gehorchen. Meiner Ansicht nach ist Bescheidenheit die größte Tugend überhaupt. Wir müssen begreifen, dass nicht wir die Kontrolle haben, sondern die Prinzipien, und uns ihnen unterwerfen. Der Stolz dagegen flüstert uns ein, wir hätten selbst die Kontrolle. Er gaukelt uns vor, dass unser Verhalten durch unsere Werte bestimmt wird und wir unser Leben

deshalb so führen können, wie wir wollen. Ja, das können wir! Doch die Konsequenzen unseres Verhaltens erwachsen aus den Prinzipien, nicht aus unseren Werten. Deshalb ist es so wichtig, dass wir die Prinzipien schätzen.

2. Inzwischen habe ich die 7 Wege auf der ganzen Welt angewendet. Dabei habe ich gelernt, dass die Prinzipien, die ihr Fundament bilden, universell sind. Die Beispiele und die praktischen Methoden sind kulturspezifisch und können sich daher unterscheiden. Die Prinzipien aber sind immer die gleichen. Ich habe die Prinzipien, die den 7 Wegen zugrunde liegen, in allen sechs großen Weltreligionen gefunden. Ob im Nahen Osten, in Asien, Australien, der südlichen Pazifikregion, Europa, Süd und Nordamerika, Afrika oder bei den amerikanischen Indianern und anderen Ureinwohnern: Wenn ich in jenen Kulturen lehrte, habe ich mich sogar auf ihre heiligen Schriften gestützt. Überall haben die Menschen die gleichen Probleme und Bedürfnisse. Überall gelten die gleichen Grundprinzipien. Das Gerechtigkeits- oder Gewinn/Gewinn-Prinzip, die Prinzipien der Verantwortlichkeit, der Zielbewusstheit, der Integrität, des Respekts, der Kooperation, der Kommunikation und der Erneuerung sind universell. Die praktischen Methoden hingegen sind situationsspezifisch. Denn jede Kultur legt die universellen Prinzipien auf einzigartige Weise aus.

3. Ich habe erkannt, dass die 7 Wege auch für Unternehmen sehr wichtig sind. Streng genommen, haben Unternehmen natürlich keine Gewohnheiten. Doch die Normen, Sitten oder sozialen Codes ihrer Kultur und ihre Systeme, Prozesse und Verfahrensweisen repräsentieren Gewohnheiten. Im Grunde ist jedes Verhalten persönlich und individuell. Das gilt auch, wenn es ein Bestandteil von kollektivem Verhalten ist, das auf Managemententscheidungen über die Struktur, die Systeme, Prozesse und praktischen Methoden einer Organisation beruht. Bei unserer Arbeit mit Tausenden von Unternehmen aus fast allen Berufs- und Wirtschaftszweigen hat sich gezeigt: Die fundamentalen Prinzipien, die den 7 Wegen zugrunde liegen, gelten überall und definieren Effektivität.

4. Wenn man die 7 Wege lehren will, spielt es keine Rolle, mit welchem man anfängt. Außerdem kann man jeden Weg so lehren, dass er zu den anderen weiterführt. Es ist wie bei einem Hologramm. Einerseits enthalten alle Teile das Ganze und andererseits sind alle Teile im Ganzen enthalten.

5. Am besten funktionieren die 7 Wege, wenn man mit der äußeren Herausforderung beginnt und dann von innen nach außen vorgeht. Angenommen, Sie haben es mit einer Herausforderung bei einer Beziehung zu tun – beispielsweise mit dem Zusammenbruch des Vertrauens und der Kommunikation. In diesem Fall wird das erforderliche Vorgehen von innen nach außen bestimmt. So können Sie den privaten Erfolg erringen, der Voraussetzung für den öffentlichen Erfolg in der Beziehung ist. Das ist auch der Grund dafür, dass ich oft zuerst den 4., 5. und 6. Weg lehre.

6. Interdependenz, also wechselseitige Abhängigkeit, ist viel schwerer zu erreichen als Unabhängigkeit. Eine Gewinn / Gewinn-Lösung anzustreben, wenn der andere auf Gewinn / Verlust aus ist; erst verstehen zu wollen, obwohl man sich selbst nach Verständnis sehnt; nach einer besseren dritten Alternative zu suchen, selbst wenn ein Kompromiss ungleich einfacher wäre – all das erfordert echte Independenz. Wer also kreativ mit anderen zusammenarbeiten will, benötigt persönliche Unabhängigkeit, innere Sicherheit und Selbstbeherrschung. Sonst ist die scheinbare Interdependenz nämlich in Wirklichkeit eine Kontra-Dependenz. Dann wollen die Leute ihre Unabhängigkeit unterstreichen. Deshalb machen sie genau das Gegenteil, von dem, was von ihnen erwartet wird. Oder es handelt sich um eine Ko-Dependenz. Worum es hier geht? Bei der Ko-Dependenz braucht man die Schwäche des anderen, um seine eigenen Bedürfnisse zu erfüllen oder seine eigene Schwäche zu rechtfertigen.

7. Die ersten drei Wege lassen sich als »ein Versprechen geben und halten« zusammenfassen; die nächsten drei als »andere in das Problem einbeziehen und gemeinsam an einer Lösung arbeiten«.

8. Obwohl die 7 Wege weniger als ein Dutzend neuer Wortschöpfungen und Begriffe beinhalten, haben sie eine neue Sprache kreiert. Sie ist ein Code geworden, durch den man in komprimierter Form sehr viel ausdrücken kann. Beispielsweise kann man jemanden fragen: »Haben Sie damit eine Einzahlung oder eine Abhebung gemacht?«; »Ist das reaktiv oder pro-aktiv?«; »Ist das Synergie oder ein Kompromiss?«; »Ist das Gewinn / Gewinn, Gewinn / Verlust oder Verlust / Gewinn?«; »Setzen Sie damit das Wichtigste an die erste Stelle oder unwichtigere Dinge?«; »Bedeutet das, dass Sie schon am Anfang das Ende im Sinn haben?« Wenn die Prinzipien und Konzepte, die diese besonderen Code-Wörter ausdrücken, weithin verstanden und befolgt werden, können ganze Kulturen transformiert werden – das habe ich schon oft miterlebt.

9. Integrität steht als Wert über der Loyalität. Mehr noch: Integrität ist die höchste Form von Loyalität. Integrität heißt, dass man sich an Prinzipien orientiert, nicht an Menschen, Organisationen oder der Familie. Die meisten Probleme der Leute haben ihre Wurzel in der Frage »Ist das populär, akzeptabel oder diplomatisch oder ist es richtig?« Doch was ist, wenn wir der Loyalität zu einer Person oder einer Gruppe eine höhere Priorität einräumen als dem, was wir als richtig empfinden? Dann verlieren wir unsere Integrität. Zunächst mögen wir zwar an Beliebtheit gewinnen und Loyalität aufbauen. Aber am Ende wird der Integritätsverlust die Beziehung beeinträchtigen. Denken Sie nur daran, was passiert, wenn man hinter seinem Rücken über jemanden herzieht: Derjenige, zu dem man dadurch vorübergehend eine Bindung herstellt, weiß doch genau, dass man ihn auch jederzeit schlecht machen würde. Im Grunde geht es bei den drei ersten Wegen um Integrität und bei den drei nächsten um Loyalität. Allerdings sind sie eng miteinander verknüpft. Im Lauf der Zeit führt Integrität zu Loyalität. Was aber, wenn man versucht, umgekehrt vorzugehen? Wenn man zuerst Loyalität anstrebt? Dann setzt man die Integrität aufs Spiel. Vertrauenswürdig zu sein, ist besser, als beliebt zu sein. Denn aus Vertrauen und Respekt wird letztendlich immer Liebe entstehen.

10. Wenn wir unser Leben an den 7 Wegen ausrichten wollen, müssen wir uns auf einen ständigen Kampf gefasst machen. Jeder von uns strauchelt hin und wieder bei einem der 7 Wege. Manchmal passiert das sogar bei allen 7 Wegen gleichzeitig! Die 7 Wege sind zwar leicht zu verstehen, doch es ist schwierig, sie durchgängig umzusetzen. Ja, sie beruhen auf dem gesunden Menschenverstand. Aber das heißt leider nicht, dass wir sie auch immer befolgen.

Welcher Weg ist für Sie selbst der schwierigste?

Der 5. Weg. Wenn ich wirklich müde und schon überzeugt bin, dass ich recht habe, will ich einfach nicht zuhören. Manchmal tue ich dann sogar nur so, als ob ich zuhören würde. Dann mache ich genau das, was man *nicht* tun sollte: Ich höre zu, um zu antworten, nicht, um zu verstehen. Im Grunde kämpfe ich fast jeden Tag mit allen 7 Wegen. Wirklich erobert habe ich noch keinen einzigen! Deshalb betrachte ich die 7 Wege als Lebensprinzipien, die wir nie wirklich beherrschen können. Je näher wir ihrer Beherrschung kommen, desto klarer wird uns, wie fern dieses Ziel noch ist. Das ist mit dem Wissen vergleichbar: Je mehr wir wissen, desto klarer erkennen wir, dass wir noch viel zu wenig wissen. An der Universität habe ich meinen Studenten daher oft die Hälfte der Note für ihre Fragen und die andere Hälfte für ihre Antworten auf diese Fragen gegeben. So wurde ihr wirklicher Kenntnisstand viel deutlicher.

Die 7 Wege bilden eine offene, aufwärts gerichtete Spirale. Ein Weg auf einer hohen Ebene unterscheidet sich erheblich vom gleichen Weg auf einer niedrigeren Ebene. Nehmen wir als Beispiel den 1. Weg: Auf der untersten Ebene heißt Pro-Aktivität vielleicht einfach nur, dass man sich des Raums zwischen Reiz und Reaktion bewusst wird. Auf der nächsten Ebene kann es um eine Entscheidung gehen – zum Beispiel darum, sich nicht an jemandem zu rächen. Auf den höheren Ebenen kann Pro-Aktivität bedeuten, Feedback zu geben; um Verzeihung zu bitten; selbst zu verzeihen; seinen Eltern zu verzeihen; seinen verstorbenen Eltern zu verzeihen oder einfach nicht gekränkt zu sein.

Sie sind Vice-Chairman der FranklinCovey Company. Werden die 7 Wege dort umgesetzt?

Das vorzuleben, was wir lehren, gehört zu unseren grundlegenden Werten. Dennoch gelingt es uns nicht vollkommen. Wie alle Unternehmen müssen auch wir mit den Veränderungen des Marktes fertig werden. Seit der Fusion von Covey Leadership Center und Franklin Quest im Sommer 1997 müssen wir außerdem die beiden Unternehmenskulturen zusammenbringen. Wie in jeder Organisation erfordert die praktische Anwendung der Prinzipien auch bei uns viel Zeit, Geduld und Ausdauer. Der Erfolg wird sich erst in der Zukunft erweisen. Mit Momentaufnahmen kann man die Situation nicht richtig erfassen.

Flugzeuge weichen die meiste Zeit von ihrer vorgesehenen Route ab, kehren aber immer wieder dorthin zurück und erreichen schließlich ihren Zielflughafen. So ist es auch mit Menschen, Familien und Organisationen. Der Schlüsselfaktor ist, dass man ein »Ende im Sinn« hat und sich alle darüber einig sind, dass es ohne ständiges Feedback und permanente Kurskorrekturen nicht geht.

Warum nicht sechs, acht oder zehn Wege, sondern ausgerechnet sieben?

Es gibt nun einmal drei Wege zum privaten Erfolg und drei zum öffentlichen Erfolg. Mit dem Weg der Erneuerung kommen wir also auf sieben.

Früher habe ich diese Frage immer so beantwortet: »Falls Sie sich noch andere Eigenschaften, zum Beispiel Pünktlichkeit, zur Gewohnheit machen möchten, können Sie diese als Werte, nach denen Sie Ihr Leben ausrichten wollen, in den 2. Weg integrieren. Alles, was Sie sonst noch für wichtig halten, können Sie diesem Weg, Ihrem Wertesystem, zuordnen. Der 1. Weg ist die Idee, dass wir unser Wertesystem selbst wählen können. Der 2. Weg zeigt uns, wie diese Werte oder Entscheidungen aussehen. Der 3. hilft uns, nach unseren Werten zu leben. Die drei ersten Wege sind also fundamental, allgemein und miteinander verbunden.«

Nun hat die Situation sich aber geändert. Denn jetzt gibt es ein neues Buch: *Der 8. Weg: Mit Effektivität zu wahrer Größe*. Dass ich von einem Weg rede, mag wie ein Widerspruch zu meiner bisherigen Antwort aussehen. Doch seit dem Erscheinen von *Die 7 Wege zur Effektivität* im Jahr 1989 hat die Welt sich von Grund auf geändert. In unserem persönlichen Leben und in unseren Beziehungen, in unseren Familien, im Beruf und in unseren Organisationen stehen wir jetzt vor viel größeren und komplexeren Herausforderungen. Gerade 1989 – das Jahr, in dem in Berlin die Mauer fiel – betrachten

Die 7 Wege im Zeitalter der Wissensarbeit – der 8. Weg

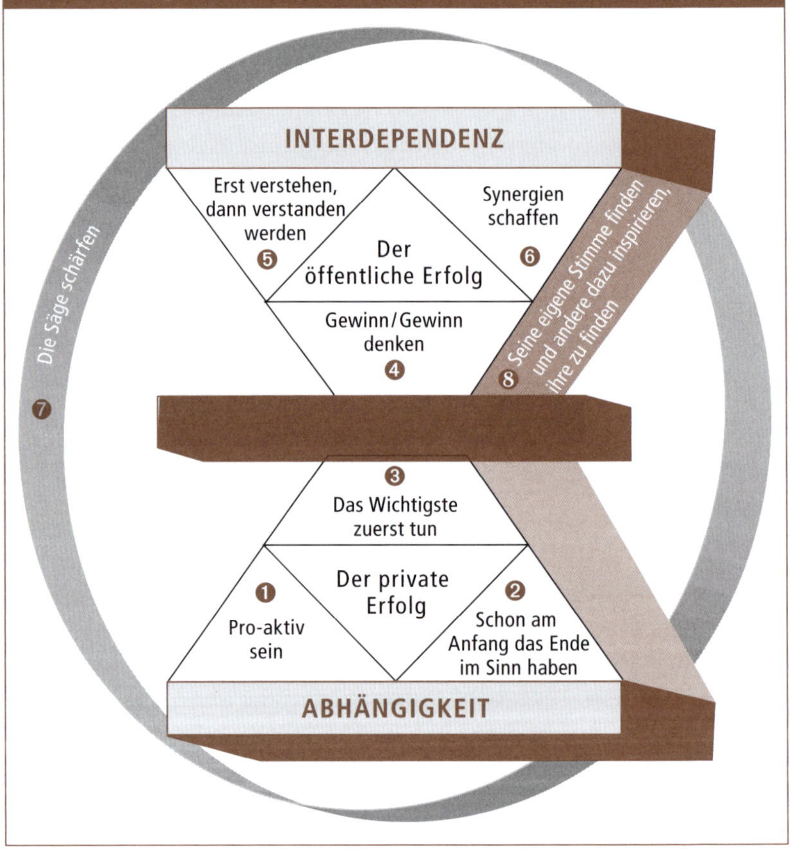

viele als den Beginn des Informationszeitalters, als Geburtsstunde einer neuen Wirklichkeit, als wahre Zeitenwende und den Anfang einer ganz neuen Ära.

Heute steht es dem Einzelnen und den Unternehmen nicht mehr frei, sich für *Effektivität* zu entscheiden. Sie haben keine Wahl. Sie müssen effektiv sein. Es bleibt ihnen gar nichts anderes mehr übrig! Wenn wir aber in dieser neuen Wirklichkeit überleben wollen, wenn wir in ihr gedeihen, erfolgreich sein und eine Führungsrolle ausfüllen wollen oder wenn uns Innovationen gelingen sollen, dann reicht bloße Effektivität längst nicht aus. Die neue Ära verlangt *Erfüllung*. Sie erfordert eine *umfassende Optimierung*, einen *bedeutsamen Beitrag* und *wahre Größe*. Diese Faktoren gehören zu einer anderen Ebene, einer anderen *Dimension*. Sie sind von anderer Art. Wer sich die höheren Bereiche des Geistes und der Motivation, erschließen will, braucht neue Denkweisen und Einstellungen, neue Fähigkeiten und Techniken und neues Werkzeug. Kurz gesagt: Er braucht einen neuen Weg – den 8. Weg.

Der 8. Weg ist also keine Ergänzung der 7 Wege um einen weiteren, der bisher übersehen wurde. Vielmehr geht es darum, den 7 Wegen die Kraft einer *dritten Dimension* zu verleihen. Denn ohne diese Kraft können wir die zentralen Herausforderungen des neuen Zeitalters der Wissensarbeit nicht bewältigen.

Wie gehen Sie mit Ihrer Bekanntheit um?

Ich muss zugeben, dass ich mich geschmeichelt fühle. Andererseits macht diese Bekanntheit mich bescheiden. Ich möchte noch einmal betonen, dass ich die Prinzipien nicht erfunden habe. Deshalb verdiene ich dafür auch keinen Ruhm. Das sage ich nicht aus Bescheidenheit, sondern weil ich ehrlich davon überzeugt bin. Wie die meisten von Ihnen suche ich nach der Wahrheit, nach Verstehen. Ein Guru bin ich nicht. Ich möchte nicht als Guru bezeichnet werden und ich will auch keine »Jünger«. Ich möchte den Menschen einfach Prinzipien bewusst machen, die schon in ihrem Herzen sind, sodass sie sich in ihrem Leben von ihrem Gewissen leiten lassen.

Was würden Sie anders machen, wenn Sie als Geschäftsmann noch mal neu anfangen könnten?

Ich würde bei der Auswahl meiner Mitarbeiter mehr auf Pro-Aktivität und die strategischen Aspekte achten. Wenn man sich mit zu vielen Angelegenheiten, die keinen Aufschub dulden, herumschlagen muss, besetzt man die Schlüsselpositionen leicht mit Leuten, die anscheinend Lösungen zu bieten haben. Man sieht sich ihren Hintergrund und ihre Denk- und Verhaltensweisen dann meist nicht genau genug an. Man ist nicht sorgfältig genug und schenkt den Kriterien, die für ihre Rollen und Aufgaben wichtig sind, zu wenig Beachtung. Meiner Ansicht nach zahlt es sich letztendlich überreich aus, wenn man bei der Auswahl seiner Mitarbeiter dem Druck des Augenblicks widersteht und strategisch vorgeht. Man sollte bei der Personalauswahl also langfristig denken und pro-aktiv handeln. Doch wir wollen nun einmal gerne das glauben, was wir uns besonders wünschen. Man muss sich den Charakter *und* die Kompetenz der Bewerber genau ansehen. Denn Schwächen in einem dieser beiden Bereiche werden sich schließlich in beiden auswirken. Natürlich sind Training und Entwicklung der Mitarbeiter sehr wichtig. Doch noch viel wichtiger ist die richtige Auswahl.

Was würden Sie anders machen, wenn Sie als Vater noch mal neu anfangen könnten?

Ich würde mehr Zeit und Sorgfalt darauf verwenden, in den verschiedenen Lebensphasen meiner Kinder gemeinsam mit ihnen informelle Gewinn / Gewinn-Vereinbarungen auszuarbeiten. Ich musste oft verreisen und mein Beruf hat mich auch sonst sehr stark in Anspruch genommen. Deswegen habe ich mich häufig mit Verlust / Gewinn-Vereinbarungen zufrieden gegeben, anstatt den vollen Preis für den Aufbau der Beziehungen zu zahlen und immer wieder fundierte Gewinn / Gewinn-Vereinbarungen zu entwickeln.

Wie wird sich die Wirtschaft durch die neue Technologie verändern?

Wie Stan Davis bin ich der Ansicht, dass alles von der Infrastruktur abhängt. Die technische Infrastruktur ist der wichtigste Faktor überhaupt. Sie wird alle Trends beschleunigen – die guten wie die schlechten. Deshalb wird der Faktor Mensch sogar noch an Bedeutung gewinnen. Ohne »Hightouch« funktioniert Hightech nicht. Je einflussreicher die Technologie wird, desto wichtiger wird auch der Mensch, der sie kontrolliert. Deshalb sollten wir Kriterien für die Nutzung der neuen Technologie entwickeln.

Die 7 Wege sind in vielen Ländern und Kulturen bei Männern und Frauen jeden Alters sehr bekannt geworden. Hatten Sie das erwartet?

Dass sich die 7 Wege weltweit verbreiten und einige der Begriffe einmal untrennbar zur amerikanischen Kultur gehören würden, hätte ich nicht gedacht. Allerdings wurde das Konzept zu den 7 Wegen über 25 Jahre lang getestet. Ich wusste also, dass es funktionieren würde. Schließlich basiert es auf Prinzipien, die nicht von mir erfunden wurden und für die mir daher auch kein Ruhm zusteht.

Wie kann man Kinder schon früh an die 7 Wege heranführen?

Albert Schweitzer stellte drei Grundregeln für die Erziehung von Kindern auf: erstens und zweitens und drittens durch das eigene Beispiel. Ich selbst würde allerdings eher sagen: durch das eigene Beispiel; durch den Aufbau einer liebevollen Beziehung, die sie stützt und stärkt; und indem man den Kindern in deren eigener Sprache einige der einfachen Ideen nahe bringt, auf denen die 7 Wege beruhen. Man muss ihnen helfen, diese Ideen zu verstehen und die wichtigsten Begriffe zu lernen. Zudem muss man ihnen zeigen, wie sie ihre Erfahrungen mithilfe der Prinzipien verarbeiten können. Und man sollte sie immer wieder dazu anregen, Beispiele für die verschiedenen Prinzipien und Wege in ihrem eigenen Leben zu entdecken.

Jemand aus meinem Umfeld sollte *Die 7 Wege zur Effektivität* unbedingt lesen. Wie kann ich das am besten erreichen?

Der andere muss spüren, dass Ihnen wirklich etwas an ihm liegt. Nur dann ist ihm wichtig, was Sie wissen. Daher sollten Sie eine Beziehung aufbauen, die von Vertrauen und Offenheit geprägt ist. Leben Sie dem anderen Vertrauenswürdigkeit vor. Sagen Sie ihm dann, wie die 7 Wege Ihnen ganz persönlich geholfen haben. Zeigen Sie ihm, wie Sie selbst die 7 Wege in Ihrem Leben umsetzen. Nach einer Weile können Sie ihn zu einem Trainingsprogramm einladen, ihm das Buch schenken oder ihm einige der Grundideen vermitteln.

Wie sieht Ihr beruflicher Werdegang aus? Und wie entstand *Die 7 Wege zur Effektivität*?

Ursprünglich erwarteten alle von mir, dass ich als Nachfolger meines Vaters in unserem Familienunternehmen arbeiten würde. Mir machte es jedoch mehr Spaß, Führungskräfte zu trainieren. In meiner Zeit an der Harvard Business School fand ich die menschliche Seite von Unternehmen immer faszinierender. Später wurde ich Dozent für Betriebswirtschaft an der Brigham Young University und arbeitete außerdem jahrelang als Trainer und Berater. Damals begann ich, Führungs- und Managementprogramme zu entwickeln, die auf einer ausgewogenen Gruppe sequenzieller Prinzipien beruhten. Das war sozusagen die Geburtsstunde der 7 Wege. Das Konzept der prinzipienorientierten Führung ergab sich, als ich die 7 Wege auf Unternehmen übertrug. Schließlich entschied ich mich, die Universität zu verlassen und mich ganz dem Training von Führungskräften aus den verschiedensten Organisationen zu widmen. Nachdem ich im ersten Jahr nach einem sehr sorgfältig entwickelten Curriculum gearbeitet hatte, folgte der Aufbau eines Unternehmens, das es uns ermöglicht, Menschen auf der ganzen Welt zu erreichen.

Was halten Sie von Leuten, die behaupten, die wahre Erfolgsformel entdeckt zu haben?

Falls sie sich auf Naturgesetze oder Prinzipien stützen, möchte ich möglichst viel von ihnen lernen und sie auch anderen empfehlen. Ich würde aber vermuten, dass wir nur unterschiedliche Begriffe verwenden, um die gleichen Naturgesetze oder Grundprinzipien zu beschreiben.

Ist Ihre Glatze echt? Oder rasieren Sie sich den Kopf, um mehr Effizienz zu erreichen?

Hey, während Sie sich noch fleißig die Haare föhnen, kümmere ich mich schon um meine Kunden! Nein, als ich das erste Mal den Spruch gehört habe, »Kahl ist schön«, war ich natürlich hoch erfreut.

Letztes Interview mit Stephen R. Covey

In den 25 Jahren seit dem Erscheinen der 7 Wege zur Effektivität *hat sich der »Einflussbereich« von Stephen R. Covey auf den gesamten Globus ausgedehnt. Er beriet Könige und Präsidenten und machte Millionen Menschen über alle erdenklichen Kanäle mit den Prinzipien einer effektiven Lebensweise vertraut. Er wurde noch zu Lebzeiten zu einem der einflussreichsten Menschen der Welt und die* 7 Wege *zum wichtigsten Buch im Bereich der persönlichen Weiterentwicklung.*

Covey hat nie aufgehört, die 7 Wege *zu lehren. Die radikalen Veränderungen, die der Lauf der Zeit mit sich brachte, veranlassten ihn dazu, sein Wissen noch weiter zu vertiefen und zusätzliche Erkenntnisse zu gewinnen. Mit diesen Erkenntnissen möchten wir Sie auf den folgenden Seiten vertraut machen.*

Es handelt sich hierbei um eine Zusammenstellung von Antworten auf zentrale Lebensfragen, die Covey gegen Ende seines Lebens in diversen Interviews und Reden getroffen hat. Wir haben uns nach bestem Wissen und Gewissen bemüht, seine letzten Gedanken mit seinen eigenen Worten wiederzugeben – gewissermaßen in Form eines »letzten Interviews«.

Was hat sich seit dem Erscheinen *der 7 Wege* verändert?

Der Prozess der Veränderung selbst hat sich verändert. Er ist schneller geworden, als wir es uns je hätten träumen lassen. Technologische Revolutionen scheinen sich mittlerweile im Stundenrhythmus zu vollziehen. Wir kämpfen mit ökonomischer Ungewissheit. Die globalen Machtverhältnisse wandeln sich dramatisch und über Nacht. Weite Teile der Welt sind vom Terror geplagt. Unser persönliches

Leben verändert sich nicht weniger radikal. Das Leben schreitet mittlerweile mit Lichtgeschwindigkeit voran. Wir sind rund um die Uhr mit unserer Arbeit verbunden – 24 Stunden und sieben Tage die Woche. Früher versuchten wir, mehr mit weniger zu erreichen. Heute versuchen viele von uns, im Alleingang alles auf einmal zu schaffen.

Aber eines hat sich nicht geändert und wird sich niemals ändern. Es ist das Einzige, auf das wir uns wirklich verlassen können: Es gibt in der Tat zeitlose und universelle Prinzipien. Sie unterliegen keinem Wandel. Solange die Welt besteht, gelten sie an jedem Ort und zu jeder Zeit. Ob Fairness, Ehrlichkeit, Achtung, Vision oder Verantwortung und Initiative: Prinzipien bestimmen unser Leben in derselben Weise wie die Schwerkraft vorgibt, was passiert, wenn wir von einem Hochhaus stürzen. Wer einen Schritt zu weit geht, fällt. Das ist ein Naturgesetz. Und es ist der Grund, weshalb ich so optimistisch bin. Ich bin Optimist, weil ich an unveränderliche Prinzipien glaube. Ich weiß, dass sie für uns arbeiten werden, solange wir nach ihnen leben.

Anders als ein Stein, der in die Tiefe stürzt, wenn wir ihn von einem Gebäude fallen lassen, können wir selbst entscheiden, ob wir springen oder nicht. Wir sind keine seelenlosen Wesen, die von unpersönlichen Kräften hin- und hergezogen werden. Wir Menschen sind mit den Gaben der Selbstwahrnehmung, der Vorstellungskraft, der Selbsterkenntnis und des freien Willens gesegnet. Das sind wunderbare Dinge, die wir den Tieren voraushaben. Wir können Richtig von Falsch unterscheiden. Wir können aus uns heraustreten und unser Verhalten bewerten. Wir müssen uns nicht zum Gefangenen unseres Gedächtnisses und unserer Vergangenheit machen. Wir können unsere Phantasie ausleben und die Zukunft nach unseren Wünschen gestalten. Und je mehr wir diese Fähigkeiten trainieren, desto größer wird unser Gestaltungsspielraum. Wir selbst entscheiden, ob die Prinzipien für oder gegen uns arbeiten. Diese Freiheit zu wählen empfinde ich als etwas Wunderbares.

Um mit Veränderungen zu leben, brauchen wir Prinzipien, die keinem Wandel unterliegen. Aber es gibt ein Problem. Viele von uns – und ich fürchte, es werden immer mehr – sind versucht, einen Bogen um die unumstößlichen Prinzipien des Lebens zu machen. Wir wollen Liebe ohne Verpflichtung. Wir wollen Erfolg, ohne den

Preis dafür zu zahlen. Wir wollen schlanke Körper, ohne auf den Kuchen zu verzichten. Mit anderen Worten: Wir wollen etwas, das es nicht gibt.

Wir wollen alle Vorteile eines guten Charakters ohne diesen Charakter tatsächlich zu haben. Deshalb habe ich *Die 7 Wege zur Effektivität* geschrieben. Ich bin überzeugt, dass unsere Kultur gerade dabei ist, sich aus ihrer Verankerung in den zeitlosen und universellen Prinzipien zu lösen. Ich will auf die Konsequenzen aufmerksam machen. Denn die Vernachlässigung dieser Prinzipien führt am Ende dazu, dass wir mit unserem Leben Schiffbruch erleiden. Umgekehrt kann ich Ihnen eins versprechen: Solange Sie nach diesen Prinzipien leben, werden Sie dauerhaft persönlich und beruflich erfolgreich sein.

Sind die *7 Wege* immer noch relevant?

Ich bin davon überzeugt, dass die 7 *Wege* heute relevanter sind als jemals zuvor.

Niemanden hat die Wirkung der 7 *Wege* mehr überrascht, fasziniert und mit Ehrfurcht erfüllt als mich selbst. Ich staune immer noch darüber, wie sehr dieses Buch so viele Menschen in so vielen Ländern bewegt hat. Ich bin unendlich dankbar, dass so viele meiner Partner und Freunde es sich zur Aufgabe gemacht haben, die 7 *Wege* zu leben und zu lehren.

Natürlich geht es mir wie jedem anderen auch: Ich ringe täglich damit, die 7 *Wege* in meinem Leben umzusetzen. Das ist nicht einfach, aber es lohnt sich. Es tut mir gut, jeden Morgen aufzuwachen und mir Gedanken über meine Ziele im Leben zu machen und dann zu überlegen, welche kleinen Schritte ich unternehmen kann, um diesen Zielen näher zu kommen. Für mich persönlich ist der 5. Weg der schwierigste: *Erst verstehen, dann verstanden werden.* Ich bin ständig bemüht, mehr Geduld an den Tag zu legen und besser zuzuhören. Ich denke, dass es mir teilweise auch gelingt. Dennoch kann ich Ihnen versichern: Die Ausrichtung meines Lebens nach den 7 *Wegen* ist eine lebenslängliche und immer wieder herausfordernde Aufgabe. Deshalb bin ich immer etwas besorgt, wenn Menschen mir erzählen, dass sie das Buch gelesen haben. Dann habe ich Angst, dass sie in mir etwas sehen, das nicht zu dem passt, was ich geschrieben habe. Außerdem befürchte ich, dass die Leser glauben, dass das Buch sie über Nacht zu effektiven Menschen machen kann. In Wahrheit ist ein Leben nach den *7 Wegen* etwas, um das wir uns ständig neu bemühen müssen. Das ist eine Botschaft, von der ich hoffe, dass die Leserinnen und Leser sie wirklich ernst nehmen.

Es fasziniert mich, dass immer mehr Menschen auf der ganzen Welt in den *7 Wegen* unterrichtet werden und dass Tausende das Zertifikat erworben haben, um die *7 Wege* in ihren eigenen Institutionen weiterzuvermitteln. In über 140 Ländern nehmen Menschen an Onlinekursen oder klassischen Seminaren zu den *7 Wegen* teil. Noch aufregender finde ich, dass auch Zehntausende von Schulkindern die *7 Wege* beigebracht bekommen. In manchen Regionen haben Unternehmen, Regierungsbehörden, Universitäten und Schulen die *7 Wege* als Grundphilosophie übernommen und verzeichnen damit große Erfolge.

Aber weshalb haben die *7 Wege* nach wie vor so großen Einfluss auf das Leben der Menschen? Ich denke, das liegt daran, dass die *7 Wege* es ihnen ermöglichen, das Beste in sich selbst zu entdecken und ihr Leben danach auszurichten. Besonders junge Menschen empfinden unmittelbar die Kraft der Prinzipien, die in den *7 Wegen* zum Ausdruck kommt. Denn in ihrem Innersten streben sie nach mehr als dem leichten Gang durchs Leben.

Viele Menschen, die befürchten, sich in der Hyperaktivität der Welt zu verlieren, wollen ihr Schicksal wieder in die eigenen Hände nehmen. Die *7 Wege* geben den Menschen ihr Leben zurück. Auf einmal haben sie wieder die Kraft und die Freiheit, selbst zu wählen. Sie entwickeln ein Gespür dafür, was ihnen wirklich wichtig ist. Sie bekommen ein Werkzeug in die Hand, mit dem sie ihre Zukunft selbst gestalten und steuern können.

Heute wird viel von Identitätsdiebstahl gesprochen. Der größte Identitätsdiebstahl liegt nicht vor, wenn Ihnen jemand Ihr Portemonnaie oder Ihre Kreditkarte entwendet. Zum größeren Diebstahl kommt es, wenn wir vergessen, wer wir wirklich sind. Wenn wir glauben, dass unser Wert und unsere Identität vom Vergleich mit anderen abhängen und vergessen, dass jeder von uns ein unermessliches Potenzial in sich trägt, das jedem Vergleich widersteht. Diese Art von Identitätsdiebstahl ist die Folge einer Kultur, in der die Menschen nicht bereit sind, den Preis für wahren Erfolg zu zahlen. In unseren Familien, im Freundeskreis oder im Beruf stehen wir ständig im Dienst eines künstlichen Selbstbildes. Als der Mensch den Spiegel erfand, begann er, seine Seele zu verlieren. Sein Spiegelbild nahm ihn fortan mehr gefangen als die Suche nach seiner wahren Identität. Er wurde ein Produkt des gesellschaftlichen Spiegels. Das Zentrum seiner Identität und seines Selbstwertgefühls verlagerte sich aus ihm heraus.

Die 7 *Wege* führen Sie wieder zu sich selbst und Ihrer wahren Natur zurück. Sie erinnern Sie daran, dass *Sie* die Verantwortung für Ihr Leben tragen. Niemand kann Ihnen Ihre Entscheidungen abnehmen. Keiner kann Ihnen befehlen, etwas zu denken, zu fühlen oder zu tun, das Sie nicht selbst wollen. Die 7 *Wege* zeigen Ihnen, dass Sie der Programmierer sind und das Drehbuch für Ihre Zukunft selbst schreiben. Und Sie führen Ihnen vor Augen, dass das Leben ein Mannschaftssport ist und das Zusammenwirken mit anderen eine höhere Daseinsstufe darstellt als die individuelle Unabhängigkeit.

Veränderung ist schwer. Wie kann ich mich verändern?

Ich empfehle Ihnen zwei Ansätze, um positive Veränderungen in Ihrem Leben zu bewirken. Der erste besteht darin, seiner eigenen inneren Stimme zu folgen. Ich spreche häufig davon, dass zwischen Reiz und Reaktion, zwischen dem, was mit uns geschieht, und dem, was wir daraus machen, ein Zwischenraum existiert. Diese Lücke gibt uns die Freiheit, zu wählen. Letztlich hängen unsere Zukunft und unser Glück davon ab, wie wir diese Wahlfreiheit nutzen. Gewissen, Vorstellungskraft, Selbsterkenntnis und freier Wille: In diesem Zwischenraum kommen die vier menschlichen Qualitäten zum Tragen. Von diesen Vieren ist das Gewissen die dominante Kraft. Es ist die innere Stimme der Weisheit, der Selbsterkenntnis und des gesunden Menschenverstands. Wenn wir mit unserem Leben nicht im Reinen sind, liegt das oft daran, dass wir gegen unser Gewissen verstoßen. Tief in unserem Inneren ist uns das auch bewusst. Wir können unser Gewissen sprechen lassen. Dazu müssen wir uns Fragen stellen und anschließend innehalten, um die Antwort zu »hören«. Fragen Sie sich beispielsweise: Welche eine Sache muss ich in meinem beruflichen Leben verändern, um die größtmögliche positive Wirkung zu erzielen? Halten Sie inne. Denken Sie nach und hören Sie tief in sich hinein. Vielleicht geht es Ihnen wie mir: Indem Sie auf Ihr Gewissen hören, erkennen Sie, was das Wichtigste ist.

Eine andere gute Frage, die Sie sich stellen könnten, lautet: Worum bittet mich das Leben in diesem Augenblick? Halten Sie inne und denken Sie nach. Vielleicht spüren Sie, dass Sie sich zu sehr verzetteln und Ihre Zeit bewusster nutzen sollten. Vielleicht spüren Sie, dass Sie der ständigen Müdigkeit den Kampf ansagen sollten, indem Sie sich gesünder ernähren und körperlich fit halten. Vielleicht spüren Sie auch, dass Sie mehr für eine wichtige Beziehung tun müssen. Was immer es ist: Wenn Sie das, was Ihr Gewissen Ihnen rät, umsetzen, wird Ihnen das sehr viel Kraft und Stärke geben. Und wenn Hindernisse auf dem Weg zum Ziel auftauchen? Dann müssen Sie zutiefst von Ihren Zielen überzeugt sein. Ohne tiefe Überzeugung werden Sie nicht die Kraft haben, Ihre Ziele zu verwirklichen. Und diese Überzeugung gründet im Gewissen.

Wir alle führen drei unterschiedliche Leben: ein öffentliches, ein privates und ein inneres. Unser öffentliches Leben ist das, was andere zu sehen bekommen. Unser privates Leben ist das, was wir tun, wenn wir allein sind. Unser inneres Leben ist der Ort, den wir aufsuchen, wenn wir wirklich wissen wollen, was uns bewegt und antreibt. Ich möchte Ihnen wirklich ans Herz legen, dieses innere Leben zu pflegen. Denn es ist der Ort, an dem uns unser Gewissen am meisten mitteilen kann. Hier ist unsere Bereitschaft, auf seine Stimme zu hören, am größten.

Der zweite Ansatz, um Veränderungen in Ihrem Leben zu bewirken, bezieht sich auf Ihr Rollenverständnis. Ich sage immer: Wenn Sie Ihr Leben in kleinen Schritten verändern wollen, müssen Sie bei Ihrem Verhalten beginnen. Wenn Sie sich jedoch Veränderungen im größeren Stil wünschen, müssen Sie sich Ihre Paradigmen vornehmen. Sie müssen daran arbeiten, wie Sie die Welt sehen und interpretieren. Dadurch werden Sie möglicherweise eine neue Mutter oder ein neuer Großvater. Sie übernehmen eine neue gesellschaftliche Verantwortung. Plötzlich verändert sich Ihre Rolle: Sie betrachten die Welt mit völlig anderen Augen und verhalten sich auch ganz anders.

Manchmal werden Rollenveränderungen von äußeren Ereignissen angestoßen, beispielsweise wenn wir einen neuen Arbeitsplatz haben. Ein anderes Mal ist die veränderte Rolle lediglich Ausdruck einer neuen Weltsicht oder einer neuen Art und Weise, eine bestimmte Situation wahrzunehmen. Angenommen, Sie gelten im beruflichen Umfeld als Kontrollfreak. Doch Sie wissen, dass Sie Ihren Mitarbeitern mehr zutrauen sollten und sie selbstständiger arbeiten lassen müssen. Vielleicht können Sie ja Ihr eigenes Rollenverständnis verändern, indem Sie den »Aufseher« einfach durch den »Ratgeber« ersetzen. Mit dieser mentalen Anpassung sollte es Ihnen gelingen, Ihren Mitarbeitern künftig mehr Entscheidungsbefugnisse zu übertragen und ihnen lediglich beratend zur Seite zu stehen.

Ich werde oft gefragt, welcher der *7 Wege* der wichtigste ist. Meine Antwort lautet: Der wichtigste Weg ist immer derjenige, der Ihnen am schwersten fällt. Nutzen Sie Ihr Gewissen und Ihre Selbsterkenntnis und finden Sie heraus, welchem Weg Sie möglicherweise mehr Aufmerksamkeit schenken sollten. Meistens gelingen Veränderungen am besten, wenn Sie sich auf eine Sache oder einen Weg konzentrieren. Nehmen Sie sich ganz konkrete Dinge in Bezug auf diesen Weg vor. Achten Sie darauf, dass Sie Ihre Pläne auch wirklich in die Tat umsetzen. So steigern Sie nicht nur Ihre Disziplin, sondern auch Ihr Selbstvertrauen.

Ich verstehe, wie sehr ich selbst von den *7 Wegen* profitieren kann. Aber was ist, wenn mein Unternehmen nicht damit arbeitet?

Jede bedeutsame Veränderung erfolgt von innen nach außen. Deshalb beginnt alles beim einzelnen Menschen. Sobald Sie Ihren persönlichen Veränderungsprozess in Gang gesetzt haben, werden Sie merken: Je mehr Sie Ihren Einfluss erweitern und mit Ihrer Aufrichtigkeit ein Beispiel setzen, desto mehr verändert sich auch Ihr Umfeld. Nur wer erfolgreich damit begonnen hat, an sich selbst zu arbeiten, kann daran denken, auch sein Unternehmen zu verändern.

Mein größtes Interesse gilt der Umsetzung der 7 *Wege* in der gesamten Unternehmenskultur. Wenn das gelingt, können wir die Denkweisen des Industriezeitalters mit seinen Befehls- und Kontrollstrukturen Schritt für Schritt hinter uns lassen.

Das Industriezeitalter prägt unser Denken und Handeln noch immer. Es geht davon aus, dass man Menschen wie Dinge von außen steuern kann. Wenn man dieser Denkweise folgt, kann man Menschen wie Dinge behandeln und beliebig austauschen: Dabei wissen wir längst, dass jeder Mensch einmalige Gaben und Fähigkeiten hat und einen einzigartigen Beitrag leisten kann, den nur er allein erbringen kann. Denn dazu ist kein anderer Mensch in der Lage. Dennoch tauchen die Menschen in den Unternehmensbilanzen als Kostenfaktor und nicht als wertvollstes Guthaben auf. Aber auch der wohlmeinendste Autokrat bleibt immer ein Autokrat. Das ist die größte Schwachstelle heutiger Unternehmen und Organisationen.

Die 7 *Wege* können all das verändern. Eine 7-*Wege*-Kultur verleiht jedem einzelnen Menschen ein Höchstmaß an Eigenständigkeit und Eigenverantwortung. In einer solchen Kultur ist jeder Mitarbeiter wertvoll. Arbeitsgruppen werden so zusammengestellt, dass die Stärken jedes Teammitglieds maximal zur Geltung kommen und die Schwächen nicht weiter ins Gewicht fallen. Es ist wie in einem Chor, in dem der Alt nicht versucht, die Rolle des Soprans oder des Tenors zu übernehmen. Alle werden gebraucht. Entscheidend ist, eine Atmosphäre zu schaffen, in der jeder seine eigene Stimme findet, sodass er seinen bestmöglichen Beitrag zum Wohle der Menschheit leisten kann.

Ich sehe mit großer Demut, welche Veränderungen die 7 *Wege* in Teams und Institutionen auf der ganzen Welt bewirkt haben.

Beispielsweise wurden die 7 *Wege* zum Credo eines großen Mexikanischen Bergbauunternehmens. Vom CEO bis zum einfachen Bergmann: Jeder Mitarbeiter wird mit den 7 *Wegen* vertraut gemacht. Und jeder Einzelne wird geschätzt. Seit jeder eine Mitverantwortung für die Ergebnisse trägt, schoss die Produktivität in die Höhe, während die Unfallzahlen sprunghaft zurückgingen. Ehepartner riefen im Unternehmen an und fragten: »Was haben Sie mit meinem Mann gemacht? Er ist wie ausgewechselt!« Mittlerweile werden ganze Familien in den 7 *Wegen* unterrichtet.

Ich habe gelernt, dass es für ein großartiges Unternehmen mehr braucht als großartige Individuen. Das Unternehmen muss auch *als Unternehmen* nach den *7 Wegen* leben. Das heißt: Es muss pro-aktiv sein, eine klare Vorstellung von seinen Zielen und seiner Strategie entwickeln, seine Prioritäten im Blick haben, den Gewinn-Gewinn-Gedanken auf alle Beteiligten übertragen und sich mit Blick auf die Zukunft synergetisch erneuern. Das Denken und Handeln auf der Grundlage der *7 Wege* ist für jede Institution erfolgsentscheidend. Die Schaffung einer 7-*Wege*-Kultur ist nicht allein Aufgabe des CEO – jeder im Unternehmen muss sich daran beteiligen. So wird jeder einzelne Mitarbeiter zur Führungskraft.

Mittlerweile ist es mir ein leidenschaftliches Anliegen geworden, Organisationen um prinzipienorientierte Führungsstrukturen zu bereichern. Solche Führungsstrukturen betreffen jeden, nicht nur den CEO. Echte Führung basiert auf moralischer, nicht auf formeller Autorität. Gandhi hatte niemals eine formelle Position inne. Aung San Suu Kyi und Nelson Mandela bezogen ihre moralische Autorität aus den Jahren, die sie als politische Häftlinge im Gefängnis verbracht und die ihre Haltung maßgeblich geprägt haben.

Mein ganzes Leben lang war ich Lehrer. Ich habe niemals eine mit großer Verantwortung verbundene Position bekleidet. Dennoch sah ich mich in der Pflicht, meine Mission zu erfüllen. Das zeigt: Jeder, der die *7 Wege* ernst nimmt, wird zur Führungskraft.

Sie halten die Menschen dazu an, sich Gedanken darüber zu machen, was sie der Nachwelt hinterlassen wollen. Was wird von Ihnen bleiben?

Persönlich hoffe ich, dass ich meine wichtigsten Spuren in meiner Familie hinterlasse, in ihrem Glück und in ihrer Lebensqualität. Nichts bereitet mir mehr Freude und Zufriedenheit als meine Familie. Sie ist mir das Allerwichtigste. Ich stimme der Beobachtung zu, die ein weiser Mann einmal so formulierte: »Kein anderer Erfolg kann uns für häusliches Versagen entschädigen.« Was Sie zu Hause leisten, ist das Größte, was Sie überhaupt vollbringen können. Die Familie ist von vorrangiger Bedeutung. Ihr gebührt weit mehr Zeit und Aufmerksamkeit, als wir ihr gewöhnlich einräumen. Viele

Menschen sind bereit, im Beruf hunderte von Stunden an den Details irgendeiner Strategie zu feilen, nur um dann mit jeder Minute zu knausern, die sie mit ihrer Familie verbringen.

Im Übrigen glaube ich nicht an die Zweiteilung, wonach Erfolg in der Familie nur um den Preis eines geringeren beruflichen Erfolgs zu haben ist. Es handelt sich hier keineswegs um ein Entweder-Oder. Mit sorgfältiger Planung lässt sich beides verbinden. Mehr noch: Der Erfolg im einen Bereich macht den Erfolg im anderen sogar noch wahrscheinlicher. Wenn Sie Ihre Familie in der Vergangenheit vernachlässigt haben, dann denken Sie daran: Es ist nie zu spät für einen Neuanfang!

Wenn ich gefragt werde, wofür ich in beruflicher Hinsicht in Erinnerung bleiben möchte, ist meine Antwort einfach: Für meine Arbeit mit Kindern. Ich glaube, dass jedes Kind eine Führungskraft ist und auch als solche betrachtet werden sollte.

Wir sollten Kinder nicht nach ihrem Verhalten beurteilen. Vielmehr sollten wir die Führungskraft in ihnen erkennen und fördern. Führung bedeutet, den Wert und das Potenzial eines Menschen so klar zu sehen und hervorzuheben, dass er selbst daran glaubt.

Wir können eine ganz neue Generation von Führungskräften hervorbringen, indem wir unsere Kinder dazu ermutigen, ihren eigenen Wert zu erkennen, auf ihre innere Stimme zu hören und ihr einzigartiges Potenzial zu entfalten.

Es stimmt mich so froh, wenn ich sehe, dass mittlerweile tausende Schulen in aller Welt ihren Schülern die *7 Wege* nahebringen. Dadurch haben die Kinder die Möglichkeit, herauszufinden, wer sie wirklich sind und wozu sie tatsächlich fähig sind. Wir vermitteln ihnen Aufrichtigkeit, Einfallsreichtum, Selbstdisziplin und Gewinn-Gewinn-Denken. Zudem bringen wir ihnen bei, wie sie Menschen, die anders sind als sie, mit Vertrauen, Zuversicht und Wertschätzung begegnen. Und wir zeigen ihnen, wie sie ihre »Säge schärfen«, so dass sie niemals aufhören zu wachsen, sich zu verbessern und zu lernen.

All dies geschieht im Rahmen des *The-Leader-in-Me* Programms, das tausende Schulen in der ganzen Welt in ihren Lehrplan aufgenommen haben. Hier zeigen wir den Kindern, dass jeder Mensch eine Führungskraft ist. Wir vermitteln ihnen den Unterschied zwischen primärem und sekundärem Erfolg. Sie erfahren, dass primärer Erfolg aus echten, aufrichtigen Errungenschaften resultiert, wohingegen sekundärer Erfolg nur auf weltlicher Anerkennung beruht. Wir ermutigen Sie, dem primären Erfolg den Vorzug zu geben. Sie lernen das wunderbare Geschenk der persönlichen Wahlfreiheit kennen und wir bestärken sie darin, sich nicht mit der Rolle des Opfers oder des Zahnrads in der Maschine zufriedenzugeben.

Stellen Sie sich eine Zukunft vor, in der die Kinder im engen Bezug zu diesen Prinzipien aufwachsen, anstatt in eine Opferrolle, in Abhängigkeit, Misstrauen und Defensivverhalten zu verfallen – als mündige und eigenverantwortliche Bürger, die ihre Verpflichtungen ihren Mitmenschen gegenüber ernst nehmen. Eine solche Zukunft ist möglich.

Das ist es, wofür ich in Erinnerung bleiben möchte.

Was erwarten Sie sich von der Zukunft für Ihr Werk?

Tief in meinem Herzen bin ich Lehrer. Nach meiner Ausbildung wurde ich Professor, ein Job, der mir sehr gefällt. Als ich begann, meine eigene Mission zu entdecken, wurde mir zugleich klar: Die Vorstellung von der prinzipiengeleiteten Führung, wie ich sie in den *7 Wegen* und in anderen Arbeiten beschrieben habe, ist etwas, das weit größer war als ich selbst. Ich wusste, dass ich eine Institution gründen musste, die diese Botschaft weitertragen würde. So konnte ich auch vermeiden, dass ihre Bedeutung und Relevanz abnimmt, wenn ich einmal nicht mehr bin.

Also beschloss ich, ein Unternehmen zu gründen. Eine Institution, deren Aufgabe es sein sollte, die prinzipiengeleitete Führung in der ganzen Welt zu verbreiten. Ich begann mit dem Covey Leadership Center, das später mit FranklinQuest zu FranklinCovey fusionierte. Ziel des Unternehmens ist es, Menschen, Organisationen und Gesellschaften zu befähigen, mittels prinzipiengeleiteter Führung wahre Größe zu entwickeln.

Heute sind wir in über 140 Ländern weltweit aktiv. Ich bin stolz auf unsere Mission, unsere Vision, unsere Werte und alles, was diese Institution bislang geleistet hat. Sie tut genau das, was ich mir erhofft habe. Und was vielleicht noch wichtiger ist: FranklinCovey hängt in keiner Weise von mir ab. Diese Institution wird noch lange weiterbestehen, auch wenn es mich nicht mehr geben wird.

Ihre wichtigste Botschaft lautet, dass »das Leben im Crescendo stattfindet«. Was bedeutet das?

Es bedeutet, dass der wichtigste Teil unseres Wirkens stets noch vor uns liegt. Er liegt niemals hinter uns. Wir sollten immer versuchen, den Einsatz für unser Lebensprojekt noch weiter zu steigern und zu vertiefen. Rückzug in den Ruhestand ist das falsche Konzept. Wir können einen Job aufgeben. Aber nichts kann uns dazu veranlassen, unser zentrales Lebensprojekt aufzugeben oder uns von der Vorstellung zu verabschieden, in Zukunft einen wichtigen Beitrag für die Menschheit zu leisten.

»Crescendo« ist ein Begriff aus der Musik. Er besagt, dass wir Musik mit immer mehr Energie und Volumen spielen, mit Kraft und Zielstrebigkeit. Das Gegenteil ist das »Diminuendo«. Dieser Begriff bedeutet »Verringerung der Lautstärke«, Reduzierung, Rückzug in den sicheren Bereich, zunehmende Passivität bis hin zum bloßen Dahinfristen des Lebens.

Führen Sie also ein Leben im Crescendo. Diese Einstellung ist entscheidend. Unabhängig davon, was Sie bislang erreicht oder nicht erreicht haben: Sie können noch einen wesentlichen Beitrag leisten. Widerstehen Sie der Versuchung, in den Rückspiegel zu schauen und bei dem zu verweilen, was war. Blicken Sie stattdessen optimistisch nach vorn. Ich freue mich auf mein nächstes Buch *Life in Crescendo*, das ich gerade gemeinsam mit meiner Tochter Cynthia schreibe.

Ganz gleich, wie alt Sie sind und welche Position im Leben Sie gerade haben: Wenn Sie nach den *7 Wegen* leben, werden Sie nie aufhören, sich einzubringen. Sie werden stets nach Höherem und Besserem streben – nach der nächsten Herausforderung, nach einem tieferen Verständnis, nach einer feurigeren Romanze, nach inniger Liebe. Vergangene Erfolge erfüllen Sie möglicherweise mit Zufriedenheit. Aber Ihre nächste Aufgabe wartet bereits am Horizont. Vielleicht geht es darum, eine Beziehung zu pflegen, einer Gemeinschaft zu dienen, eine Familie zu stärken, ein Problem zu lösen, Wissen zu erwerben oder ein großes Werk zu erschaffen.

Eine meiner Töchter fragte mich, ob *Die 7 Wege zur Effektivität* der Höhepunkt meines Wirkens wären. Ich glaube, meine Antwort hat sie überrascht: Ich will nicht unbescheiden klingen, aber ich bin überzeugt, dass meine beste Arbeit noch vor mir liegt.

Stephen R. Covey ist am 16. Juli 2012 im Alter von 79 Jahren gestorben. Auf seinem Schreibtisch lagen damals rund zehn verschiedene Schreibprojekte, an denen er gerade arbeitete. Er hat sich zu keinem Zeitpunkt im traditionellen Sinne in den Ruhestand verabschiedet. Stephen R. Covey lebte bis zum Schluss »im Crescendo«. Der Einfluss seines Denkens dehnt sich immer rascher rund um den Globus aus. Auf der ganzen Welt verändert es das Leben von Schulkindern, Managern und unzähligen anderen Menschen grundlegend. Dennoch sind wir überzeugt, dass seine besten Werke immer noch vor ihm liegen.

Nachruf

Gedenken an einen wunderbaren Vater

Ohne Zweifel rettete die Angewohnheit unseres Vaters, seine »Säge zu schärfen«, an jenem Tag in Montana einem Menschen das Leben. Während unserer Kindheit sahen wir häufig, wie er sich frühmorgens meditierend, lesend und trainierend seinen »täglichen privaten Sieg erkämpfte«. An jenem Nachmittag las er friedlich am Strand und genoss die schöne Aussicht auf den See, als er ein schwaches »Hilfe!« vernahm. Mit dem Fernglas, das er stets mit sich zu tragen schien, um damit die Tierwelt zu beobachten, nahm er das Schlauchboot eines Anglers draußen auf dem See ins Visier. Jemand hing verzweifelt über dem Bootsrand und war drauf und dran, ins eiskalte Wasser zu fallen.

Unverzüglich schwang sich unser Vater auf seinen Jetski und fuhr zu dem Schlauchboot, in dem er einen sturzbetrunkenen Mann vorfand. Er hievte ihn auf seinen Jetski und brachte ihn zurück an Land. Dann suchte er auf einem benachbarten Campingplatz nach der Familie des Mannes. Er erfuhr, dass diese sein Fehlen noch gar nicht bemerkt hatte, weil dort ebenfalls alle betrunken waren. Einige Jahre später erzählte der Mann, den er gerettet hatte, diese Geschichte einer größeren Zuhörerschaft mit der Bemerkung, sie sei ein Wendepunkt in seinem Leben gewesen. Ohne zu wissen, wer ihn an jenem Tag gerettet hatte, war er dankbar dafür, dass ihn jemand gehört und sich die Mühe gemacht hatte, ihn vor dem Ertrinken zu bewahren.

Dieser Vorfall ist typisch für unseren Vater Stephen R. Covey, der eine Art »Rettungsleine« nicht nur für seine neun Kinder und fünfundvierzig Enkel war, sondern ebenso für eine Vielzahl von Menschen und Institutionen, die er mit seinen *7 Wegen zur Effektivität* inspirierte und für immer veränderte. Er betonte stets, dass nicht er diese »Wege« erfunden hatte, sondern dass sie auf allgemeingültigen Prinzipien oder Naturgesetzen, wie Verantwortung, Integrität, Überfluss und Erneuerung, basierten. Aber er war ebenso überzeugt, dass »gesunder Menschenverstand keineswegs verbreitete Praxis ist«. Und so widmete er sein Leben der Aufgabe, seine Botschaft so vielen Menschen wie nur möglich zu vermitteln.

Erst nach seinem Tod im Juli 2012 wurde sich unsere Familie der wahren Reichweite und Größe seiner lebenslangen Mission, »das menschliche Potenzial freizusetzen«, bewusst. Wir waren überwältigt von den Tausenden von E-Mails, Briefen, Anzeigen, Besuchen und Anrufen von Menschen aus der ganzen Welt, die uns ihre persönlichen Geschichten erzählen wollten, wie er auch ihnen eine Rettungsleine zugeworfen und sie davor bewahrt hatte, ihr Leben der Sinnlosigkeit preiszugeben, ihr Unternehmen ohne Effektivität zu führen, ihre Ehe und Partnerschaft zu vernachlässigen oder den Folgen einer schlechten Erziehung und unglücklichen Kindheit zu erliegen. Immer wieder wurde uns von der einzigartigen Fähigkeit unseres Vaters berichtet, mit seinem prinzipienbasierten Lebensansatz den einzelnen Menschen ebenso wie viele Millionen Leser zu inspirieren und zu motivieren.

Unser Vater war ein »Mann für alle Jahreszeiten«, der sich stets selbst treu blieb. Über die Jahre hatte er oftmals Gelegenheit, mit Staatsoberhäuptern und anderen internationalen Führungspersönlichkeiten zusammenzuarbeiten. Er sah darin ein großes Privileg und eine große Verantwortung.

Als einmal in einer Gesprächsrunde sämtliche Anwesenden den damals amtierenden US-Präsidenten kritisierten, blieb er auffällig still. Als er gefragt wurde, warum er nicht in die Kritik mit einstimmte, erwiderte er nur: »Vielleicht wird sich mir eines Tages die Gelegenheit bieten, Einfluss auf ihn zu nehmen; und dann will ich nicht scheinheilig daherkommen.« Einige Monate später meldete sich eben jener Präsident bei meinem Vater. Er erzählte ihm, er habe *Die 7 Wege zur Effektivität* soeben zum zweiten Mal gelesen, und bat ihn um eine persönliche Unterweisung in der Anwendung der Prinzipien. Im Laufe seines Lebens begegnete unser Vater nicht weniger als einunddreißig Staatsoberhäuptern, darunter vier Präsidenten der Vereinigten Staaten.

Unser Vater lehrte niemals Dinge, die er nicht auch vorlebte. Das galt in besonderem Maße für die *7 Wege*, die er über viele Jahre recherchierte und entwickelte, lange bevor dieses Buch erschien. Er war Meister des »pro-aktiven« Ansatzes. Er ließ es – sehr zu unserem Leidwesen – niemals zu, dass wir für unsere Probleme äußere Umstände, Freunde oder Lehrer verantwortlich machten. Für ihn gab es nur, »es einfach zu tun« oder »eine andere Reaktion zu wählen«.

Glücklicherweise erlaubte unsere Mutter uns von Zeit zu Zeit, uns als Opfer zu betrachten und anderen die Schuld zu geben. Sie war der gesunde Ausgleich zu unserem Vater! Vaters Rezept »Einfallsreichtum und Initiative« war legendär. Einmal steckte er auf einer Autofahrt zum Flughafen im Stau an einer Baustelle fest. Er war kurz davor, seinen Flug zu verpassen. Also beschloss er, nicht länger zu warten. Er sagte dem Taxifahrer, dass er jetzt aussteigen und den Verkehr so um die Baustelle leiten würde, dass der Stau sich auflösen würde. Dann bat er den Taxifahrer, ihn ein Stück weiter vorne wieder aufzulesen. Der Taxifahrer war fassungslos:

»Das können Sie nicht machen«, aber Vater meinte nur: »Passen Sie auf!« Er stieg aus und spielte kurzerhand den Verkehrspolizisten, begleitet von den Hupsignalen und Jubelrufen der anderen Autofahrer. Der Taxifahrer sammelte ihn anschließend wieder auf und Vater erreichte seinen Flug.

Unsere Familie kannte ihn als frei von jeder Schüchternheit oder Eitelkeit. Stundenlang unterhielt er sich mit fremden Menschen. Manchmal trug er dabei falsche Zähne und eine Perücke über seiner Markenzeichen-Glatze, um unerkannt zu bleiben. Einmal wurde er aufgefordert, einen Golfplatz zu verlassen. Denn er hatte, vom Golfen gelangweilt, eine hitzige Wasserschlacht mit einem Freund angezettelt. Es war uns peinlich, mit ihm zusammen im Fahrstuhl zu fahren. Wir wussten, dass er sich im Nu an die übrigen Fahrstuhl-Insassen wenden würde, um mit einem breiten Grinsen zu verkünden:

»Vielleicht fragen Sie sich, warum ich so kurzfristig dieses Meeting einberufen habe«, um dann lauthals über diesen Witz zu lachen. Wir lernten, uns nicht sonderlich darum zu kümmern, was andere dachten. Stattdessen erfreuten wir uns einfach an seinem Humor. Er war berühmt für seine kurzen, aber intensiven Schlafpausen. Ob in Geschäften, Filmtheatern, Flughäfen, Zügen, unter Parkbänken oder wo und wann auch immer er einen Platz und ein wenig Zeit fand: Häufig kam es vor, dass er sein Jackett zum Kissen zusammenrollte, sich seine Augenmaske aufsetzte und an den ungewöhnlichsten Orten ein kurzes, erfrischendes Nickerchen hielt. Seine Begeisterung war ansteckend, und er brachte uns bei, eine »Carpe diem«-Mentalität an den Tag zu legen und »das Mark aus dem Leben zu saugen«.

Sein beruflicher Erfolg überraschte und genierte ihn stets ein wenig. Bei aller Berühmtheit blieb er bescheiden und bodenständig. Er begriff sich selbst als Verwalter eines Projekts, dessen Verdienste er anderen und Gott zuschrieb. Niemals schämte er sich wegen seiner Werte oder seines Glaubens. Unser Vater war fest davon überzeugt, dass alles seine Ordnung findet, solange nur Gott den Mittelpunkt des Lebens bildet. Er lehrte uns, dass Menschen oder Institutionen nur dann langfristiger Erfolg vergönnt ist, wenn sie im Einklang mit bestimmten zeitlosen Prinzipien leben.

Unser Vater tat alles, um seine Lehren in die Tat umzusetzen. Wenn ihm das nicht zu gelingen schien, entschuldigte er sich bei uns. Dann sagte er etwa: »Mein Sohn, es tut mir so leid, wenn ich dir gegenüber ausfällig geworden bin«, oder: »Liebling, das war nicht nett von mir. Wie kann ich das in deinen Augen wiedergutmachen?« Regelmäßig werden wir gefragt, wie es war, als eines seiner Kinder aufzuwachsen, und ob er wirklich ein so guter Mensch war, wie es immer dargestellt wird. Natürlich war er nicht vollkommen und hatte manches Mal mit Ungeduld zu kämpfen, wenn er im Stau steckte oder Mutter nicht in die Gänge kam. Dennoch bestand kein nennenswerter Unterschied zwischen dem, was er lehrte, und dem, wie er lebte. Unser Vater war der, für den die Menschen ihn hielten. Er verkörperte das, was sie sich von ihm erhofften. Das vielleicht größte Kompliment, das wir unserem Vater machen können, ist dies: So gut er auch als Autor und Lehrer in der Öffentlichkeit war – im Privaten als Ehemann und Vater war er noch viel besser. Und für diese Konsequenz und Verlässlichkeit liebten wir ihn.

Wir alle wussten, dass unser Vater seine Zeit am liebsten mit seiner Familie verbrachte. Das bestätigte er mit der Art und Weise, wie er seine Zeit einteilte und »das Wichtigste zuerst« tat. Auch wenn er häufig unterwegs war und seine Reisen viel Zeit in Anspruch nahmen, verpasste er kaum einen Anlass, der uns wirklich wichtig war, wie beispielsweise Geburtstage oder Basketballspiele, die er sich bis zu zwei Jahre im Voraus im Kalender notierte. Unser Vater zahlte regelmäßig auf unsere »emotionalen Beziehungskonten« in Form von Eins-zu-eins-Gesprächen mit jedem von uns ein. Zudem lebte er uns vor, dass »in Beziehungen die kleinen Dinge die entscheidenden sind«. Er war der Meister der lehrreichen Augenblicke. und wandte eherne Prinzipien auf alles an, was wir taten, indem er uns ermunterte, unsere Entscheidungen nach Maßgabe unserer Wertvorstellungen und nicht nach irgendeiner Augenblickslaune zu treffen. Durch sein Beispiel lehrte er uns, dass »das Leben eine Mission und keine Karriere« ist und dass wir wahres Glück finden würden, indem wir anderen dienten.

Unser Vater verehrte unsere Mutter Sandra und unterhielt mit ihr über 56 Jahre eine bemerkenswerte Beziehung. Mehrmals in der Woche pflegten sie das Ritual, sich ganz einander zu widmen. Beispielsweise unternahmen sie einen Ausflug auf dem Motorrad. Sie fuhren langsam genug, um miteinander sprechen zu können, während sie die Landschaft und das Beisammensein genossen. Auch wenn er auf Reisen war, telefonierten sie zwei- oder dreimal täglich, Sie sprachen über alle Dinge unter der Sonne, von Politik über Bücher bis hin zur Kindererziehung. Vater schätzte die Meinung unserer Mutter mehr als die eines jeden anderen. Er war ein tiefsinniger Denker und neigte zu einer allzu theoretischen Betrachtungsweise. Mutter gab ihm ehrliches Feedback und half ihm, seine Ideen zu vereinfachen und praktikabel zu machen. Beispielsweise sagte sie:

»Oh, Stephen, das ist viel zu kompliziert. Niemand versteht, worauf du hinauswillst. Sag es einfacher und erzähle mehr Geschichten.« Er liebte ihr Feedback! Seitdem wir selbst Kinder haben, wissen wir die Gewinn-Gewinn-Beziehung unserer Eltern erst wirklich zu schätzen und fragen uns, wie sie es geschafft haben, ein so glückliches Leben miteinander zu führen.

Unser Vater hatte eine schöne Definition für Führung: Für ihn bedeutete Führung, den Wert und das Potenzial anderer Menschen so klar zu kommunizieren, dass diese selbst daran glaubten. Kurz nach dem Tod unseres Vaters ließ uns ein Mann, der unter sehr schwierigen Umständen aufgewachsen war, folgende Nachricht zukommen. Sie verdeutlicht, worum es unserem Vater wirklich ging: »Ich möchte, dass Ihre Familie weiß, dass ich immer noch im Besitz jenes zwanzigminütigen Tonbandes bin, mit dem mir Ihr Vater vor dreißig Jahren Mut machte. Unter anderem sagte er mir, dass Gott mich lieb habe und dass ich aufs College gehen und eines Tages eine eigene Familie gründen würde. Ich habe mir das Band während der ganzen dreißig Jahre immer und immer wieder angehört. Und ich habe alles erreicht, was er mir zugetraut hat. Ohne ihn wäre ich heute nicht der, der ich bin. Danke!«

Anlässlich dieses bedeutsamen Jubiläums von *Die 7 Wege zur Effektivität* – inmitten all der Lobreden und in Anbetracht der Millionen von Menschen und Tausenden von Institutionen, die durch dieses Buch beeinflusst wurden – möchten wir Kinder unserem Vater unseren Tribut zollen als einem Menschen, der es wahrlich zu persönlicher »Effektivität« gebracht hat. Wie er vor Jahren den ertrinkenden Mann gerettet hat, so wird er ganz gewiss auch weiterhin seine Rettungsleinen auswerfen – für Sie, für Ihre Familie, Ihre Teams, Ihr Unternehmen und unzählige andere Menschen und Institutionen. Wir sind überzeugt, dass den zeitlosen Prinzipien der *7 Wege* in der turbulenten Welt von heute mehr Bedeutung zukommt als je zuvor. Mehr noch: Wir denken, dass die Botschaft der *7 Wege* gerade erst beginnt, ihre wahre Wirkung zu entfalten. Wir werden ewig dankbar sein für einen so wundervollen Vater und »Papa«, wie seine Enkel ihn zu nennen pflegten. Sein Erbe lebt in uns und in allen jenen fort, die unter dem Einfluss seines großartigen Geistes und seiner inspirierenden Lehren gestanden haben. Es wird uns auch in Zukunft ermutigen, ein Leben in Aufrichtigkeit zu führen, uns einzubringen und etwas zu bewirken in dieser Welt und jene Größe zur Entfaltung zu bringen, zu der ein jeder von uns fähig ist.

Cynthia, Maria, Stephen, Sean, David, Catherine, Colleen, Jenny und *Joshua*

Über FranklinCovey

FranklinCovey ist ein internationales Beratungs- und Trainingsunternehmen, das auf die Entwicklung von Unternehmens- und Führungskultur spezialisiert ist. Weltweit in 150 Ländern vertreten, berät FranklinCovey mit rund 3500 Beratern in bis zu 40 Sprachen Kunden aller Branchen im Bereich der Organisations- und Personalentwicklung. Dabei ist es das Ziel, deren Unternehmenskultur als strategischen Wettbewerbsvorteil aufzubauen.

Programminhalte und Angebote

FranklinCoveys Programme sind über viele Jahre entwickelt und orientieren sich an wissenschaftlich belegten Verhaltensmustern. Die Inhalte sind darauf ausgelegt, Führungskräften und Mitarbeitern prinzipienorientierte Einstellungen und relevante Kompetenzen zu vermitteln und ihnen zu zeigen, wie sie diese anhand von erprobten Werkzeugen umsetzen. Dabei ist das Ziel, Veränderungen auf allen Ebenen zu erreichen und somit die Kultur der Unternehmen nachhaltig zu entwickeln.

Die Kompetenzfelder von FranklinCovey sind:

- Führung
- Produktivität
- Vertrauen
- Umsetzung
- Vertrieb

Programmportfolio

FranklinCovey bietet eine große Bandbreite von innovativen, hochwertig ausgearbeiteten Trainingsformaten an, die von klassischen Workshops über Vorträge bis hin zu Online- und Blended-Learning-Konzepten reichen. Neben Firmentrainerausbildungen und IP-Lösungen ist auch die Beratung und Leitung von Change-Projekten enthalten. Für Unternehmen und Organisationen bietet Franklin-Covey alle seine Trainingsinhalte und Programme sowie Webinare und Lernvideos auch als All Access Pass™ an.

www.franklincovey.de
www.franklincovey.ch
www.franklincovey.at

Über FranklinCovey im deutschsprachigen Raum

Im deutschsprachigen Raum wird FranklinCovey durch die Leadership Institut GmbH mit Büros in Deutschland, Österreich und der Schweiz vertreten. Das Leadership Institut bietet das Beratungs- und Trainingsspektrum von FranklinCovey in deutscher Sprache und angepasst auf unsere kulturellen Anforderungen an.

Darüber hinaus entwickelt und implementiert das Leadership Institut Lösungen rund um das Thema »Effektivität von Führung« für Organisationen, Teams und Individuen und setzt Standards bei der Einführung nachhaltiger Leadership-Systeme.

FranklinCovey Deutschland
Leadership Institut GmbH
Bavariafilmplatz 3
82031 Grünwald
Telefon: +49 (0) 89 45 21 48 - 0
Telefax: +49 (0) 89 45 21 48 - 48
Internet: www.franklincovey.de
E-Mail: info@franklincovey.de

FranklinCovey Schweiz
Leadership Institut GmbH
General-Guisan-Strasse 6/8
6303 Zug
Telefon: +41 (0) 41 71 13 730
Telefax: +41 (0) 41 71 13 731
Internet: www.franklincovey.ch
E-Mail: info@franklincovey.ch

FranklinCovey Österreich
Leadership Institut GmbH
Kärntner Ring 5-7
A-1010 Wien
Telefon: +43 (0) 1 32 01 622
Telefax: +43 (0) 1 32 01 623
Internet: www.franklincovey.at
E-Mail: info@franklincovey.at

Index

Leserstimmen

»Stephen Coveys *Die 7 Wege zur Effektivität* ist meines Erachtens bis heute das beste Buch über Leadership, das ich kenne. Covey gelingt es, dieses komplexe Thema auf sieben Grundprinzipien zu reduzieren, die wie Naturgesetze wirken. Es braucht viel Fleiß und vor allem Geduld, um eine pro-aktive Unternehmenskultur im Covey'schen Sinne zu erreichen. Schnelllösungen sind unmöglich, wenn man Menschen anleiten will. Denn im Gegensatz zu Dingen kann man Menschen nicht managen.«

Dr. Anno Borkowsky
CEO & President, Rhein Chemie

»Die Gedanken von Stephen Covey sind für mich – gerade auch beim zweiten oder dritten Lesen – immer wieder voller Inspirationen und Anregungen.«

Dr. Alexander Coridaß
Geschäftsführung, ZDF Enterprises GmbH

»Die von Covey beschriebenen sieben Schritte auf dem Weg zur Effektivität sind als Einzelschritte den meisten Lesern wohl auf die eine oder andere Weise bekannt. Dennoch – oder vielleicht gerade deshalb – fasziniert mich das von Covey beschriebene Vorgehen. Es umfasst aufeinander aufbauende und sich gegenseitig ergänzende Schritte. Sie führen zu einer neuen Qualität im Vorgehen. Damit ermöglichen sie Resultate, die deutlich über die Summe der Ergebnisse aus den Einzelschritten hinausgehen. Dass bereits in dem von Covey entwickelten Vorgehensmodell – mit dem Prinzip der Entstehung und Nutzung von Synergieeffekten – einer der sieben von ihm empfohlenen Schritte zur Wirkung kommt, finde ich besonders bemerkenswert und überzeugend.«

Reinhard Ramge
Teamleiter Personalentwicklung, Deutsche Leasing AG

»Seit mehr als zehn Jahren begleiten mich die nachhaltigen Prinzipien der 7 *Wege*. Zunächst hielt ich sie zum Teil für ausgesprochen banal. Erst später wurde mir klar: Auch Gravitation ist banal, da scheinbar offensichtlich. Dennoch: Nichtbeachtung der Gravitation hat unangenehme Konsequenzen. Statt ›banal‹ würde ich heute ›grundlegend‹ sagen, im Sinne von ›ein Fundament schaffend‹. Ein Fundament, das mich trägt.«

Dr. Renald Hennig
Leitung Arzneimittelsicherheit, Chiron Behring GmbH & Co KG

»Die 7 *Wege* verbinden bisher schon einzeln geschätzte Konzepte in hervorragender Weise zu einem Gesamtbild. Ich habe das Buch zum Einzel- und Teamcoaching in der Industrie eingesetzt, mit dem Erfolg, dass die Coachees sich mit den Konzepten der wertbasierten Entscheidungen und der vierten Generation des Zeitmanagements persönlich weiterentwickeln konnten. Das Buch ist auch für alle die lesenswert, die glauben, ›schon alles zu kennen‹.«

Prof. Dr. Annette Kluge
Lehrstuhl für Organisationspsychologie, Universität St. Gallen

»Wenn ich dieses Buch als Student gelesen hätte, wäre in meinem Leben einiges anders gelaufen.«

Alain de Krassny
Vorsitzender des Vorstandes, Donau Chemie AG, Wien

»Seit mehr als zehn Jahren versuche ich, die 7 *Wege* in meinem beruflichen sowie in meinem persönlichen Leben umzusetzen. Sie sind einfach zu leben – und trotzdem oder gerade deswegen – sind die Auswirkungen für mich als Ehemann, Vater und Freund ebenso überzeugend und gültig wie als Unternehmensführer und Manager. Stephen Covey versteht es wie kein anderer, uns die Prinzipien, die uns helfen, zufriedener, effektiver und glücklicher zu leben, auf einfache und anschauliche Art nahe zu bringen. Kein Buch mit ›Quick fixes‹ für's Leben. Aber mit dauerhaften Antworten.«

Christian E. Höferl
CEO Brodmann Group, Wien

»Ein bemerkenswertes Buch über das Leben in der Welt von heute – so überzeugend geschrieben, mit so viel Verständnis für unsere tiefsten Sorgen, so nützlich für unser persönliches Leben und die Unternehmen, dass ich es jedem schenken werde, den ich kenne.«

Warren Bennis

Autor von »Führen lernen«

»Ich kenne keinen anderen Lehrer oder Mentor zur Verbesserung der persönlichen Effektivität, der eine so überwältigende positive Resonanz hervorgerufen hätte ... Dieses Buch erfasst Stephen Coveys Philosophie der Prinzipien wunderbar. Wer es liest, wird schnell verstehen, dass ich selbst und andere die Lehre von Dr. Covey so sehr schätzen.

John Pepper

President, Procter & Gamble

»Stephen Covey ist ein amerikanischer Sokrates. Er öffnet unseren Verstand für die Dinge, die überdauern – Werte, Familie, Beziehungen, Kommunikation.«

Brian Tracy

Autor von »Thinking big«

»*Die 7 Wege zur Effektivität* ist inzwischen eines der meistverkauften Bücher überhaupt.«

Fortune Magazine

»Kaum jemand, der sich mit Management, Unternehmen und vor allem den Menschen beschäftigt, hat so lange und eingehend über die grundlegenden Prinzipien nachgedacht wie Stephen Covey. Mit *Die 7 Wege zur Effektivität* bietet er uns eine Chance, keine Anleitung. Die Chance besteht darin, uns selbst und unsere Wirkung auf andere zu erkunden und dabei von seinen tiefgreifenden Erkenntnissen zu profitieren. Ein wundervolles Buch, das Ihr Leben verändern könnte!«

Tom Peters

Autor von »Auf der Suche nach Spitzenleistungen«

»Stephen R. Covey ist ein wunderbarer Mensch. Er schreibt scharfsinnig, und die Menschen liegen ihm wirklich am Herzen. Dieses eine Buch wiegt ganze Bibliotheken voller Erfolgsliteratur auf. Die Prinzipien, die er in *Die 7 Wege zur Effektivität* lehrt, haben mein Leben grundlegend verändert.«

Dr. Ken Blanchard
Autor von »Der Minuten-Manager«

»Ich finde dieses Buch wirklich inspirierend. Es regt zum Denken an, und ich verweise immer wieder darauf.«

Richard M. DeVos
President, Amway

»Wir müssen die Weisheit Stephen Coveys lernen und verinnerlichen. Das ist eine der wertvollsten Gewohnheiten, die wir entwickeln können. Er lebt vor, was er sagt. Deshalb kann Ihnen dieses Buch helfen, dauerhaft im ›Gewinnerkreis‹ zu leben.«

Dr. Denis Waitley
Autor von »The Psychology of Winning«

»Covey bestätigt die zeitlosen Wahrheiten, die für Familien, Unternehmen und die Gesellschaft gelten. Allerdings erspart er uns das Psycho-Geschwätz, das einen so großen Teil der aktuellen Literatur zu den zwischenmenschlichen Beziehungen prägt. Sein Buch ist keine Momentaufnahme, sondern ein Prozess und sollte auch so behandelt werden. Covey ist weder Optimist noch Pessimist. Er betrachtet Möglichkeiten und ist überzeugt, dass wir – und nur wir – das Tor zur Veränderung in uns selbst öffnen können. Es gibt viel mehr als nur sieben gute Gründe, dieses Buch zu lesen.«

Steve Labunski
Executive Director, International Radio & Television Society

»Fundamentale Prinzipien sind der Schlüssel zum Erfolg – und Stephen R. Covey beherrscht sie meisterhaft. Kaufen Sie sein Buch. Und vor allem: Nutzen Sie es!«

Anthony Robbins
Autor von »Grenzenlose Energie«

Über den Autor

Dr. Stephen R. Covey, weltweit anerkannter Experte für Führungsfragen und Familien, Lehrer, Unternehmensberater und Autor, sah seine Lebensaufgabe in der Verbreitung des prinzipienzentrierten Lebens und Führens für den Aufbau von Familien und Unternehmen. Er studierte an der Harvard University Betriebswirtschaft und promovierte an der Brigham Young University, wo er als Professor für das Verhalten von Organisationen und Betriebsführung lehrte und auch für die Beziehungen zu anderen Universitäten zuständig und Assistent des Rektors war.

Dr. Covey verfasste mehrere erfolgreiche Bücher, darunter den internationalen Bestseller *Die 7 Wege zur Effektivität*, der zum einflussreichsten Wirtschaftsbuch des 20. Jahrhunderts ernannt wurde und als eines der zehn einflussreichsten Managementbücher aller Zeiten gilt. Das Buch wurde in 38 Sprachen übersetzt und weltweit über 30 Millionen Mal verkauft. Auch *Der Weg zum Wesentlichen*, *Die effektive Führungspersönlichkeit* und *Die 7 Wege zur Effektivität für Familien* sind Bestseller. Insgesamt wurden über 50 Millionen Exemplare seiner Bücher verkauft. Der Familienvater und Großvater erhielt 2003 den Vaterschaftspreis der National Fatherhood Initiative, den er selbst als bedeutsamste seiner zahlreichen Auszeichnungen betrachtete. Außerdem bekam er für seinen unermüdlichen Dienst an der Menschheit die Thomas More College Medallion, 1999 die Auszeichnung als Sprecher des Jahres, 1998 den Internationalen Friedenspreis der Sikhs, 1994 den Preis für den internationalen Unternehmer des Jahres und einen Preis für sein unternehmerisches Lebenswerk. Das *Time Magazine* zählte ihn zu den 25 einflussreichsten US-Amerikanern; er hat sieben Ehren-Doktortitel erhalten.

Dr. Covey war Mitbegründer und Vice Chairman der Franklin-Covey Company, des in 130 Ländern vertretenen führenden globalen Management-, Trainings- und Consulting-Instituts. Alle lokalen Vertretungen teilen seine Vision, Disziplin und Leidenschaft zu inspirieren und Tools zu entwickeln für die Veränderung und das Wachstum von Einzelnen und Organisationen auf der ganzen Welt.